刘纪原 ◎ 主编

中国航天事业发展的哲学思想

图书在版编目(CIP)数据

中国航天事业发展的哲学思想/刘纪原主编. —北京:北京大学出版社,2013.1
ISBN 978-7-301-21671-2

Ⅰ.①中… Ⅱ.①刘… Ⅲ.①航天工业－发展史－中国 Ⅳ.①F426.5

中国版本图书馆 CIP 数据核字(2012)第 281944 号

书　　　名：中国航天事业发展的哲学思想
著作责任者：刘纪原　主编
策　　　划：周雁翎
责　任　编　辑：陈　静　李淑方　于　娜　郭　莉　邹艳霞
标　准　书　号：ISBN 978-7-301-21671-2/Z·0112
出　版　发　行：北京大学出版社
地　　　址：北京市海淀区成府路 205 号　100871
网　　　址：http://www.pup.cn　新浪官方微博:@北京大学出版社
电　子　信　箱：zyl@pup.pku.edu.cn
电　　　话：邮购部 62752015　发行部 62750672　编辑部 62767857　出版部 62754962
印　刷　者：北京中科印刷有限公司
　　　　　　720 毫米×1020 毫米　16 开本　29 印张　500 千字
　　　　　　2013 年 1 月第 1 版　2013 年 5 月第 3 次印刷
定　　　价：78.00 元

未经许可,不得以任何方式复制或抄袭本书之部分或全部内容。
版权所有,侵权必究
举报电话：010-62752024　电子信箱：fd@pup.pku.edu.cn

《中国航天事业发展的哲学思想》
编委会暨写作组、工作组

主　　　编：刘纪原
执 行 主 编：李　洪　梁小虹
编委会主任：罗晓阳
编委会委员：李小兵　王晓美　宋友光　彭小波
　　　　　　岳增云　宓　佳

写作组组长：周　程
成　　　员：段伟文　程　鹏　蔡永海　刘凯鹏　高广宇
　　　　　　宓　佳　刘顺仁　代　坤　饶成龙　徐坤耀
　　　　　　李天祥　高晓明　于　霞

工作组组长：宓　佳
副 组 长：李显峰　李　谦
成　　　员：贾云浩　张国平　杨　楠　左敬华　刘顺仁
　　　　　　代　坤　饶成龙　徐坤耀　李天祥　高晓明
　　　　　　杨　鑑　李　进　钟　培　于　霞　孙伶俐
　　　　　　张　菽　单文杰　张承志　康斯贝　王颖昕
　　　　　　康磊晶　朴明涛　谢建玲　柯　晶　刘　兰

序

恩格斯说,"一个民族要站在世界的高峰,就一刻也不能离开理论思维。而提高理论思维最好的办法,就是学习以往的哲学"。

哲学的基本精神,就是批判精神、反思精神、求真精神和创新精神。中国航天事业走过了56年的辉煌历程,正在从航天大国向航天强国迈进,处于战略机遇期和黄金发展期。在这个时点,进行中国航天事业发展的哲学思考,意义重大。

我是1978年5月到七机部工作的,我对航天事业充满着感情。中国航天事业的发展、每一次重大航天活动,都牵挂着我的心。现在,航天事业发展的势头很好,作为一名航天战线的老战士,希望大家总结经验,争取更大的成功。

刘纪原同志是我国航天事业的重要亲历者和见证者,也是我国著名的航天系统工程管理专家,为我国航天事业的快速发展做出了重要贡献。退休后的刘纪原同志仍关心着中国航天事业的发展,提出要对我国航天事业成功发展的哲学思想进行研究,我认为这是十分必要和正确的。

为什么要研究中国航天事业发展的哲学思想?哲学,通常被认为是世界观、人生观和价值观的统一。换言之,哲学是关于世界的观念和人的观念的统一,它是人对由人和世界的矛盾关系构成的现实世界的根本观点、总的看法、应有态度和思维方式,也是人在人和世界的矛盾关系中对人自身的生存条件、地位作用、存在价值和生活意义等问题的自我意识、自我领悟、自我把握。无论对人类社会还是人生而言,哲学都是一门极其重要的学问。因此,"人民科学家"钱学森就曾经指出,"没学哲学,你可能干得不错。要是再学一点哲学,干得更好"。

组织开展中国航天事业发展的哲学思想研究,就是要理论联系实际,把航天发展过程中我们熟知的历史事件、案例、工作体会、工作方法、思想方法与哲学联系起来,把实证的经验和哲学的基本观点相联系,把哲学的理论融入丰富的实践活动之中,拓宽思路、明确方向,从而认识航天事业发展的内在规律,正确看待航天事业发展过程中的矛盾和问题,指导航天事业的未来发展。

为什么由一院来承担中国航天事业发展的哲学思想研究这项工作?作为中国航天事业的发祥地,一院的前身是国防部第五研究院一分院。建院之初,面对新中国建国初期经济实力和工业基础的薄弱、科学技术的落后、管理经验的缺乏,聂荣臻元帅为我国第一个导弹研究机构——国防部第五研究院,提出了"自力更生为主,力争外援和利用资本主义国家已有科学成果"的建院方针和"集中力量,形成拳头,组织全国大协作"的工作方针。20世纪60年代,苏联中止援助,我国的导弹仿制处于艰难境地,创业者们提出了"自力更生,艰苦奋斗,争一口气,克服一切困难,为国争光"和"自力更生,发奋图强,突破从仿制到独立设计关"的口号。航天事业的创业者们,在中国共产党的领导下,在马克思主义哲学思想指导下,以极大的爱国热忱,顽强拼搏,艰苦奋斗,闯过了一道道难关,克服了一个个困难,实现了从仿制到自主研制的跨越,在收获了丰富的科研生产成果的同时,也初步孕育、形成了宝贵的精神财富——航天精神。可以说,不论是组织体制、管理模式、人才队伍建设,还是发展战略方向,一院为中国航天事业的发展奠定了扎实的基础。在今天这个时点上,总结提炼中国航天事业发展的哲学思想,是航天事业未来发展的需要,也是时代赋予一院的使命。

方法论不是具体的方法,而是能够统摄一切工作方法的总的规律。在某一个领域达到方法论境界的人,对该领域的一切工作、一切情况的把握,就如掌上观文。从这个意义来说,方法论的修养是一切能力活的"灵魂"。尤其是对领导干部而言,制约其工作上境界、上水平、从大势出发布局谋篇的"瓶颈",大多不是工作经验,甚至也不是工作方法,而是方法论的修养。

此书内容翔实,史料丰富,以实证案例和理性思考,揭示了航天事业

发展过程中的哲学思想,具有较强的科学性、理论性、规律性和实用性。不论对于长期从事航天工作的同志,还是对于刚刚走上工作岗位的新人,都具有一定的可读性,不仅对航天领域具有较好的参考价值,对非航天领域也有一定的借鉴作用。

党的十八大已经胜利闭幕,在中国航天事业从航天大国向航天强国迈进的征程中,系统总结中国航天事业发展的哲学思想,为的是"欲穷千里目,更上一层楼","会当凌绝顶,一览众山小"。

郑天和

二〇一二年十二月二十六日

写在前面

2012年1月21日,中国运载火箭技术研究院的李洪院长、梁小虹书记向原航天工业总公司总经理、老领导刘纪原同志拜年时,刘纪原讲到,早在三年前就曾组织人研究中国航天发展成功的哲学思想,并想写成书,可惜未能如愿。今年是一院创建55周年,能否在建院55周年时出一本书,专题研究"中国航天发展历程中的哲学思想框架",要根据航天事业发展历程和趋势,探究中国航天事业成功发展的规律。

龙年除夕前的这个"邀约",使得如何在中国航天创建56周年、中国运载火箭技术研究院成立55周年的时候,为中国航天、也为一院留下一些东西,成为看似忽然萌发、实则酝酿许久的一个课题。

这无疑是一项艰巨的任务,也是一次前所未有的挑战。人文社会科学的学术基础,思维的高度与视角,创作的谋划和技巧,时间和体力的付出,都面临着空前的考验。但是,毕竟需要有人去完成这项工作。在2012年那个无雪的春节,它犹如一个巨大而沉默的使命从天而降。随后,是一种舍我其谁的使命感、另辟蹊径的自信以及一段超负荷工作的充实与满足。

(一)

任何一段历史都是不可复制的。在系统总结、提炼中国航天五十多年发展过程中的哲学思想体系的时候,我们不能不联想到享誉世界的杰出科学家、中国航天事业的重要奠基人——钱学森。曾经担任国防部第五研究院院长的钱学森一直强调:"要学一点哲学书,要讲究思想方法和工作方法,才能使导弹火箭的研究取得事半功倍的效果"。透过航天事业五十多年取得的成就,今天我们更加深刻地理解了钱老的战略思维和真知灼见。

我们是社会主义国家,我们的一切是由中国共产党领导的,因此科学技术发展必须用马克思主义哲学来指导,这一点毋庸置疑。钱老一直向科研人员宣传这一点,劝大家学一点马克思主义哲学。钱老说,你没学哲学,你可能干得不错。但你有没有想到,你要是再学一点哲学,你干得更好。"要宣传马克思主义哲学对科学技术的指导作用,就会使我们更多的科技人员学马克思主义哲学,运用马克思主义哲学。这对科技发展将会有很大的促进,而且这个是最强有力的,是我们国家的所长"。

今天,我们无人不为钱老科学思想之深邃、涉猎之广泛和马克思主义哲学造诣之高而折服。钱老始终强调"哲学思想"、"辩证法",今天,我们恰恰就是尝试从不同的角度,以"中国为什么可以快速发展航天事业"作为切入点,初探中国航天事业发展过程中的哲学思想,以此指导中国航天未来的发展和实践。

在中国航天的发展历程中,必然会遇到很多复杂的问题,只有创造性地运用马克思主义基本原理,实事求是、独立自主地解决中国航天发展过程中的重大问题,下大力气研究发展中出现的新情况、新问题,解放思想、大胆实践,才能推动航天大国向航天强国的迈进。

(二)

最初提出编写哲学思想一书的,是有着丰富航天管理经验的老领导刘纪原。2012年3月30日,一院就撰写该书的进展情况,向刘纪原总经理做了汇报。刘总经理得知此项工作在短时间内取得了有效推进,非常高兴,称"一院启动这件事,是个好事"。

刘总经理说,实际上,航天的发展,是工程来带动的,从这个角度上来讲,叫"工程哲学"也可以。如果范围更广一些,"中国航天事业发展的

哲学思想"更广、更深。一般泛指的话,航天工程国内、国外都有,我们说的是中国航天,叫"中国航天事业发展的哲学思想",意思就扣住了。我们国家有五千年的历史,过去有万户、嫦娥等凄美的传说,现在"传说"都相继成为现实。中国航天事业的真正起步,是共产党执政以后,从建国初期一个积贫积弱的国家,发展到了今天。航天这个综合性高科技的产业,为什么在中国能够发展得这么好?非常值得思考。

漫长的写作过程,是一个抽丝剥茧的过程。从一开始,我们就决定不用教科书或历史书的方式来完成这部书稿。我们不想用冰冷的说教、晦涩的语言,来诠释这五十多年的波澜壮阔,我们认为这个书稿应该是可以感知的,是可以触摸的,是热忱的,是动态的。我们希望以更多的细节描写,去还原航天事业发展过程中的哲学思辨。我们试图用最简捷的办法,直抵哲学思想的核心。于是,我们收集更丰富的实证,组织召开研讨会,进行了各类范围的访谈。

时隔不到半年,在2012年中秋节前夕,带着对航天老领导的祝福,连同打印好的书稿小样,我们再次拜访了刘总经理。

2012年10月11日,刚刚在意大利参加完国际宇航联大会返京的刘总经理亲临一院,对书稿提出了修改的建议。刘总经理说:"我看完这本书以后,感觉是下了很大工夫,写得比较全面。我们书的名称叫做'哲学思想',一开始就要紧扣主题,更突出我们搞这本书的主要目的。"

作为航天领域的老领导,作为航天事业的亲历者,刘总经理深情地回顾了中国航天五十多年的发展。不论是20世纪50年代的"两弹一星",还是70年代的"三抓"任务;不论是80年代的"新三星一箭一论证",还是90年代的载人航天工程、21世纪初的月球探测工程……在我国工业和科技基础非常薄弱的情况下,中国航天从研制导弹起步,从无到有、从小到大,在战略导弹、战术导弹、运载火箭、卫星飞船等主要领域,实现了历史性的重大跨越,成就了中国航天事业发展史上一个又一个里程碑,走出了一条独立自主、创新发展之路,实现了从单一军品生产向军民融合转变;从研究试验向产业化发展转变;从型号科研生产向科研生产经营转变;从面向国内市场向国内、国际两个市场转变;从以导弹试验和卫星发射向以导弹武器、卫星、载人航天、深空探测为代表的整个空间全方位业务转变;从人治管理到制度化管理的转变,初步形成了社会主义特色的中国航天事业持续发展的体系框架,走出了在社会主义初级阶段中国特色的航天发展之路,初步形成了中国航天事业发展的哲学思想。

这五十多年的成就辉煌,承载了太多的梦想和太多的希望,它是一代代航天人共同成长的记忆,我们有权为之自豪。

但凡称其为"哲学"或者"思想"的书籍,极易让人联想到枯燥深奥、晦涩难懂,但是今天,我们要用理性又不失灵性之笔,去挖掘蕴含在中国航天事业五十多年发展背后的深邃,期望大家在读后萌发一种富于思索的感慨和感动。

从1956年10月8日至今的五十多年,注定将成为中国航天史上最为精彩的一章。我们因取得的成就昂首挺胸面向世界,而这种成就又是和祖国、人民密不可分的。《中国航天事业发展的哲学思想》只是一种初探。它既是回顾过去的,也是关注现在的,更是朝向未来的、开放的。它是一个标杆,是航天事业前行的"指南"。

2012年11月的深秋,党的十八大胜利召开。在这个富有"起点感"的时点,中国航天事业正在由航天大国向航天强国的迈进中奋力前行。谨以此书,献给那些热爱并关注中国航天事业的人们。

目 录 contents

引　　言 …………………………………………………… 1

第一章　中国航天事业的发展成就 …………………… 5

　第一节　在发愤图强中创业 ………………………………… 6
　　一、国防部第五研究院的创建 …………………………… 6
　　二、苏联 P-2 导弹的仿制 ………………………………… 11
　　三、东风二号导弹的自行设计 …………………………… 17
　　四、探空火箭的早期试制 ………………………………… 23

　第二节　在十年动乱中拼搏 ………………………………… 27
　　一、"八年四弹"规划的执行 ……………………………… 27
　　二、长征一号发射人造地球卫星 ………………………… 36
　　三、返回式遥感卫星的发射 ……………………………… 42
　　四、风暴一号运载火箭的研制 …………………………… 46
　　五、三线基地建设全面铺开 ……………………………… 52

　第三节　在改革开放中壮大 ………………………………… 61
　　一、洲际导弹和潜地导弹最后冲刺 ……………………… 61
　　二、通信卫星和气象卫星首次入轨 ……………………… 69
　　三、长征火箭首次发射外国卫星 ………………………… 76
　　四、长征二号 E 再度撞开世界大门 ……………………… 84

　第四节　在市场经济中跨越 ………………………………… 93
　　一、"一箭三星"项目的落实 ……………………………… 93
　　二、载人航天工程的立项实施 …………………………… 101

目 录 contents

　　　　三、北斗卫星导航系统的建立 …………… 111
　　　　四、嫦娥探月工程的推进 ………………… 119
　　第五节　中国航天半个世纪的辉煌 …………… 126
　　　　一、导弹技术跨入世界先进行列 ………… 126
　　　　二、运载火箭技术跻身国际一流 ………… 129
　　　　三、应用卫星实现了系列化发展 ………… 132
　　　　四、载人航天取得了突破性进展 ………… 135
　　　　五、产业辐射范围连年不断增大 ………… 137

第二章　中国航天事业的体制机制 ……………… 147
　　第一节　与时俱进的体制变迁 ………………… 148
　　　　一、航天事业的体制环境 ………………… 148
　　　　二、高度权威的决策机构 ………………… 150
　　　　三、从国家部委到大型国企 ……………… 153
　　第二节　科学高效的运行机制 ………………… 171
　　　　一、型号研制程序 ………………………… 171
　　　　二、总体部与"两条指挥线" …………… 176
　　　　三、航天工程的指挥调度工作 …………… 184
　　　　四、有效的协作保障机制 ………………… 190
　　　　五、军民分线管理 ………………………… 193
　　第三节　确保成功的质量体系 ………………… 196
　　　　一、零缺陷的质量意识 …………………… 200

目 录
contents

  二、全过程的质量控制 …………………… 202
  三、开创性的质量工作方法 ……………… 204
  四、元器件管理与工艺攻关 ……………… 206
 第四节 业绩优先的选才方式 ……………… 212
  一、唯才是用的选拔机制 ………………… 212
  二、人尽其才的任用原则 ………………… 216
  三、"干中学、学中干"的培养模式 ……… 219
  四、科研人员的考核激励 ………………… 223
 第五节 众志成城的文化氛围 ……………… 228
  一、以国为重的历史使命感 ……………… 228
  二、以企业为家的大院文化 ……………… 236
  三、以团队为先的合作意识 ……………… 242

第三章 中国航天事业的成功法宝 …………… 247
 第一节 系统工程与顶层设计 ……………… 249
  一、战略决策,明晰方向 ………………… 249
  二、顶层设计,夯实基础 ………………… 253
  三、协调配合,确保成功 ………………… 257
 第二节 举国体制与果断抉择 ……………… 262
  一、全国协作,突破短板 ………………… 262
  二、抓住机遇,及时行动 ………………… 266

目 录
contents

第三节　知识积累与自主创新 …………………… 272
　　一、累积知识，推动创新 ………………… 272
　　二、技术应用，可靠为先 ………………… 275
第四节　技术民主与质量第一 …………………… 280
　　一、技术民主，群策群力 ………………… 280
　　二、质量第一，精益求精 ………………… 284
第五节　人尽其才与能力传承 …………………… 288
　　一、比学帮带，不断传承 ………………… 288
　　二、新人辈出，永葆活力 ………………… 291

第四章　中国航天事业的思想精髓 ……………………… 297
第一节　确保成功的信念和意识 ………………… 298
　　一、"坚持到底，才能最后成功" ………… 298
　　二、"稳妥可靠，万无一失" ……………… 300
　　三、双想、双面放大镜与归零双五条 …… 302
　　四、把成功作为信仰 ……………………… 308
第二节　从系统工程观到系统思维 ……………… 312
　　一、总体战与系统工程观 ………………… 312
　　二、总体优化的思想 ……………………… 315
　　三、系统协调的理念 ……………………… 318
　　四、相关制约与状态控制 ………………… 321

目 录 contents

第三节　面向实践的辩证智慧 …………… 328
　一、引进与创新的关系 ………………… 328
　二、质量与进度的双螺旋 ……………… 332
　三、设计与工艺的协同并进 …………… 337
　四、无处不在的辩证法 ………………… 342

第四节　航天研制活动的认识论 ………… 347
　一、目标的确立与问题的设定 ………… 347
　二、在探索中深化的认识闭环 ………… 349
　三、科学分析与试验模拟的互补 ……… 355
　四、突破约束的创造性与洞察力 ……… 358

第五节　航天发展的战略思路 …………… 363
　一、系统集成与关键突破 ……………… 363
　二、预研积累与跨越拓新 ……………… 366
　三、四类创新与"三个转变" …………… 371
　四、突破重围的超越之路 ……………… 375

第五章　中国航天事业的精神动力 …… 379

第一节　热爱祖国、为国争光的坚定信念 … 381
　一、国家至上，矢志报国 ……………… 381
　二、自力更生，国之大器 ……………… 386

目 录
contents

第二节 勇于登攀、敢于超越的进取意识 …………… 392
  一、自主创新,永攀高峰 …………… 392
  二、追求卓越,永创一流 …………… 397

第三节 科学求实、严肃认真的工作作风 …………… 402
  一、严慎细实,以质取信 …………… 402
  二、科学规范,永保成功 …………… 407

第四节 同舟共济、团结协作的大局观念 …………… 411
  一、大力协同,集智攻关 …………… 411
  二、携手合作,共创伟业 …………… 416

第五节 淡泊名利、默默奉献的崇高品质 …………… 420
  一、淡泊名利,无私奉献 …………… 420
  二、艰苦奋斗,顽强坚定 …………… 426

结 语 …………… 431

主要参考文献 …………… 434

后 记 …………… 438

引　言

人类自鸿蒙初辟伊始，便开始遐想宇宙的奥秘。几千年来，从黄河两岸到爱琴海畔，东西方文明都有着一种发自内心深处的飞天梦想。把酒问月，华夏儿女诉说着嫦娥蹁跹、吴刚折桂的凄美传说；仰望星空，三洲五海之地回荡着赫尔墨斯与阿波罗的七弦琴音。历史上也从来不乏尝试探索太空的勇士，我国就有明朝人万户飞天的故事。然而，受制于地球引力的束缚，直到20世纪40年代，人类对外层空间的探索仍只是一个存于神话与传说中的梦想。

"地球是人类的摇篮，但人类不可能永远被束缚在摇篮里"。历史的脚步迈入20世纪后，人类终于开始向地球引力发起科学的挑战。1903年，俄国人齐奥尔科夫斯基提出了液体火箭推进的理论设想；1923年，德国人奥伯特发表了著名的论文《飞向星际空间的火箭》；1926年，美国人戈达德发射了世界上第一枚液体火箭；1937年，德国人冯·布劳恩开始领导研制大名鼎鼎的V-2导弹。经过航天先驱们半个多世纪的努力与积淀，1957年10月4日，苏联成功地将世界上第一颗人造地球卫星"斯普特尼克一号"送入太空，开启了人类探索太空奥秘的新时代。从此，人类活动突破了陆、海、空的疆域界限，开始进入第四领域——天。

航天活动具有重大的政治影响力。苏联发射第一颗人造地球卫星，不仅震撼了全世界，甚至一度在美国民众中造成恐慌。20世纪60年代，美国则通过"阿波罗"登月工程，扭转了在太空争霸中的不利地位，成功地向世界展示了自身实力。冷战结束后，尽管航天活动已经告别了争霸阶段，但是美、俄、欧、日等国家和地区丝毫没有放松对航天科技工业的支持，印度、巴西、以色列、加拿大等国也开始在航天科技上有所建树。可以说，能否在太空领域有所作为，已经成为衡量一个国家国际地位的重要标准之一。

航天活动正在改变着人类的生产生活方式。航天科技工业作为一种综合性极强的工业，促进了高新技术的快速发展，催生了一批战略性新兴产业，并对我们的日常生活产生了广泛而又深远的影响。通信卫星的发展使灾区和边远地区的人们可以瞬间与有关部门取得联系;导航卫星不仅可以帮助行人、飞机、船舶和地面交通工具定位导航,而且还可以帮助有关管理部门实时掌握受控对象的移动情况;气象卫星可以连续不断地提供全球各地区的气象资料,并对特定的灾害性天气进行实时跟踪;资源卫星则可以帮助人们收集有关陆地和海洋的大量数据信息,为资源开发和环境治理提供科学依据。

航天活动关系到国家军事安全。一方面,运载火箭技术同导弹技术有着密切联系,直接构成了各国战略威慑的重要组成部分。美、苏两国就是在太空争霸之时同步完成了各类战略导弹的研制工作。另一方面,航天科技可以大大提高军队的战斗力。使用卫星通信技术,军队指挥官可以随时指挥调度部署在各地的军事人员;借助导航系统,各类武器的打击精度大为提高;侦察卫星则成为搜集军事情报的一种非常重要的手段。

航天活动为许多科学研究提供了全新的可能。在失重环境下,不同的材料可以实现均匀混合,从而使很多原本在地球上不可能进行的加工成为可能。利用这一特性,人类有可能使用在轨运行的加工设备研制出可应用于计算机和其它领域的新型材料以及一些特殊的医药产品。而且,研究失重对植物、动物和人类生理的影响有助于我们开发更多有价值的新物种以及更好地了解疾病和衰老对人类的影响。此外,外层空间可以为人类提供未被大气层遮掩的宇宙画卷。如果我们将各类探测仪器置于大气层之上,就可以观察到更为清晰的宇宙图景。它有助于拓展人类的认识视野,加深人类对宇宙的理解。

综上所述,航天活动在政治、经济、军事、科技等方面都具有十分重要的意义;从长远看,能否用好太空资源,更是关系到全人类生存与发展的大事。根据联合国大会1966年12月通过、1967年10月开始生效的《关于各国探索和利用包括月球和其它天体在内的外层空间活动所应遵守原则的条约》,外层空间原则上为全人类所共有。但事实上,只有具备了开展航天活动实力的国家或集团,才有可能在外层空间中占有一席之地。

开展航天活动离不开运载工具,运载工具是开展航天活动的基础。航天运载工具的能力有多大,人类在空间舞台上活动的范围就有多大。正因为如此,世界上的航天大国都把大力发展先进的运载技术作为确立空间优势的重要手段之一。保持航天运载工具的领先地位,是提升大国地位的重要战略目标。一个国家,若不能持续推出新型航天运载工具,就不可能实现航天事业的可持续发展。

引言

由于航天运载技术很容易转化为战略导弹的研制能力,故世界各国都对航天运载技术实行严格的管控。通常情况下,航天运载技术是花再多的钱也买不来的关键核心技术,因此,只能主要依靠自力更生、自主创新。从这个意义上讲,聂荣臻元帅在我国第一个导弹研究机构——国防部第五研究院成立时提出的"自力更生为主,力争外援和利用资本主义国家已有科学成果",至今仍有指导意义。

自1956年10月8日,我国成立国防部第五研究院以来,中国航天事业已走过了56年的辉煌历程。在这56年的不平凡历程中,我国航天事业从研制导弹开始起步,仅用了14年的时间,就成功地在东风四号导弹的基础上自行研制出长征一号火箭,并用它在1970年4月24日将第一颗人造地球卫星"东方红一号"送入太空,揭开了我国进入外层空间,开拓天疆的序幕,中华人民共和国从此正式进入航天时代。之后,经过14年的艰苦努力,我国又于1984年4月8日使用长征三号火箭成功地将自行研制的"东方红二号"通信广播试验卫星送入距地球3.6万千米的地球静止轨道。这标志着我国运载火箭技术已经跨入世界先进行列。2003年10月15日,我国又使用长征二号F火箭成功地将"神舟五号"载人飞船送入太空。次日,返回舱载着我国第一位航天员杨利伟安全着陆。这一壮举圆了中华民族的千年飞天梦想,标志着我国已经进入载人宇宙空间探索活动新时代。2007年10月24日,我国用长征三号甲运载火箭成功发射"嫦娥一号"卫星,同年11月12日,依据"嫦娥一号"卫星拍摄数据制作的中国第一幅全月球影像图正式公布,这是当时世界上已公布的月球影像图中最完整的一张。中国真正驶上了由航天大国通往航天强国的快车道。

经过半个多世纪的建设与发展,我国航天事业从无到有,从小到大,构筑了专业齐全、功能配套、设施完备的航天科技工业体系,掌握了一大批具有自主知识产权的核心技术,积累了独具特色的航天工程管理经验和方法,造就了一支技术精湛、作风优良的航天人才队伍,孕育形成了航天精神、"两弹一星"精神和载人航天精神,并逐步实现了多方面转变:由封闭式单一军品生产向开放型的军民融合、多品种生产;由科研生产型向科研生产经营开拓型;由主要面向国内市场向国内与国际两个市场并重;由以发射导弹和卫星为主,向导弹、卫星、载人航天、深空探测多业并举;由人治管理向制度化管理的五大转变,为维护国家安全、带动科技进步、促进经济发展和振奋民族精神作出了重要贡献。

纵观56年的中国航天事业发展史,可以说,中国航天事业走过的道路,是一条独立自主、自力更生之路;是一条艰苦奋斗、顽强拼搏之路;是一条开拓进取、勇攀高峰之路。中国航天事业从一个胜利走向另一个胜利,离不开党中央、国务院和中央军委的科学决策、正确领导和亲切关怀;离不开社会主义制度集中力量办大事优越性的发挥;离不开航天战线广大科技工作者、工程技术人员、工人、干部和解放军指战员的辛勤劳动与无私奉献;离不开全国各部门、各地区的大力协同。

中国航天事业所取得的辉煌成就,不仅为我国航天事业的进一步发展奠定了坚实的物质与技术基础,而且还为我国的创新型国家建设提供了宝贵的实践经验和丰富的思想资源。作为中国航天事业的发祥地,中国运载火箭技术研究院站在喜迎55周年华诞的新的历史起点上,面向未来,认真回顾中国航天半个多世纪来的风雨历程,并将蕴含在其中的成功经验与哲学思想,尤其是发展规律总结提炼出来,以期能为中国航天乃至其它行业的未来发展贡献思想、理论与智慧。

本书在撰写过程中,囿于篇幅,只能将重点放在中国航天事业发展所特有的规律性总结上。因此,在围绕中国航天事业为何能够取得成功这条主线展开分析讨论时,对那些各行各业中都普遍存在的因素在促进中国航天走向成功的过程中所发挥的巨大作用着墨有限,主要是为了更加鲜明地突出中国航天事业的发展特色。

本书由五章组成。第一章"中国航天事业的发展成就"重在回答中国航天究竟取得了什么样的成功。第二章"中国航天事业的体制机制"着重解决中国航天是如何取得成功的问题。第三、四、五章主要讨论中国航天用什么保证成功的问题。其中,第三章"中国航天事业的成功法宝"主要从工作方法层面进行总结归纳,第四章"中国航天事业的思想精髓"主要从思想方法层面进行考察分析,第五章"中国航天事业的精神动力"则主要从精神信念层面进行提炼概括。

第一章

中国航天事业的发展成就

第一节 在发愤图强中创业

一、国防部第五研究院的创建

1956年2月16日,国务院总理周恩来在国务院副总理陈毅、国家科委副主任范长江等人的陪同下,会见了1955年9月17日由美国启程返回中国的著名科学家钱学森。受周恩来总理的委托,钱学森随即起草了《建立中国国防航空工业的意见书》,提出了我国"国防航空工业"的组织草案、发展计划和具体实施步骤等。当时为了保密起见,采用"国防航空工业"一词代表火箭、导弹工业。该意见书认为,我国国防航空工业原则上应"研究、设计和生产三面并进,而在开始时,重点放在生产,然后兼及设计,然后兼及研究。"①

图1-1　1956年2月1日,毛泽东和钱学森(左)在一起

---

① 石磊,王春河,张宏显等.钱学森的航天岁月[M].北京:中国宇航出版社,2011:120.

第一章 中国航天事业的发展成就

1956年3月14日,周恩来总理主持召开中央军委会议,讨论了钱学森的有关建议,并决定:由周恩来、聂荣臻、钱学森筹备组建航空工业委员会,统管我国航空与导弹工业的发展工作。4月13日,国务院决定:成立以中央军委副主席、国务院副总理聂荣臻为主任,中央军委秘书长黄克诚和第二机械工业部部长赵尔陆为副主任,总参装备计划部部长安东为秘书长,钱学森等为委员的航空工业委员会(简称航委)。

1956年5月26日,周恩来总理出席中央军委会议,讨论了由聂荣臻代表航委提出的《关于建立我国导弹研究工作的初步意见》。周恩来在会议上指出:导弹的研究方针是先突破一点,不能等待一切条件都具备了才开始研究和生产;要动员更多的人来帮助和支持导弹的研制工作,所需的技术专家和行政干部,同意从工业部门、高等院校、科研机构和军队中抽调,军队要起模范作用。同时,责成航委负责组建导弹管理机构(国防部五局)和研究机构(国防部第五研究院)。

1956年8月6日,国防部五局正式成立。局长由钟夫翔担任,钱学森任第一副局长兼总工程师。五局成立后,即开始筹建国防部第五研究院,包括寻找院址。8月20日,中央军委批准将位于北京西郊(航天桥一带)的军委124疗养院、总参106疗养院和北京军区空军第466医院腾出,交给国防部五局和国防部五院用做临时办公用房。

1956年10月8日,国防部第五研究院(简称国防部五院)成立大会在466医院食堂召开。聂荣臻元帅宣布:经中央军委批准国防部五院正式成立,由钱学森担任院长。聂荣臻在讲话时指出:"我们不能排除在平等互利原则下的外援,我们不搞闭关锁国,但是我们的立足点必须放在自力更生的基础上。像我们这样的大国,特别是搞国防尖端这门行业,如果把立足点放在外国援助上,必然造成研制系统的依附性,被别人牵着鼻子走,那对我们国家的国防建设和国家安全,将是潜在的巨大危险。"为此,他要求国防部五院将"自力更生为主,力争外援和利用资本主义国家已有的科学成果"作为自己的建院方针。[①]

1956年11月23日,聂荣臻元帅批准国防部五院下设10个研究室,即六室(导弹总设计室)、七室(空气动力研究室)、八室(结构强度研究室)、九室(发动机研究室)、十室(推进剂研究室)、十一室(控制系统研究室)、十二室(控制元件

---

① 周均伦.聂荣臻年谱(上卷)[M].北京:人民出版社,1999:590.

研究室)、十三室(无线电研究室)、十四室(计算技术研究室)、十五室(技术物理研究室),分别由任新民、庄逢甘、屠守锷(1957年到任)、梁守槃、李乃暨、梁思礼、朱敬仁、冯世璋、朱正、吴德雨负责。当年从北京大学等高等院校选调来的143名应届毕业生,基本上按其所学专业分配至各研究室。由于国防部五院早期被纳入解放军编制,因此来国防部五院工作的科研人员不久后都加入了军籍。

为了充实国防部五院的科研力量,中央要求工业部门、高等院校、科研院所和军队全力支持国防部五院。当时,中华人民共和国成立还不到十年,百废待兴,各单位人才并不充裕,从事过与导弹相关研究的科研人员尤为稀少。因此,仅靠国内的力量很难满足国防部五院对人才的需求。后经协商,苏联表示愿意从1957年新学期开始接收50名中国留学生改学导弹技术类专业。除接收留学生外,苏联还答应提供两发教学用P-1地地导弹样品给国防部五院。1956年底,这两发导弹运抵国防部五院驻地466医院。根据钱学森的指示,国防部五院决定将其中一发用做教学解剖,另一发则组织人员进行测试和测绘,以通过"反设计"来提升科研人员的导弹研制能力。

最初,国防部五院由国防部五局领导,五局则由航空工业委员会领导。为减少行政层级、提高工作效率,钟夫翔1956年底建议将国防部五局并入五院。1957年2月,聂荣臻元帅接受了这一建议。适逢中央军委决定将防空军并入空军,为加强对国防部五院的领导,国务院、中央军委任命原防空军副政委谷景生、副参谋长刘秉彦分别为国防部五院政治委员、副院长,国防部五局局长钟夫翔调任第二机械工业部副部长,五局副局长林爽任国防部五院副院长。

随着人员的增多和事业的发展,航天桥附近的驻地已不敷使用。1957年4月,国防部五院发现位于云岗附近的马列学院二分院适合作新的院址。经协商,中共中央对外联络部很快就把该地块无偿划拨给了国防部五院。

1957年6月10日,根据全国科学规划的相关条款,国防部五院召开了喷气技术协调会议,确定第二个五年计划期间的基本研究任务为:① 仿制P-1导弹;② 设计和试制射程450千米以上的单级导弹;③ 设计和试制能控制飞行的无人驾驶飞机(用做靶机)。毋庸赘言,这些研究在当时遇到了不少困难。

为争取苏联对我国国防工业的发展给予更多的理解与支持,1957年夏,聂荣臻与苏联驻华经济技术总顾问阿尔希波夫进行了多次会晤,在获得苏联政府

的善意回应之后,于1957年9月上旬率领中国政府代表团前往莫斯科就国防新技术援助一事与苏方进行了谈判。当时,"匈牙利事件"爆发后不久,不少社会主义国家对苏联的出兵行为提出了批评。面对社会主义阵营出现的分裂危机,赫鲁晓夫十分希望毛泽东能够亲自出席在"十月革命"40周年之际召开的六十一国共产党、工人党会议,并表态支持苏联。于是,双方于10月15日正式签署了《关于生产新式武器和军事技术装备以及在中国建立综合性原子能工业的协定》(简称《国防新技术协定》)。

《国防新技术协定》规定:苏联政府在综合性原子能工业生产与研究原子能武器、导弹武器、作战飞机、雷达无线电设备以及试验火箭武器、原子能武器的靶场等方面对中国政府进行技术援助,并帮助中国建设火箭与导弹及发动机研究院、火箭与防空及飞航式导弹控制系统研究院、发动机与全弹试车台、空气动力研究所等项目。根据这一协定,苏方在1957年底至

图1-2 1954年9月,中苏两国政府签订援华协议
(右一:毛泽东,右二:赫鲁晓夫,前排左一:周恩来)

1961年底,除提供中国原子弹的样品和技术资料外,还提供四种导弹(P-2地地导弹、C-75地空导弹、C-2岸舰导弹、K-5M空空导弹)的样品和技术资料等。此外,苏联将向中国派遣专家帮助中国仿制导弹,向中国提供导弹研制与发射基地的工程设计资料,并增加中国派赴苏联的火箭与导弹专业留学生名额等。

为迎接苏联的援助,遵照中央军委的指示,国防部五院于1957年11月16日成立一、二分院。一分院由国防部五院的六、七、八、九、十室和机关的大部分人员组成,主要承担各类导弹总体设计和弹体、发动机的研制任务,驻

图1-3　1960年，刘亚楼(中)、刘有光(右)、张钧(左)到试验站检查工作

地在云岗附近(后迁至南苑)。二分院由国防部五院的十一、十二、十三、十四、十五室与通信兵部军事电子科学研究院的6个研究室和1个试制工厂合并组成，主要承担各类导弹控制系统的研制任务，驻地在永定路附近。同日，周恩来总理任命钱学森为国防部五院院长，兼一分院院长；刘有光为国防部五院政治委员；王诤为国防部五院副院长，兼二分院院长；谷景生为国防部五院副政治委员，兼一分院政治委员；刘秉彦为国防部五院副院长，兼一分院副院长。同年12月2日，国防部部长彭德怀任命林爽为一分院副院长；钱文极、廖昌林为二分院副院长；董其强为二分院副政治委员。此时，新成立的国防部五院一分院、二分院行使学院一级职权(当时的学院一级是兵团级)。

1957年12月，中央军委决定：由军委炮兵同国防部五院共同组建教导大队，业务由国防部五院领导，建制归军委炮兵(1958年8月纳入国防部五院建制，1959年7月撤销建制)。教导大队的主要任务有两项：一是接收苏联依据《国防新技术协定》提供给中国的导弹装备及其相关技术资料；二是向苏联派来的导弹营学习如何使用与维护保养所提供的导弹武器。教导大队成立不久便顺利完成了6次接装任务，其中P-2地地导弹3次，C-75地空导弹2次，C-2岸舰导弹1次。首次接运的是两发P-2导弹和一套测试、发射、运输、加注等地面设备。接运的时间是1957年12月24日，苏联的一个缩编P-2导弹营也于同期秘密抵达中国。

此前，钱学森院长曾走上讲台，亲自给从大专院校选调来的毕业生讲授"导弹概论"课程，国防部五院还聘请了不少高等院校和中国科学院的专家学者来驻地传授相关专业知识，但就内容而言，大多是一些基础理论知识。而这次，教导大队向苏联导弹营学习的内容分指挥、测试、诸元准备、发射、运输等20多个

科目,学的主要是实际操作知识。因此,在教导大队接受过训练的近 800 名人员后来都成长得比较快。他们当中的不少人在之后的导弹、火箭、卫星等型号设计中担任了系统设计师、副总设计师,甚至是总设计师,有的还担任了试验基地以及使用部队的骨干。

为落实《国防新技术协定》,1958 年初,苏联专家在我国进行了导弹研制基地和发射场的选址考察,并共同商定了四项援建工程,即火箭与防空导弹总体及发动机研究院(一分院,代号 8102)、火箭与防空、飞航式导弹控制系统研究院(二分院,代号 8109)、发动机与全弹试验台(代号 8103)、空气动力研究所(代号 8108)。四项工程的初步设计由苏方负责,其它由中方负责。不过,工业建设中的重要专用部分以及四个项目的试验、生产、工艺设备等均由苏方负责设计和提出分交清单。

1958 年初,中苏双方还就国防部五院的导弹仿制与协作生产一事进行了磋商,并选定了沈阳 111 厂等 25 家工厂为一级协作厂。根据国防部五院的请求,1958 年 6 月,中央决定将二机部所属、位于北京南苑的飞机修理试制厂(211 厂)划归国防部五院作试制导弹的总装厂(1959 年 2 月明确归属一分院建制)。211 厂当时在职人员有 6 千余人。他们划归国防部五院管理后,国防部五院便拥有了一批熟悉工厂工作的企业管理干部,尤其是有了一支工种比较齐全的熟练技工队伍。特别是当一分院在同年 7 月至 8 月间整体搬迁到南苑地区后,产品的总体设计和产品的总装便可很方便地实现无缝对接。这种科研与生产紧密结合型联合体的建立,对不久后展开的仿制工作以及后来的自主研制工作起到了极大的促进作用。

针对上述变化,航委于 1958 年 6 月确定了四大研制基地的建设地址。8102,也即一分院工程,在北京南苑 211 厂及其以东地区兴建;8109,也即二分院工程,在永定路地区兴建;8103 工程和 8108 工程在云岗地区兴建。至于导弹与火箭发射试验基地,此前已经决定在甘肃省的酒泉地区(即内蒙古额济纳旗)兴建。这样,经过近两年的努力,国防部五院的大业基石终于基本铺就了。

二、苏联 P-2 导弹的仿制

1958 年 1 月 9 日,国防部五院制定了第二个五年计划期间的研制工作规划,提出在 1958 年至 1962 年的 5 年里研制多种地地、地空和岸舰导弹,包括仿制 P-2 导弹。当时 P-2 导弹运抵国防部五院驻地还不到两周。

图 1-4　1956 年 12 月 29 日,任新民(前排右二)等参加苏援导弹接收仪式

考虑到当时的国防部五院生产能力非常有限,航委指示 P-2 地地导弹的仿制由国防部五院负责,一机部协同;C-75 地空导弹的仿制由一机部负责,国防部五院作为设计单位,配合一机部仿制。为此,国防部五院同一机部协商后,于 1958 年 5 月 17 日制定了 P-2 武器系统任务分配表和各承制单位完成任务的时间表。当时,作为参加仿制单位列入任务分配表的有一机部的一级协作厂 25 家,冶金、化工、轻工、纺织、建材、铁道等部门的协作厂 140 余家。实际上,后来直接或间接参加仿制的单位多达 1400 余家。

1958 年 5 月 29 日,聂荣臻和黄克诚来到国防部五院正式下达了 P-2 导弹的仿制任务,钱学森当即向国防部五院全体人员宣布了具体工作安排,要求在 1959 年 10 月前完成 P-2 导弹的仿制工作,以便向 10 周年国庆献礼。

实际上,苏制导弹的仿制工作早在 P-1 导弹样品 1956 年底运至国防部五院时就已开始。根据钱学森的指示,1957 年春,徐兰如和梁守槃、谢光选等人对 P-1 地地导弹样品进行了测试和测绘,基本摸清了 P-1 导弹的结构、元器件组成和所使用的材料等。为此,1957 年 4 月 24 日,聂荣臻元帅还召开会议讨论了 P-1 导弹的仿制问题。6 月,国防部五院召开喷气技术协调会议时还将 P-1 导弹的仿制定为基本研究任务。P-1 导弹乃苏联仿制德国 V-2 火箭的产物。它的技术在当时已无先进性可言,但它对从未见过导弹的国防部五院科研人员

来讲仍如获至宝。通过对 P-1 导弹进行"反设计",即逆向工程,国防部五院科研人员对导弹的认识有了一次质的飞跃。

《国防新技术协定》的签署意味着仿制 P-1 导弹已无必要。由于 P-2 导弹 1957 年底运抵北京时国防部五院的科研人员已积累了不少导弹"反设计"经验,所以在 P-2 导弹的设计图纸等技术资料尚未交付的情况下,国防部五院科研人员就毫不犹豫地开始了对 P-2 导弹的"反设计"。虽然 P-2 导弹是 P-1 导弹的改进型,但对它进行"反设计"仍非易事。国防部五院科研人员不畏艰难,在苏联专家和设计图纸、资料到来之前的半年时间里,慢慢摸清了 P-2 导弹的内部结构和材料、零件的性能,为之后的仿制工作打下了良好的基础。

当时,"大跃进"已在各行各业全面展开,"鼓足干劲、力争上游、多快好省地建设社会主义"被确定为党的总路线。在这种"大好形势"的推动下,国防部五院有人喊出了"三年打到太平洋,五年放个小月亮"的口号。为适应"大跃进"的形势,1958 年 6 月 16 日,钱学森和王诤在向聂荣臻元帅汇报时提出,准备仿制"1059"(P-2 地地导弹)、"543"(C-75 地空导弹)、"542"(C-2 岸舰导弹)、"544"(ЈI-15 舰舰导弹)、"1060"(P-11ФМ 潜地导弹)5 种导弹,并自行设计 5 种与之对应的导弹。聂荣臻元帅当即指出:"当前的重点还是应该认真学习和掌握已有的导弹样品和资料,边干边学,培养壮大技术队伍,掌握科学技术,型号不宜一下安排过多,步子一下子跨得太大了易走弯路,还是少走弯路为好。国家花那么多钱请来了苏联专家,应抓紧时机尽量把他们的东西学到手。不然是个很大的浪费和损失。"①

聂荣臻元帅的谆谆告诫,犹如醍醐灌顶。国防部五院领导和科研人员意识到仿制是为了独创,创新需要有积累,无论在什么情况下,都必须保持清醒的头脑,坚持仿制练兵、循序渐进的方针。为此,他们及时将计划调整为:在首先满足仿制 P-2 导弹的前提下,着手进行东风一号、红旗一号的自行设计。至于其它 3 个型号的自行设计则暂时中止。这些决策无疑是正确的。因为 20 世纪五六十年代我国的工业技术基础非常薄弱,不要说自行设计了,即使是仿制也并非易事。当时,设计单位和承制厂在仿制过程中遇到了四大难题:① 原材料品种规格不全;② 生产设备不足;③ 图纸资料不齐;④ 工厂技术力量薄弱。

---

① 周均伦.聂荣臻年谱(下卷)[M].北京:人民出版社,1999:643.

图1-5　东风一号导弹在军事博物馆展出的雄姿

面对这些困难,大家在如何仿制的问题上出现了不同的看法。譬如在1958年11月初召开的国防部五院党委会上,一些同志主张走仿制飞机的路子,即先向苏联订购若干套散装件和原材料进行组装,然后在国内试制一些材料、元器件替代部分外购材料和元器件,以后不断提高材料和元器件的国产化率,减少外购材料和元器件。这样既练了兵,又可以按时完成计划,同时也为国内厂家试制材料和元器件争取了时间。另一种意见认为,上述意见过于保守。因为我国的工业生产大多采用苏联的技术标准,P-2导弹中的很多材料、元器件都能在国内生产,即便一些材料和元器件暂时还不能在国内生产,添置或改造若干设备后,也很快就能生产。所以,向国外订购一些原材料、元器件是必要的,但无须成套外购。在国内组织生产确实需要花费一些时间,甚至有可能推迟计划的完成时间,但这样做,有利于节约外汇,有利于控制导弹仿制的主动权,减少或避免外界的干扰或限制,当然也有利于今后的导弹自行设计以及我国工业生产技术水平的提升。经过充分讨论,国防部五院领导最终统一认识,决定迎着困难上,发挥举国体制的优势,开展全国大协作,尽最大努力提高导弹材料和元器件以及生产设备的国产化率。今天看来,如果当时国防部五院党委采纳了第一种意见,在苏联后来停止技术援助的情况下,我国航天工业的发展不可避免地会陷入更大的被动。

知易行难。在那个时代,顶着国内政治运动的冲击,立足于国内仿制苏联导弹,一心一意谋求国防工业的发展谈何容易!

为了减少材料和元器件的外购比重,设计单位和承制厂通过全国大协作的方式,自行解决了仿制导弹所需的近三分之二的金属材料和非金属材料。如北京石油科学研究院在既无样品,又无其它技术资料的情况下,仅凭一份技术文件,硬是用含蜡量较低的克拉玛依油田的原油研制出了凝固点在零下45度的

L-1润滑油,解决了舵机用的液压油问题。

解决生产设备不足问题丝毫不比解决材料不全问题轻松。A-3气瓶是为导弹推进剂箱体增压的重要配件,需要使用一种大直径的薄壁无缝钢管。而我国当时根本没有制造气瓶用的旋压设备,也没有对它进行热处理的重油正火炉,故难以生产所需的薄壁无缝钢管。于是,科研人员只好采用国产厚壁无缝钢管代料,依靠老工人的高超技艺,用车床加工的方法加工出了薄壁钢管。然后再采用自由锻造成型工艺代替旋压,用改造现有热处理设备的方法,制造出了完全符合技术要求的A-3气瓶。

苏联1958年6月至11月提供给国防部五院的生产图纸、技术条件、工艺规程及工装模具等图纸资料近1万册。但其中的一些图纸资料有短缺,尤其是地面设备和整机所属的二次协作件的资料短缺较多。如控制系统中的地面测试发射电气设备没有图纸,加注设备中涡轮泵的转子流量计也没有图纸。这些问题虽是局部的,但导弹是一个完整的系统,缺哪一部分都不行。因此,科研人员只得通过测试样机,绘制结构图和原理图,然后再进行设计计算。糟糕的是像发动机试车台这样的设施,不仅技术资料不全,而且连样机都没有。当时的现实是,从苏联引进试车台或必要的图纸资料已无可能,这就迫使国防部五院的科研人员只得依靠自己,走自力更生之路。

在仿制过程中,无论是技术工人,还是设计人员都捉襟见肘,能力素质也不足以满足需求。以211厂为例,由于该厂是在飞机修理厂的基础上发展起来的,故铆接工有余、焊接工不足。但是,埋弧自动焊、合金钢点焊、铝合金点焊及手工自动氩弧焊等工种是仿制导弹时必不可少的。无奈之时,总装厂只能把数百名铆接工送到全国各地去学习焊接工艺。为了提高技术人员的素质,211厂先后选派了36名技术人员参加了苏联导弹营在国防部五院教导大队举办的培训。1958年5月开始,苏联派遣至一分院和211厂帮助仿制P-2导弹的专家逐渐增至30多人。211厂不失时机地挑选了70多名技术人员跟随这些专家学习,并把专家的建议及时整理汇编,印发给有关人员学习参考。

尽管在仿制过程中遇到的材料规格品种不全、生产设备不足、图纸资料不齐、工厂技术力量薄弱等问题解决起来非常棘手,但是最棘手的莫过于赫鲁晓夫背信弃义,单方面撕毁协议。1958年夏,因长波电台和联合舰队问题中苏之间发生了争执,加上当时中国正处于"大跃进"时期,苏联于1959年6月以苏、美、英等国正在谈判禁止试验核武器为借口,提出暂缓向中国提供原子弹教学模型、图纸资料以及一些重要原材料与关键元器件等。1959年9月底,赫鲁晓夫来华参加中国国庆10周年阅兵式时,双方之间的分歧进一步加大。1960年7月16日,苏联政府照会中国政府,决定自1960年7月28日至9月1日,撤走全部在华的苏联专家,同时停止发送建设急需的设备、关键部件和重要物资。这样,苏联留在国防部五院工作的最后3名专家也于8月12日被撤走。

图1-6　1960年,刘瑄(前排右三)、张钧(前排右四)等领导欢送苏联专家

为使P-2导弹的仿制工作不至于因订购的重要原材料、基础元器件和关键设备无法获取而中断,王诤副院长亲自起草了《关于为"1059"试制生产中采用材料的请示》,并于1959年7月8日报送此前基于航委和国防部第五部(负责常规武器研制)组建起来的国防科学技术委员会(简称国防科委)。11月9日,负责国防科委工作的聂荣臻元帅召开专门会议,讨论了国防部五院的请示。大家意识到,如果不能解决重要原材料、基础元器件、关键设备问题,中国尖端技术的发展就很难取得突破。因此,有必要组织全国大协作,开展重要原材料、基础元器件、关键设备的联合攻关,尤其是重要原材料的协同创新。两天后,聂荣臻向中央军委并中共中央报送了《关于以自力更生为主,解决新技术所需材料问题的报告》,11月26日,聂荣臻又专门给中央报送了《关于解决新技术所需材料问题的报告》,12月20日,中共中央向各省市和中央各部委发出通知,要求"必须下定决心,不失时机地解决这个问题,万不能耽搁了"。

1960年初,国防科委牵头在沈阳和哈尔滨分别召开了三委四部会议,提出了地地、地空导弹及其它新技术所需的新材料试制任务。到1960年上半年,仿制"1059"导弹所需材料的绝大部分都按技术要求试制成功。1960年至1964年,又试制出了金属和非金属材料4000多项,不仅为尖端武器的发展奠定了坚实的技术和物质基础,而且带动了冶金、化工等基础工业的发展。

在中央强有力的领导下,在各行各业的大力支持下,国防部五院在1960年9月10日,使用苏联专家认为有可能会爆炸的国产液氧和酒精,成功地发射了一发苏制P-2导弹。11月5日上午9时许,我国仿制的第一枚凝聚着中国人民自力更生精神和不屈不挠意志的代号"1059"的导弹在酒泉导弹发射试验基地腾空而起,7分钟后弹头准确命中550千米外的目标区。12月,我国又成功地发射了两发"1059"导弹。**它表明中国已经初步掌握了导弹制造技术,同时坚定了中国依靠自身的力量发展导弹事业的信心。**

三、东风二号导弹的自行设计

1960年2月,中央军委召开第六次扩大会议,讨论并通过了《国防建设工作纲要》,提出了尽快突破"两弹"①技术的任务,并确立了"两弹为主,导弹第一,努力发展电子技术"的国防尖端技术发展方针。为了进一步加强国防部五院的领导力量,促进苏制导弹的仿制与改进工作的开展,1960年3月,中央决定:由空军司令员刘亚楼兼任国防部五院院长;空军第一副司令员王秉璋兼任国防部五院副院长,主持日常工作;钱学森改任国防部五院副院长,分管研究设计工作。同月,国防部五院党委召开扩大会议,明确提出今后的研制工作重点由仿制转为东风二号和红旗二号的自行设计。

国防部五院工作重点由仿制转入自行设计后,迫切需要充实一批研究设计人员、工艺技术人员和管理干部,并加快火箭与防空导弹总体及发动机研究院、火箭与防空、飞航式导弹控制系统研究院、发动机与全弹试验台、空气动力研究所四个研制基地设施的建设。

---

① "两弹",指"导弹、原子弹"。1960年,中央军委为国防工业的发展确定了"两弹为主,导弹第一"的方针,从而揭开了我国国防工业以自行研制为主的新时代的序幕。

图 1-7　1960 年 2 月，一分院第一届群英大会召开

为解决国防部五院人手不够，尤其是研究设计人员不足问题，1960 年 3 月中共中央向全党发出《关于迅速完成提前选调给国务院国防部五院应届大学毕业生的通知》，要求各省、市、自治区党委指定组织部部长亲自负责挑选审查，确保质量和数量。该年暑期，4000 名理工科大学毕业生来到了国防部五院，占当年全国高校毕业生总数的 11%。同年，国防部五院还从中等技术学校选调了 2000 余名毕业生。此外，这一年，军队还为国防部五院选送了 4000 余名技术类复员转业军人以及 3000 余名各类干部和服务人员。至 1961 年 3 月，国防部五院在职员工数迅速发展到 27500 余人，其中一分院 15600 人（干部 800 人、科技人员 5360 人、警卫部队及其它职工 1475 人、211 厂 7965 人），二分院 10614 人。当时，从军队调到国防部五院担任一、二分院主要领导以及担任机关部门、设计部、研究所、研究室负责人的都是非常优秀的军、师、团级干部，如一分院首任政委谷景生和第二任院长刘瑄都曾在抗美援朝上甘岭战役中建立功勋。

尽管当时我国国民经济建设遇到了暂时的困难，但国防部五院的四大研制基地建设并没有因此而受到影响。1960 年，北京市所属两家建筑公司投入国防部五院四大研制基地建设的人数达 6000 余人。若加上沈阳军区派来参加建设的三个步兵团、兰州军区的两个汽车团、广州军区的一个工兵团和南京军区的一个工兵团等，1960 年投入国防部五院四大研制基地建设的人员高峰时达 1.5 万人。1960 年，国防部五院总开工面积达 72 万平方米，当年完成交付使用的接近 10 万平方米，1961 年上半年又交付了近 20 万平方米。

在研制基地建设如火如荼地展开之时,国防部五院的科研人员挤在喧闹的旧飞机库里开始了东风二号导弹总体设计方案的论证。

当时,P-2 导弹的仿制工作已接近尾声。在仿制过程中,国防部五院一分院的科研人员发现"1059"导弹的推力和射程还有潜力可挖。一分院设计部曾利用"1059"导弹发动机的零部件进行提高承载能力的试验,证明加大推进剂的流量,提高燃烧室的压力,还可以提高发动机的推力。他们对导弹的总体方案与弹体结构进行深入分析后认为,在"1059"导弹基础上进行一些改进设计,可以将导弹射程由 550 千米提高到 1000 千米左右。在"大干快上"成为一种风潮的年月,一些人主张直接设计射程达 1500 千米—2000 千米的中程导弹,而不是射程只有 1000 千米的中近程导弹。而另一些人则认为,在苏联决定撤走全部专家、停止提供技术资料和关键设备的情况下,不应急于求成,而应稳扎稳打,采用"小步快走"的方式推进自行设计工作。这就提出了一个问题,自行设计的第一步究竟该怎么走?是迈大步,还是迈小步?

后经充分讨论,多数人认为,研究、设计、试制、试验所需的一些配套设施才刚刚开始兴建,加上科研人员不足,且缺乏独立研制经验,没有预先研究基础,先设计一个中近程的导弹比较现实。于是,国防部五院建议先充分利用 P-2 导弹的仿制成果,尽快研制出一个射程达 1000 千米的中近程导弹。聂荣臻元帅批准了这一建议。根据中央的决定,国防部五院科研人员于 1960 年 7 月提出了中近程导弹东风二号的总体设计方案。

与"1059"导弹相比,东风二号导弹主要作了三个方面的改进:① 加大发动机的推力。因弹体直径没有改变,这样就必须增大弹体的长度,以扩增推进剂贮箱的容量。② 减轻弹体的重量。主要是将液氧贮箱改为单层薄壁结构,尾段由钢结构改为铝合金结构,并采用小三角尾翼等。③ 提高控制系统的精度等。至于地面设备,在充分利用"1059"导弹设备的基础上,对公路运输车、起竖托架、移动工作台等进行了改进设计。

1960 年 8 月,国防部五院召开方案论证会,批准了中近程导弹的总体设计方案。9 月成立了以副院长林爽为主任委员的中近程导弹设计委员会。尽管东风二号导弹是在"1059"导弹的基础上"爬高",具有较大的技术继承性,但是在设计过程中仍然遇到了很多棘手问题。当时,参加设计的工程技术人员,绝大多数是刚迈出校门的年轻人。虽然一些人参加过 P-2 导弹的仿制,并在仿制过程中学到了不少生产方面的知识,但搞导弹设计,都还是第一次。好在几位老专家搞过工程设计,不少人对 P-2 导弹进行过"反设计",在苏联学习导弹设计的留学生也已开始陆续归国,更重要的是大家都怀有"为国家争光,为民族争气"的强烈责任感。所以,在苏联撤走专家,停止提供重要原材料、基础元器件、关键设备的情况下,研制人员面对困难毫不气馁,通过群策群力,协同攻关,顽强拼搏,当年年底就完成了全部初步设计。

当东风二号导弹总体和各分系统的设计图纸陆续下厂生产、开始相关试验时,"大跃进"加上自然灾害造成的粮食供应困难变得越来越严重。由于物资匮乏,营养不良,国防部五院科研人员的体质开始急速下降,七成以上的人患上了浮肿病。聂荣臻元帅得知这一情况后,利用老战友、老部下的关系,向各大军区紧急调集了一批肉、鱼、黄豆等副食品,分配给了科研人员,而党政干部没有从中拿过一点。中央领导的亲切关怀,党政干部的廉洁自律,极大地鼓舞了科研人员战胜困难的勇气。可是,国民经济面临着严重的困难乃客观现实。在此困难时期,一些领导同志认为,科技事业尤其是国防尖端项目花钱太多,影响了国民经济其它部门的发展,因此主张导弹、原子弹等国防尖端项目暂时"下马"。当然,这种意见遭到了很多人的反对。

1961 年 7 月中旬,在北戴河召开的国防工业会议上,主张优先搞飞机和常规装备,暂时不搞导弹、原子弹等尖端武器的观点逐渐占据了上风。聂荣臻元帅深感不安,他于 7 月下旬赶到北戴河,马不停蹄地找人座谈,做耐心细致的说服工作。他的态度很明确,"两弹为主,导弹第一"的方针是中央军委一年前就定下来的,我们不能遇到一点困难就动摇。仿制的近程地地导弹已试验成功,自行设计的中近程导弹正在进行研制,原子弹已开始基本理论和关键技术的攻关。只要齐心协力,加上政策措施得当,经过艰苦的努力,争取三年或再长一些的时间,突破"两弹"技术是完全可能的。聂荣臻后来在其回忆录中写道:"对我来说,态度一直是明确的,为了摆脱一个多世纪以来我国经常受帝国主义欺凌压迫的局面,我们应该发展以导弹、原子弹为标志的尖端武器,以便在我国遭受帝国主义核武器袭击时,有起码的还击手段。同时,通过制订十二年科学规划和前一段研制尖端武器的实践,我们已经深感'两弹'是现代科学技术的结晶。坚持搞'两弹',还可以带动我国许多现代科学技术向前发展。所以,我们不应该'下马',应该攻关,这就是我当时坚定不移的信念。"[①]

---

① 聂荣臻. 聂荣臻元帅回忆录[M]. 北京:解放军出版社,2005:645.

第一章 中国航天事业的发展成就

北戴河会议结束后的第四天,即1961年8月20日,聂荣臻向中央呈送了《关于导弹、原子弹应坚持攻关的报告》。毛泽东、周恩来等中央领导对"两弹"不下马的意见给予了坚定的支持。至此,研制东风二号导弹的计划总算没有中途夭折。

由于中央的战略意志坚定,国防部五院的组织执行力强,加上已经有了一定的技术积累,在国家制造汽车和飞机都很困难的年代,国防部五院在1962年2月20日就完成了第一发东风二号导弹的总装工作。此时,离东风二号导弹初样生产转入试样生产还不到十个月的时间。为稳妥起见,国防部五院决定推迟起运时间,再次对这发导弹进行综合测试。3月4日,我国自行设计的第一发中近程导弹东风二号导弹终于登上了由北京开往酒泉基地的列车。

好事多磨。1962年3月21日上午9时许,东风二号导弹进行首次飞行试验。然而,点火起飞后没过几秒弹体就出现较大的摆动和滚动,之后发动机舱起火,火苗从尾舱内窜出,随后发动机熄火。69秒后,导弹坠毁在距发射台不到1千米处,地面被炸出一个深4米、直径22米的大弹坑。在人们还没有从惊愕与悲痛中完全清醒过来时,聂荣臻元帅就打来电话交代匆匆赶到爆炸现场的钱学森:"要认真总结经验教训,但不要追究责任。因为是试验就有失败的可能。"这种信任与鼓励,使年轻的航天事业开拓者们深受感动。

国防部五院很快就启动了故障分析与故障复现试验工作。科研人员首先从总体设计入手,然后像剥洋葱那样,一层一层地对各分系统进行大量的分析计算和研究试验。经过一个多月的奋战,终于找到了导致失败的两个主要原因:一是在总体设计时,把导弹当成了刚体,没有考虑到细长弹体在飞行中的弹性振动。实际上,细长的弹体飞行时会像挑扁担那样振动。由于弹体的弹性振动与校正导弹姿态的控制系统的复位作用发生了耦合,致使导弹的弹性振动进一步加剧,以致飞行失控。二是发动机和弹体结构强度存在薄弱环节,导致飞行中发动机和弹体结构破坏而起火。显然,仅有导弹仿制的实践经验是不够的,仿制有利于"知其然",但很难"知其所以然"。而要搞清设计原理,掌握设计方法,不进行艰苦的理论学习和大量的实践探索是不行的。

通过深入总结,国防部五院认识到,这次试验失败暴露出的问题是多方面的。在设计方面,对导弹的设计原理和设计方法还没有吃透,对导弹系统的复杂性认识不足,对设计方案的可行性论证与地面试验验证重视得不够。在管理方面,没有建立技术责任制,没有严格按研制程序办事,对产品存在的缺陷与隐患没有及时采取有力措施加以消除。在思想上,急于求成,缺乏科学的态度,对独立研制的困难估计不足。这次试验失败表明:当初搞仿制练兵是必要的。如果直接搞自行设计,遇到的挫折可能会更多。第一次自行设计迈小步是正确的,如果直接搞中程导弹,遇到的困难可能会更大。

从失败中得到的教训往往比成功的经验更宝贵。国防部五院为确保东风二号导弹再次试验的成功,采取了一系列行之有效的整改措施。一是抢建急需的研究试验设施,加强预先研究。尽管当时国家仍处于经济困难时期,但国防部五院仍在国家的大力支持下,于1962年至1964年间,抢建了火箭发动机试车台、全弹振动试验塔、全弹系留试车台、热应力实验室、水力实验室、控制模拟实验室、超音速风洞、跨音速风洞、高速高温电弧风洞等实验设施以及计算、材料、测量、强度、元器件等研究机构。二是健全各项研制管理制度,尤其是技术责任制。系统总结建院以来,尤其是在东风二号导弹试射失败以来的经验教训基础上,国防部五院于1962年11月颁布了《国防部第五研究院暂行条例》(70条),从制度上对研究、设计、试制、试验工作、科技队伍建设、党的组织建设等进行了严格的规范。设计师系统与技术指挥线由此建立,科研工作中的外行领导内行、政

图1-8 东风二号导弹在发射场起竖

治冲击业务的倾向受到了遏制。三是修改导弹设计方案,加强地面试验工作,不带疑点上天。经过修改设计后研制出的导弹,增加了弹体的强度,改善了发动机的结构,先后通过了17项大型地面试验,包括发动机性能和可靠性试车、控制系统与遥测系统的匹配试验、全弹振动试验和多次全弹试车等。

1964年5月25日,东风二号导弹再次运抵酒泉导弹试验发射基地。6月29日,我国自行设计的中近程导弹再次进行发射试验,获得了成功。7月,国防部五院又进行了两次同型号的导弹发射试验,均获成功。**这一系列的成功表明,中国已经掌握了导弹设计的基本理论与方法以及质量管理基本规律,并依靠自己的力量实现了导弹生产关键技术的突破,为后来东风三号的独立研制打下坚实的基础。**

四、探空火箭的早期试制

1957年10月4日,苏联成功地发射了人类历史上的第一颗人造地球卫星,在国际上引起了强烈的反响,也为苏联"十月革命"40周年献上了一份厚礼。尽管10天后中苏签署的《国防新技术协定》中并没有纳入卫星技术援助条款,但对中国来讲,那已是一份沉甸甸的厚礼了。为显示社会主义国家之间的团结与友好,很少出国的毛泽东主席决定亲自率团赴莫斯科参加"十月革命"40周年庆祝大会以及国际共产党和工人党代表会议。在毛泽东主席抵达莫斯科后的第二天,即11月3日,苏联又发射了一颗更大且肉眼可以看得见的人造地球卫星,大涨了社会主义阵营战胜资本主义阵营的信心。访苏期间,毛泽东主席对苏联率先发射人造卫星一事给予了高度的评价。也就是在那个时候,他提出了中国要用15年的时间赶上英国的目标。

1958年元旦,《人民日报》刊发了题为《乘风破浪》的社论,公开向全国人民提出用15年左右的时间,在钢铁和其它重要工业产品产量方面赶上和超过英国的口号。受其鼓舞,中国科学院的一些科学家在1958年春提出了"上天、入地、下海"的口号。其中,"上天"是指研制和发射人造卫星。时任中科院副院长的张劲夫1958年5月在参加八大二次会议时,向周恩来反映了科学家们的建议。几天后的5月17日,毛泽东在大会上明确提出"我们也要搞人造卫星"。之后,聂荣臻元帅责成中国科学院和国防部五院尽快组织有关专家拟定卫星发展规划。7月,中国科学院就完成了卫星发展规划的拟定。该规划主张卫星发展分三步走:第一步发射探空火箭,第二步发射小卫星,第三步发射大卫星。规划明确要求只争朝夕,苦战三年,实现我国第一颗卫星上天。

为了实现"上天"目标,中国科学院决定将人造卫星的研制列为1958年的第一项重点任务(代号581),并成立了以钱学森为组长,赵九章、卫一清为副组长的领导小组,负责筹建3个设计院以便推进此项工作。这3个设计院当时又被分别称为力学研究所、自动化研究所、地球物理研究所二部。为了充分利用上海地区的工业基础,加快人造卫星的研制,中国科学院与上海市商定,第一设计院卫星总体设计部和发动机部的100余名技术人员于1958年11月从北京迁至上海,并由上海市从有关院校和工厂抽调部分科研人员、大中专毕业生和工人,共同组建上海机电设计院。11月,在武昌召开的八届六中全会上,张劲夫向中共中央书记处汇报了科学家对研制人造卫星的意见和规划。中央非常赞成,决定拨2亿元人民币专款支持中科院搞卫星。

1958年底,根据《国防新技术协定》赴苏考察两个多月的中国科学院高空大气物理代表团回国。赵九章、卫一清、杨嘉墀、钱骥等科学家在考察过程中深深地认识到发射人造卫星是一项技术很复杂、综合性很强的大工程,需要有较高的科学技术水平和强大的工业基础作后盾,而且必须坚持从小到大、由低到高、循序渐进的方针。为此,他们向上级领导建议卫星研制从长计议,从基础抓起,应先从探空火箭搞起。

1959年1月,中国科学院副院长张劲夫传达了时任中共中央委员会总书记邓小平"卫星明年不放,与国力不相称"的指示。中国科学院党组讨论后作出决定:纠正在基本条件不具备的情况下急于搞人造卫星的偏向;调整任务,收缩机构,停止大型运载火箭和人造卫星的研制,集中力量搞探空火箭,以探空火箭练兵,进行高空物理探测;同时开展人造卫星有关单项技术研究,以及测量、试验设备的研制,为发展中国航天器技术和地面测控技术做准备。

根据中国科学院的"缩短战线,突出重点"的指示,上海机电设计院决定1959年重点抓好探空火箭五号(T-5)等火箭项目的研制工作。由于T-5的一些技术指标定得比较高,故上海机电设计院在研制过程中遇到了不少难以克服的困难,以致T-5完成总装后只能用于参观展览,无法用于飞行试验。

在研制T-5过程中,上海机电设计院意识到在技术储备不足、国家投资有限的情况下,要使探空火箭在短期内搞出成效,必须从技术难度比较小的无控制火箭入手。为此,他们1959年8月向国家科委和中国科学院上报计划任务书时将无控制探空火箭列作1960年度的中心任务。为谨慎起见,他们决定在发射实用性探空七号(T-7)气象火箭前,研制一款试验用的探空七号模型火箭(T-7M)。

1959年底,上海机电设计院研制的T-7M总装出厂。1960年2月19日T-7M在上海市南汇县境内的简易发射场进行飞行试验时首次获得基本成功。尽管该火箭总长度不足5.5米,箭体直径只有0.25米,但是机电设计院在没有专用加注设备,只能用自行车打气筒作为压力源来加注推进剂,以及没有通信设施,只能依靠叫喊和手势下达发射命令的情况下,能够将火箭发射到4千米以上高空,实属不易。1960年5月28日,毛泽东主席亲临上海新技术展览会尖端技术展览室观看了T-7M,并鼓励大家一步一步把探空火箭搞上去。领袖的赞许极大地推动了我国探空火箭事业的发展。之后,机电设计院使用T-7M进行了一系列飞行试验。虽然饱尝了失败的艰辛,但也为 T-7 的研制积累了不少宝贵的经验。

  T-7 是由第一级火箭(固体发动机)、第二级火箭(液体发动机)与箭头组合而成的两级无控制火箭。其运载系统的总体设计单位为上海机电设计院,探测系统的总体设计单位为地球物理研究所,总装单位为空军第 13 修理厂。T-7 的首次飞行试验于 1960 年 7 月 1 日在安徽广德探空火箭发射基地进行,但遭遇失败。9 月 13 日,机电设计院又在该基地进行了第二次发射,取得成功。不过,12 月底进行的另一次飞行试验又出现了故障。1961 年,T-7 又连续进行了 5 次飞行试验,除最初的一次外,均获成功。

  1962 年 1 月,上海机电设计院遵照国防科委和中国科学院的指示,开始在 T-7 的基础上研制一款可承载 40 千克的探测仪器,飞行高度达 60 千米的探空气象火箭。机电设计院后来将其命名为探空七号甲(T-7A)。T-7A 运载系统的技术负责人仍由王希季担任,行政负责人先由杨南生担任,后改为林艺圃。为使 T-7A 达到规定的技术指标,机电设计院对 T-7 进行了一系列改进,譬如采用铝蜂窝夹层尾翼、薄壁贮箱和三杆式推力架等,减轻主火箭结构质量;增大助推发动机的总冲和推力,提高主火箭点火时的飞行速度等。1963 年 1 月 1 日,上海机电设计院划归国防部五院建制。当年 12 月,上海机电设计院使用 T-7A 进行了两次飞行试验,火箭均飞达 125 千米的高空。不过,两次飞行试验均因箭头和箭体回落速度过快,导致降落伞在高空被烧坏,从而造成回收失败。后经改进,T-7A 于 1965 年 1 月达到设计定型要求。之后,上海机电设计院又研制了许多新型探空火箭,并配合有关研究机构开展了一系列高空气象探测活动。与此同时,我国还利用这些探空火箭从近地空间的垂直剖面对电离层、电子浓度、宇宙线和磁场强度等进行了测量,获得了不少有价值的资料。

  1960 年前后,苏联和美国先后启动了载人航天计划。为此,两个超级大国发射了一系列高空生物试验火箭,以研究空间环境对生物和人体的影响,解决空间生物保障系统的工程技术问题。受其影响,中国科学院生物物理研究所同上海机电设计院合作,于 1964 年 7 月 19 日,成功地发射和回收了我国第一枚生物火箭,飞行高度达 70 千米,测量并拍摄了生物在超重、失重环境下的生理状态,使我国迈出了宇宙生物学研究的第一步。随后,我国又多次进行了更复杂的生物火箭发射试验。

  20 世纪 60 年代前期,中国科学院系统不仅在研制、发射探空火箭方面取得了显著进展，而且在开展空间科学技术单项课题研究和试验设备研制方面，也取得了一批成果。在学术理论方面，重点开展了空气动力学、结构力学、天文与空间物理、数学与自动控制、空间生物学、最佳轨道计算、卫星温度控制以及无线电技术、惯性器件技术、遥感技术、回收技术等的研究。在空间环境模拟设备研制方面，先后研制成功了中小型热真空试验设备、中小型离心机、振动台、冲击台、噪声设备以及电子、质子辐照试验设备。另外，还研制了多种空间物理探测仪器。这些学术理论成果和技术成果，为我国后来研制人造卫星打下了良好的基础。

在早期探空火箭研制方面，我国的高等院校，特别是北京航空学院（现北京航空航天大学）和北京工业学院（现北京理工大学）也做了不少有益的探索。

北京航空学院根据国家的要求，于1956年成立了火箭专业，后在苏联专家的指导下，于1958年将火箭专业扩充成了火箭系。因教学和科研工作的需要，北京航空学院很早就开始了探空火箭的设计与试验。虽然身处学术象牙塔，但在各条战线都在"大干快上"的形势下，北京航空学院的有关领导和教师也提出，力争在1958年国庆节前把自己研制的探空火箭送上天。在院领导的统一指挥和苏联专家的帮助下，火箭系于1958年9月22日在吉林白城靶场成功地发射了一枚"北京二号"探空火箭。这一次主要是试验一级固体发动机，第二级没有装药柱，只是代之以配重。随后，他们在第二级火箭上装上液体发动机或固体发动机后连续进行了5次发射试验，4次都取得了成功。后来，周恩来总理视察北京航空学院时还前去参观了火箭系牵头研制的"北京二号"探空火箭。

北京工业学院很早就成立了导弹专业。导弹专业有关领导和教师早期主要关注的是两级无控制固体探空火箭。他们将其命名为东方火箭，代号为DF。据北京工业学院退休教授徐令昌回忆，东方火箭于1958年9月8日在河北省宣化机场进行了首次发射，至1960年8月一共发射了16发。9月8日发射的2发两级火箭飞行正常，但9月25日和10月9日在吉林白城靶场进行发射时，均因发动机爆炸而失败。1958年12月至1959年2月，北京工业学院又在昌黎靶场进行了10次两级火箭试验。尽管遭受了发动机爆炸、尾翼折断之类的失败，但有多次取得了成功。1960年8月在内蒙古靶场进行的两次试验也都获得了成功。

虽然高等院校研制的探空火箭都是试验性的，并不具有太大的实用价值，但它对航天人才的培养和航天学科的建设所发挥的作用不容低估。如果高等院校不能源源不断地为航天事业输送经过一定训练的年轻科技人才，很难想象中国的航天事业能够如此快速地发展。

第一章 中国航天事业的发展成就

第二节 在十年动乱中拼搏

一、"八年四弹"规划的执行

1964年11月,中央决定:国防部第五研究院,同原属第三、四、五机械工业部及其它有关部门和省、市的若干工厂和事业单位合并组建第七机械工业部(简称"七机部"),统一管理导弹、火箭工业的研究、设计、试制、生产和基建工作。12月26日,第三届全国人民代表大会第一次会议通过了成立第七机械工业部的决议。1965年1月,国家主席刘少奇任命王秉璋为七机部部长。同月,七机部决定将原国防部五院先后成立的一、二、三、四分院相应地调整为第一、第二、第三、第四研究院。之后不久,原国防部五院有军籍的人员集体转业。

图1-9 1965年5月25日,刘少奇在赵尔陆(右一)、王秉璋(右二)、钱学森(左一)等陪同下视察一院

国防部五院一、二分院一开始是按照苏联的总体院、专业院模式建立起来的。按照这种功能划分,一分院既要负责地地导弹的总体设计,又要负责地空等导弹的总体设计;二分院则要负责各种类型的导弹控制系统的研制。为此,一、二分院成立了多个设计部以对应不同型号的研制需求。在任务繁重、人力

资源有限的情况下,各分院很难处理好各个型号之间的均衡发展关系。更重要的是,同一个型号的研制任务被分解到不同分院之后,会带来很多协调上的麻烦。因此,国防部五院很早就开始从实际工作需要出发,对一、二分院的功能进行了微调,并采用"一竿子捅到底"的方式,将一、二分院逐渐改造成了分别负责地地导弹和地空导弹研制的型号院,并于1961年9月成立三分院,和三机部南昌320厂合作研制飞航式导弹;1964年4月,又以固体发动机研究所为基础,加上三机部三所和中国科学院大连化学物理研究所等单位,组建了四分院,主要承担固体导弹、固体发动机和固体推进剂的研制任务。

  1965年2月3日—4日,负责原子能工业建设和原子弹研究、试验工作的中共中央15人专门委员会[①]召开第10次会议,听取了二机部党委关于加速发展核武器及加速建设原子能工业问题的报告,以及七机部党委关于地地导弹今后发展问题的报告。会议决定,鉴于工作发展的需要,中共中央15人专门委员会今后除管原子能之外,还要管导弹。3月2日,中共中央决定:"中共中央15人专门委员会"今后改称"中共中央专门委员会"(简称中央专委),成员由15人调整扩大到21人,国务院总理周恩来继续担任主任。[②] 会后,周恩来委派中央专委办公室常务副主任赵尔陆到七机部就制定地地导弹规划问题进行会商。在七机部部长王秉璋的主持下,2400多名科研人员、管理干部和生产工人围绕中国导弹技术发展途径问题展开了研讨。基于在这次研讨中形成的共识以及国防部五院一分院副院长屠守锷1963年4月在国防部五院一分院科技委年会上发表的题为《地地导弹技术发展途径与步骤》的报告,七机部很快就拟定了已酝酿多时的《地地导弹"八年四弹"规划》文稿,明确提出了在1965年至1972年的8年里研制出4种新型导弹,即中近程、中程、中远程和远程洲际导弹的奋斗目标。1965年3月20日,周恩来总理主持召开中央专委第11次会议,原则批

[①] 中共中央15人专门委员会成员及其当时的任职情况为:周恩来,国务院总理;贺龙,国务院副总理、中央军委副主席、中央军委国防工业委员会主任;聂荣臻,国务院副总理、中央军委副主席、国家科委主任、国防部国防科委主任;李富春,国务院副总理、国家计委主任;李先念,国务院副总理、财政部部长;薄一波,国务院副总理、国家经委主任;陆定一,国务院副总理、中宣部部长;罗瑞卿,国务院副总理、中央军委秘书长、解放军总参谋长、国防部副部长、国务院国防工业办公室主任;赵尔陆,中央军委国防工业委员会副主任、国家经济委员会副主任、国务院国防工业办公室常务副主任;张爱萍,解放军副总参谋长、国务院国防工业办公室副主任、国防部国防科委副主任;王鹤寿,冶金工业部部长;刘杰,二机部部长、国务院国防工业办公室副主任;孙志远,三机部部长、国防工业办公室副主任;段君毅,一机部部长;高扬,化学工业部部长。

[②] 增加的委员人选有余秋里、王诤、邱创成、方强、王秉璋、袁宝华、吕东(接替王鹤寿)。此后,中央专门委员会组成人员虽然有变化,但其作为中央领导国防尖端事业最高决策机构的性质并未改变。

准了七机部提交的《地地导弹发展规划》。

"八年四弹"规划中的中近程导弹是为了满足"两弹结合"试验需要提出来的。最初的设想是对东风二号导弹进行改型设计,以将其射程提高到 1200 千米。遵照中央专委的指示,七机部于 1965 年春正式启动了这项改型设计工作,主要是通过增加推进剂来提高导弹的射程,同时纵向控制采用双补偿方案、横向控制改成不需要横偏校正阵地的坐标转换全惯性制导方案,借以提高控制精度。搞双补偿主要是因为我国当时的精密机械加工技术水准上不去,惯性平台生产不了,只好通过软件来提高纵向精度。改型导弹被命名为东风二号甲,由林爽、屠守锷分别担任总设计师和副总设计师。由于有东风二号导弹成功以及累积的预先研究基础,故东风二号甲导弹当年 11 月 13 日就试射成功。之后的多次抽检发射也都没有出现任何异常。不过,因"两弹结合"试验事关重大,周恩来总理还是向全体参试人员明确提出了"严肃认真、周到细致、稳妥可靠、万无一失"的 16 字工作方针。经过精心准备,我国科研人员不负众望,在"文化大革命"开始还不到半年的 1966 年 10 月 27 日,使用东风二号甲中近程导弹在自己的国土上成功地进行了一次导弹、原子弹结合试验,导弹非常精确地命中了目标。**从此,中国人拥有了自己的导弹核武器。**

图 1-10 1966 年,周恩来在李福泽(右一)、栗在山(左一)陪同下观看地地导弹发射

"八年四弹"规划中的中程导弹,即东风三号导弹,是一款动力装置系统采用 4 单机并联方案、推进剂改用可贮存的红烟硝酸与偏二甲肼、弹体最大直径

增至2.25米、射程超过2000千米的液体战略导弹。其控制系统采用了捷联式补偿制导方案,但仍由舵机带动燃气舵实现偏转。

根据聂荣臻元帅提出的科研"三步棋"的要求,也就是定型生产一个型号的同时,设计试制一个新型号,探索研究一个更新型号。国防部五院一分院在1960年试射"1059"导弹取得成功后不久就将中程导弹的预先研究列入重要的议事日程。1962年3月,东风二号导弹首次飞行试验失败。它使国防部五院深深地意识到,要研制一个新的型号,必须认真抓好预先研究工作,以使其真正起到探方向、攻关键、上水平的先行作用。当时,以美国为首的敌对势力对中国构成的新半月包围圈令共和国的领导者们寝食难安,为维护国家的安全,他们纷纷把目光投向了射程超过2000千米的中程导弹。在1962年7月11日至13日召开的中央书记处会议上,周恩来、邓小平等都对王秉璋代表国防部五院提出的研制包括中程地地导弹在内的多种型号导弹的设想表示了支持。主持军委日常工作的林彪则明确指出:军队要向导弹化方向走,常规武器和尖端导弹的研制不能兼顾时,宁可多把重点指向尖端。洲际导弹暂时不管,国防部五院在中程导弹和稍加改进的"543"导弹(仿制的苏制C-75地空导弹,即红旗一号)方面要打歼灭战。之后,中程导弹的预研工作开始提速。

经过多年的预研之后,国防部五院一分院于1964年4月,即东风二号导弹完成全弹试车,准备运往酒泉基地时,决定将东风三号导弹的研制转入总体方案设计阶段,同时任命一分院的林爽、屠守锷为东风三号中程导弹的正副总设计师。4月底,国防部五院就批准了林爽提出的有关东风三号导弹的五条设计指导思想,即① 一定要考虑应用新的技术成果;② 设计指标要留有余地;③ 所用的材料、元器件在批量生产时一定要立足于国内;④ 设计工作要严格按阶段办事,每个阶段开始的条件、结束的标志要明确;⑤ 在总体与分系统的关系上,分系统应根据总体要求进行设计,而总体设计又应立足于分系统的现实可能性上。由于设计指导思想正确,预先研究做得比较充分,加上科研人员大都经历过研制东风二号导弹的磨炼,管理人员又成功地应用了系统工程管理方法,不到一年,国防部五院就完成了东风三号导弹的总体方案设计工作。中央专委于1965年3月批准东风三号导弹总体设计方案和战术技术指标之后,七机部第一研究院(一院)①随即启动了东风三号导弹的初样设计与试制工作。1965年

---

① 1965年初,国防部五院一分院改称为七机部第一研究院(一院)。

底,东风三号导弹各分系统的试制基本完成,地面综合试验相继展开。1966年12月7日,东风三号导弹01批试样出厂运往酒泉基地进行飞行试验。

图1-11 1966年12月,聂荣臻(中)看望参试人员

1966年12月26日,在毛泽东主席生日这一天,在研制过程中甩掉洋拐棍,完全跳出"1059"导弹框框的东风三号导弹终于点火升空。首发东风三号遥测弹在空中飞行111.2秒后,由于发动机组Ⅱ分机发生故障,推力突然下降,试验未能圆满完成。1967年1月12日,第二发遥测弹再次发射。当导弹飞行到临近发动机关机时(129.2秒),发动机组Ⅱ分机的推力又开始大幅度下降,试验仍不理想。不过,两次飞行试验表明除发动机外各系统工作稳定。这意味着东风三号导弹总体设计方案合理可行。

一院11所(现划归航天推进技术研究院)的科研人员根据两次飞行试验故障相同的情况,通过理论分析与地面试车,初步断定故障是因发动机燃烧室内壁长时间工作后产生变形而撕裂造成的。改进设计后,1967年5月17日又进行了第三次飞行试验,由于加注推进剂后弹体结构受力,导致六管连接器变形,出现了不能给推进剂贮箱增压的故障。发射部队与研制人员及时采取措施,排除故障后,第三发东风三号遥测弹终于在5月26日发射成功。可是,1967年6月10日,东风三号导弹第四次飞行试验时,又出现了发动机组Ⅰ分机推力下降的故障。

为彻底解决发动机的问题,11所集中了多方面的力量,通过数据处理、理论分析与模拟试验,深入地探讨了故障产生的原因。与此同时,一院决定由发

中国航天事业发展的哲学思想

图1-12 邓小平在任新民(左)陪同下视察211厂十六车间

动机专家任新民亲自带领科研人员深入弹着区,寻找发动机的残骸。在茫茫大沙漠苦苦搜寻5天之后,一行人终于找到了发动机的残骸。对残骸进行深入分析后,科研人员确认发动机推力下降是由于推力室内壁撕裂引起的,内壁的撕裂又是由于集合器部位的钎焊缝发生了热应力腐蚀所致。采取相应的改进措施后,发动机经受住了多次地面长程试车的检验,工作时间也由原来的186秒—195秒提高到了300秒—500秒。此后,发动机在飞行试验中再也没有出现过推力下降现象。

01批导弹的飞行试验完成之后,东风三号导弹随即转入02批的研制,并计划在新建的华北导弹试验基地,也即太原发射基地进行全程飞行试验。1968年正是"文化大革命"处于高潮的时期,一院的科研工作受到了派系斗争的严重干扰。在6月8日的大规模武斗流血事件中,著名材料专家、材料工艺研究所(一院703所)所长姚桐斌竟然被毒打致死。不久,首都工人毛泽东思想宣传队和解放军毛泽东思想宣传队进驻一院。随后,一院开始进入"斗、批、改"阶段。即使在如此逆境之中,不少干部、科研人员和工人仍在坚守着自己的本职岗位。在他们的艰苦努力下,1968年12月18日,02批第一发遥测弹从华北导弹试验基地发射,成功地完成了全程飞行试验,射程超过2500千米。1969年1月4日,第二发遥测弹飞行试验再次获得成功。这两次飞行试验的成功表明改进后的东风三号导弹达到了预期目标。**它的成功,既是中国地地导弹发展史上的一个重要里程碑,也是中国液体弹道导弹技术走向成熟的一个重要标志。**

"八年四弹"规划中的中远程导弹,即东风四号导弹是一个两级地地液体战略导弹。早在1963年9月,国防部五院一分院就曾讨论过远程洲际导弹的自主研制问题。由于多级导弹的许多技术问题当时都还没有取得突破,故在进行

远程洲际导弹方案探索时,有人提出最好在中程导弹与远程洲际导弹之间设置一个技术台阶,以中程导弹为基础,充分利用现有的工艺装备,研制一个中远程的两级导弹,用以解决研制远程洲际导弹必然会遇到的级间连接与分离问题以及发动机高空点火等问题。但也有人提出了不同的意见,主张一步到位直接研制远程洲际导弹,这样研制周期可能会稍长一些,但中间省了过渡型号,最终进度可能比研制过渡型号还要快一些。

1964年秋,总参谋部要求国防部五院尽快研制出一个远程战略导弹,以适应国际形势突变的需要。于是,国防部五院基于上述意见提出了两个方案:第一方案是将东风三号导弹稍加修改作为第一级,再用东风三号导弹单管发动机作动力设计第二级,组成一个中远程的两级导弹;第二方案是直接发展远程洲际导弹,即设计一种大直径的两级导弹,装上不同重量的弹头,兼顾远程和洲际两种射程。1965年2月,一院发动群众讨论地地导弹发展规划时,明确东风四号导弹采用第一方案,同时拟定了中远程导弹射程、精度等战术技术指标。同年3月,中央专委原则批准了中远程导弹方案,要求东风四号导弹于1969年开始飞行试验,1971年定型。之后,七机部确定由任新民主持这项研制工作。从此,中远程导弹作为一个独立的导弹型号正式开始研制。

研制工作开始后不久,东风三号导弹单管发动机(代号YF-1)用四氧化二氮代替原来的硝酸作为氧化剂进行研究性试车获得成功。改用新推进剂后,YF-1的推力和比冲均有一定程度的提高,因而部分科研人员建议通过更换发动机推进剂、加长推进剂贮箱、改进控制系统等方式研制射程更远的东风三号甲导弹。一院总体设计部(一院一部)随后也提出了把东风四号导弹推进剂改成四氧化二氮和偏二甲肼的东风四号甲导弹方案。1966年4月,院对原定的东风四号导弹方案要不要因新的技术进步而进行较大幅度调整一事进行了讨论。鉴于东风四号导弹已研制一年多,指标和进度都已落实,一院最后决定仍按原定方案推进研制工作。

根据最初制定的方案,东风四号导弹在研制过程中尽可能使用东风三号导弹的现有成果。其第一级动力装置仍由4个地面推力不到30吨的单机并联组成,推进剂仍然使用红烟硝酸和偏二甲肼,弹体最大直径维持2.25米不变,控制系统继续沿用捷联式全补偿制导方式。不过,东风四号导弹在研制过程中也成功地突破了多项关键技术,如级间连接和高空热分离技术,发动机高空点火和高空性能试验技术,长细比加大后以及一、二级分离时的姿态控制技术,提高陀螺仪精度的静压气浮技术等。

为吸取东风二号导弹首次发射失败的教训,遵照"尽可能把问题在地面上搞清楚"的原则,东风四号导弹在研制过程中进行了一系列分系统和全弹的地面试验。1969年8月底,首批东风四号试验弹出厂。发射前,周恩来总理在北京专门接见参加这次试验的有关人员,详细询问了发射准备工作情况,并叮嘱:东风四号导弹飞行试验成功与否,不仅会影响到中国第一颗人造地球卫星运载工具——长征一号火箭的研制进程,而且导弹还有可能因控制系统出现故障飞出国境引发严重外交事件。然而,在"文化大革命"的干扰下,这次好不容易组织起来的飞行试验仍然遇到了不少意外。

1969年10月,第一发东风四号导弹在酒泉发射基地进行最后的准备时,由于一级发动机断流活门误爆,致使二级发动机受损。经检查,事故是由于测试线路设计不周所致。这发导弹更换二级发动机后转技术阵地重新测试,因而没有参加首次飞行试验。11月16日,另一发东风四号导弹点火升空后,由于计算装置未能发出一级关机的指令,导致第一级未关机,第二级未点火,两级未分离,飞行试验失败。经检查,试验失败的原因是飞行中程序配电器中途停转。这主要是设备的质量问题所致。1970年1月30日,更换二级发动机后的第一发东风四号导弹在酒泉发射基地顺利点火升空,两级分离后,第二级飞过预定航区,试验达到了预期目标,**它表明我国已经基本攻克多级导弹的关键技术难题。**

1969年"珍宝岛事件"后,中国遭受核打击的危险迅速上升。由于东风四号导弹的射程不到4000千米,不足以形成有效的核反击能力,故一院适时地提出了挖掘东风四号导弹的潜力、提高其射程的方案。1970年6月,钱学森与时任七机部军管会副主任杨国宇听取了一院的东风四号导弹增程建议,并明确表示支持。随后,国防科委正式向中央专委呈报了东风四号导弹增程建议。1970年8月,周恩来总理在中央专委会上正式批准增程方案,并指示不要改动太大,要快点搞出来。由于林彪集团的干扰,这项研制工作进展缓慢,甚至一度被迫停顿。1971年"9·13"事件后,东风四号导弹的改进工作得以恢复,但直到1975年邓小平重新主持工作后才开始提速。1976年5月15日和8月25日,经过改进的东风四号导弹02批1组两次飞行试验相继成功。不过,此后的全程飞行试验又遇到了一些波折,以致东风四号导弹直到1980年才被国务院、中央军委批准定型。

第一章 中国航天事业的发展成就

"八年四弹"规划还提出了研制远程运载火箭的工作目标。中央专委当时要求远程运载火箭1971年开始飞行试验,1973年定型。为了实现预期目标,中央专委指示弹上计算机(代号"156工程")和液浮惯性平台(代号"157工程")由中国科学院负责研制。即便如此,远程运载火箭仍未能按期研制成功。实际上,远程运载火箭直到1980年才完成全程飞行试验,比原定计划整整晚了8年。这还是国防科委1976年将远程运载火箭的研制列入"三抓"第一条的结果。但这并不意味着1971年前后我国在远程运载火箭研制方面无所建树。

中央专委1965年3月原则批准远程运载火箭规划后不久,一院就开始着手进行远程运载火箭的方案论证工作。首先遇到的问题是推进剂的选择和弹体直径的确定。经过充分讨论,最后决定推进剂选用可长期贮存且可自燃的四氧化二氮和偏二甲肼,弹体直径则根据中国的铁路和公路的运输条件定为3.35米。至于动力装置系统则一级采用四联装发动机,二级由主发动机和4台游动发动机连接而成。制导系统则采用惯性平台-计算机方案。

1968年1月,远程运载火箭的设计方案基本确定,开始转入初样研制阶段,但这时还有部分技术方案仍在探索之中。到1970年3月,远程运载火箭的初步设计才告一段落。之所以拖了这么久,主要有三个方面的原因:一是"文化大革命"的干扰;二是采用了很多新技术,但预先研究不足;三是长征一号火箭的研制占用了较多的人力。

初步设计刚结束,七机部军管会领导就要求争取在1970年国庆节前发射第一发远程运载火箭遥测弹,向国庆节献礼。于是,一院军管会领导学习上海搞"701会战"的经验,与北京市合作,组织了一场声势浩大的"705会战",并提出了"改革研制程序,不搞繁琐哲学"的口号。参加这次会战的在京单位多达178个。这种用搞群众运动的方式抓科研的结果是,参加大会战的一些小厂做的很多产品都不合格。

1971年春,远程运载火箭各分系统的研制终于完成,被送到211厂进行总装测试,整个总装测试花了100天。先是梁思礼领着队伍不分昼夜地工作了50天,病倒后,王永志又接着带人连续工作了50天。运载火箭出厂被送到酒泉发射基地后,在技术阵地测试中又发现了很多问题,随即梁思礼、王永志等人又持续工作了100天。等各种问题都解决了,一院军管会又突然下令取消发射,理由是这发火箭"已经老了"。为此,9月8日周恩来总理专门听取了在发射基地第一线工作的屠守锷、梁思礼、王永志等有关技术人员的汇报。在周恩来总理的支持下,9月10日,远程运载火箭第一发遥测弹按预定的低弹道顺利升空,试验取得了基本成功。可是,当屠守锷等人返京后,不仅没有受到表彰,反而受到了不公正的待遇,主持业务工作的副院长张镰斧也受到了批判。此后一段时间,远程运载火箭全程飞行试验一事便不再被提起,以致直到十一届三中全会后,我国远程运载火箭才成功地进行了首次全程飞行试验。

二、长征一号发射人造地球卫星

中央专委1965年3月20日在第11次会议上原则通过"八年四弹"规划后,紧接着又于1965年5月6日在第12次会议上批准了研制和发射人造地球卫星的规划。人造地球卫星项目再次上马与赵九章、钱学森等人的倡议有着很大关联。

1964年10月下旬,赵九章、钱骥等科学家应邀赴酒泉发射基地观看东风二号导弹的发射,并在酒泉基地就运载工具的发展前景与发射卫星的可能性问题进行座谈。此行使赵九章感到中国研制和发射人造地球卫星的时机已趋成熟。

1964年12月21日,第三届全国人民代表大会第一次会议在人民大会堂隆重开幕,赵九章参加了这次会议。周恩来总理在作政府工作报告时发出了"向科学进军"的号召。听完政府工作报告后的赵九章连夜起草了一份关于尽快全面规划中国人造卫星问题的建议书,并于12月28日当面递交给了周恩来总理。赵九章在建议书中写道:发射人造卫星和发射洲际导弹有着十分密切的关系。首先,两者的运载工具相同;其次,两者进入轨道前的无线电导航方式基本一致。掌握了人造卫星精确进入轨道的技术,就不难控制洲际导弹打靶时的落点精度。进行洲际导弹试射时,要解决两个复杂的问题:一是向远离国土的太平洋打靶需要有强大的海军配合行动;二是需要解决导弹重返大气层问题。无论这两个问题解决与否,都可以发射卫星,并把发射洲际导弹所需的重要技术条件逐步建立起来。赵九章论述完发射卫星对国防建设、工业生产、科技发展所具有的意义之后,大声疾呼:"从现在起,抓这一工作,已是时候了。"

钱学森1965年1月8日也写了一份建议加速发展人造卫星的报告。他在递交给国防科委和国防工办的这份建议报告中写道:自苏联发射第一颗人造地球卫星以来,中国科学院和国防部五院对这项新技术就有所考虑,但未作为

一项研制任务。现在看来,人造卫星的用途非常广泛,其种类有:测地卫星、通信广播卫星、预警卫星、气象卫星、导航卫星和侦察卫星等。我国的弹道导弹现在已有一定的基础,东风四号导弹进一步发展就能发射一定质量的卫星,计划中的洲际弹道导弹无疑也有发射人造卫星的能力。发展人造卫星的工作是艰巨复杂的,必须及早开展有关研究。只有这样,到时候才能拿出东西来。"因此建议科委早日主持制订我国人造卫星的研究计划,列入国家任务,促进这项重大的国际科学技术的发展。"[①]

科学家们的建议引起了中央领导的高度重视,周恩来总理1965年1月批示有关部门尽快提出具体方案。聂荣臻元帅2月明确表示"只要力量上有可能,就要积极去搞",并指示张爱萍邀请钱学森、张劲夫等有关同志及部门商讨此事。4月下旬,国防科委汇总各方面的意见后,形成了《关于研制发射人造卫星的方案报告》,提出在1970年至1971年间发射中国第一颗人造地球卫星的设想。报告建议:卫星工程总体和卫星本体以中国科学院负责;运载火箭由七机部负责;地面观测、跟踪、遥测等系统由四机部为主、中国科学院配合。1965年5月4日至5日召开的中央专委第12次会议讨论了这份报告,并作出了研制和发射人造地球卫星的决定。由此,中国科学院研制人造地球卫星工作再次上马,不过其代号由"581"改成了"651"。

1965年7月,中国科学院受国防科委的委托草拟了《关于发展我国人造卫星工作的规划方案建议》。该报告就发射人造卫星的主要目的、10年奋斗和发展步骤、第一颗卫星可供选择的3个方案、卫星轨道的选择和地面观测网的建立等问题进行了论述,并提出了中国发展空间技术的一些指导原则,如以我为主,走自己的路;大力协同,充分发挥社会主义优越性;统一领导,集中管理等。该报告在强调研制人造卫星的军事和科学意义的同时,还特别强调了研制人造卫星的政治意义。1965年8月9日至10日召开的中央专委第13次会议讨论并原则批准了这个规划方案。当月,中国科学院就成立了由谷羽任组长,杨刚毅、赵九章任副组长的卫星任务领导小组,同时决定成立卫星总体设计组,组长为赵九章,副组长为郭永怀、王大珩。之后,中国科学院正式组建了由杨刚毅任党委书记、赵九章任院长、钱骥任副院长的卫星设计院(651设计院)。考虑到保密的需要,该院公开名称叫做"科学仪器设计院"。

[①] 石磊,王春河,张宏显等.钱学森的航天岁月[M].北京:中国宇航出版社,2011:487.

1965年10月20日至11月30日,中国科学院受国防科委的委托,在北京组织召开了中国第一颗人造地球卫星总体方案论证会。会上,钱骥发表了《关于我国第一颗人造卫星的总体设计方案初步意见》,来自国防科委、国防工办、总参、海军、炮兵、一机部、四机部、七机部、通信兵部、邮电部、酒泉卫星发射基地、军事医学科学院和中国科学院的120位领导和专家,围绕卫星系统方案、发射卫星的目的与任务等问题进行了认真的研讨。会议认为,中国的空间技术起步虽晚,但起点要高,卫星在技术上要比苏、美的第一颗卫星先进。会议最后确定,第一颗人造地球卫星的直径为1米级,重量约为100千克。

研制和发射人造卫星计划,即"651工程"刚刚起航,就遇到了"文化大革命"的狂潮。卫星设计院的早期领导赵九章等被迫"靠边站",许多科学家被定为"牛鬼蛇神"而遭批判,不少工程技术人员也在运动中受到了影响。"651工程"面临着中途夭折的危险。为了扭转国防科研与生产部门许多单位瘫痪和半瘫痪的局面,1967年3月,聂荣臻元帅请示周恩来总理后,向中央递交了《关于军事接管和调整改组国防科研机构的请示》,建议各国防科研院所以及中国科学院等承担国防科研任务的科研机构,均由国防科委实行军管。毛泽东主席批准了这一建议。

1967年4月,卫星设计院克服重重困难终于提出了我国第一颗人造地球卫星研制任务书(草案)。任务书要求:卫星入轨后,要"抓得住,测得准,预报及时",而且还要"看得见,听得到"。为此,卫星的质量从100千克增加到了130千克;卫星的轨道倾角由42°改为70°,以便地球上有人居住的地区基本上都能观测得到。任务书还明确提出,卫星要能播送《东方红》乐曲,以便全世界人民都能听得到中国卫星发出的声音。当年12月,国防科委召开了审定卫星总体和分系统方案的卫星研制工作会议。会议确定:中国第一颗人造地球卫星定名为"东方红一号",其质量不小于150千克,用基于东风四号中远程导弹研制的长征一号火箭发射入轨;为有效解决"看得见"的问题,末级火箭也跟着卫星在空中运行,并在末级火箭上加"观测裙",以提高末级火箭的亮度。

为了扫除推进卫星研制计划时所遇到的体制与机制障碍,1967年春,聂荣臻元帅建议对国防科技工作力量进行适当的调整,把分散在各部门的空间技术研究力量集中起来,组建中国空间技术研究院,实行对卫星研制工作的统一领导。6月,中央军委常委会讨论了组建空间技术研究院事宜,并责成国防科委负责组建工作。为此,国防科委8月成立了负责筹建空间技术研究院的"651"

第一章　中国航天事业的发展成就

筹备处。11月,国防科委批准了由钱学森、常勇领导的"651"筹备处提出的空间技术研究院编制方案,确定空间技术研究院以中国科学院所属的卫星设计院、自动化研究所、力学研究所分部、应用地球物理研究所、电工研究所、西南电子研究所、生物物理研究所、兰州物理研究所、北京科学仪器厂、上海科学仪器厂、山西太谷科学仪器厂和七机部第八设计院(上海机电设计院1965年8月搬迁到北京后的名称)以及军事医学科学院第三研究所等单位从事空间技术研究的力量为基础,并从七机部抽调部分技术骨干进行组建。经毛泽东主席批准,1968年2月20日中国空间技术研究院正式宣告成立,钱学森兼任院长,列入军队编制,由国防科委直接领导。七机部一院的孙家栋以及"18勇士"就是在这一时期被抽调到空间技术研究院的。空间技术研究院后于1973年7月24日划归七机部,改称七机部第五研究院。

空间技术研究院成立时,中国科学院已组织有关院所在卫星的研制,特别是在卫星总体方案的论证与设计方面开展了大量的基础工作。但是,要把一颗人造地球卫星发射入轨,还有很多艰苦卓绝的工作要做,而此时时间已经过半。为了将卫星按时发射入轨,负责卫星总体设计工作的孙家栋只能把原来的设计大大简化,以争取时间尽快把卫星试制出来。即便如此,卫星研制工作仍然遇到了很多棘手难题。这些难题既有技术方面的,又有非技术方面的。

技术方面的难题,如《东方红》乐音装置的制作、卫星天线的释放与展开、末级火箭观测裙的设计、仪器舱罩镀金、热真空模拟试验、红外地平仪的研制与试验等虽然很难轻易攻克,但因各研制单位心往一块想,劲往一处使,最终都一一解决了。但像各研制单位纷纷在自己研制的分系统中镶嵌领袖像章之类的非技术问题却把航天专家们难倒了。在那个政治挂帅、个人崇拜到了极点的年代,有谁敢以减轻卫星重量为由把这些领袖像章一一清除?最终由周恩来总理表态,这个难题才得以解决。

1969年8月9日,周恩来总理又主持召开了国防尖端科研会议。为了使七机部的专家和工程技术人员放开手脚工作,突破工程技术难关,周恩来总理要求七机部军管会副主任杨国宇切实起到政治保证作用,并明言:"他(指钱学森)和其它专家要是被人抓走了,不能正常工作,我拿你是问!"[①]此后,周恩来

---

① 中共中央文献研究室.周恩来年谱(一九四九——一九七六)(下卷)[M].北京:中央文献出版社,1997:314.

还批准了一份需重点保护的几百名工程技术人员名单,并指出:这些同志都是搞国防科研的尖子,即使不是直接参加某工程的,也要保护,主要是从政治上保护他们,不许侵犯他们、抓走他们;如果有人要武斗、抓人,可以用武力保护。总之,要想尽一切办法,使他们不受干扰,不被冲击。

在周恩来总理的亲自过问下,长征一号火箭的试车工作在1969年9月上旬顺利完成。之后,为了不使科研生产发生"卡壳"现象,国务院还为长征一号火箭的关键短线项目开具了特别公函,持有这种"路条",任何人都不得阻拦,从而保证了研制工作在动乱中也能比较顺利地得以推进。

1970年1月30日,东风四号导弹进行飞行试验终于获得成功。它表明:东风四号导弹的设计方案是正确的,成功发射"东方红一号"卫星的基础已经奠定。4月8日,长征一号火箭在技术阵地完成第一次总检查。之后,"东方红一号"卫星与长征一号火箭顺利对接,并参加了运载火箭的第二和第三次总检查测试。4月14日晚,周恩来总理和副总理李先念、李德生、余秋里等领导在人民大会堂听取了刚从发射中心返回北京的钱学森、李福泽、杨国宇、任新民、戚发轫等15位专家、领导关于火箭卫星在发射场测试情况的汇报。4月16日,中央政治局批准火箭、卫星进入发射阵地。4月20日,周恩来总理亲自给国防科委副主任罗舜初打电话,对卫星发射工作提出了16字要求:"安全可靠,万无一失,准确入轨,及时预报。"4月24日凌晨,毛泽东主席批准卫星在当天实施发射。

图 1-13　1970 年 4 月 24 日,长征一号运载火箭成功发射"东方红一号"卫星

与此同时,保护发射场与指挥部、观测站通信线路畅通的战役也已打响。当时,从北京到西北各省的通信线路只有10多条,酒泉基地到北京的线路只有3条。从卫星发射场区到各观测站的通信和数据传输主要靠明线来完成,只要有一根电线杆出事,通信就会受到严重影响。为此,总参谋部组织有关省市自治区出动了60多万民兵沿通信线路执勤,要求每一根电线杆下面都要有人警戒。为了"东方红一号"卫星的发射,24日这一天几乎调用了全国60%的通信线路,动员了近百万军民。使用这种超常规方式,中国终于将第一颗人造地球卫星成功地发射到了预定轨道。

"东方红一号"卫星于1970年4月24日入轨后,卫星环绕地球运行时星上电源系统和各种仪器工作正常、性能稳定,实现了"看得见、听得到、抓得住"的要求。卫星的质量为173千克,比在中国之前自行发射卫星的苏联、美国、法国、日本这4个国家第一颗卫星质量的总和还大,在跟踪测轨技术、信号传送方式、热控制技术等方面也优于这4个国家的第一颗卫星。星上各种仪器的实际工作时间超过了设计指

图1-14 欢庆胜利

标,《东方红》乐音装置和短波发射机连续工作了28天,取得了大量的工程遥测参数,为后来的卫星设计和研制工作提供了依据和经验。

长征一号火箭的研制成功,揭开了我国航天活动的序幕。"东方红一号"卫星的准确入轨,标志着我国从此进入了空间时代。

1971年3月3日,长征一号火箭又把"实践一号"科学试验卫星送入轨道。同年10月,纽约联合国大厦上升起了中华人民共和国的五星红旗,中国恢复了联合国常任理事国的合法席位。

三、返回式遥感卫星的发射

1965年8月,中央专委第13次会议原则批准我国人造卫星工作规划时,就已确定要重点发展应用卫星,尤其是照相卫星,即遥感卫星。当时,遥感卫星获取的信息尚无法有效地转换成电子信号直接传输到地面接收站,因此,只能采取回收遥感卫星舱内胶片的方式获取信息。这样一来,就必须研制技术更为复杂的返回式遥感卫星。返回式遥感卫星上面不仅需要搭载地物相机、星空相机之类的遥感仪器设备,而且为了精确调控卫星的运行姿态还需要搭载一套姿态控制系统。更重要的是卫星上还要安装反推火箭发动机,以使卫星脱离原有轨道,进入返回轨道。此外,卫星返回舱着陆时,还需要借助降落伞减速,借助信标机传递位置信息等。这些仪器设备加在一起,使我国第一颗返回式遥感卫星的质量怎么也得突破1.5吨。要把10倍于我国第一颗人造地球卫星质量的庞然大物精确地发射到预定轨道,对火箭的运载能力和制导精度的要求之高可想而知。

第一颗返回式遥感卫星的总体方案论证工作于1967年9月结束,这项工作当时是在七机部第八设计院总工程师王希季的主持下完成的。9月下旬,七机部在北京召开返回式遥感卫星工程总体方案论证会,确定了研制任务分工和研制进度。会议决定:在远程运载火箭的基础上研制遥感卫星运载火箭,即后来所称的长征二号,该项工作主要由一院负责;卫星上用的反推火箭发动机由四院承担。

为了满足遥感卫星对火箭运载能力的要求,一院不得不在降低火箭质量、提高火箭发动机比冲、优化轨道方案等方面下大力气。由于二级火箭每减轻1千克,就可以增加1千克的运载能力;一级火箭每减轻1千克,只能增加0.1千克的运载能力,所以二级火箭的减重成了设计人员关注的焦点。但在运载能力并不富裕的情况下,一级火箭的减重也没有放松。火箭各分系统设计人员为减轻火箭的质量,想出了很多办法。其中最为重要的有,用强度更高的铝铜合金代替铝镁合金制作推进剂贮箱;不再沿用气瓶贮气增压方案,改用推进剂贮箱自生增压方案。

推进剂贮箱是全箭的主要部件之一。长征二号火箭一、二级贮箱长度占全箭总长度60%以上。它既是贮存推进剂的容器,又是箭体的主要承力构件。

第一章 中国航天事业的发展成就

因此,用强度更高的铝铜合金代替铝镁合金制作贮箱就显得十分重要,因为仅此一举就可以增加几百千克的运载能力。问题是选用这种高强度合金材料,会带来一系列的设计和工艺问题。首先是这种材料的焊接系数较低,焊接接头强度只有原材料断裂强度的一半;其次是焊缝质量不容易控制,容易产生裂纹,以致贮箱加低压后都会产生破裂。为了攻克这个难题,一院一部、211厂、703所和北京有色金属研究总院组成了联合攻关组,从焊接工艺方法、焊丝研制、焊接夹具设计制造以及改进箱体结构设计等方面进行了攻关。譬如,在焊接工艺方面,703所、211厂在上海新江机器厂、江南造船厂、上海大明铁工厂、民航101厂、北京锅炉厂以及北京金属结构厂等单位的帮助下,经过无数次的试验,终于摸索出了一种特殊工艺,比较圆满地解决了问题。在焊丝研制方面,703所和有色金属研究总院先后提出了五百余种焊丝配方,并对每种配方分别进行了冶炼、拔丝,经过一次又一次的测试与分析,终于研制出了一种能够较好地满足要求的专用焊丝。

将推进剂输送到发动机燃烧室需要给推进剂贮箱加压。长征二号火箭以前的型号都使用气瓶贮气增压法。为减轻系统的质量和体积,长征二号火箭决定采用自生增压方案,即通过在氧化剂系统使用四氧化二氮蒸发器,在燃料系统使用降温器来解决推进剂贮箱的增压问题。实践证明,采用这种方法,不仅减轻了系统的重量,缩小了系统的尺寸,而且增压性能良好,工作可靠。

东风四号导弹和远程运载火箭的一级都采用了4机并联方案。不过,前者的单机地面推力只有28吨,而后者的单机地面推力一举提高到了71吨。为了满足遥感卫星的发射需要,论证长征二号火箭二级发动机方案时曾提出过研制推力为55吨的带大喷管的高空发动机方案。这种方案比冲较高,重量也轻。但是为了争取时间和节约经费,最后采用了一级单机"上搬"的方案。这样一来,长征二号火箭的运载能力不免捉襟见肘。好在一部通过大量分析计算,找到了改变推力程序、提高运载能力的有效方法——小推力入轨,也就是先让二级主机和二级的4个游动发动机同时工作,随后关闭主机,游动发动机继续工作,直至卫星入轨。采用这种方法,火箭的运载能力又提高了五百多千克,从而基本满足了返回式遥感卫星对火箭运载能力的需求。

长征二号火箭运载能力大,制导精度高,还采用了精密电液伺服机构和发动机摇摆控制技术。为了提高制导精度,长征二号火箭继承了三轴陀螺稳定平台与数字制导方案，从而将我国运载火箭的制导精度提高到了一个新的高度。此前的型号都通过燃气舵提供控制力矩来控制火箭的姿态，这种方案很难满足大型运载火箭对控制力矩的要求，而且它的结构重量也比较大。为此，长征二号火箭最终采用了技术更先进、难度更大的摇摆发动机方案。

长征二号火箭是基于远程运载火箭研制的。尽管技术细节不完全相同，但它们的总体方案并无二致。因此，当远程运载火箭第一发遥测弹1971年9月10日进行低弹道飞行试验，取得基本成功之后，长征二号火箭的总体方案实际上已经通过了可行性验证。由于计算机软件设计有误，远程运载火箭在进行首次飞行试验时出现了二级主发动机提前关机的故障。此后，一院一部针对试验过程中发现的问题，对原来的设计进行了10项较大的改进。但是，1972年12月26日，远程运载火箭遥测弹进行第二次飞行试验时，仍然出现了意外。由于电爆管短路，导致脱落插头提前脱落，一、三分机因启动活门未打开而未能点火，导弹自动紧急关机，中止了发射。该弹一级发动机返厂检修后，于1973年4月8日再次发射，当飞行到43秒时，控制系统突然断电，导弹因失稳而自毁。两次失败的主要原因，仍然是产品质量和可靠性问题。

1974年11月5日，由远程运载火箭改进而成的长征二号火箭在酒泉发射中心首次发射返回式遥感卫星。当卫星发射区进入准备脱落地面测试插头时，卫星全星断电的意外情况发生了。这是由于在脱落插头时，因电压降低过大造成。在此紧急关头，空间技术研究院试验队采取了用锌银电池作为插头脱落电源，使故障得到了及时、有效的处理。此后，发射中心指挥员下令重新组织发射。可是，火箭起飞后即出现失稳，且摇摆越来越大，20秒后火箭启动自毁程序，连同卫星一起凌空爆炸。不少科研人员当场就忍不住哭了起来。他们在"文化大革命"的混乱形势下，顶着巨大的压力，付出了大量的心血和汗水，才迎来了这一点火升空的时刻，但结果却是如此残酷。

为了查找原因，参试人员把散落在发射架不远处的火箭和卫星碎片全部收集起来，逐一进行检查，发现有一根连接在俯仰速率陀螺通道上的导线，外皮是完整的，但里面的铜丝却是断的。经过充分的理论分析和模拟试验，技术人员最终断定，这根导线在生产时有暗伤，火箭点火起飞后导线受到剧烈振动而发生断路，运载火箭稳定系统未接到该通道的输出信号，导致火箭失稳。由于一根导线的暗伤而损失了运载火箭和卫星，使得中国的第一颗返回式遥感卫星上天时间被推迟，其教训是惨痛的。

1974年11月28日,国防科委和七机部召开了总结经验、吸取教训、整顿质量管理的动员大会。会议要求各研制单位和全体研制人员,从试验性遥感卫星发射失败的事件中吸取教训,举一反三,对产品的质量来一次全面的大检查,对存在的各种问题和隐患提出有效的改进措施。之后,科研人员把原先总装完成的第二发产品全部分解,并返回到各生产厂家进行严格的质量复查。通过这次质量大检查,"质量第一"的思想开始在各级人员心中扎根,有关质量控制和管理的规章制度开始得到恢复和健全。全体研制人员以更高的责任感、更认真负责的态度和更严谨的作风投入到了第二颗遥感卫星及其运载火箭的研制工作中。

针对速率陀螺断线问题,设计人员在增加控制系统可靠性方面做了大量工作,改双点双线148处,改环形供电30处,增大导线截面积13处。对星箭使用的新材料、新工艺46项,星上密封件18种32件,箭上密封件66种167件,一一进行了复查,并采取了保质措施。对在星箭上使用的传感器28种64个、变换器12种35个,也作了全面检查。经过几个月的努力,共查出和解决各种问题608个。

1975年7月,改进后的第二发火箭开始总装,副总参谋长兼国防科委主任张爱萍亲临现场督战。8月20日,国防科委和七机部领导又听取了关于即将出厂的运载火箭和返回式遥感卫星的质量情况汇报,再次强调了质量的重要性和完成试验任务的重要意义。此后,研制人员又对星箭再次进行了质量复查。即便如此,星箭到达发射场后,仍然查出了不少问题。为保证万无一失,发射中心及时更换了各种仪器43台(件)。

1975年11月26日,经毛泽东主席批准,长征二号火箭在酒泉发射中心进行了返回式遥感卫星"尖兵一号"的第二次发射,卫星被准确送入预定轨道,发射试验获得圆满成功。但这颗预定在天上运行三天后再返回的卫星,却在运行不到一天时监测数据即显示卫星出现了气压下降过快的故障。这意味着如不提前回收,卫星很有可能会失去控制。幸亏有关负责人对数据进行分析后做出了无须提前回收的正确决定。

当卫星运行到最后一圈,由苏联上空飞抵中国上空时,突然出现了一个险情。测控中心的主副两台计算机出现了互相矛盾的异常显示:对于卫星安全返回地面前的最后一道指令,一台显示要发出,另一台却显示要切断。卫星什么时候抛掉防热大底,什么时候依次打开小伞、副伞和主降落伞,靠的就是这道指令。而且,指令发出的时间不能早,也不能晚。如果时间相差5秒,落点就会偏离40千米。糟糕的是,此时离卫星飞出中国上空,脱离观测段只剩15秒了!有关负责人当机立断,终于使卫星化险为夷。最后,这颗卫星绕地球飞行47圈后,于11月29日按预定计划返回地面。不过,落点偏离目标区四百多千米。

回收人员接到当地政府的报告从贵州六枝山地区找到回收舱时发现,尽管卫星回收舱的防热结构保护了要回收的主要数据,但回收舱裙部的钼合金结构在返回过程中仍被巨大的热流烧坏了。而且,降落伞也被烧毁。

针对试验过程中出现的问题,科研人员一一进行了认真的分析与总结,并对相关设计进行了改进。譬如,承担防热设计的科研人员分析后确认,导致回收舱裙部烧毁的原因是局部凸出物附近的热环境过于恶劣,而且无控制再入飞行器外流条件的变化较大,辐射防热结构难以适应。为此,他们将回收的裙部材料也改成了头部所使用的复合材料。这样做,虽然回收舱的重量增加了,但却提高了回收的可靠性。

1976年12月7日,长征二号火箭再次将返回式遥感卫星送入预定轨道。12月10日12时许,返回舱乘降落伞在四川中部地区徐徐降落。这次,返回舱终于按预定时间、预定地点、完整无损地返回地面。**它表明中国已经掌握了技术难度极大的卫星返回技术,并为后来的载人航天事业的发展扫除了一道障碍。**

四、风暴一号运载火箭的研制

在空间技术研究院、七机部一院等单位为返回式遥感卫星及其运载工具的研制忙得热火朝天之时,上海也开启了研制重型人造卫星和大型运载火箭的历史。

1969年8月12日,周恩来总理主持召开中央专委第20次会议,讨论了设在甘肃、内蒙古的核燃料生产工厂要不要搬迁至三线的问题。13日,苏军因"珍宝岛事件"在中苏西部边界铁列克提对中方实行了报复性打击,中苏双方再次发生武装冲突。14日,周恩来在接见国防工业军管小组、国防工办、国防科委、七机部和上海市有关负责人时,谈及上海机电二局的定位问题,并表示:东风型号的导弹将来上海也可以搞;人造卫星,上海也要搞。10月31日,中共中央、国务院、中央军委正式向上海市下达了研制洲际导弹、运载火箭和技术试验

第一章 中国航天事业的发展成就

卫星的任务。后两项统称为"701工程"。其中,运载火箭以一院的远程洲际导弹为原型进行改进研制,取名风暴一号;质量超过1吨的技术试验卫星,即电子侦察卫星取名"长空一号"。

接到任务后,上海立即着手在全市范围内组织"701工程"队伍。其中,运载火箭主要由上海机电二局负责研制;卫星主要由上海机电一局负责研制。此前,中央已经决定,原来隶属七机部的上海机电二局改由上海市领导。

由仿制地空导弹红旗一号发展起来的上海机电二局成立于1961年,早期归上海市领导,业务工作由国防部五院负责指导。七机部成立后,经中央专委批准,上海机电二局并入七机部第二研究院(地空导弹研究院)。当年7月至9月,二院五个设计所共计1200余人由北京迁往上海,以充实机电二局的地空导弹研制力量。由于机电二局此前领导研制的地空导弹最大直径只有0.5米,全长也才10米多一点,故其下属单位的厂房、加工设备和试验设施很难满足直径超过3米、长度超过30米的大型运载火箭研制之需。但对机电二局来讲,任务就是命令。为此,他们按照专业相近配套的原则,迅速从地空导弹研制机构中抽调部分技术人员组成了运载火箭总体和各分系统研制团队,其中总体设计由20所承担;总装由上海新江机器厂承担;动力、控制、遥测、电源等分系统和箭上仪器的研制任务分别由局属有关单位承担。

卫星研制任务交给机电一局后,上海机电一局因陋就简,在上海汽轮机厂内组建了701车间,负责技术试验卫星的总体设计与试制,该车间后来发展成为卫星总装单位——上海华银机器厂(上海卫星工程研究所前身)。至于卫星总体设计队伍则主要由上海机电一局、上海机电二局有关厂、所抽调的人员及国防科委选派的技术骨干组成。卫星分系统仪器设备则分散利用上海地区各工业局技术力量和技术装备进行研制,参与单位主要有:机电一局所属的华一电器厂,仪表局所属的上海无线电3厂、21厂、23厂、26厂,机电二局所属的上海仪表厂、第22所、上海长宁蓄电池厂,中国科学院上海技术物理研究所等。

1969年12月8日,上海市成立了"701工程"领导小组,下设"701工程"办公室,具体负责工程的组织和协调;同日,召开了有关工厂、研究所、大学共180个单位近600人参加的"701工程"誓师动员大会,提出1970年要研制出风暴一号火箭和"长空一号"卫星。这样,"701工程"大会战便在上海拉开了帷幕。

为了研制风暴一号火箭,上海机电二局1969年10月底就派出45人赴北京有关单位调研、学习。所到之处,他们都受到了欢迎。一院的相关厂、所不仅领着他们参观了有关设备,让他们查阅了相关图纸和技术资料,毫无保留地回答了他们提出的各种技术问题,而且还把远程洲际导弹方案设计阶段的部分图纸和技术资料提供给了上海机电二局。不仅如此,一院还派遣了一批技术骨干,带着一级发动机单机的样机,到上海机电二局进行技术交流,并担任技术顾问。这些,为上海机电二局迅速消化吸收一院所掌握的运载火箭研制技术创造了非常有利的条件。

风暴一号火箭的研制体现了继承性与创造性的结合。上海机电二局所属研制单位,本着"立足上海的原材料、元器件和工艺条件以及充分利用上海已有的研制成果"的原则,以一院的远程洲际导弹的方案为基础,对风暴一号火箭的总体方案进行了重新论证,并进行了各分系统方案的设计。与原型相比,风暴一号火箭发生了不少变化:在箭体方面,设计了大尺寸的卫星整流罩;把部分铆接舱改为化铣舱,并合并了一些舱段。在发动机方面,将一级发动机推力提高到了75吨;二级游动发动机的推进剂输送系统利用地空导弹发动机已有技术成果,改为泵压式方案;在氧化剂副系统增设了带断流阀的关机系统。在控制系统方面,由华东计算技术研究所自行设计和试制了箭上计算机;惯性器件也部分地利用了地空导弹的技术成果。在安全系统方面,利用地空导弹的研制成果,采用了安全可靠的钟表机构控制方案。

为了抢在1970年研制出风暴一号火箭,上海"701工程"办公室把任务进行分解,通过大协作的方式,将全市300多个单位组织起来分别承担了新材料、新工艺、元器件、单机和设备的研制或生产任务。例如,发动机生产由上海新新机器厂抓总,但七成多的零组件是由协作单位完成的。其中,涡轮泵由上海汽轮机厂生产,阀门由安亭阀门厂和良工阀门厂生产,发动机机架由交通部上海港口机械厂生产,橡胶密封圈由上海橡胶制品研究所生产,而摇摆软管又是由4家工厂分工合作,最后由港口机械厂组装完成。若加上原材料生产厂家,仅发动机的协作生产单位就多达60余家。伺服机构当时是由上海新跃仪表厂负责抓总,其直接配套生产单位多达13家。其中,电机由上海有线电厂生产,伺服阀由上海仪表厂生产,油泵由上海液压泵厂生产。

尽管上海地区的工业基础比较好,很多零部件、仪器设备等可以委托有关专业厂、所试制生产,但是并非所有零部件的试制生产都可以简单地通过大协作的方式加以解决。而剩下来的这些"硬骨头",则需要改造现有厂房和工艺装备,甚至添置新的设备,兴建新的设施,有的甚至还要搞集智攻关、协同创新。

第一章 中国航天事业的发展成就

问题是,"701工程"对进度的要求非常高。这样,一些单位只能优先在挖潜改造上狠下功夫。如,发动机承制厂为了安装大型钎焊炉,在厂房高度不能满足要求的情况下,使用多个千斤顶硬是将房顶钢架在几天内提高了1.7米。发动机涡轮泵水力试验台则是利用闵行电机厂一个旧的高速变频电机试验室改造成的,仅用了8个月时间就正式交付使用,比新建一个试验台的周期至少缩短了一年。

正是依靠广大群众的艰苦奋斗、只争朝夕的精神,在不到一年的时间里,上海就先后建起了火箭总装厂房、静力试验室、5吨振动台、泵水力试验室、发动机液流试验台、模拟试验室和发动机试车台等大型厂房、试验设施,以及钎焊炉、固化炉等工艺设备。这样,上海在很短的时间里就基本形成了大型运载火箭的设计、生产和试验的能力。

上海的"701会战"创造了一个研制大型运载火箭的奇迹。至1970年11月,风暴一号试车火箭就完成了总装,并被运往酒泉卫星发射中心,准备进行二级以及一、二级组合的全箭热试车。

风暴一号火箭的全箭热试车于1971年4月结束。这次热试车表明:运载火箭的技术方案基本可行。但是,试车过程中也暴露出了不少设计和生产中的问题。例如,箭上计算机的工作稳定性和可靠性不高;一级发动机推力偏低,关机后主阀关不严等。对试车中发现的问题,各责任单位都进行了认真的分析,并采取了相应的整改措施。经过这一番努力之后,关键元器件的质量有了很大程度的提高,各分系统也都通过了按规定条件进行的各项试验,从而为交付飞行试验火箭创造了条件。

1972年4月24日,经过一周的长途跋涉,风暴一号飞行试验火箭和上海试验队抵达酒泉卫星发射中心。试验队在技术阵地和发射阵地对火箭进行了三个多月的测试。8月6日,周恩来总理听取了国防科委和上海试验队负责人的汇报,并批准发射。8月10日上午,风暴一号飞行试验火箭发射升空。遥测数据显示,飞行过程中箭上计算机按预定程序准确发出各项指令,一、二级发动机均正常关机,一级箭体、整流罩和配重卫星按程序分离,但火箭起飞后不久平台基准漂移,火箭偏右飞行,二级火箭游动发动机工作异常。飞行试验分析结论认为,火箭的总体和分系统方案可行,各分系统工作基本协调,全箭设计合理可靠,按照飞行试验大纲的规定完成了预定任务,试验基本成功。

火箭飞行试验取得基本成功之后,为了发射重型卫星并确保卫星准确入轨,风暴一号火箭的总体和分系统设计单位主要从三个方面对火箭进行了改进。一是提高运载能力。这主要是因火箭自重过大,难以满足发射重型卫星的需要。二是确保入轨精度。电子侦察卫星对轨道周期误差和近地点的高度误差要求非常严,因此入轨精度的高低成了成败的关键。三是改进测控系统。因电子侦察卫星的轨道较低,故卫星的入轨点不能太远,这给南方的测控站带来了很多新问题。除采取这些技术措施之外,上海机电二局还针对火箭试验飞行中暴露出来的问题,加强了产品质量的控制管理。

但是,当时正是"四人帮"及其在上海的代理人风头正劲的时候,为了攫取更多的政治利益,他们片面地强调进度,对于飞行试验过程中游动发动机出现异常并没有给予足够的重视。由于带着隐患上天,致使1973年9月18日,风暴一号火箭发射"长空一号"卫星时,因二级火箭游动发动机发生故障,卫星未能进入预定轨道而在空中自毁。

经过对飞行试验数据、发动机残骸的分析和模拟试验验证,上海机电二局确认,故障是二级游动发动机燃料泵轮与壳体相磨,游动发动机没有发动起来所致。针对这次发射和1972年的飞行试验游动发动机均出现故障的事实,研制人员重点改进了游动发动机的涡轮泵,并采取了多项防磨措施。这些措施经过16次热试车考验后被认定为符合上天状态。

1974年7月12日,风暴一号火箭再次发射"长空一号"卫星。这次由于火箭二级主发动机出现故障,致使火箭飞行速度没有达到第一宇宙速度,卫星又没能进入预定轨道,火箭和卫星在空中爆炸。

连续两次发射失败,极大地震动和深刻地教育了风暴一号火箭的研制人员,特别是发动机研制人员。但是,他们并没有因失败而沮丧和气馁。为了早日把"长空一号"卫星送上天,他们又再次打响了风暴一号火箭的研制攻坚战。

风暴一号火箭的发动机是上海机电二局所属新新机器厂负责研制的,其单机推力稍大于一院研制的长征二号火箭的发动机。风暴一号火箭与长征二号火箭一样,都将一级单机"上搬"用做二级主发动机。既然7月12日的失败起因于二级主发动机出现故障,那意味着风暴一号火箭发动机的可靠性有问题。因此,事故发生后,发动机承制厂掀起了猛攻薄弱环节、稳定工艺质量、提高可靠性的热潮。

影响发动机可靠性的一个重要因素是高频不稳定燃烧引起的强烈振动。这是由于发动机燃烧室固有的声振频率与燃气生成的频率相耦合而产生共振

第一章　中国航天事业的发展成就

的结果。这种振动会使燃烧室在一刹那间发生机械破坏，或熔化烧坏。高频不稳定燃烧引起的振动是在研制新发动机时无法绕开的一个难题。一院研制中程导弹时就碰到了这个难题，并为此付出了不小的代价。实际上，一院在研制远程洲际导弹时仍然碰到了高频不稳定燃烧引起的振动问题。

解决发动机高频不稳定燃烧引起的振动问题没有"灵丹妙药"，只有通过不断的试验探索才有可能摸到一些门道。新新机器厂基于一院传授的发动机研制经验，并通过反复试验，研制出了风暴一号火箭发动机。发射失败结果表明，不稳定燃烧问题仍然没有得到很好的解决。为此，新新机器厂决定双管齐下，即从抗振和减振两个方面入手提高发动机的可靠性。在抗振方面，他们把部分高压管路由手工氩弧焊改为高频钎焊，保证总装的一致性。在减振方面，通过改进发动机燃烧室头部喷注器结构，抑制不稳定燃烧。

发动机燃烧室的头部有数千个加工精确的喷注孔，推进剂通过它喷入、雾化和燃烧。因此，喷注器的设计状态直接影响着发动机的性能和工作稳定性。从1974年年底起，新新机器厂两度改进了燃烧室头部喷注器的结构设计，然而试车结果都不甚理想。但是，研制人员在试车过程中发现喷注器某区域发生推进剂泄漏时振动就会大幅度下降。循此线索，研制人员最终找到了降低发动机振动强度的有效方法。

除发动机外，上海机电二局所属单位还对风暴一号火箭的其它系统进行了改进。例如，初期研制的伺服机构存在漏气、漏油现象。为此，承制厂对安装密封圈处的结构尺寸及表面光洁度进行了更为严格的规定，并改进了加工工艺和表面处理工艺。上海橡胶制品研究所则对密封圈的胶料配方进行了改进，以增强它的耐磨性和低温密封性能。

经过近一年的努力，改进后的风暴一号火箭再次运抵酒泉卫星发射中心。1975年7月26日晚，风暴一号火箭终于将质量超过1吨的重型卫星"长空一号"送入预定轨道。中共中央、国务院、中央军委致电对此次来之不易的成功发射表示了祝贺。

1975年12月16日和1976年8月30日，我国又用风暴一号火箭发射了两颗"长空一号"卫星，并取得了成功。

风暴一号火箭发射"长空一号"卫星所遭受的挫折，充分地说明了质量在航天事业中的重要性，不能为了进度而忽视质量。可以说，正是因为吸取了风暴一号火箭和"长空一号"卫星的研制经验与教训，上海此后才得以迅速成长为我国航天事业发展的又一重要基地。

五、三线基地建设全面铺开

除北京和上海两大航天研制基地外,我国20世纪六七十年代还在中西部地区兴建了多个航天研制基地,如贵州省境内的061基地、四川省境内的062基地和064基地、陕西省境内的063基地和067基地、湖北省境内的066基地和湖南省境内的068基地。这些航天研制基地主要是在中央1964年作出的在大后方建设三线基地的战略决策指引下而兴建起来的。

1. 宏观决策与布局定点

20世纪60年代初,除美国在韩国、日本、中国台湾、菲律宾、南越等地建立军事基地对我国东部和东南部沿海地区构成了严重的威胁之外,苏联在我国北部和西北部千里边界线上陈兵百万,使我国的东北、内蒙古等原属于大后方的地区也变成了战备前沿。这样一来,不仅是东南沿海地区和东北地区,连北京以及整个华北地区的安全都遭受到了空前的威胁。而1949年后中国在战争废墟上兴建起来的重工业基地和国防工业基地大多分布在这些一线地区。这意味着如果战争爆发,即使敌方不使用核武器,我国大部分工业基础设施都将毁于一旦。万一出现这种情况,仅依靠战略大后方,即三线地区有限的工业基础设施的支撑,我国将很难对入侵之敌实施持续有效的反击。面对如此严重的态势,毛泽东主席在1964年5月15日至6月17日召开的中央工作会议上指出:"只要帝国主义存在,就有战争的危险。……在原子弹时期,没有后方不行。"为此,他指示,制定"三五"(1966年—1970年)计划时不能把眼光只盯着"吃、穿、用",还要考虑解决全国工业布局不平衡的问题,加强三线建设,防备敌人入侵。这些讲话引起了与会者的强烈共鸣。

1964年8月2日,"北部湾事件"爆发,美国驱逐舰"马克多斯号"与越南海军鱼雷艇发生激战。8月4日,海战规模进一步扩大。8月5日,美国悍然出动飞机大规模轰炸越南北方,将战火迫近到中国的南大门。越南战争的迅速升级,促使中国领导人最终下定决心改变原定的国民经济建设部署,加快三线建设,增强国防实力。为此,8月中旬,中共中央书记处召开会议,讨论三线建设问题。毛泽东主席在8月17日和20日的两次讲话中指出:"要准备帝国主义可能发动侵略战争。现在工厂都集中在大城市和沿海地区不利于备战,工厂可

以一分为二,要抢时间迁到内地去,各省都要建立自己的战略后方,不仅工业交通部门要搬家,而且学校、科学院、设计院、北京大学都要搬家。成昆、川黔、滇黔这三条铁路要抓紧修好,铁轨不够,可以拆其它线路的。"根据毛泽东主席的讲话精神,会议经过研究,决定首先集中力量建设三线,在人力、物力、财力上给予保证。新建项目都要摆在第三线,现在就要搞勘察设计,不要耽误时间,第一线能搬的项目要搬迁,明后年不能见效的续建项目一律缩小建设规模。在不妨碍生产的条件下,有计划有步骤地调整第一线,一、二线企业要有重点地搞技术改造。这一决定表明,国家经济建设重点已由解决"吃、穿、用"问题转向以备战为中心的三线建设。

遵照中央的部署,国防工办于1964年9月初,决定迅速组建10个勘察小组和一个中心组前往三线地区选点踏勘。其中,国防部五院和十院、二机部、五机部几个单位组成了第一小组。9月10日开始,国防部五院的选点人员在两个月的时间里先后踏勘了5个省、6个地区、43个县市、122个沟(点),行程达12000多千米。当时,不少地方仍未通车,选点人员只能依靠骑毛驴或步行前往。

对国防部五院的三线基地选点建设问题,国防科委主任聂荣臻元帅指示:"布局上要一、二、三线,前后方结合。今后新建的设计、试制、生产、试验项目要摆到后方去,特别是大型设备。北京主要是研究机构,在没有战争的情况下,不向后搬。在二、三线把设计、试制、生产先搞起来,要两个'窝'的思想,先把'屁股'安排好。后方建设的重点是关键性的工厂、设计、试验室和车间等。一旦战争来了,设计生产仍能不间断地进行"。国防部五院一分院根据聂荣臻元帅的指示精神,并结合踏勘情况,提出了4个布点方案,即天水地区方案,陇(西)漳(县)地区方案,凤县、徽县地区方案和天兰路沿线方案。1964年11月24日,国防工办在长沙召开选点布局会议,决定将液体地地导弹三线基地建在甘肃天水地区和陕西宝鸡地区。

根据中央精神和国防工办的指导原则,一院按照"前后是一家,生产是两套"的构想,决定在三线地区安排34个建设项目,其中的25个安排在天水地区。总体设计部和总装厂设在天水的甘泉寺、街子口;发动机所(厂、站)设在宝鸡凤州安河沟(后称红光沟,包括陈家庄、潘家院、鹿母寺沟);地面设备所(厂)设在武山的洛门镇和鸳鸯镇,控制系统所(厂)设在徽县、两当。由于部、所、厂、站领导1965年1月起进行第二回合的选点布局踏勘时发现了不少问题,如武山和天水等地土山无石，地形开阔，无进洞条件，且这些地方均为九级地震区，工程造价较高等，故一院改变了当初的想法，决定将总体部和总装厂由甘泉寺、街子口移至李子园，同时要求地面设备所（厂）和控制系统所（厂）适当向总体部和总装厂靠拢。至于发动机所（厂、站）的布点则维持当初的决定不变。1965年6月10日，七机部正式批准一院将总体部和总装厂的布点迁至李子园。

早在1964年12月，一分院就成立了三线基地工程指挥部，代号为"062工程"指挥部，由副院长周吉一全面主持三线建设工作，办公地点设在天水的王家磨。1965年初春，一院的三线基地布局定点工作告一段落之后，三线基地的筹建工作便开始全面提速。当时，三线基地建设是保密的，去三线工作犹如参军一样，需要报名争取。经过严格筛选，至1965年底，有156人离开了优越舒适的首都北京来到了人烟稀少的山沟，担负起了筹建一院三线基地的重任。至1966年底，筹建人员的数量猛增至2300人（包括工艺设计、非标准设计和施工管理人员）。随着筹建人员的陆续进点，有关勘察、设计、施工大军也纷纷云集现场。按照中央的决定，为争取时间抢速度，加快三线基地建设，仿照上海市包建黔北基地的办法，由北京市包建地地导弹研制基地。北京市第二建筑公司是最早进入天水、凤州两地的施工单位。除北京市二建公司外，先后进入现场的还有建工部土石方第十五和第十七队、陕西省公路四队、陕西省第二安装公司一处等。厂外公路施工则主要由当地民工承担，高峰时期，现场施工人员数达8000余人。

1966年2月，中央正式批准将"062工程"列入全国重点建设工程，要求集中力量打歼灭战。可是，天有不测风云。1966年3月8日，河北省邢台地区发生了6.7级地震。3月9日，余秋里、李人俊即奉周恩来总理之命，从北京赶到西安，了解天水地区的地震发生情况。由于天水地区是地震多发地带，地地战略导弹基地建设在这一地区不甚安全。故3月11日，周恩来总理在主持中央专委第15次会议时提出，一院三线基地是否另选新址，由七机部会同中国科学院、国家建委到天水实地调查后再作决定。

1966年3月13日，刚在西安开完三线建设会议的中央领导邓小平、李富春、薄一波决定亲赴天水，实地了解一院三线基地的建设情况。3月15日傍晚，三位领导在天水北道埠火车站公务列车上听取了王秉璋有关天水地区历史上的地震发生情况汇报和李人俊在天水地区的实地调查情况汇报。当时，一院在天水地区已经花了1000多万元，如果三线基地仍留在天水，那么有必要加大防震预算投入。如果搬迁,不仅已投入的建设资金无法收回,而且还有可能丧失半年的时间。听完汇报后,邓小平最后指出,要搬就搬到四川去,搬到达县去。这里是个好地方,将来摆点别的项目是可以的,摆地地导弹基地不放心。参加这次会议的还有赵尔陆、孙志远、余秋里、谷牧等。

1966年3月21日,一院党委根据"列车会议"精神召开紧急会议,一致同意到川北选点,凤州的项目不再变动。3月22日,部院联合选点组开始踏勘四川的广元、旺苍、剑阁、邻水、大竹、达县、宣汉、万源和陕西的太白、留坝、勉县。由于达县地区已布有三院的064基地,故七机部提出以达县为界,达县以南为064基地范围,达县以北为062基地范围。4月21日,一院党委正式提出在达县地区的达县、万源、宣汉三县南北170千米、东西20千米的地段进行布点。当时决定布在万源的有总体部和总装厂、非标准设备厂、院部和地区仓库;布在宣汉的有控制系统所(厂)、头部系统所(厂)和地区仓库;布在达县的有遥测系统所(厂)、地面设备系统所(厂)以及铸造、机修、刀量具、标准件厂等。

1966年6月,周恩来总理主持中央专委会议,对一院三线布局定点作出了调整。地地导弹三线基地建在四川北部达县地区,发动机部分仍建在陕西宝鸡地区。随后,国家建委作了正式批复。"062工程"指挥部在川北全面开展工作。可是,进入1967年后,又有人对川北新点提出了不同的看法,要求再次变点。中央对此十分关注。1967年6月,粟裕在一院三线基地建设座谈会上明确表示,一院三线基地放在川北不变。8月,中央军委电告成都军区,由七机部谷广善、张凡等12人组成工作组到现场听取意见,做说服工作,同时研究调整布局,确定首批施工项目。工作组在川北工作两个月,调整了布局。建设项目由原来的36个调整为35个,川北地区23个,凤州地区7个,待定的5个。之后又将川北的23个项目调整为18个。

2. 三线基地建设的展开

随着定点工作尘埃落定,三线基地建设高潮很快掀起。

考虑到七机部三线基地建设的战略意义和工作的艰巨性,中央除要求七机部各研究院全力以赴外,还要求北京、上海、天津、沈阳等城市承担部分包建任务,同时还为这些单位确定了六项包建原则:①为新建单位配备领导干部和技术骨干;②输送工种配套的技术工人并培训新工人;③提供部分非标准设备和工装;④提供成套的工艺技术资料;⑤帮助解决三线地区一时不能解决的协作条件;⑥在技术上帮助新厂试制出第一批合格产品。七机部各研究院及沿海城市承担包建任务的各有关单位，认真执行上述原则，迅速为各三线基地选调了一批领导干部、科研骨干和技术工人。

当大批选调人员汇聚到三线基地的大山沟后，吃、住成了大难题。但是，困难并没有吓倒这些满怀革命理想和工作热情的人们。他们打扫完从老乡那里借来的茅草屋或弃用多年的破庙后便住了进去。现成的房子不够住，他们就用竹胚子抹上麦草泥当墙，再在顶上盖上油毡布凑合。遇到阴雨天气，屋顶漏水，就在地上安放各种各样的容器接漏，容器不够用，就用草帽兜着。为防止野兽夜间来袭，他们就在床边放一根木棍，做好随时与野兽进行搏斗的准备。在山区买不到凭票供应的细粮和副食品，他们就整天吃用苞谷粉或粗面粉做成的主食。没有蔬菜，他们就在住处附近的山坡上自己种。对他们当中的不少人来讲，不负党和国家的重托比什么都重要。不要说是克服生活困难，纵使是牺牲自己都在所不惜。虽然条件简陋，但大家志存高远。063 基地 43 所设计室最初的驻扎地——水陆庵的大门两侧写有这样的一副对联："身在大庙胸怀全局，脚踏青山放眼世界"，可以说是三线基地建设者当时心境的真实写照。

陕西宝鸡地区的 067 基地可以说是七机部三线基地建设中的重中之重。当时，远程运载火箭已开始进行方案设计。由于北京基地的研制条件，尤其是火箭发动机的研制条件已无法满足研制远程运载火箭的需要，所以七机部把建设大型液体燃料火箭基地放在了首位，特别是把建设大推力液体燃料火箭发动机研制基地列成了第一要务。根据当时确定的远程运载火箭的总体方案，第一级火箭发动机的总推力将达到 200 多吨，国内所有已建成的试车台均无法满足该型发动机试车的需要。因此，大型试车台项目成了建设大推力液体燃料火箭发动机研制基地的关键。所以，国务院 1965 年就将抢建大型发动机试车台列作国家的重点任务。这样 067 基地成了最早完成定点、最早开始兴建、也是最早建成交付使用的七机部重要基地之一。

067 基地当时有 7 个建设项目（7103 厂、7165 所、7165 站、7107 厂、7171 厂、7125 医院和仓库），其中 5 个项目分布在凤州安河沟内 6 条大山沟里，平均海拔高达 1100 米。点与点之间距离最远的有 11 千米，最近的也有 2.5 千米。

位于潘家院的液体火箭发动机生产厂（7103 厂）是 067 基地中建设规模最大的一个项目，投资达 1.06 亿元，建筑面积为 22 万平方米，配有 2000 吨水压机，2.5 米旋压床，630 吨的液压床和 800 吨的精压床，以及大型钎焊炉等高精尖设备。这项工程于 1965 年 11 月开工，由北京 179 厂包建。由于受到"文化大革命"的干扰和破坏,建设十分困难。三线建设者们自己动手开挖土方,制造设备,自行安装设备,终于在1969年底,使一批主要厂房(发动机总装厂房、燃烧室厂房、涡轮泵自动器生产厂房)相继建成投产。按照对口包建的原则,7103厂从179厂和其它兄弟厂先后调入各种专业工人、技术人员和干部近1500名,很快就形成了门类比较齐全的生产队伍。1970年9月4日,7103厂完成了第一台远程运载火箭一级单机发动机的试生产任务。9月22日,该发动机在北京101站进行首次热试车获得成功。

位于鹿母寺沟的液体火箭发动机试验站(代号7165站)由101站包建。这个站的400吨发动机试车台,即1号试车台是我国历史上的第一座液体火箭发动机垂直试车台,发动机在垂直状态下工作,与箭上的实际工作状态一致,有利于发动机摇摆试车。在1号试车台建设过程中,三线建设者们大胆创新,在设计过程中解决了很多关键性的技术难题。由于首次采用了水冷却式导流槽,大幅降低了试车台的高度,因而减少了山体开挖工程量,降低了工程造价。1号试车台主体高56米,长41米,最大宽度为2米。支撑试车台架的4根空心钢柱,外径0.8米,长7.9米,自重达20吨。需要安装的8000多台(件)设备中,有16个重200吨的高压容器,200多个不锈钢大阀门,200吨的试车架和200吨的大型测压测力计。在没有大型吊装设备的条件下,三线建设者们硬是采用土爬杆、人力绞盘、卷扬机等简易设备将这些庞然大物架到了试车台上,并安装就位。试车台于1966年4月破土动工,1969年4月通过验收。1969年6月,总推力为280吨的远程运载火箭一级发动机在

图1-15 建造发动机试车台

台上进行第一次四机并联试车时即取得成功,工程质量达到了设计标准。1970年12月,7165站可以承载100吨发动机和高空发动机热试车的2号试车台也通过了考台试车,并于1971年1月通过验收。

除研制发动机的厂所站外,067基地还有两个惯性器件厂(7171厂和7107

厂)建设项目。经过五年多的奋斗,067基地的七个建设项目全部完工。到1970年,067基地基本具备了研究、设计、生产、试验液体火箭发动机与平台惯性器件的能力。经过数年的发展,1978年,067基地职工数迅速增长至9600人,占地面积近3000亩,施工面积超过48万平方米,固定资产达2亿元。067基地于20世纪90年代初搬迁至古城西安,并被命名为航天第六研究院。

与中国航天科技集团公司第六研究院的前身067基地相比,中国航天科技集团公司第七研究院的前身062基地的建设则遇到了不少坎坷。作为为远程运载火箭及其后续大型液体燃料火箭研制基地而兴建的062基地,1966年5月由天水变点川北。为把耽误的时间抢回来,力争在1968年生产出远程运载火箭的试验弹和遥测弹,062基地的建设者们抵达川北后即不分节假日地投入到了工作之中。不过,他们遇到了一个严重制约工程进度的瓶颈,即建设物资和生活物资的运输问题。

川北达县地区地处大巴山腹地,山大沟深,人烟稀少,北离西安540千米,南至重庆416千米。由于离铁路干线比较远,大批建设物资和生活物资只能依靠汽车转运,而"062工程"指挥部当时只有250辆汽车,只能满足一半的需求。虽然中央随后从四川、吉林、安徽、山东等地紧急抽调了多个汽车队支援062基地,但是运力紧张的矛盾短期之内仍很难得到有效的缓解。于是,汽车队成员日夜兼程,"车上睡,渡口眠,为装头班货,为过第一船",不少人甚至在紧张的运输途中献出了自己的宝贵生命。

图1-16 三线建设的"汽车大军"

中央军委1967年底至1968年初在川北组建两个汽车团,大幅缓解062基地运力紧张的矛盾之后,基地的建设形势一度出现了好转。但是,随着"文化大革命"的蔓延,四川的武斗不断升级。一些组织到处设卡抢物资,甚至武装劫车,以致交通经常被迫中断。不仅如此,武斗人员还多次直接围攻、冲击062基地的"7102"(总装)工程筹建处,甚至持续一个星期断水、断粮、断电,并殴打职工和军管人员。为了保护国家财产和保守国家机密,工程不得不停停建建,建建停停。

1969年,"珍宝岛事件"爆发后,毛泽东主席又开始把关注的目光投向三线建设。为了排除造反派的干扰,保证三线建设顺利进行,他决定对一些重点三线建设基地和工程实行军管,甚至直接派军队去施工。这一年的12月,周恩来总理签发了《关于加速导弹三线研制生产基地建设的问题》的电报。川北达县和陕西宝鸡等三线建设工程被列入国家战备重点抢建项目。中央要求达县、宝鸡科研生产基地应力争在1970年底基本建成。借电报的东风,"062工程"指挥部重新部署了1970年的建设进度,提出确保总装厂、控制设备厂和第一惯性器件厂(后转到067基地建设)在第一季度开工,打一场抢建三线基地的"人民战争"。

图1-17 热火朝天的三线建设场景

为深入贯彻电报精神,1970年5月,一院军管会召开三线建设工作会议,就加强三线建设的组织领导、包建工作等作出了决定。在一院和地方政府的大力支持下,三线基地出现了职工团结备战抢建的局面。从万源到达县,全线汇集了一万多建设大军,现场一片沸腾。经过两年多的抢建,062基地的建设取得突破性的进展,至1972年底,先后完成30万平方米的施工任务,70%的土建工程转入安装交付阶段。襄渝铁路重庆至万源段也于1972年11月通车。可是,1972年2月尼克松访华后不久,062基地又刮起了一股"下马风"、"搬迁风"、"散伙风"。全线工程又陷入瘫痪或半瘫痪的境地。

1974年3月,中央决定,一院在川单位实行双重领导。之后,"062工程"指挥部成了四川省国防工办七机局,党政工作由四川省直接领导。1975年10月,七机部决定,从1976年1月1日起,062基地和067基地的基本建设拨款和结算改由七机部直接对口。自1966年变点川北后,062基地的规划方案和管理体制在时局的影响下发生了多次改变,以致最后在川北地区建成和部分建成的项目只有14个。其中,"7146"(总体部)由一院一部包建,1979年竣工验收;"7102"(总装厂)由211厂包建,1983年建成;"7105"(控制设备厂、所)由一院12所和200厂包建,1975年基本建成,1980年全部竣工;"7111"(伺服机构厂、所)由一院一部6室和811厂包建,1981年基本竣工;"7113"(静力强度试验室)由702所包建,1980年建成。

尽管062基地的建设进度大幅落后于原定计划,但它仍生动地体现了航天人自力更生、艰苦奋斗的精神,而且基地在建设规模、建筑面积、工艺技术以及设备先进程度、形成的生产能力等方面当时都超过了北京基地,从而为我国航天事业的发展壮大打下了良好的基础。

第一章　中国航天事业的发展成就

第三节　在改革开放中壮大

一、洲际导弹和潜地导弹最后冲刺

1976年,"四人帮"被打倒,"十年动乱"结束。为了使国防科研、生产、试验工作早日步入正轨,国务院、中央军委于1977年3月派工作组进驻七机部帮助工作,同时要求七机部充分发动群众,消除派性,增强团结,尽快把科研和生产搞上去。4月,中央调整了中央专委的人员组成,决定中央专委办公室仍设在国防科委,张爱萍继续主持国防科委工作。鉴于"文化大革命"期间出现了不顾中国国情国力,搞高指标、大计划,乱上国防科研项目的问题,1977年9月,中央专委决定,集中力量,突出重点,大力抓好洲际导弹、潜地导弹和通信卫星的研制、试验工作。这三项工作任务被简称"三抓"任务。10月,国防科委、七机部决定在七机部所属研制单位恢复建立型号研制设计师制度,并任命屠守锷为洲际导弹总设计师、黄纬禄为潜地导弹总设计师、任新民为卫星通信工程总设计师。自此,"三抓"工作开始全面铺开。

图1-18　1982年,张爱萍(左)与黄纬禄(右)交谈

"三抓"任务中,1980年向太平洋海域发射远程运载火箭,即"580"任务被列在了首位。前已述及,远程运载火箭早在1965年就已列入"八年四弹"规划,而且远程运载火箭1971年就已进行了低弹道飞行试验,并取得了基本成功。此后,在远程运载火箭基础上改进而成的长征二号火箭和风暴一号火

箭又先后多次将返回式遥感卫星"尖兵一号"和电子侦察卫星"长空一号"成功地送入了预定轨道,这为组织洲际导弹的研制和全程飞行试验奠定了非常好的基础。但是,向太平洋发射远程运载火箭必须确保导弹发动机和控制系统的可靠性,而且必须解决弹头重返大气层后的再入烧蚀防热与气动稳定性问题。虽然在研制返回式卫星过程中已在这些领域积累了一些经验,但是两者之间毕竟还存在不少差异。更重要的是,远程运载火箭进入太平洋上空后,要进行有效的跟踪与测量,远洋测量船不可或缺。这意味着建造海上机动性强、测量跟踪和控制功能齐全、设备精良的远洋测量船,以弥补陆地测控站测控距离不够的缺陷,成为向太平洋发射远程运载火箭的一个重要前提。

图1-19　1980年,张镰斧(右一)在动员会上讲话

远洋测量船的建造问题于1965年就已提出。1968年,毛泽东主席、周恩来总理原则批准了国防科委提出的远洋测量船的研制计划。国防科委随即组织七院和酒泉导弹试验基地等单位展开了远洋测量船总体方案设计,并于1970年7月报送国务院、中央军委。当年12月,周恩来总理主持中央专委会议决定把这项工程任务列入国家计划。但这项计划在"文化大革命"后期受到了很多干扰,以致工作进展缓慢。1977年9月,张爱萍、钱学森在上海主持召开协调会议,要求加快远洋测量船的研制、建造进度,确保两艘远洋测量船在1979年底完成试航试验和特种设备的安装调试,并进行海上联调。相关研制、建造单位立下军令状之后,迅速采取有效措施,狠抓关键设备的技术攻关和质量保证工作,从而使远洋测量船的建造得以按照计划进度向前推进。

第一章 中国航天事业的发展成就

建造远洋测量船遇到了很多难题。要把占地至少几平方千米的测量基地浓缩到3000平方米的一艘测量船上,而且还要在波涛起伏的大海上创造出平稳如地的测量环境,即使是发达国家也很难做到,更何况在尚未全面实行改革开放的中国。不仅如此,测量、通信等高精密仪器设备对气象、地理等环境因素要求很高,将其搬到在海洋上漂浮的测量船上之后,如何解决防盐雾、防潮湿之类的问题?还有,各种电子设备仪器集中到船上,电磁干扰问题如何解决?不难想象,测量船的设计要求苛刻得超出了常规,对中国的工业基础提出了巨大的挑战。但是困难没能捆住有志气的中国人的手脚。当时的江南造船厂党委书记在为远洋测量船铺下第一块钢板时曾动情地说过,100多年的历史教训是"落后就要挨打",不能让工程在江南厂误点!正是凭着这种历史责任感和攻坚克难的信念,中国人最终造出了自己的远洋测量船,成了第四个拥有航天远洋测量船的国家。

两艘发电量可分别满足一个30万人口城市生活用电需求,续航能力达100个昼夜,可连续航行1.8万海里,能以每分钟24°的角速度原地回转的"海上科学城"——"远望号"远洋测量船,能够抢在1979年底建成交付使用,离不开举国体制优势的充分发挥。据统计,全国24个省市,35个部委,1100多个厂、所、院校,数万名研制人员参加了这两艘远洋测量船的研究、设计、试验与建造。"远望一号"、"远望二号"建成之后,中国的航天测控网就由陆地延伸到了世界三大洋的任何一个海域。

在"远望号"远洋测量船船体建成下水、开始舾装之际,一院又对远程运载火箭进行了一系列地面试验和飞行试验。1978年10月5日,远程运载火箭低弹道飞行试验再次取得成功。1979年1月7日,远程运载火箭高弹道飞行试验也取得了成功。同年6月至11月,一院又先后对远程运载火箭进行了多次高弹道、抬高型低弹道的飞行试验,均获得成功。试验结果表明,远程运载火箭已经具备了进行全程试验的条件。

1980年2月中旬,中央专委批准了国防科委提出的远程运载火箭全程飞行试验实施方案,并决定由国防科委负责整个试验的统一指挥,由海军负责海上指挥。3月初,国防科委主任张爱萍、政委李耀文发布远程运载火箭全程飞行试验进入实施阶段的动员令。4月,中国远洋测量船特混编队在海军副司令员刘道生、杨国宇率领下起航奔赴南太平洋上的目标区。尽管中国政府事先已分别向澳大利亚、新西兰、日本、美国通报了中国即将进行的导弹飞行试验情况,新华社也于5月9日授权向全世界发布了公告,但是,首次远涉太平洋的中国远洋测量船编队仍然受到了一些国家的特别关注,甚至是干扰。

经过艰苦卓绝的努力,1980年5月18日,远程运载火箭终于在酒泉导弹试验基地发射升空。几秒钟后,导弹转弯,沿着预定弹道,向东南方向飞去。导弹飞越银川、太原、石家庄、济南等城市上空后进入西太平洋。半小时后,弹头溅落在9000千米外的预定海域,数据舱落点误差仅有250米,中国远程运载火箭首次全程飞行试验取得了圆满成功。

这次试验的成功,标志着中国战略武器达到了新的水平,走完了研制、试验全过程,对于加速发展我国国防科技,促进现代化建设,增强在反侵略战争中的防卫反击力量,提高国威和军威,都具有十分重要的战略意义。

1980年5月21日,中共中央、国务院、中央军委发了贺电表示祝贺。新华社发布公告,宣布圆满完成这次试验。6月4日,叶剑英在上海接见从南太平洋胜利归来的舰船编队代表。6月10日,在首都人民大会堂举行了庆功大会。华国锋、邓小平、李先念、陈云、徐向前、彭真出席了大会。中共中央总书记胡耀邦在会上作了重要讲话,他说:"向太平洋海域发射远程运载火箭成功,表明中国人民在掌握现代化精密科学技术的道路上前进了重要的一步,表明我国的国防实力有了新的提高和加强。我们能够建设我们伟大的祖国,也能够保卫我们伟大的祖国!"

图1-20 1980年5月18日《人民日报》号外

远程运载火箭飞向太平洋,是中国在"三抓"的主战场上的第一个胜仗。它的胜利,使我国的远程运载火箭结束了试验阶段,进入实用阶段。它不仅解决了我国远程运载火箭的有无问题,而且也为发展中国大型运载火箭打下了坚实的基础。

"三抓"任务中的另一项任务是由潜艇水下发射巨浪一号固体燃料导弹。

早在1965年3月,中央专委就作出了在自行研制液体导弹的基础上,着手制定固体导弹的发展计划,分阶段逐步实现导弹系列化的决定。会议同时批准核潜艇工程重新上马,但要分两步走,第一步先研制攻击核潜艇,第二步再搞导弹核潜艇。根据中央专委的决定,七机部四院随即启动了单级近程固体燃料导弹的研制,并成立了第四设计部(四部)专门负责此项研制工作。

要研制固体燃料导弹,首先必须攻克固体燃料发动机。而固体燃料发动机的核心是固体复合推进剂。实际上,国防部五院成立之初,就在推进剂研究室内设立了固体推进剂研究小组。这个小组最初只有3名刚走出校门的大学毕业生,但到1960年就发展到70多人。由于各国对固体燃料发动机技术严加封锁,故研究小组只能从国外文献中捕捉一些蛛丝马迹,然后再结合自己的判断向固体复合推进剂这个陌生领域挺进。经过多年的努力,研究小组终于在1958年下半年点燃了我国第一根复合推进剂小药柱,并于1960年浇注出了直径达65毫米的试验发动机。复合推进剂浇注工艺难关的突破,奠定了试制固体燃料发动机的基础。1962年,尽管遇到了严重的经济困难,国家仍决定在国防部五院建立固体火箭发动机研究所。1964年4月又在固体火箭发动机研究所的基础上,成立了固体火箭发动机分院,1965年更名为七机部第四研究院。

为弄清固体燃料发动机的技术难点所在,固体火箭发动机研究所决定先尝试性地研制一台直径为300毫米的小型固体燃料发动机。小型固体燃料发动机的研制,不仅促进了复合推进剂配方精化的研究以及浇注工艺的改进,而且凸显出了解决药柱裂纹和不稳定燃烧等技术难题的重要性。在全国各有关单位的协同与支持下,药柱裂纹和不稳定燃烧等技术问题先后被攻克。1965年夏,6台试验用小型固体燃料发动机进行飞行试验取得成功,从而为日后研制长征一号火箭第三级发动机、返回式遥感卫星上的反推火箭发动机以及其它大、中型固体燃料发动机打下了良好的基础。

1965年,单级近程固体燃料导弹的研制工作启动之后,四院四部决定采用比较成熟的聚硫橡胶推进剂,并充分利用直径为300毫米的小型固体发动机的研究成果,研制直径超过600毫米的固体燃料发动机。当时,四院刚从四川泸州搬迁到内蒙古,虽然为配合研制工作的开展抢建了一条大型装药生产线和一座50吨试车台,但其它试验条件都还没有建立起来。因此,凡是能够外协生产的,都拿到外面找兄弟单位承担了。研制过程中遇到了一个非常大的困难,那就是热处理炉容积小,难以对大型固体燃料发动机金属壳体进行热处理。

后来沈阳 111 厂和北京 211 厂创造性地使用了"分段淬火"的巧办法才解决了问题。1966 年 12 月,第一台大型固体燃料发动机进行全程试车取得成功,它标志着我国大型固体燃料发动机的研制迈出了可喜的一步。

正当四院为研制单级近程固体燃料导弹而忙碌之际,国防科委为了不影响我国导弹核潜艇研制计划的推进,于 1967 年 3 月决定,取消单级近程固体燃料导弹的研制任务,直接研制与导弹核潜艇配套的两级固体燃料潜射战略导弹。这种导弹后来被正式命名为巨浪一号。尽管越过单级固体燃料导弹阶段,直接研制两级固体燃料导弹;越过陆基固体燃料导弹阶段,先研制水下潜射固体燃料导弹的技术跨度很大,但四院仍义无反顾地启动了两级固体燃料潜地导弹总体方案的论证工作。1967 年 10 月,国防科委和海军联合召开了导弹核潜艇总体方案审定会,全面审定了潜艇和导弹的总体方案。会议还决定将一艘常规导弹潜艇改造为潜地导弹的试验潜艇,并且明确了陆上和海上试验基地建设和试验的组织实施问题。根据会议确定的潜地导弹战术技术指标和总体方案,1968 年四院四部向各分系统提出了初步技术要求。于是,两级固体燃料潜地导弹的研制工作进入技术攻关和分系统研制试验阶段。

根据两级固体燃料潜地导弹的总体方案要求,四院决定第一、二级均采用新研制的大型固体燃料发动机。当时聚硫橡胶复合推进剂虽然已经取得突破,但新型的聚丁二烯复合推进剂还在研制之中。本着能量高、性能好的原则,四院决定采用聚丁二烯复合推进剂。在发动机壳体选择上,当时有关部门正在研制玻璃钢材料。尽管这种材料重量轻、性能高,作为发动机壳体是先进的,但考虑到时间因素,发动机壳体最终仍采用了正在试制的低合金高强度钢。发动机喷管喉衬则采用了新的耐烧蚀金属材料。此外,发动机还采用了新型点火系统,以及推力矢量控制和推力终止等新技术。问题是发动机的很多单项技术当时还没有过关,甚至尚未开展实质性的研究,以致许多原材料要和发动机同步研制。结果,发动机研制工作长期处于徘徊状态,成了两级固体燃料潜地导弹工程的最短线。

1969 年底,中国第一艘核潜艇开工建造已满一年,再过一年就将下水。核潜艇建造计划的快速推进,要求与之配套的潜地导弹研制也相应提速,否则就会影响"弹舰合一"的工作进度。同年,经周恩来总理批准,四院四部划归一院建制。1970 年 1 月 1 日由内蒙古迁到北京,一院随即抽调黄纬禄等数十名技术骨干补充到四部,并任命黄纬禄为一院四部主任。

第一章　中国航天事业的发展成就

除了固体燃料发动机研制进展不尽如人意,当时摆在固体燃料火箭总体设计部新任主任黄纬禄面前的难题还有一大堆。首先,使用什么样的发射装置才能将十几吨重的导弹从水下几十米处的潜艇上弹射出水面,并确保导弹具有一定的出水速度和较小的出水姿态角?不解决这一问题,导弹出水后就很难及时点火。即使点火成功,也很难按预定轨道飞行。其次,控制系统如何设计才能使导弹出水时消除大姿态,亦即基本恢复到垂直状态?由于导弹在水下起飞时会受到潜艇的运动和海流的作用,故姿态变化比较大。如果控制系统不能及时地把导弹纠正到预期的姿态角上去,导弹就有可能偏离预定轨道。再次,水下发射固体燃料导弹与陆上发射液体燃料导弹不同,它需要解决弹体的水密性、气密性、耐高压与抗弯曲之类的特殊问题。因此,两级之间不宜采用点式连接分离方式,而应采用全新的整体连接线切割分离方式。还有,潜艇内部空间狭窄,它要求弹体结构不能太大。这样,如何把弹头做小以及缩小弹体内的零组部件、仪器仪表的尺寸,便成了一个非常重要的问题。此外,潜艇的精确导航问题以及潜艇对导弹的测控问题也很棘手。因为潜艇的坐标不准确,对导弹的测控精度不高,导弹的命中精度就会受到影响。

尽管黄纬禄率领的团队对两级固体燃料潜地导弹研制难题进行了攻关,但由于技术难度过大,知识储备不足,科研条件有限,加上政治动荡不安等因素,至"文化大革命"结束时,两级固体燃料潜地导弹的研制仍处于试样设计阶段。

1977年9月,中央专委把巨浪一号潜地导弹列作"三抓"任务之一,极大地促进了潜地导弹的研制与试验工作的开展。固体燃料发动机、制导系统等关键技术相继取得突破。为了加快潜地导弹的研制步伐,1979年4月,国防科委和七机部决定:将一院四部划归二院建制,由二院负责潜地导弹的技术抓总和协调工作;健全以黄纬禄为首的技术指挥系统和以程连昌为首的行政指挥系统,对直接参加研制的29个单位,依照统一的计划实行统一调度。同时,明确了先进行分系统地面试验、后进行全弹飞行试验;先进行陆上发射台发射试验,再进行陆上发射筒发射试验,最后进行潜艇水下发射试验的程序和要求。1979年,潜地导弹各分系统相继完成了试样设计。

1980年上半年,试样导弹各分系统的部件、仪器、设备齐套,二院四部先后进行了系统验收综合试验、全箭电气匹配试验和地面大型综合试验。这些试验,从不同的角度进一步考核了设计的正确性和设备的可靠性。

1980年下半年,潜地导弹进入总装测试阶段。控制导弹总装测试质量对确保导弹在公海上进行飞行试验时不出意外至关重要。其中的一个重要途径是消除导弹中的多余物。这个要求,看起来容易做起来难。因为导弹是由数以万计的零部件装配起来的,又有数以百计的人先后参与了装配工作,在装配过程中难免会在弹体内留下一些多余的螺钉螺帽、剪断的导线头或铅丝头等。但是,这些多余物对导弹质量的影响往往是致命性的。所以,固体燃料导弹总装厂接受总装任务后,采取了一系列极为严格的质量管理措施。首先,控制导弹配套件。从仪器仪表、电缆到小螺钉,按工艺数量配套,一个不能多,一个也不能少。其次,控制装配班组使用的工具。所有工具都要集中存放,班后检查。再次,实行多岗制。一般工序操作实行双岗制,关键工序实行三岗制,即一岗做主要操作手,二岗监督(和一岗负同等责任),三岗是专职检验,三岗不到齐,不准单独进行操作。此外,严格控制非相关人员到装配现场。这些措施的采取,对消除多余物,提高导弹的可靠性无疑发挥了积极的作用。

按照"台、筒、艇"的三步程序,巨浪一号潜地导弹通过陆上发射台、陆上发射筒的发射试验检验后,开始进入水下发射试验检验阶段,这项任务代号为"9182"。

1982年7月30日,中央军委决定以国防科委为主,海军协助,负责"9182"任务的组织领导。在总参谋部以及有关部门的大力支持下,国防科委和海军对近3万名直接参试人员和近4万名二线工作人员进行了统筹安排,并在首区和末区分别成立了指挥部。首区负责导弹的检验和测试、潜艇发射前检查和有关准备工作,通信系统的设备安装、调试和演练,海上一级落区海域的警戒和气象保障等任务;末区组织了测量群、护航警戒群、支持掩护群、空中支持群。在指挥部的统辖下,各司其职。为此,北海舰队、东海舰队动用了各型舰船73艘、飞机19架,进行了几十天的预救训练和援潜实兵操练。

1982年10月7日下午3时许,巨浪一号遥测弹首次进行水下发射试验。导弹正常弹出水面,但在空中点火后不久,就开始失控翻转,旋即在空中自毁。总设计师黄纬禄一下子蹲在了指挥舰的甲板上。不难想象,他当时所承受的巨大心理压力。当天晚上,黄纬禄就带领有关技术人员投入到查找失利症结的紧张工作中。因为不查清原因,下一发导弹就不能发射。而新华社公告的禁航期限是10月7日—26日,过期就需要另行公告,重新组织试验。经过夜以继日的奋战,终于查明问题出在第一级发动机保险机构的保险栓上。由于保险栓在一、二级尚未分离时提前脱开,导致失利。保险栓之所以会出现插拔故障是因

第一章 中国航天事业的发展成就

为保险机构内有多余物,而这点多余物在室温下做插拔试验是难以发现的。找出故障原因之后,10月12日又进行了第二发巨浪一号遥测弹水下发射试验。这次试验取得了圆满成功。

潜地导弹研制、试验的成功,标志着中国的战略核导弹,从液体发展到了固体,从陆上发展到了水下,从固定阵地发射发展到了隐蔽机动发射,成为世界上第五个拥有潜艇水下发射导弹能力的国家。

二、通信卫星和气象卫星首次入轨

"三抓"任务中还有一项是发射地球同步轨道试验通信卫星。

1970年我国第一颗人造地球卫星"东方红一号"发射成功后不久,邮电部、广播事业局等部门就提出了尽快研制出我国自己的通信卫星的需求。当时,世界上第一颗地球同步轨道通信卫星——"辛康三号"已于1964年8月发射入轨。"辛康三号"不仅成功地向美国转播了1964年10月在日本东京举行的第18届国际奥林匹克运动会,而且还在越南战争期间帮助五角大楼完成了与在南越的美军之间的通信联络。受"辛康三号"以及1965年发射的"国际通信卫星一号"的影响,有关部门迫切希望早日利用通信卫星解决中央人民广播电台和中央电视台节目的转播问题、军事通信问题以及远洋舰船和测量船的通信问题。为此,1970年6月,七机部一院、五院分别组织队伍,开展了通信卫星及其运载火箭的探索性研究。虽然当年底就召开了通信卫星方案讨论会,讨论了卫星的总体方案设想,但因科研生产秩序受到了"文化大革命"的严重冲击,工作进展非常缓慢。

1972年美国总统尼克松和日本首相田中角荣先后访华,并带来了本国研制的活动型卫星地面站。这两个卫星地面站后来都被中国邮电部门收购了。为此,当时在邮电系统工作的三位年轻人:黄仲玉、林克平和钟义信于1974年5月给周恩来总理写了一封《关于建设中国卫星通信的建议》的信函。三位年轻人在信中写道:"中国是个社会主义国家,其最大的优越性就是能够做到大力协同。只要国家出面,把全国各部门的优势集中起来,中国的通信卫星就有条件、有基础、有能力搞上去。因此,我们建议由国家统一组织安排中国的通信卫星研制工作。"周恩来总理对来信反映的问题非常重视,迅速作出了批示,要求国家计委、国防科委联合召开会议,先将通信卫星的制造、协作和使用方针定下来,然后再按计划分工做出规划,督促进行。

根据周恩来总理的批示,国家计委、国防科委多次组织七机部、四机部、邮电部、通信兵部、广播事业局等有关部门进行研究,决定首先解决有无问题,以满足各有关方面的试验要求,然后继续提高其性能;建议整个卫星通信工程由国防科委负责抓总。1975年2月,国家计委和国防科委联合向中共中央、中央军委提出了《关于发展我国卫星通信问题的报告》。3月31日,叶剑英主持的中央军委第八次常委会讨论通过了这一报告。为此,卫星通信工程后来被命名为"331工程"。不久,该报告也得到了中共中央和毛泽东主席的批准。从此,我国卫星通信工程,包括通信卫星、运载火箭、测控系统、发射场和地面通信站五大系统,正式列入国家计划。具体分工为:运载火箭和通信卫星由七机部负责研制;测控系统和地面通信站主要由四机部、七机部负责研制和建设;通信卫星发射试验基地由国防科委负责建设。

图1-21 1984年4月,"331工程"首飞成功后一部试验队全体合影
(二排左六:谢光选,二排左三:龙乐豪,四排右六:余梦伦)

由于地球同步静止轨道资源有限,通信卫星发射得越早,轨道位置越有利于我国。因此,1975年,我国决定采用"一步走"方案,即不进行中高轨道试验,直接发射静止轨道试验通信卫星。为促进科研、生产与使用单位之间的合作,缩短工程的研制与建设周期,1976年5月,国务院、中央军委决定成立卫星通信工程领导小组,小组办事机构设在国防科委。同时在这个领导小组之下成立技术协调组,负责整个工程大总体的技术协调。同年,国防科委召开了卫星通信工程大总体论证工作会议,对各大系统之间的技术问题进行了协调。1977

年9月,中央专委将卫星通信工程确定为"三抓"任务之一,进一步促进了卫星通信工程研制工作的开展。

要把试验性通信卫星发送到距地面3.6万千米的地球同步静止轨道,首先必须解决更大推力运载火箭的研制问题。因为中国地理位置处于北半球,发射时纬度倾角大,不搞三级运载火箭,很难实现预定发射目标。"331工程"启动之时,中国已在远程运载火箭的基础上研制出了两种运载火箭,一种是一院研制的发射"尖兵一号"卫星的长征二号火箭;另一种是上海机电二局研制的发射"长空一号"卫星的风暴一号火箭。虽然这两种新研制的火箭在1974年都遭遇到了发射失败的打击,但是1975年的发射都取得了成功。因此,静止轨道通信卫星运载火箭的第一、二两级无论是交给一院,还是八院来研制,都没有问题。关键是第三级火箭如何处理?

当时,主要存在两种意见:一种是第三级火箭继续采用常规推进剂;另一种则是第三级火箭应该采用液氢液氧低温推进剂。前者认为,氢氧发动机关键技术多、难度大,因而在短期内取得突破的把握不大;而使用常规发动机则不然。后者则认为,虽然研制氢氧发动机会遇到很多技术难题,但从国外已有的经验和国内的现有条件来看,攻克这些技术难关完全有可能。重要的是,采用氢氧发动机方案能提高火箭的运载能力,乃发射高轨道卫星所必需。而且从长远发展的角度考虑,氢氧发动机这个台阶迟早得上。与此同时,人们围绕第三级火箭发动机是采用一次启动还是二次启动方案问题也发生了争执。采用二次启动方案的益处是可以减少推进剂的消耗,有利于提高运载能力,提高制导精度。但它会带来一系列问题,如发动机第一次关机后已处于失重状态,如何保证推进剂沉入贮箱底部而不漂浮飞溅,如何控制滑行段的姿态,如何保证发动机在高真空的条件下实施第二次可靠启动等。而采用一次启动方案必须解决发动机长时间工作的可靠性和发动机的后效偏差问题。

由于两种意见僵持不下,七机部在1974年8月的一次方案论证会上决定,常规推进剂和液氢液氧低温推进剂两种方案并举。之后,七机部又将常规推进剂三级运载火箭命名为长征二号甲,将低温推进剂三级火箭命名为长征二号乙。后来,由于氢氧发动机的预研进展比较顺利,七机部于1976年8月正式决定试验通信卫星运载火箭第三级采用氢氧发动机二次启动方案。常规推进剂三级火箭则作为备案继续研制。1977年10月,国防科委和七机部召开会议,研究落实和协调完成"三抓"任务的同时召开了试验通信卫星工程任务落实会议。会议确定地球同步静止轨道试验通信卫星运载火箭总体设计和第三级研制由一院负责；上海航天局(前身是上海机电二局,1993年起称为上海航天技术研究院)承担一、二级结构、箭上控制系统设备、控制系统二次电源、箭上一次电源、地测机、外测安全系统等研制工作。一、二级发动机由067基地(航天推进技术研究院前身)提供。当年底,七机部发文将长征二号乙火箭更名为长征三号,长征二号甲火箭更名为新长征三号。1978年1月,谢光选被任命为长征三号火箭总设计师。

好事多磨。1978年1月,氢氧发动机在一次试车时,发生了爆炸,当场有十几人受伤。同年3月,在调试氢泵试验台时,又发生了大火。不久,在上海延安饭店召开了卫星通信工程工作会议。会后,有关人员在整理上报给国防科委领导审批的会议纪要时,将常规推进剂发动机方案定为第一方案,而将氢氧发动机方案列为另一方案。任新民从日本回国得知这一消息后,立即来到国防科委据理力争。他说:"常规发动机和氢氧发动机都是可以发射通信卫星的,但氢氧发动机要先进得多。随着航天技术的不断发展,氢氧发动机迟早是要搞出来的。既然非搞不可,晚搞不如早搞,何况我们有条件有能力搞出来,而且也一定能搞出来的。何必抱残守缺,裹足不前呢!"后经国防科委领导研究决定,仍将氢氧发动机列为第一方案,常规发动机方案则继续作为备份方案。

第三级采用氢氧发动机的长征三号火箭在研制过程中,遇到了三大关键技术难题。一是液氢液氧的低温贮藏问题；二是可二次启动的氢氧发动机的研制问题；三是火箭纵向耦合振动的抑制问题。

液氢的沸点为-253℃,液氧的沸点为-183℃,液氢和液氧在常温下极易挥发,而且氢气易燃易爆。这些特性为液氢和液氧的生产、贮存、运输和使用带来了很多难题。为了突破低温贮藏技术关,一院703所与兰州物理研究所、北京钢铁研究总院、北京有色金属研究总院等单位密切合作、共同努力,实测了部分金属和非金属在液氮、液氧和液氢中几千个力学性能参数和物理性能参数。特别是有色金属研究总院,土法上马,用自制的设备,把氢气压缩成液氮,又将液氮温度提高到液氢温度,进行试片的拉伸试验。经过不懈的努力,研制人员终于获得了一整套的材料低温数据,并最终选定了国产铝铜合金和不锈钢作为液氢贮箱的材料。液氢和液氧贮箱的绝热问题也非常重要。如果处理不好,推进剂急剧蒸发,很容易导致贮箱爆炸,造成严重后果。由于贮箱的内外温差超过250℃,隔绝外界热源难度极大。1976年至1981年间,研制人员先后进行了29

项、249次试验,最终才摸索出了一种由缓冲层、隔热层、防护层等11种物质层组成的复合结构。此外,研制液氢和液氧两个贮箱之间的共底结构也花费了很多年的时间。

研制可二次启动的氢氧发动机可谓艰辛备至。氢氧发动机比一般发动机的比冲要大50%以上。换言之,每秒钟消耗同等质量的推进剂,氢氧发动机的推力要比常规推进剂发动机的推力大50%以上。问题是在刚结束"十年动乱"的中国研制如此先进的氢氧发动机难度极大。研制团队为此经历了无数次失败,但是他们发誓"即使跌倒100次,也要从101次爬起来继续干"。凭着坚定的信念和顽强的意志,研制人员1978年9月取得整机50秒试车成功之后,又一鼓作气地闯过了150秒、500秒和750秒试车关。不过,试车过了750秒之后,研制工作又被一系列的拦路虎难住了。如超低温高速轴承容易过热损坏,低温密封不严容易导致液氢泄漏起火,涡轮泵次同步共振造成发动机受损,发动机火焰喷出来后又缩回去以及高空二次点火的地面模拟等问题。随着认识的不断深化,发动机试制过程中暴露出来的技术难题最终被一一攻克。1983年8月,氢氧发动机第一次全系统试车终于获得了圆满成功。

整个火箭纵向耦合振动的抑制问题是由上海航天局负责解决的。攻关过程中同样充满着艰辛。为了攻克这一技术难关,上海航天局设置了三个攻关战场,一是在闵行电机厂建立了一个冷流试验输送系统和发动机泵的联合试验台,以取得动力学数据;二是在浙江湖州发动机试车台上建立1:1试验系统,进行全系统激振下的冷试车和热试车,还进行了数百次相关试验,最后终于摸清了纵向耦合振动的特征;三是在松江建立了蓄压器选定参数的液流试验室,通过无数次试验,找到了解决问题的突破口,研制成功了抑制纵向耦合振动的阻尼蓄压器,将系统自振频率控制在安全频带内,从根本上抑制了纵向耦合振动的发生。

要将试验通信卫星发射到地球同步静止轨道,除解决三级运载火箭的研制问题外,还需要解决卫星发射场和地面测控网的建设问题。

1958年初,我国在甘肃酒泉以北的戈壁滩上开始兴建第一座导弹试验基地。最初建成的是三号发射场区。为了满足发射多级导弹和人造地球卫星的需要,1965年,我国又在酒泉导弹试验基地开始兴建拥有两个工位的二号发射场区。1970年4月的第一颗人造地球卫星,1980年5月的远程运载火箭都是从这里发射升空的。1981年9月,上海机电二局还在这里用一枚风暴一号改进型运载火箭成功地发射了一组三颗空间探测卫星。但是，酒泉导弹试验基地的地理位置在北纬40°以北，这对发射地球同步轨道通信卫星非常不利。因此，国务院、中央军委1970年底决定在四川西昌建设新的航天发射场。新航天发射场的早期建设进程同样非常缓慢。1977年通信卫星工程被列为"三抓"任务之一后，西昌卫星发射中心的建设开始驶入快车道。1983年设有测试发射、测量控制、通信、气象和技术勤务5大系统的西昌卫星发射中心终于建成。至此，我国航天发射场既有高纬度的，又有低纬度的；既可以发射常规推进剂火箭，又可以发射低温高能推进剂火箭；既可以发射单级火箭，又可以发射多级火箭。

人造卫星随运载火箭离开发射台以后，需要通过无线电波等手段同地面建立实时的信息联系，使地面及时了解卫星所处的位置、姿态及星上各系统的工作情况，并实现对卫星的精确控制，这就是我们通常所说的测控。我国导弹、卫星测控网从1967年底开始建设，至1975年先后建成渭南卫星测控中心和酒泉、喀什、闽西、拉萨等多个地面测控站。为满足远程运载火箭全程飞行试验的需要，70年代后期又先后建成了北京试验指挥所、远洋测量船队等。但是，中低轨道卫星地面测控网无法满足地球同步静止轨道通信卫星的发射需求。因为与近地卫星相比，通信卫星对测控设备的功率、灵敏度等指标的要求更高。为此，国防科委后来又组织力量研制了更为先进的微波统一测控设备，建立了更为完善的控制计算中心，并对渭南站、闽西站进行了全面扩充，为西昌、贵阳、宜宾、厦门等测控站配置了新型光学电影经纬仪和雷达设备等。此外，还进一步改善了试验指挥所、试验基地（发射中心、测控中心）、固定或移动地面站点之间的通信条件。至1983年底，我国已基本终结了每试验一种型号，就研制一种相应测控设备的时代，初步建成了具有一定规模的导弹、卫星测控网，具备了为发射高轨道卫星提供测控支持的能力。

步入1984年后，我国发射地球同步轨道卫星的条件已趋成熟。正当全国人民喜迎新春佳节之际，1984年1月29日首发长征三号火箭载着我国的试验通信卫星"东方红二号"从西昌卫星发射中心拔地而起，直刺苍穹。然而，三级氢氧发动机二次点火4秒钟后突然熄火，卫星没有进入预定的大椭圆轨道，而是在一条低轨道上运行。在卫星第13次飞经远地点时，地面测控人员遥控点燃了卫星上的远地点发动机，卫星被推到远地点为6480千米、近地点为400千米的椭圆轨道。之后，试验人员尽可能地对卫星进行了测姿、调姿、通信、广播、电视传输等多项试验，取得了不少有价值的成果。

长征三号火箭首次发射虽然使发射场和测控网的各项设施得到了检验,卫星也完成了不少重要的试验,但它毕竟没有把卫星送到预定轨道。因此,火箭尤其是三级火箭研制人员心情非常沉重。为了搞清故障原因,把试验通信卫星早日送入静止轨道,发射副总指挥、一院院长张镰斧横下一条心,决定试验队不撤,尽快发射第二发。于是,研制人员春节期间全力以赴,很快就确定故障原因,并提出了相应的改进方案,迅速设计、生产出了相应的零组件。完成试验验证之后,所需零组件于3月22日运抵西昌,26日在已竖起的第二发长征三号火箭上完成了对氢氧发动机的改装。测试结果表明符合发射条件。

1984年4月8日,装载了氢氧发动机的长征三号火箭再次托举起"东方红二号"试验通信卫星飞向太空。20分钟后,运载火箭三级与卫星分离,卫星在大椭圆转移轨道上飞行良好。4月10日,星上远地点发动机点火,卫星进入了准静止轨道。可是,卫星在向定点位置漂移的过程中,星上蓄电池出现热失控,温度不断上升,且是一个充电和升温的恶性循环。幸亏两个月前对没有进入预定轨道的卫星进行测控时积累了很多经验,经过十几次调姿,终于战胜了"热魔"。4月16日,"东方红二号"成功地定点于预定的东经125°的赤道上空。尽管"东方红二号"试验通信卫星远远不能满足国内对通信转发器的需求,但通过该卫星的研制,中国通信卫星实现了零的突破,并且积累了相当丰富的经验,在技术上也解决了大量关键问题,为成功研制1986年2月发射的实用通信广播卫星、1988年3月和12月发射的同步通信广播卫星打下了重要的基础。

1984年4月18日,党中央、国务院、中央军委发了贺电,表示祝贺。19日,聂荣臻致信国务委员兼国防部长张爱萍,高度评价我国航天科技队伍是一支坚强的攻关队伍,勉励大家继续发扬自力更生、艰苦奋斗和勇于拼搏的精神,同心协力,集智攻关,一步一步奔向世界新技术的高峰。

长征三号火箭成功地将"东方红二号"卫星发射至预定轨道后,新长征三号火箭待命发射"东方红二号"卫星的使命便自然宣告结束。不过,新长征三号火箭除作为发射"东方红二号"卫星的备份火箭外,还有一项使命就是稍加改造后用来发射同为上海航天局研制的"风云一号"气象卫星。

1977年11月17日至12月2日,"风云一号"气象卫星工程大总体方案论证会在上海召开。鉴于此前国防科委已决定优先使用长征三号氢氧发动机火箭发射"东方红二号"通信卫星,故在这次会议上国防科委考虑使用有可能在发射"东方红二号"通信卫星时无用武之地的新长征三号常规推进剂火箭来发射

"风云一号"气象卫星。由于"风云一号"是围绕地球南北极运行的太阳同步轨道气象卫星,故需要对新长征三号火箭的原设计方案做些改进。

1982年10月,国防科工委(当年5月由国防科委、国防工办、中央军委科学技术装备委员会合并组成)、航天工业部召开了新长征三号火箭发射"风云一号"气象卫星方案审定会。当时长征三号火箭的氢氧发动机已通过了3次共1400秒长程热试车,它表明用备用火箭新长征三号发射"东方红二号"卫星的可能性已大为降低。在这次会议上,用于发射"风云一号"气象卫星的新长征三号火箭被更名为长征四号。

尽管长征四号火箭是常规推进剂火箭,但它毕竟是新型三级液体火箭。因此,在研制过程中也遇到了不少困难。其中,整流罩的研制就颇费周折。长征四号火箭用的卫星整流罩在当时属于我国研制的各类型号中的最大的一种,采用了点式弹射筒平推分离方案。为了攻克分离速度低等技术关键,研制工作历经十年,分离试验就做了十次。由于控制系统首次采用了数字式控制技术,因此也没少折腾。此外,研制第三级氧化剂箱和燃料箱之间的厚度仅有1.5毫米的共用隔层也饱尝了失败的艰辛。但在上海航天局长征四号火箭研制团队锲而不舍的努力下,这些技术难题最终都被一一攻克。

1988年9月7日凌晨,长征四号火箭载着"风云一号"气象卫星A星在太原卫星发射中心点火升空,在完成了17秒转弯程序后,火箭沿着预定的弹道直奔901千米的太空。当指挥部传来"星箭分离",特别是"卫星太阳帆板顺利打开"的消息后,人群里一片沸腾。"风云一号"A星发射成功开创了中国大型运载火箭首发一次成功的记录。两年后的1990年9月3日,长征四号火箭又将在"风云一号"气象卫星A星的基础上作了适当修改的B星送入太阳同步轨道,同时还搭载了两颗气球卫星。这是中国航天史上的第二次一箭三星记录。

三、长征火箭首次发射外国卫星

1978年12月18日至22日,中国共产党在北京召开了第十一届中央委员会第三次全体会议。十一届三中全会作出了把党和国家的工作重心转移到经济建设上来、实行改革开放的历史性决策。在十一届三中全会的春风吹拂下,神州大地万物复苏、生机勃发,我国航天事业也随之充满活力地踏上了新的征程。

第一章 中国航天事业的发展成就

中国航天事业自诞生之日起就一直在吃"皇粮",但"皇粮"的供应很难满足航天事业发展的需要,以致改革开放之初整个航天系统的产品研制费和 24 万员工的工资福利费加在一起仍停留在不到 6 亿元人民币的水准,而此时西方的一些宇航公司仅每年的空间通信营业额就高达数十亿美元。乘着改革开放的东风,中国航天人看到了自己与世界的差距,同时也看到了自己的发展机遇。于是,他们开始酝酿一个大胆的构想:打出去,用我们的火箭去承揽国外卫星发射业务。这样,既可以为国家赚取外汇,又可以保存、锻炼、提高自己的科研队伍,促进中国航天事业的发展,同时还有利于团结海内外炎黄子孙共同振兴中华。

1982 年 3 月,人大常委会第 22 次会议通过关于国务院机构改革问题的决议后,七机部更名为航天工业部,开始作为政府组成部门同国外建立联系。同年 8 月,中国代表团出席第二次联合国探索与和平利用外层空间大会时宣布为支持联合国执行外空应用计划认捐 5 万美元,并作为东道国承办亚太地区空间科学和技术进展应用讨论会。会议期间,中国代表团副团长、航天工业部总工程师孙家栋等还介绍了我国航天活动的成就,并表达了可为其它国家提供卫星发射服务的意愿。当时,中国只有长征二号火箭,只能发射低轨道卫星。因此,中国的宣示并没有引起西方社会的重视。但是,当中国的长征三号火箭于 1984 年 4 月将"东方红二号"试验通信卫星成功地发射到地球同步静止轨道之后,情况为之一变。它告诉世人,中国也具备了高轨道卫星的发射能力,完全可以满足商业通信卫星的发射需要。

20 世纪 80 年代前,国际上的通信卫星发射市场基本上由美国独家垄断。1981 年 4 月,美国的"哥伦比亚号"航天飞机开始商业飞行,美国停止了一次性使用运载火箭的生产,并封存了一批已经造好的运载火箭。由于航天飞机单次飞行成本过高,以致欧洲的"阿里安"运载火箭得以打进一直被美国垄断的商业卫星发射市场,并在三年中抢占了 67.5% 的国际市场份额。

为了打破美欧两家瓜分国际商业卫星发射市场的格局,尽快将中国的长征系列火箭推向世界,航天工业部于 1984 年 5 月成立了一个由刘纪原领导的国际商业卫星发射服务市场开发"十人小组"[①]。在该小组的运作下,1985 年 3 月至 9 月,我国航天产品作为中国馆的一部分参加了在日本筑波举办的万国科技

---

① "十人小组"由乌可力、陈寿椿、黄作义、曹振邦、朱维增、何克让、包克明、陈中青、崔鑫水、褚桂柏组成。

博览会。同年 5 月至 6 月,航天工业部所属中国精密机械进出口公司又在法国举行的第 36 届国际航空与宇航展览会上展出了我国人造卫星和运载火箭的模型与照片。与此同时,我国参展团还与美国、法国等国的公司、银行就我国提供卫星发射服务进行了商务洽谈。同年 6 月,以陈寿椿为团长、屠守锷为顾问的中国航天工业代表团飞赴日内瓦,参加了在那里举行的国际空间商业会议,并作了题为"中国为世界提供发射服务的可能性"的报告,首次播放了反映中国航天技术发展成就的录像片。会议期间,瑞典代表向中国代表团表达了用长征系列火箭发射"瑞典邮政星"的意向。同年 10 月,航天工业部部长李绪鄂代表中国政府向世界正式宣布:长征系列运载火箭将投放国际卫星发射服务市场,承揽为国外发射卫星的业务。

1986 年 1 月,航天工业部组织的一个小组访问了瑞典空间公司,签署了用长征二号丙遥十火箭搭载发射"瑞典邮政星"(后改称"弗利亚"卫星)的发射订座协议。这是中国进入国际卫星发射市场的第一个订座协议。该订座协议签订后不久,美国和欧洲出现了一连串的卫星发射事故。

1986 年 1 月 28 日,美国"挑战者号"航天飞机升空后爆炸,7 名航天员无一幸免,全部遇难。1986 年 4 月 28 日,库存多年的美国"大力神"火箭发射侦察卫星时升空几秒钟后便发生爆炸。1986 年 5 月 3 日,美国"德尔塔"火箭发射气象卫星时升空 91 秒后,飞行姿态开始失去控制,地面控制人员被迫实施了炸毁指令。1986 年 5 月 31 日,法国"阿里安"火箭发射"国际通信卫星V"也惨遭失败。

100 多天内接二连三地上演多次发射失败的惨剧,令国际航天界痛心不已。不过,令中国航天人感到宽慰的是,中国于 1986 年 2 月 1 日使用长征三号火箭发射"东方红二号"实用通信卫星取得成功。面对天上运行的卫星寿命将尽,地上准备好的卫星排队等待发射,而美国航天飞机和法国"阿里安"火箭重新发射的日期一时还无法确定的窘境,外国卫星的制造商们开始将眼光投向曾被他们冷落的中国长征系列火箭。

其实,当不期而至的机遇降临时,长期处于封闭状态的中国航天界自身也还没有完全做好快速走向世界的准备。为了适应国际商业发射服务的规则和政企分开的需要,1986 年 6 月,航天工业部决定把发射服务市场开发和商业运作业务交由中国长城工业总公司(简称长城公司)专营,以与国际接轨。由于从未涉足国际卫星发射服务市场,因此中国航天人还需要下大工夫,进一步摸清国际商业卫星市场发射价格及其定位、发射保险及其税率、发射风险、发射服务商业惯例以及

相关国际法等。对于中国航天人来讲,既然国际卫星发射服务市场为中国提供了千载难逢的发展契机,就应该迎难而上,不失时机地实现历史性的跨越。

1986年7月17日,国务院和中央军委在中南海召开会议,听取了国防科工委和航天工业部关于发射外国卫星工作情况的汇报,讨论了中国航天能不能按照国际市场规则对外提供发射服务问题。会议认为,做好这项工作,不仅在经济上可以获益,在政治上也会产生重大影响。因此,会议要求国防科工委会同航天工业部制定具体措施,将外国卫星发射工作抓紧抓好。

1986年8月,根据对外谈判进展情况和我国刚开始由计划经济向市场经济过渡的实际,航天工业部会同国家计委、国防科工委向国务院和中央军委呈报了《关于为外国发射卫星若干问题的请示》,希望国家将发射外国卫星任务列为国家重点任务;将发射设施的扩建列为国家重点建设项目;请外交部、国防部、经贸部帮助疏通渠道;解决急需的贷款;给予保险支持;开通机场和通信电路等。其中,特别提出卫星商业发射服务,不是进口生产国的卫星技术,海关应按"过境"性质予以免检,并允许外国公司派人看护。同年9月,国务院、中央军委转发了这份"请示",要求各相关部门按此"请示"精神开展工作,同意将发射外国卫星工作列入国家重点工程,代号为"867工程"。

中国长城工业总公司在开拓国际卫星发射服务业务时意识到:① 长征三号火箭的市场并不大。由航天飞机遗留下来的24颗美制卫星中有13颗的重量超出了长征三号火箭的运载能力,中国最多只能争取到10颗—12颗。② 通信卫星正处在更新换代阶段。主流的只有24个转发器,重量不超过1.5吨的通信卫星将逐渐被重达3吨的大容量、多功能、长寿命的新一代卫星所取代。③ 当时放在地上仓库里待发射的3颗通信卫星均适合长征三号火箭发射。它们当中的一颗是"西联星6S",另一颗是"西联星6号",还有一颗是"印尼星2号"。后面的两颗是由航天飞机发射失败后被抓回来的。从这3颗卫星中争取到1颗—2颗由中国发射是完全可能的。④ 中国要想在国际发射市场占有一席之地,必须研制具有大运载能力的捆绑式火箭,以迎接20世纪90年代的挑战。因此,长城公司决定,全力以赴去跟踪由休斯公司为西联通信公司设计制造的"西联星6S"和"西联星6号",力争让长征三号火箭率先取得突破。

功夫不负有心人。1986年9月,美国西联通信公司在北京与长城公司签订了用长征三号火箭发射"西联星6S"的发射订座协议。由于经营不善,西联公司不久后宣布破产。新成立的美国特雷卫星公司立即接过西联公司的订座协议,于 1987 年 1 月 28 日与长城公司正式签订了用长征三号火箭发射"西联星 6S"的合同,并支付了卫星发射订座费用。这是中国宣告对外承揽商业卫星发射业务后获得的第一个正式合同。同年 2 月,长城公司又与美国泛美公司签订了一份用长征三号火箭为其发射卫星的合同。

但是,长征系列火箭进入国际市场涉及的不仅仅是发射能力问题。当时,美国按军用产品标准控制商业通信卫星出口。这意味着卫星制造商要将卫星运到中国发射,必须向美国政府申请出口许可。要获得美国政府的出口许可,发射服务商的条件也必须符合美国的相关法律规定。再者,欧洲阿里安航天公司也不乐见中国挤进国际商业卫星发射服务市场,于是便和美国几家宇航公司一起,以"政府补贴"、"低价倾销"、"扰乱市场"为借口遏制中国。这样一来,长城公司签订卫星发射服务合同,犹如万里长征才走完了第一步。

为了帮助航天界突出国际商业卫星发射服务市场的重围,新组建的航空航天工业部部长林宗棠于 1988 年 8 月向报界发表谈话时指出:外国卫星送到中国发射,其技术安全是可以保证的,中国在对外发射服务过程中不谋求国外卫星的任何技术秘密;由于中国火箭制造能力和发射能力有限,中国的对外发射服务只是对世界发射服务市场的一种补充,绝不会对欧美发射服务商构成"威胁";中国发射服务的价格比较优惠是综合因素决定的,根本不存在"政府补贴"和"低价倾销"之说。

与此同时,中国还加快了加入"外空三条约"的进程,以使中国的外层空间活动的国际合作受到法律保障。应航空航天工业部的请求,全国人民代表大会常务委员会于 1988 年 11 月 18 日通过了中国加入 3 个外空条约的决定。这 3 个条约是:《关于援救航天员、送回航天员及送回射入外空之物体之协定》、《关于外空物体所造成损害之国际责任公约》、《关于登记射入外层空间物体的公约》。同年 12 月,中国政府正式完成了加入"外空三条约"的手续,从而为中美两国政府此后签署有关协议备忘录奠定了基础。

为了彻底扫除中国公司发射美制卫星的障碍,由外交部、国防科工委和航空航天工业部联合组成的中国航天代表团于 1988 年 10 月 18 日至 21 日在北京同美国代表团就商业卫星发射服务问题举行了第一轮会谈。双方围绕着配额及其引发的发射价格和卫星技术安全问题展开了激烈的争论。由于未能就商业卫星发射服务的若干国际贸易问题达成一致,故双方约定年内将两国的谈判桌从北京搬到华盛顿。同年 12 月 1 日,中美两国代表团又在华盛顿开始了第二轮会谈。经过激烈的交锋,双方最终达成了谅解,并分别于 1988 年 12 月 17 日和 1989 年 1 月 26 日在华盛顿签署了两国政府关于发射服务的三个协议,即《关于卫星发射责任的协议备忘录》、《关于商业发射技术安全的协议备忘录》、《关于商业发射服务国际贸易问题的协议备忘录》。至此,中国长征系列火箭进入美国卫星发射市场的制度鸿沟已基本填平。

虽然长城公司早期和不少美国公司签订了卫星发射合同,但这些公司后来都因筹款困难,先后终止了合同。首批获准运往中国发射的美国制造的卫星是"亚洲一号"通信卫星。其前身是美国休斯公司为西联通信公司设计制造的"西联星 6 号"。这颗发射失败后被航天飞机从太空中捕获回来的卫星几经辗转,最终落入由在香港的英国大东电报局、和记黄埔和中信公司共同出资组建的亚洲卫星有限公司手中,并被更名为"亚洲一号"。

尽管亚洲卫星有限公司 1988 年 6 月就和长城公司签订了发射订座协议,但因申请卫星轨道、通信许可时在国内遇到了一些阻力,以致到了 1989 年 1 月 23 日,中国长城公司才与亚洲卫星有限公司正式签订了使用长征三号火箭发射"亚洲一号"卫星的合同。申请美国卫星出口许可证的道路同样坎坷不平。美国一颗卫星的许可证是分阶段几次发放,以致合同约定的发射期限都快到了,最后一个许可证还没有拿到。后经多方努力,"亚洲一号"卫星的制造商休斯公司才于 1989 年 12 月下旬拿到了美国政府同意卫星出境的最后一个许可证。

图 1-22　1989 年 1 月 23 日,"亚洲一号"卫星发射服务合同签字仪式
（二排右二起:孙家栋、沈荣骏、邹家华、荣毅仁）

用中国的长征三号火箭首次发射美国制造的"亚洲一号"卫星,在技术协调方面也遇到了很多困难。

一是技术保密问题。过去,中国的航天发射不仅不对外开放,而且还要求严格保密。而现在,发射服务方作为卖方,必须把运载火箭和发射设施的技术指标、试验数据以及生产厂、试验室、发射场、测控站等全面展示给"用户"。而这个"用户"不仅包括制造商、运营商,而且还包括保险公司、卫星使用者等。如果严格按照封闭时代制定的保密规定逐项逐级请示,那么很容易延误商机。这个问题后来因把保密的界定权交给了总设计师,才获得解决。

二是技术规格问题。中国的运载火箭是在自力更生的基础上搞出来的。许多技术规格是中国人自己搞出来的,还有一些则沿用了苏联时期的习惯做法。当中美两国技术人员坐在一起交流时,中方才明白,国外的火箭与卫星的接口,原来都是按统一的国际标准设计的。美方才知道,长征三号火箭与"亚洲一号"卫星的接口,即过渡锥的尺寸原来根本就不匹配。最后,中方只得按照客户的要求改变自己的"土"标准,重新按照国际标准设计卫星的过渡锥和包带。

三是星箭相容问题。为了确保卫星的技术安全,中国还从五个方面对卫星与火箭之间的相容性进行了分析与评审。这五项评审是,星箭电磁兼容性的分析与评审;星箭热环境的分析与评审;星箭载荷耦合振动的分析与评审;星箭分离相对运动的分析与评审;飞行轨道的分析与评审。要在一年内完成火箭的设计更改和五大评审,同时完成一份具有法律效力的技术文件,任务之重,可想而知。

四是运输保管问题。运载卫星的飞机在西昌机场降落后,如何把庞大的卫星和测试设备从机舱中安全地卸下来?采用什么样的运输工具把卫星从西昌机场安全地运送到发射场附近的卫星测试厂房?卫星在发射场的安全存放问题如何解决?当时,西昌机场并没有大型升降平台;高性能的密封容器公路运输车尚未通过试验考核;恒温恒湿、超洁净度卫星测试厂房及发射塔架特殊工作区都还没有建成。

尽管在走向世界的过程中遇到了很多困难,但中国航天人没有退缩。他们勇于进取、不断开拓,最终成功地在中国大地上迎来了美国制造的"亚洲一号"卫星。1990年2月10日下午6时许,装载"亚洲一号"卫星及其测试设备的波音747飞机离开洛杉矶,经停夏威夷加油后,终于抢在布什总统2月11日结束度假前飞离美国,抵达北京。2月12日中午12时35分,"亚洲一号"卫星安全运抵西昌机场。

当人们还沉浸在迎来"亚洲一号"的喜悦之中时,新闻媒体突然传来2月22日为日本发射"超鸟B"通信卫星和"BS-2X"直播电视卫星的"阿里安4"火箭发射失败的消息。紧接着,2月28日,美国航天飞机"亚特兰蒂斯号"发射的"KH-13"侦察卫星在空中爆炸;3月14日,美国"大力神3"火箭发射"国际通信卫星Ⅵ"失败。历史又将长征三号火箭推到了一次重大的国际竞赛中。加上参加发射的专家和技术人员来自不同国度和地区,各自使用的语言以及思维方式、社会观念、生活习惯、价值取向、工作方法迥异,发射组织协调工作异常复杂。当时,力主走向世界的航天人心里所承受的巨大压力,不难想象。

为了确保首战必胜,航空航天工业部组织了一支近400人的发射试验大队,其中三分之二的人员刚参加完1990年2月4日长征三号火箭的第六次发射。这次发射成功地将国内通信卫星送入了地球同步静止轨道。尽管他们已在西昌发射现场连续作战好几个月,但为了祖国的荣誉,航天的未来,他们始终以饱满的热情坚守在第一线,并努力做到"严肃认真、周到细致、稳妥可靠、万无一失"。由于历史的原因,当时这支发射试验团队平均年龄已超过48岁,骨干的年龄差不多都超过了50岁,但这是一支久经沙场、经验丰富、作风过硬、值得信赖的团队。"亚洲一号"卫星发射结果也表明,这支团队完全有实力冲出国门,走向世界,承接任何商业通信卫星的发射任务。

图1-23 1990年4月7日,长征三号火箭在西昌发射"亚洲一号"卫星

1990年4月7日晚,中国的长征三号火箭,在数百名境外来宾的现场见证下腾空而起,成功地将美国制造的"亚洲一号"卫星发射至预定轨道。这次发射,中国向全世界进行了现场电视直播,显示出了中国航天人的勇气、胆略和自信,开创了中国、美国、英国、加拿大以及中国香港地区多方合作发射商业卫星的先例,揭开了中国运载火箭走向世界的历史帷幕。

四、长征二号 E 再度撞开世界大门

研制长征二号 E(即"长二捆")运载火箭的设想是基于 1989 年以后重量在 2.5 吨以上的卫星将占据世界通信卫星市场主导地位的判断而提出的。

在开拓国际卫星发射服务市场之初,中国航天人就意识到我国当时推力最大的长征三号火箭只能运载 1.5 吨左右的中型通信卫星,而通信卫星为了满足大容量、多功能、长寿命的市场需求,重型化已成为大势所趋,要跟上通信卫星的发展步伐,就必须尽快推出可发射 2.5 吨以上通信卫星的大推力运载火箭。于是,在已成功发射 10 余次的长征二号丙火箭的基础上研制长征二号 E 火箭的议题被提上了一院的议事日程。

1986 年底,长城公司、万源公司和中国卫星发射测控系统部联名起草了一份题为《建议加速发展长二加助推运载火箭》的汇报提纲,同时上报给了航天工业部和国防科工委。航天工业部决定研制长征二号 E 火箭,并筹措了启动资金,同时西昌卫星发射中心还兴建了与之配套的大型火箭发射塔架,对外提供技术建议书。1987 年 1 月,报请国务院批准。紧接着便出现了对外推销长征二号 E 火箭的高潮。

1987 年,长城公司赴美商务代表团在深入调查下一代卫星发射服务市场情况时意识到:① 在航天飞机停止商业发射后,美国的一次性火箭在短期内不可能具备提供商业发射的条件,欧洲的"阿里安"火箭订座已经饱和,三年内不可能接受新的订单。② 两年后,美国新一代一次性火箭将进入市场,"阿里安"的生产能力将会扩大,苏联也极有可能会挤进来。五年后,日本的 H-2 火箭也将以竞争的姿态进入国际卫星发射服务市场。很明显,研制长征二号 E 火箭遇到了一个千载难逢的好时机。但是,长征二号 E 火箭必须抢在日本 H-2 火箭之前进入市场,否则将会在国际通信卫星发射服务市场面临严峻的竞争。简言之,长征二号 E 火箭必须赶上 1989 年开始的下一代通信卫星的发射高潮才能大有作为。由于长征二号 E 火箭采用了在长征二号丙火箭的基础上捆绑 4 个助推器的方案,基本硬件和软件大都可以选用现成的,所以完全有可能在 2 年—3 年内研制出来,关键是要尽快找到客户。

获知中国将研制长征二号 E 火箭的消息后不久,美国休斯公司、福特公司、通用电气公司以及英国的宇航公司等国际主要卫星制造商和许多卫星用户便

迫不及待地同中国航天部门接触。但是，当时的长征二号 E 火箭仍处于纸上谈兵阶段，在没有见到现成的火箭，更没有见到成功先例的情况下，很多客户都显得十分犹豫，不敢贸然同中国航天部门签约。而中国航天部门，在没有拿到委托发射合同的情况下，要进行巨额投资，冒的风险也实在是太大。同样，国家在尚未制订发射大型通信卫星计划的情况下，提供大量资金支持中国航天部门研制大推力运载火箭也有很多难处。但机不可失，时不再来。中国航天要实现跨越式发展，就必须摒弃"等、靠、要"思想，即使要冒巨大的政治风险和经济风险，也要果断地冲出去，想方设法签下西方的大型通信卫星发射订单，"用他人的奶水养自己的孩子"，把中国的长征二号 E 火箭搞出来。

幸运的是，美国的休斯公司对中国的长征二号 E 火箭表现出了极大的兴趣。当时，休斯公司正在盘算着如何击败其它对手，签下澳大利亚奥赛特卫星通信公司的一份第二代通信卫星研制订单。奥赛特公司成立于 1984 年，初期曾投下巨资建立了由三颗卫星组成的第一代国家卫星通信系统，其中有两颗卫星至 1993 年达到寿命期限。为了使通信服务不至中断，奥赛特公司于 1987 年 9 月在悉尼就建立第二代通信卫星系统进行公开招标。参加这次招标的除休斯公司外，还有美国通用电气公司、美国福特公司、德国联邦集团、法国宇航公司和英国宇航公司等。由于强手林立，要在招标过程中脱颖而出，就必须有效控制卫星的发射价格。休斯公司经过审慎研究后，决定选用中国的长征二号 E 火箭发射"澳星"。其中很重要的一点就是长征二号 E 火箭的发射价格至少要比市场价格低 15%—20%。在第一轮招标时，只有休斯公司在运载火箭方案中列入了尚无实物的长征二号 E 火箭。为了公平竞争，奥赛特公司要求各投标集团同时列入中国运载火箭进行第二轮招标。结果，1988 年 6 月 16 日，休斯公司使用长征二号 E 火箭发射两颗 HS-601 卫星在轨交付的方案中标。

长城公司和一院的不懈努力，美国休斯公司和澳大利亚奥赛特公司的大胆选择，将中国航天进一步推向了世界舞台。这个选择无疑是冒着巨大的风险的。当时，中国的长征二号 E 火箭尚未下料制造，大推力火箭发射塔架也还未开工兴建；美国休斯公司的新一代大容量卫星 HS-601 还在研制之中，它和火箭的技术接口尚无从谈起；澳大利亚奥赛特公司则面临着卫星推迟发射或发射不成功国内通信就有可能中断的危险。不过，航空航天工业部对一院研制长征二号 E 火箭的支持是坚定不移的。1988 年 4 月，新任命的部长林宗棠到一院听取有关长征二号 E 火箭的研制情况汇报时，当即表示 1988 年可先贷款 1500

万元给一院开展先期研究工作。如果有风险,将由航空航天工业部承担。同年8月,林宗棠等人在北戴河向中央作"关于航空航天工业几个重大问题"的汇报时,再次提出了长征二号E火箭的研制问题。国务院主要领导明确表示长征二号E火箭要抓紧搞下去,不能停。为此,航空航天工业部于9月16日下发了《关于抓紧长征二号捆绑式火箭研制的决定》,明确长征二号E火箭由一院全面负责,并任命王永志为总指挥,于龙淮、王德臣为副总指挥,屠守锷为技术总顾问,王德臣兼总设计师,李占奎为副总设计师。

图1-24 1990年4月,刘华清(前排左四)、郑天翔(前排右四)在刘纪原(前排右三)、王德臣(前排左三)、于龙淮(前排左二)、肖东太(前排左一)陪同下视察一院

1988年9月,奥赛特公司和休斯公司组成联合代表团对中国的长征二号E火箭研制,尤其是发动机的研制情况进行了考察。在他们看来,像长征二号E火箭这样的火箭,即使在美国研制也至少得花3年时间,中国航天人竟然雄心勃勃地提出要在两年之内完成研制任务,这不免让他们心存疑虑。至于卫星承保公司则更加放心不下。由于没有见到长征二号E火箭实物,他们迟迟不肯同意担保,以致休斯公司拖到了1988年11月1日才与长城公司正式签署了用长征二号E火箭发射自己制造的、由奥赛特公司经营的两颗卫星的合同。合同规定:不预先支付经费,不提供有关卫星技术情况,中国新研制的长征二号E火箭必须在"澳星"发射前一年,即1990年6月30日前进行一次正常的飞行试验。发射失败或无正当理由推迟发射,美方有权中止合同,并索赔100万美元。不难看出,这份合同对中方的要求相对苛刻。但是,中国航天要走向世界,就得敢于冒险。如果怕担责任,惧怕失败,患得患失,不思进取,那么就永远也无法

第一章 中国航天事业的发展成就

在国际卫星发射服务市场打下一片天地。

1988年12月14日,刚从澳大利亚访问归来的李鹏总理主持召开国务院办公会议,原则同意用长征二号E火箭发射休斯公司研制的"澳星",所需经费用贷款方式解决;要求从1989年1月起力争18个月完成首次适应性发射;为保证长征二号E火箭研制工作的顺利进行,决定成立由国防科工委主任丁衡高为组长的协调小组,协调各方面的工作。1989年2月,国务院、中央军委正式下文,将长征二号E火箭的研制任务列为国家重点工程项目,并确定由航空航天工业部副部长刘纪原主管这项工程。

若从国务院正式批准立项、所需贷款基本落实之日算起,要赶在1990年6月30日前试飞,留给中国运载火箭技术研究院研制长征二号E火箭的时间只有18个月多一点。而当时,在我国,一种新型号火箭从研制到首飞一般需要四、五年的时间。所以,西方的航天技术专家很少有人会相信中国能在一年半的时间里研制出长征二号E火箭。在他们看来,长征二号E火箭至少要推迟一年半才能研制出来。可是,中国航天人最终再次以非常的毅力创造了一个惊人的奇迹。

在18个月内研制出长征二号E火箭显然是一场硬仗,其艰巨程度远远超出一般人的想象。当时摆在研制者面前的是一张按常规完全不可能接受的时间表。一是设计部门要在3个月内解决火箭结构动力学耦合分析、捆绑连接、助推器分离等20项技术难题,完成全箭24套44万多张图纸的设计、描绘任务。二是生产部门要在14个月内设计制造出5000多套特殊工装,加工出几十个部段和十几万个零件。三是物资供应部门,为了保证生产,需要提供7445项材料和元器件,其中2000多吨金属材料要在四、五个月内备齐,1100多项外购机电产品和58万件电子元器件也要在五、六个月内备齐。四是试验部门,为确保首发必胜,要在半年之内,完成仿真试验、综合匹配试验,完成助推火箭、星箭、整流罩三大分离试验以及全箭振动等大小300多项地面试验。更为苛刻的是所有这些工作都必须确保不能出现反复。研制长征二号E火箭时间之紧、任务之重、难度之大乃中国航天事业创建以来未曾遇到过的。

经过航天人的奋力拼搏,1990年6月29日,长征二号E火箭威武雄壮地屹立在新建的西昌发射场第二发射塔架上,比原定的时间提前了一天。这枚型号为长征二号E的中国火箭家族里的新成员,是一枚大型两级捆绑式运载火箭。全箭起飞质量460吨,全长49.7米,最大直径达3.35米,卫星整流罩最大直径4.2米。在其一级外部捆绑有4个直径为2.25米、高为15米的助推器,使它的近地轨道运载能力达到9.2吨。如果加上适当的固体火箭上面级,可将3吨以上的有效载荷送入地球同步转移轨道。

立在发射塔架上的长征二号E火箭随时准备进行首次飞行试验,它的上面除搭载了一颗巴基斯坦的科学实验卫星外,还安置了一个与"澳星"质量相等的配重星,借以模拟发射"澳星"时的发射状态。夏天的西昌正值高温多雨季节,空气湿度很大,当工作人员开始给火箭加注推进剂时,由于温差和环境湿度较大,出现了意外的情况,即火箭"出汗"(好像夏天将啤酒瓶从冰箱里取出,过一会儿就会出现冷凝水一样)。这是由于箭体内外温差过大造成的。于是,工作人员赶紧拿来被子等能吸水的材料做紧急处理,以防止水珠进入舱段,浸湿电缆。在这种情况下,原定7月9日的发射只好宣布中止。12日再次组织发射时,又在发射前30分钟因故中止发射。这时,装有推进剂的火箭在发射台上已经竖立了5天,箱内温度不断上升,4个火箭助推器上的脉动压力传感器部位先后出现了氧化剂渗漏现象。一开始,大家想用胶带堵漏,但效果不佳;接着又用扳手拧紧传感器,结果渗漏更严重。于是决定泄出4个火箭助推器的氧化剂,更换传感器,堵死接管嘴,并制定了排险方案。

为了排除故障,火箭总装厂副厂长乔守棣带领30多名工人和技术人员组成排故障小组。共产党员、老工人魏文举,高级技师陆阿宏带好防毒面具,穿好防护服,抢着钻进火箭尾舱。当第一个传感器被卸下时,整个舱内立即被有毒的四氧化二氮气体弥漫,什么也看不见了,只能用手摸索着进行排险。陆阿宏的手被烧伤。10分钟后,魏文举严重中毒,晕倒过去,这位平日里言语不多的老工人挣扎着爬到舱口。他被战友们拖出来后,用担架抬着送上了救护车。救护车的长笛在空旷的山谷中回荡,撕人心肺。

前边的人倒下去了,后边的人又立即冲上去。第二梯队的陈立忠进尾舱后,被烧伤,中毒。试验队领导果断提出:置换、降压、强通风,局势得以控制。在后续的排险中,陆阿宏7进7出,8个传感器他一人更换了7个。当时车间领导要给他配助手,被他拒绝了,他说:"里面太危险,要死,就死我一个吧!"

老工人魏文举送进医院后虽经多方抢救但终因中毒过多,献出了自己的生命。在南下的专列上,他也曾为胜利而祈祷、而祝福,但他没有等到那一刻,就离开了他的战友、他为之奋斗了几十年的事业。发射成功后,在北京举行了隆重的追悼会,他被追认为革命烈士。

这次排险,除多名抢险队队员外,中国运载火箭技术研究院院长王永志、长征二号E火箭总指挥于龙淮、总师王德臣都因吸进有毒气体,有中毒迹象,被送进了医院,航空航天工业部副部长刘纪原临时兼任了火箭试验队的总指挥。在最困难的时刻,大家高声唱起了《团结就是力量》,用歌声来为自己加油打气,直到实现预定的目标。1990年7月16日,在魏文举牺牲三天之后,中国首枚大推力捆绑式火箭如期发射,将搭载的巴基斯坦科学卫星准确地送入了预定轨道,但因装在火箭第二级电路中的一根插座连线出现错误,未能将模拟的"澳星"送入预定椭圆轨道。不过,休斯公司和奥赛特公司组成的联合代表团对这次发射所使用的长征二号E火箭进行全面而严格的评审后,仍给出了"满意"的评价。

长征二号E火箭首飞成功被认为是20世纪90年代中国航天科技发展的一个重要里程碑,标志着中国运载火箭技术登上了一个崭新的台阶,并为后来的载人航天工程的实施奠定了重要基础。这种捆绑式火箭从批准立项到首发成功,只用了18个月,创造了世界航天史上的一个奇迹。

但是"一次成功不等于次次成功,次次成功不等于永远成功"。1992年3月22日,是一个令长征二号E火箭研制团队永远难忘的日子。当天下午3时许,为研制长征二号E火箭付出了巨大心血的人们陆续来到了发射台对面的簸洛沟,凝视着载着"澳星"矗立在西昌卫星发射场的长征二号E火箭,焦急地等待着那激动人心的一刻。同发射"亚洲一号"卫星一样,中央电视台向全世界实施了现场直播。江泽民、李鹏等中央领导也来到国防科工委的指挥大厅,热切地注视着指挥大厅内屏幕上的西昌发射现场。18时40分,牵动着海内外成千上万人心弦的长征二号E火箭点火后,因Ⅰ、Ⅲ两台助推火箭发动机出现异常,被自动紧急关机,致使火箭推力不足,未能离开发射台。对于充满信心走向世界的中国航天人来说,这是一个难以置信的事实。目睹了这一实况转播的全国电视观众,在感情上也不愿意接受这一事实。

观众在为火箭未能发射升空而感到沮丧时,发射现场的抢险工作已迅速展开。此时,尽管点火成功的其它6台火箭发动机已被紧急关机,但它们的尾部还在冒着余火。泄漏出的燃料,冒着棕黄色的烟雾,笼罩着整个箭体,并向发射台四周急速扩散。为了保住"澳星"和地面发射设施,抢险人员奋不顾身地冲向发射塔架,冒着高温,在严重缺氧的情况下,熟练地将四个防风拉杆与火箭连在一起,火箭被基本固定住了。当时,用来支撑火箭的4个支撑块有3个出现错位,距支撑盘边缘只有几毫米,若再错位,50米高、装满推进剂的火箭就会倒下,整个发射场就会化为一片火海。重大险情仍随时有可能发生,因为火箭上的电源还没有被切断,若有静电和外界干扰信号,火箭上的电池有可能将电路启动。为保安全,操作人员要从火箭 40 厘米见方的舱口钻进去切断电源。人在正常情况下想进去都很困难,何况此时舱外毒气弥漫,舱内高温烘烤。操作人员已顾不了这些,在凛冽的寒风中脱下外衣,凭借平时练就的精湛技艺,硬是在没有灯光照明的情况下切断电源。接下来就是卸掉火工品插头,取下引爆器,上塔架将卫星从火箭顶部取下来,然后泄出火箭中的 400 多吨推进剂⋯⋯

经过 39 小时的连续奋战,终于保住了卫星,保住了火箭,也保住了地面发射设施。长征二号 E 火箭紧急关机脱险,一时成了世界新闻媒体热议的话题。3 月 24 日,奥赛特公司和休斯公司联合发表新闻公报,指出"澳星"计划不会受实质性的影响,他们对中国的长征火箭仍充满信心,无意使用其它火箭。

发射场危险解除,一切恢复平稳后,摆在中国航天人面前的当务之急是,查清故障原因,抓紧生产一枚新火箭,重新组织发射。

经过 17 个日夜的故障分析、试验和故障复现,故障原因终于查清。导致长征二号 E 火箭发射未能成功的原因是,控制系统中的程序配电器控制点上有铝质多余物,助推器点火后,火箭启动器上的工作电流较大,使这个重量仅为 0.15 毫克的多余物高温熔化后,造成控制接点短路,致使Ⅰ、Ⅲ号助推火箭发动机氧化剂副系统断流阀门提前关闭,由于推力在规定的时间内达不到额定值,发动机自动紧急关机。至于这块小铝屑的来源,专家们认为,极有可能是生产厂的工人在最后拧紧配电器的铝质外壳螺丝时带下去的。这块小铝屑必须同时具备两个条件才能造成这场事故:一是它必须正好碰上配电器里 10 个触点中电流最大的第四触点;二是它必须在弹簧片动作的瞬间接触到该触点。这种故障概率极小,但却真实地出现了,以致发射功亏一篑。

按合同规定,这次发射可以被定义为"发射完全失败"。但是这样的"失败"在世界航天史上还未找到先例。休斯公司的专家们说,如果说这是"失败",可算是一个理想的"失败"。"3·22"事故在合同商务条款中如何解释是世界上无案可循的新鲜事,如果按"点火"定义,则发射已经完成,长城公司已履行商业责任。但是卫星未能入轨,当然可宣布"失败",保险公司应承担发射失败的全部赔偿责任。然而"失败"的结果是,卫星、发射场仍完好无损,火箭仍竖立在发射台上,视为失败而无损失,也很荒唐。于是,双方经过反复磋商,征得保险公司同意,把这次事故定义为"发射中止"。中途停止发射,长征二号 E 火箭修复后继续发射,在国际上不计入"失败"记录,保险公司也不用赔款。这一消息传到

中国运载火箭技术研究院,研制人员如释重负。当时,长征二号E火箭的研制贷款使中国运载火箭技术研究院的每一名员工身上都背着几万元的债务。加上国家下拨的科研事业费仅占院年度费用的40%,另外60%的资金还得依靠他们这些在岗人员去挣。他们所承受的经济压力和精神压力可想而知。

不是航天人输不起,而是如果再输,中国就会被挤出国际卫星发射服务市场。这不仅是每一个航天人,也是全体中国人不能接受的。失败后的航天人,最需要的是给他们一雪前耻证明自己无愧于中华民族的"机会"。

1992年4月27日,国防科工委部署工作,确定发射"澳星"的第三发火箭6月30日出厂,8月20日前择机发射。也就是说,从中止发射开始,航天人要在100天内再造一枚长征二号E火箭。一场大会战就此打响。据不完全统计,在这场大会战中,相关科研人员和生产工人累积加班达10万多工时,不少关键岗位的操作人员连续加班一个多月,没要一分加班费或其它任何形式的补贴。在会战过程中,人们互帮互学,舍小家为大家,奏响了一曲干部和群众同心同德、共克时艰的壮歌。

1992年6月30日,一列载有新火箭和试验队的专列从北京出发,经过五天五夜的长途奔波,于7月4日晚抵达西昌漫水湾车站。经过一系列测试后,星箭顺利对接。8月14日清晨,人们在电视屏幕上再次见到了竖立在西昌卫星发射塔架上的长征二号E火箭。7时整,长征二号E火箭的8台发动机在发射台上同时发出了震耳欲聋的轰鸣声,星箭分离14分钟后,从西安卫星测控中心传来的卫星入轨参数表明,发射误差远远低于误差允许值。

图1-25　1992年8月14日,长征二号E火箭发射"澳星"

压抑了许久的心情终于可以释放了,大凉山沸腾了起来。总指挥于龙淮喜极而泣,总设计师王德臣脸上也挂满了高兴的泪珠。抑制不住心头激动的人们把刘纪原、沈辛荪、于龙淮、王德臣等人抬了起来,一起高声呼喊:"长二捆!长二捆!"。在指挥大厅外,长征二号 E 火箭技术总顾问屠守锷与老战友黄纬禄长时间紧握双手,泪水也禁不住地流了出来。此时,一位老人观看完长征二号 E 火箭成功发射"澳星"实况转播后,脸上也露出了欣慰的笑容,他就是中国改革开放的总设计师——邓小平。后来,一幅长征二号 E 火箭腾空而起的照片挂在了老人家的饭厅墙上。**更让中国航天人欣慰的是,长征二号 E 火箭的成功为这一年的载人航天工程立项埋下了伏笔。**

图 1-26　1992 年,邓小平在家中观看长征二号 E 运载火箭发射"澳星"的实况

1994 年 8 月 28 日,长征二号 E 火箭又把另一颗"澳星"送入预定轨道。至此,1988 年 11 月中美双方签订的发射"澳星"合同全部得到履行。

图 1-27　欢呼"澳星"发射成功

(二排左起:曾庆来、郭国正、林宗棠、于龙淮、王德臣、刘纪原、沈辛荪)

第四节 在市场经济中跨越

一、"一箭三星"项目的落实

1986年3月,对于中国科技界来讲是一个值得纪念的重要月份。中央军委主席、中顾委主任邓小平批阅了一份由王大珩、王淦昌、杨嘉墀、陈芳允4位老科学家提交的题为"关于跟踪研究外国战略性高技术发展的建议"报告。当年11月,中共中央、国务院批准实施《中国高技术研究发展计划纲要》。为纪念这4位科学家的提议,这个计划纲要被命名为"863"计划。"863"计划对后来的中国高新技术的发展产生了重大影响。

1986年3月,对于中国航天界来讲更是一个值得纪念的重要月份。在这个月,国务院批转了航天工业部起草的《关于加速发展航天技术的报告》。至此,航天人期盼已久的"一箭三星"项目,即长征三号甲运载火箭、"东方红三号"通信卫星、"风云二号"静止轨道气象卫星、"资源一号"卫星研制项目正式获准立项。

1. 长征三号甲火箭的研制

实际上,早在1984年4月8日我国第一枚高轨道运载火箭——长征三号首次发射成功后,一院的研制人员就开始酝酿新型火箭的技术发展途径与设计方案,1985年初提出了在长征三号火箭的基础上"上改下捆、先改后捆、分步实施"的发展思路。"上改"就是对长征三号火箭的第三级进行重新设计;"下捆"就是在一级火箭的四周捆绑若干个液体助推火箭。"先改后捆"是指先在芯级(即中心级)火箭的改造上下工夫,改成了,再研制以其为基础的捆绑型火箭。对长征三号火箭的第三级进行重新设计后的火箭后来被命名为长征三号甲,在长征三号甲火箭的一级周围捆绑四个助推器的火箭称为长征三号乙,捆绑两个助推器的火箭称为长征三号丙。

1986年2月,一院审定了长征三号甲火箭的总体技术方案,同年2月28日,航天工业部在上报给国务院的报告中肯定了这一总体技术方案,3月31日国务院以"国发(1986)41号文件"批准了这一报告,5月3日国防科工委发出《关于迅速发展广播通信卫星工程研制建设工作的通知》,规定卫星通信工程包括"东方红三号"卫星、长征三号甲火箭、西昌卫星发射场、卫星跟踪与测量控制系统、卫星应用系统五大系统,工程代号为"862",发射时间为1992年。很明显,长征三号甲火箭的问世是国内的卫星通信需求拉动的结果。如果没有"862工程",长征三号甲火箭就不可能立项。如果没有长征三号甲火箭,长征三号乙火箭、长征三号丙火箭也就失去了发展的基础。从这个意义上讲,长征三号甲系列火箭乃改革开放的产物,它的诞生是我国打开国门、走向世界的结果。

国务院批准长征三号甲火箭立项后不久,国防科工委于1986年8月任命李伯勇为长征三号甲火箭总指挥,王德臣为总设计师。1987年5月,王永志接任总指挥。1989年12月,龙乐豪出任总设计师,并于1991年11月兼任总指挥。担任副总设计师的有贺祖明、王桁、潘绍珍和周载学(1992年由王瑞铨接替)。担任副总指挥的有于龙淮(1992年1月,后由梁子垣接替)。至1987年中期,研制工作进展顺利。1987年秋,由于长征二号E火箭的切入,大约有3年时间,长征三号甲火箭研制工作基本上处于停滞状态,其间总体技术状态也有过反复。直到1991年,长征三号甲火箭的研制工作才再次走上正轨。

长征三号甲是一枚三级液体火箭,主要用于发射地球同步静止轨道卫星,地球同步转移轨道的运载能力为2.6吨,比长征三号火箭的1.45吨高了近一倍。长征三号甲火箭在星箭分离前可以对有效载荷进行大姿态调控定向,并提供一定的起旋速率、起旋方向,以满足用户的特殊需求。不难看出,长征三号甲火箭的定位相当高。为了实现预期目标,研制人员在尽力继承成熟技术的同时,不得不在设计中采用了60%—70%的新技术。一般情况下,研制一个新型号,其成熟技术应占70%以上,新技术应少于30%。长征三号甲火箭几乎颠倒了这个新旧技术比例。

长征三号甲火箭的新技术既有设计方面的,也有制造工艺方面的,重要的有100余项,其中有不少当时属于世界航天领域中的高、新、难技术。例如,长征三号甲火箭第三级采用的是YF-75液氢液氧发动机,它的总体技术水平,包括设计与生产制造不仅在当时的国内是最先进的,在国外也达到了同类发动机的先进水平。火箭控制系统中的核心部分——四轴小型惯性平台,采用了全数字化技术和可编程电子式程序配电器技术。在不修改硬件的前提下,仅修改控制软件即可实现不同发射状态和对象的要求,具有适应性强、制导精度高等特点。这些技术在长征三号甲火箭中的首次应用,显著地提高了火箭的适应能力,使我国运载火箭的惯性器件技术水平接近20世纪八九十年代的世界先进水平。控制三级发动机摇摆的伺服机构也是重新设计的高难技术项目,它用的是高压低温氢气气动机。采用这一技术有许多好处,最突出的是简单可靠,并且减轻了100多千克的结构重量。但这一新技术的采用要攻克气动机高速旋转条件下的干磨擦、自润滑、高低温度区的快速交变等许多技术难关。至于给第三级火箭液氧贮箱增压用的高压低温氢气增压系统,则是世界上第二个完全依靠本国的力量研制成功的高难技术项目。这一技术的采用不仅使火箭运载能力提高了约200千克,还使三级发动机第一、二次点火工作之间的无动力滑行时间基本上不受限制,因而可以灵活地满足不同卫星发射的需要,改善了火箭的使用性能。由于这四大新技术的采用,长征三号甲火箭的总体性能及其它一些性能不仅在国内处于领先地位,在世界上也属于一流水平。

长征三号甲火箭的技术起点非常高,但研制经费投入却非常低。为解决高水平的火箭与低水平的投入这一对矛盾,研制人员费尽了心机、绞尽了脑汁,从火箭的技术途径、设计方案、研制试验方法及程序等多个方面,进行了充分的研究与论证,终于创造性地拿出了适合中国国情、又快又好又省的火箭设计与试验方案。例如,研制新的上面级火箭发动机,都必须在飞行前做高空环境模拟试车。如何在地面上模拟发动机上天后点火时的高空环境呢?西方航天大国一般都采用"外能源抽空"的办法,以求形成一个巨大的真空室,然后在其中点燃发动机。使用这种办法需要消耗巨大的人力、财力和物力,并且相当耗时。研制人员采用了一种非常巧妙的办法完成了高空模拟试车,既省时又省钱。还有,一级火箭整体的点火试车,国外都采用特别的加强型火箭来进行,长征三号甲火箭研制人员则采用与飞行火箭处于同一技术状态的产品来完成,而且做到一发火箭多次试验、一次试验多方收效。这样既节省了大量的经费,又节省了很多宝贵的时间。类似的例子可以说多不胜举。正因为有许多这类创造性的劳动,才使一院以最少的经费投入,成功地研制出了性能优良的长征三号甲火箭。长征三号甲火箭的性价比与美、欧、日的火箭相比优势不言而喻,即使和印度的相比也占有明显的优势。尽管长征三号甲火箭的研制费不足印度PSLV火箭的70%,但是其总体技术性能却远远高于PSLV。从某种意义上讲,中国的火箭研制人员是在一种很不平等的条件下与国外同行竞争的,但他们仍然交出了高质量的答卷。

为了攻克四大技术难关,节约研制经费,长征三号甲火箭的研制人员呕心沥血,闯过了无数个艰难险阻。曾任总设计师兼总指挥的龙乐豪曾动情地讲述过这样的一段故事:"1993年1月20日,在北京西南郊的一个山头上,我们好不容易迎来了长征三号甲第三级火箭动力系统试车的时刻,下午6时30分,已是天寒地冻、北风呼啸的试验场地显得格外的宁静,随着指挥员'9、8、7……'倒计时的口令,参试人员那一颗颗激烈跳动的心几乎蹦到了嗓子眼,刹那间火箭发动机喷出了橙红色的火焰,震天动地的轰鸣打破了山野的寂静,火箭终于点火了!人们期盼成功时刻的到来。但此刻却出现了故障,火箭排氢管仍在燃烧,那长长的火龙在夜幕中显得格外刺眼,也更令指挥员们焦心。因为他们深知这烈焰的危害:不及时扑灭,装有60立方米液氢液氧的火箭随时都有可能爆炸,造成箭毁人亡的惨剧。庆幸的是我们的工程技术人员及时果断地排除了这一重大险情,避免了悲剧的发生。已经是两天两夜没有合眼的许多参试人员,又苦熬了一整夜,完成了善后处理工作。面对这一意外失败的结局,我们盯着一大堆显示故障的数据,心里涌动的却是只有自己才知道的难言滋味。我们忘了疲劳和痛苦,立即投入到分析故障原因的战斗中。经过48小时的紧张工作,终于找到了试车失败的原因是一台发动机的液氧涡轮泵卡死。针对故障原因,我们又大胆制定了在试验现场更换液氧泵再次点火的试车方案。这种方案本身就存在现场实施条件极差、质量不容易保证等许多问题与风险,但为了争取时间也为了节省经费,我们果断地作出这种选择,并严密组织,精心施工,开创了用一发火箭立在试车台上,一共进行了三次动力系统试车的先例。仅这一做法就节省了数千万元的经费,缩短了约一年的研制周期。"

　　从批准立项到首次飞行,虽然名义上有8年时间,但实际研制长征三号甲火箭的时间不到5年,其中技术攻关时间更短。长征三号甲火箭的技术攻关效率在国内大型火箭的研制过程中堪称是最高的。譬如说,长征三号火箭的YF-73发动机从首次试车到火箭首次试飞将近8年时间,用了103台发动机,试车121次,累计试车33209秒,而长征三号甲火箭的YF-75发动机从首次试车到火箭首次试飞只有4年半,用了26台发动机,试车86次,累计试车26342秒。火箭在发射场合练,长征三号火箭经历了18个月,现场工作长达138天;而长征三号甲火箭则在1993年初到1994年初就完成了三子级动力系统试车、发射场合练、首次飞行试验三大任务,这是中国运载火箭技术研究院大型火箭研制历史上空前的高速度。而且,整个项目为国家累计节省了上亿元的开支。

1994年2月8日,长征三号甲火箭进行首次飞行试验,成功地将"实践四号"科学探测卫星和"夸父一号"模拟卫星送入预定轨道。长征三号甲火箭的研制成功,把中国的火箭技术提高到了一个新的高度。它不仅为发射我国新一代通信卫星"东方红三号"创造了条件,也为长征三号乙、长征三号丙等火箭的研制奠定了基础。

2. "东方红三号"卫星的研制

"一箭三星"中的"东方红三号"通信卫星在1986年3月获准立项,这姗姗来迟的佳音来之不易,因为在此前围绕"造星"还是"买星"问题,国内曾发生了一场激烈的争执。

改革开放后,随着我国经济与社会的快速发展,各行各业对卫星通信的需求越来越大。1984年4月发射的"东方红二号"试验通信卫星虽然可以进行全天候通信,但星上只有2个C波段转发器,通信容量根本无法满足社会需求,而且通信质量也有待改善。1986年2月发射的"东方红二号"实用通信广播卫星虽然提高了波束的等效辐射功率,使地面通信站的信号强度明显提高,接收的电视图像质量和语音传输质量大为改善,但它只有4个C波段转发器,只能转播两个频道的电视节目和承担30路对外广播,电话传输能力只有1000路,而且卫星设计寿命只有3年。这与当时已具有24个转发器的国外主流通信卫星相比,可谓有着天壤之别。即使是正在研制的"东方红二号甲"通信卫星,由于受到国产电子元器件的性能和质量的制约,也只能传输4路彩色电视信号,电话传输能力只有3000路。很明显,国产通信卫星已成了制约我国经济与社会发展的短板。

由于国内通信卫星的容量与质量在短期内很难有大的改观,因此一些人士主张通过"租星"或"买星"的方式来缓解国内卫星通信市场上出现的供需矛盾。在他们看来,若从价值规律出发,"造星"不如"租星"或"买星",而且世界上除少数几个国家拥有自己的通信卫星外,绝大多数国家和地区都通过"租星"或"买星"的方式解决国内的卫星通信需求。因此,我国没有必要通过压制国内卫星通信市场需求来扶持空间事业的发展,应对外开放卫星通信市场,让市场的无形之手实现对资源的最佳配置。

但是,航天专家坚持认为,中国在战略性产业和核心技术领域必须坚持走自主发展之路,通信卫星关乎国家的经济命脉和空间安全,因此应尽可能地自主研制。这是提升国家核心竞争力的需要,也是壮大空间技术队伍,提高空间技术能力的需要。中国一旦对外开放卫星通信市场，国产卫星的研制将会不可避免地受到冲击。这样，好不容易组建起来的东方红通信卫星研制队伍就有可能被冲散，甚至连运载火箭的研制都会受到波及。由于中国在通信卫星的研制方面已经积累了一定的经验，只要政策运用得当、全体研制人员奋发努力，在不太长的时间里一定能够研制出性能更为先进的通信卫星。

然而实际情况是，新型通信卫星研制项目迟迟不能上马，国内卫星通信供需矛盾日益突出。于是，有关部门开始派人出国考察，准备购买外国卫星。面对这一严峻局面，航天专家们挺身而出，恳请国家给中国航天人一次施展抱负的机会，一个报效祖国的平台。

1986年3月7日，时任国务院副总理李鹏主持召开了国家电子工业振兴领导小组会议。与会者对双方提交的报告展开了激烈的讨论。由于意见分歧严重，最后不得不由李鹏拍板决定：要依靠中国自己的力量研制新一代通信卫星。3月31日，国务院下发文件，明确通信卫星不外购，由中国自己制造，并由中国自行研制的长征三号甲火箭发射入轨。

确定由中国自己研制的新一代通信卫星后来被命名为"东方红三号"，总设计师由孙家栋出任。中国空间技术研究院的研制人员很快就提出了"东方红三号"卫星的总体方案：它将携带24个C波段通信转发器，使用寿命为8年。这意味着先前研制的只有4个C波段通信转发器的"东方红二号甲"可供继承的技术不超过五分之一，其余的八成技术都需要创新。经过8年的拼搏奋战，人们期盼已久的大容量、长寿命"东方红三号"通信卫星终于在1994年9月15日踏上了奔赴西昌卫星发射中心的征程，并于11月30日由长征三号甲火箭发射升空。经过多次成功变轨飞行后，卫星进入地球同步静止轨道。但由于卫星推进系统燃料泄漏造成推力下降，致使"东方红三号"卫星定点未能取得成功。

"东方红三号"通信卫星的失败给国外通信卫星巨头们提供了天赐良机。他们纷纷在中国设立办事处，在中国市场大肆"淘金"。仰望长空，孙家栋及其同事们羞愧难当。不收复失地，有何脸面见江东父老？外国人能行，中国人也一定能行！

比眼泪更重要的是行动！卫星研制人员用了整整两年的时间对故障进行了认真的分析和模拟仿真试验，确定了故障发生的原因和部位，并更换了不可靠的部件和器件，进行了全星热试车试验。为进一步提高卫星的可靠性，研制人员还根据其它型号所反馈的质量信息，"举一反三"地开展了全面质量复查，

第一章 中国航天事业的发展成就

以杜绝一切可能存在的安全隐患。1997年5月12日,第二颗"东方红三号"卫星由长征三号甲火箭发射入轨,并于5月20日定点成功。

"东方红三号"通信卫星投入使用后,极大地缓解了国内通信卫星市场转发器短缺的矛盾。由于国内用户后来纷纷选用自己国家的卫星,使得国外通信卫星转发器对华的租用费不得不大幅下降。据测算,当时仅公众卫星通信一项,"东方红三号"通信卫星每年就可以为国家节省外汇支出达数千万美元。

"东方红三号"通信卫星不仅实现了我国通信卫星研制技术的新跨越,而且还为我国航天事业的发展提供了一个非常可靠的通信卫星平台。利用这个平台,中国航天人后来研制发射了一批通信卫星,如2000年先后发射的"中星22号"、"鑫诺三号"、"嫦娥一号"、北斗导航卫星等都是在"东方红三号"卫星公用平台基础上研制出来的。可以说,如果没有1986年3月自力更生造通信卫星的决定,中国通信卫星事业就不可能有今日的大好发展形势,更不可能锻炼出一支能征善战的通信卫星研制队伍。

3. "风云二号"和"资源一号"卫星的研制

在国务院1986年3月批准立项前,"一箭三星"中的"风云二号"气象卫星也遇到了"造星"还是"买星"之争。但与"东方红三号"通信卫星不同的是,"风云二号"气象卫星的主要用户——国家气象局的主要领导极力支持利用本国的航天科技力量,自主研制"中国造"的气象卫星,从而使"风云一号"和"风云二号"卫星先后得以立项。"风云一号"是极地轨道气象卫星,每天只能覆盖中国一次。而"风云二号"是静止轨道卫星,每天可对同一地区实施连续探测,所以对于区域性气象预报,静止轨道气象卫星的作用更为重要。但是以中国20世纪80年代的电子工业基础和科研条件,要自主研制气象卫星确实存在不少困难。因此,尽管1989年12月"风云二号"气象卫星被中央专委批准列为我国国防科学技术"八五"计划的八项重要任务之一,但它的研制之路仍然遇到了不少坎坷。

"风云二号"卫星研制队伍涉及航天系统的上海航天技术研究院(八院)、中国空间技术研究院(五院)、航天动力技术研究院(四院)、中国运载火箭技术研究院(一院)以及中国科学院、中国气象局和中国电子科技集团等12个单位。经过8年的艰苦努力,"风云二号"01星终于在1994年2月底踏上了西去的专列,来到了西昌卫星发射中心。4月2日清晨,卫星在测试厂房进入模拟射前8小时准备测试阶段。一开始进展非常顺利。但是,当卫星于上午10:50进入模拟2小时准备时,星上固体远地点发动机发生爆炸。30多位发射队员受伤住院治疗,一名守在净化间内的总装工人牺牲,大部分地面设备被烧毁。

经过4个多月的调查,事故调查委员会最终确定爆炸是因肼系统管路工艺孔慢泄漏引起的。但在调查过程中,事故调查委员会还查出了23项薄弱环节。之后,卫星研制单位狠抓安全质量管理,确保用鲜血换来的教训能够真正化为我国航天事业发展的宝贵财富。经过三年的卧薪尝胆,改进后的"风云二号"卫星再次被送往西昌卫星发射中心。

1997年6月10日,长征三号火箭载着"风云二号"02星顺利升空,6天后卫星定点成功,开始在轨测试。同年12月1日,卫星正式交付运营,并由用户命名为"风云二号"A星。2000年6月25日,"风云二号"03星也由长征三号火箭成功发射入轨,并被命名为"风云二号"B星。

"风云二号"A星在轨运行10个月后,天线消旋系统就发生了失锁故障,造成数传和转发无线通道中断。后经努力,卫星每天只能间歇性工作。B星发射入轨后,运行不到8个月,星上的三极管倍频链出现故障,卫星转发下来的信号比正常情况下衰减很多,接收起来非常困难。虽然这两颗卫星在气象业务应用上都没有达到预期的效果,但在有限的运行时间里,在台风、暴雨等重大灾害性天气监测与预警中仍发挥了重要作用,同时为后续气象卫星的研制和技术改进积累了宝贵的经验和重要的数据。2004年10月19日由长征三号甲火箭发射入轨、并实现了稳定业务运行的"风云二号"C星所做的重大技术改进达200余项,这些改进几乎无一不是在A星、B星失败的基础上总结出来的。它再次表明,航天如果惧怕失败,就很难取得成功。

"一箭三星"中的"资源一号"卫星是一种传输型地球资源遥感卫星。早在1976年,我国就开始引进美国"陆地卫星"图像,并首次应用于森林资源清查。随着国民经济的发展,我国对资源卫星图像的需求量不断增大,于是研制中国自己的资源卫星被提上议事日程。由于研制资源卫星的经费投入相当大,而且技术要求非常高,故国务院1986年3月批准立项后,中国空间技术研究院仍在摸索着走联合研制之路。恰巧巴西空间研究院也在寻找资源卫星合作伙伴,于是双方一拍即合,于1987年签署了合作研制资源卫星协议,并商定,"资源一号"01星的总研制费为1亿美元,中方投入比例占70%,巴方占30%。1988年,中巴两国政府核准了这一协议。

"资源一号"01星起点高、技术难度大,是中国卫星研制史上星上元器件最

第一章 中国航天事业的发展成就

多、系统最为复杂的一颗卫星。中巴双方经过11年的拼搏,终于在1999年10月14日使用长征四号乙火箭在太原卫星发射中心将"资源一号"01星发射至预定轨道。在轨测试和试运行130余日后,"资源一号"01星于2000年3月2日交付用户使用。"资源一号"卫星是中国主导研制的第一颗高速传输式对地遥感卫星。它的交付结束了中国没有陆地资源卫星而只能购买国外卫星数据的历史,并开创了发展中国家在航天高技术领域合作的先河。

二、载人航天工程的立项实施

1. "921工程"的立项

1986年11月,中共中央和国务院批准实施"863"计划。"863"计划中,航天技术被列作第二个重要的高技术领域(简称为863-2),主题项目之一为大型运载火箭和天地往返运输系统(简称为204主题项目),主要是研制能发射小型空间站的大型运载火箭和研究发展天地往返运输系统;另一个主题是空间站系统及其应用(简称为205主题项目),主要研究发展规模较小、性能先进、模块式的空间站系统,并进行空间科学与技术研究,实现载人空间飞行。

"863"计划出台后,中国航天领域专家围绕载人航天问题开始了长时间的研究、讨论与规划。1987年2月,以屠善澄为首席科学家的"863"航天领域专家委员会在京成立。其主要使命是对航天领域未来高技术尤其是载人航天发展技术途径重新进行论证(中国在20世纪70年代前也搞过类似论证,并提出了"曙光号"飞船方案,后被搁置)。当时部分专家认为,我国可以借鉴国外的技术和经验,采取跨越式发展,越过载人飞船,直接发展航天飞机。另一部分专家则主张,载人航天对天地往返运输器的安全性、可靠性要求极高,航天飞机技术虽然先进,但是其技术非常复杂,载人飞船技术相对来说技术较简单,为稳妥起见,我国还是应该从飞船起步。飞船方案支持者和航天飞机方案支持者展开了长达3年的学术争论。经过多种技术方案的反复论证、比较和分析,根据我国的国情、国力和技术基础,专家们最后一致同意从载人飞船起步。

虽然中国载人航天从飞船起步并以空间站作为发展目标的规划方案在航天领域专家委员会和航空航天工业部达成了共识,但要国家批准立项还需做大量艰苦细致的工作。为了进一步推动载人飞船工程立项,航空航天工业部于1990年12月成立了载人航天工程领导小组,由任新民担任首席顾问;1991年1

月7日又成立了由19名专家组成的载人航天联合论证组,由钱振业具体负责。当月底,航空航天工业部副部长刘纪原通过第二炮兵副参谋长栗前明将《关于开展载人飞船工程研制的请示》和《关于发展我国载人航天技术的建议》两份文件转交给了邓小平。同年2月,航空航天工业部还在呈送给中央的《航空航天重大情况(5)》中反映了一些有关研制载人飞船的情况。3月1日至3月9日,江泽民、李鹏、刘华清等领导分别在《航空航天重大情况(5)》上作了批示,决定召开中央专委会专门讨论载人航天问题。为此,李鹏于同年3月15日和16日分别约见任新民、钱振业和刘纪原,听取了他们关于载人飞船论证情况的汇报。

图1-28　林宗棠(右)与刘纪原(左)在一起

经过3个月的论证,载人航天联合论证组完成了《载人飞船工程实施方案》,提出了载人飞船工程总体方案及飞船工程的技术指标和技术要求,为进一步组织方案论证提供了依据。1991年4月初,航空航天工业部召开会议,讨论了该实施方案,明确载人航天从飞船起步,发射飞船的运载火箭以长征二号E火箭为基础进行改进,并要求中国运载火箭技术研究院、中国空间技术研究院和上海航天技术研究院3个总体单位,深入论证,进一步提出各自的实施方案,以便择优选用。

1991年6月,中央专委第4次会议听取了"863"航天领域专家委员会《关于发展中国载人航天的意见》和国防科工委《关于发展中国载人航天及其应用的意见》的汇报。会议倾向于同意专家委员会关于发展中国载人航天的目标设想,要求对发展中国载人航天的目的做出进一步的说明。为此,航空航天工业部要求3个论证单位根据中央专委会议的精神,进一步做好载人飞船工程方案的论证工作。同年11月,3个总体单位分别提交了《载人飞船工程可行性论证报告》。

1992年1月8日,中央专委召开第5次会议,再次听取了"863"航天领域专家委员会《关于发展中国载人航天的意义与作用的意见》和国防科工委《关于组

织载人航天工程可行性论证的意见》的汇报。会议认为,从政治、经济、科技、军事等诸多方面考虑,立即发展我国的载人航天工程很有必要,而且应当从载人飞船起步;但还要在"863"专家委员会和航空航天工业部过去论证的基础上,由国防科工委牵头,组织全国有关专家,再做一次技术、经济可行性论证。几天后,根据中央专委会的会议精神,航空航天工业部正式成立了载人航天工程论证评审组。组长是任新民,副组长是王大珩和屠善澄,成员有:王希季、庄逢甘、闵桂荣、张履谦、杨嘉墀、童铠、谢光选等。

1992年8月1日,中央专委召开第7次会议,听取了航空航天工业部和国防科工委联合提交的《载人飞船技术经济可行性论证报告》。会议认为:"载人航天是航天技术的重要组成部分,也是当今世界高科技的一个重要发展领域。为了增强综合国力和国防实力,促进科技进步,培养壮大科技队伍,提高国家威望,增强民族自豪感和凝聚力,我们必须在这一领域占有一席之地。中国载人航天的发展设想是可行的。载人飞船工程的研制是第一步,这是迄今为止中国航天史上规模最大、系统最复杂、技术难度最高的工程项目。国防科工委组织的可行性论证有深度,是比较可靠的。"

1992年8月25日,中央专委向党中央、国务院、中央军委呈上了《关于开展我国载人飞船工程研制的请示》,建议我国载人航天工程计划分三步走:第一步,在2002年前发射两艘无人飞船和一艘载人飞船,建成初步配套的试验性载人飞船工程,开展空间应用实验。第二步,在第一艘载人飞船发射成功后,大约在2007年左右,突破载人飞船和空间飞行器的交会对接技术,并利用载人飞船技术改装、发射一个8吨级的空间实验室,解决有一定规模的、短期有人照料的空间站应用问题。第三步,建造20吨级的空间站,解决有较大规模的、长期有人照料的空间站应用问题。第一艘试验无人飞船要争取1998年、确保1999年首飞,即"争八保九"。

1992年9月21日,江泽民主持召开中央政治局常委会扩大会议,听取了论证报告和技术方案、经费估算和组织实施办法的汇报。经讨论,一致同意中央专委第7次会议的意见,批准中国载人航天工程开始实施。从此,我国航天史上迄今为止规模最大、系统组成最为复杂、技术难度和安全可靠性要求最高的国家重点项目正式启动。由于中央专委批准载人航天工程的日期是1992年1月,中共中央政治局常委会扩大会议批准日期又是当年的9月21日,所以中国载人航天工程被命名为"921工程"。

2. 长征二号F的研制

"921工程"立项之后,中央专委于1992年11月成立了载人航天工程指挥部,并任命国防科工委主任丁衡高为总指挥(后由曹刚川、李继耐、陈炳德、常万全先后接任),国防科工委副主任沈荣骏、航空航天工业部副部长刘纪原为副总指挥,航空航天工业部科技委副主任王永志为总设计师,解放军总装备部成立后,设立"921工程"办公室。当时各机构的职责分工是,载人航天工程由中央专委直接领导,国防科工委统一组织,工程指挥部具体负责实施,"921"办公室专项管理。这样就形成了一个从中央到中央专委,从中央专委到国防科工委,从国防科工委再到各主管部门的垂直领导体系。

"921工程"包括载人飞船系统、航天员系统、空间应用系统、运载火箭系统、陆地发射系统、测控通信系统和返回着陆系统七大系统。其中,载人飞船系统由中国空间技术研究院、上海航天技术研究院为主负责研制;航天员系统由中国航天员科研训练中心负责研制与建设;空间应用系统由中国科学院有关研究所为主负责研制;运载火箭系统由中国运载火箭技术研究院为主负责研制;发射系统由总装备部工程设计研究所设计,酒泉卫星发射中心负责建设;测控通信系统由北京跟踪与通信技术研究所负责总体设计,以中国电子科技集团公司为主负责设备研制,酒泉发射中心、西安卫星测控中心和北京航天飞行控制中心等负责建设;返回着陆系统由北京跟踪与通信技术研究所负责总体设计,酒泉发射中心、西安卫星测控中心负责建设。

中国的火箭运载能力有多大,太空探索的舞台就有多大。可以说,运载火箭系统是"921工程"七大系统中最为关键的系统之一。没有大推力、高可靠性、高安全性运载火箭的支撑,载人飞船就不可能进入预定轨道,航天员的太空活动就无从谈起。因此,载人航天的首要问题是必须尽快研制出推力足够大、可靠性与安全性足够高的运载火箭。

"921工程"七大系统中的运载火箭系统,由中国运载火箭技术研究院负责抓总。火箭发动机由航天推进技术研究院(前身是067基地)负责研制。系统总指挥由中国运载火箭技术研究院院长沈辛荪担任,后来由黄春平、刘宇先后接任;第一任总设计师是王德臣,后为刘竹生、荆木春。

中国载人航天工程用的运载火箭是长征二号F火箭。它是在长征二号E火箭的基础上,按照发射载人飞船的要求,以提高可靠性、确保安全性为目标研制出的新型运载火箭。火箭由4个液体助推器、芯一级火箭、芯二级火箭、整流罩和逃逸塔组成,是目前我国所有运载火箭中起飞质量最大、长度最长、可靠性安全性最高、系统最复杂的火箭,可将8吨的飞船送入近地点200千米、远地点350千米、倾角约43°的地球轨道。其可靠性为0.97,安全性为0.997。这是载人火箭的特性。一般的商用火箭可靠性为0.91—0.93,可靠性要求没那么苛刻。

载人航天运载火箭与其它运载火箭最大的不同在于"载人"。为了保证长征二号F火箭具备高质量、高安全、高可靠的特性,确保航天员的安全,研制团队在研制过程中,采用了55项新技术,解决了一系列技术难题。其中,故障检测处理系统、逃逸系统、全冗余控制系统、"三垂"模式、远距离测试、发射和控制技术、先进的活动发射平台等10项关键技术被认为达到了国际先进水平。

研制团队研制出的故障检测处理系统和逃逸系统是载人航天运载火箭独有的技术,也是一项世界性的难题。故障检测处理系统的设计难点在于既不能误判,也不能漏判。研制团队在副总设计师荆木春的带领下,针对不同时段统计总结出了310种火箭故障模式。经过4年艰苦细致的筛选、分析,对发生概率最高的11种故障模式进行了成千上万次的飞行仿真试验,最终确定了合理的判据,成功地解决了"该逃时不逃"和"不该逃时误逃"的难题,实现故障检测处理系统在起飞前900秒和起飞后120秒时段内自动逃逸或地面指令逃逸。

逃逸塔被称为航天员的"生命保护神",它的研制难点在于逃逸发动机的设计。研制团队用两年的时间终于设计出了逃逸发动机的总体技术方案——采用前置喷管,使用复合固体推进剂做燃料。1994年4月,逃逸发动机进行第一次热试车试验时,刚过1.6秒,4个喷管的弯曲处就被烧穿了。同年8月,逃逸发动机改进后进行第二次热试车试验时,虽然喷管弯曲处没被烧穿,但其入口部分2厘米厚的绝热层仍被烧穿了。通过不断改进设计和加工工艺,1997年4月进行第五次热试车时终于取得成功,从而为逃逸塔的成功研制铺平了道路。

发动机被誉为火箭的心脏。长征二号F火箭发动机虽然从外形上看,与长征二号E火箭发动机差别不大,但其内部结构实际上进行了很多重要的改进,发动机的可靠性和安全性获得了大幅度的提升,并做到了3个100%,即总装前部件检测100%合格、出厂检测100%合格、发射场测试100%合格。

长征二号F火箭是为载人航天设计的,其可靠性提高到了0.97,其中飞行控制分系统的可靠性提高到了0.992。影响火箭可靠性的主要是发动机、箭体结构和控制三大分系统。由于受技术工艺基础的制约,提高火箭可靠性指标的任务最终主要落到了控制分系统上。为此,研制团队首次在控制分系统上采用了双套惯性制导系统以及CPU计算机、双稳定回路平台及其切换装置和三冗余伺服机构等冗余技术措施,给火箭上了"双保险",大大提高了火箭的可靠性。

长征二号F火箭首次实现了"三垂"模式,即在技术阵地船箭垂直吊装、垂直测试和垂直转运到发射阵地,从而改变了过去让火箭水平测试后,再对接的传统操作方法,保证了火箭状态的稳定,并使火箭在发射架上的准备时间由以往的15天左右缩短到3天。此外,长征二号F火箭还率先采用了1500米远距离测试、发射和控制等技术;首次使用了大型多点调平、无级变速、高定位精度的活动发射平台等。

从1992年开始,经过7年的艰苦奋战,中国运载火箭技术研究院负责抓总的长征二号F火箭终于研制成功,从而为"争八保九"目标的实现以及中国载人航天工程的持续推进奠定了重要的基础。

3. 第一艘神舟飞船的诞生

与长征二号F火箭的研制不同,中国在"921工程"立项之前从未搞过载人飞船,虽然曾搞过两代返回式卫星,但载人飞船的研制难度和返回式卫星不可同日而语。还有,虽然长征系列火箭的运载能力不断提高,但其运载能力对载人飞船来讲仍不免有捉襟见肘之感。因此,中国载人飞船的研制备受世人瞩目。

经过慎重论证,"921工程"中的载人飞船系统最终采用了"三舱一段"方案,即由推进舱、返回舱、轨道舱与一个附加段构成。推进舱是飞船的动力系统,里面装有飞船的电源、发动机燃料贮箱等设备;返回舱是乘员座舱和指令舱,供航天员从地球出发和返回地面时乘坐,也是天地间联系的信息枢纽;轨道舱是航天员生活和工作的场所,也可作为一颗科学实验卫星,留轨利用半年,还可改作为交会对接的目标舱。问题是如何将此方案化为现实。当时,摆在中国空间技术研究院院长兼载人飞船系统总设计师戚发轫面前的难题完全可以用"堆积如山"来形容。

首先,是研制队伍的组建问题。"921工程"启动之际,正是中国市场经济兴起之时。在市场经济大潮的冲击下,不少航天人被席卷进了商海,以致航天系统的人才流失相当严重。但是,身为五院院长,戚发轫在留住人才上也很难有所作为。因为当时航天系统的工资福利待遇不仅无法同合资企业竞争,甚至还不如一些一般单位。顺口溜"拿手术刀的不如拿剃头刀的,搞导弹的不如卖

茶叶蛋的"可谓是对那个时代知识分子境遇的生动写照。不要说其它科研人员了,就是自己指导的两名博士生,戚发轫也未能说服他们继续留在航天系统打拼。年轻人不愿意进航天系统,或者进来后不久就走。而继续留在航天系统的多半是"文化大革命"前毕业的,他们年事已高,已很难胜任高强度的研制工作。面对人才青黄不接的局面,戚发轫只能到各个单位和部门去寻找人才,以重新组建起一支研制飞船的团队。

其次,是研制经费严重不足的问题。中央一开始给载人航天工程拨了120亿元,后来增加至190亿元。但这些钱与美欧类似项目相比原本就不多,而当时中国已开始市场经济转型,协作单位越来越多地面临来自市场的压力。在这样的情况下,研制团队只能通过不断的协调,尽可能地在不增加经费的情况下,完成研制任务。

再次,就是集智攻关问题。搞载人飞船,必须解决三大难题。一是"上得去";二是"待得住";三是"下得来"。为此,研制团队必须攻克多达18个重大技术难关,破解成百上千个技术难题。当时,工程指挥部要求飞船必须做到绝对安全!这意味着载人飞船13个分系统、600多台设备、50多万个软件程序、300多根电缆、8万多个接点,还有300多个协作单位,一个都不能出现问题,其难度之高,可以想象。

还有,就是处理方方面面的关系问题。譬如,与国防科工委和航天工业总公司(航空航天工业部于1993年被拆分为航空工业总公司和航天工业总公司,又名国家航天局)两个"婆婆"的关系;与载人航天工程中其它6个系统之间的关系;飞船系统内部13个分系统之间的关系;与其它社会组织之间的关系等等。

从1992年开始,研制团队几乎每天都在倾全力处理上述难题。但是,苦干了4年多之后,到了1996年底,载人飞船的研制进度仍比原定计划晚了一年半。这意味着载人航天工程要在1998年发射第一艘无人飞船已无可能。如果不采取紧急对策,甚至连在国庆50周年发射第一艘无人飞船都无可能。如果是那样的话,最迟于1999年推出的长征二号F火箭或许就只能通过发射配重来验证其可靠性了。为了实现"争八保九"的目标,时任国防科工委副主任、"921工程"副总指挥的沈荣骏提议先搞一个试验飞船,要求它能够准确地入轨,能够正常地运行,能够安全地返回。在国防科工委、航天工业总公司等上级领导机关的支持下,在上海航天技术研究院等兄弟单位的配合下,中国空间技术研究院克服重重困难,终于抢在1999年将一艘初样电性船改成了无人试验飞船。虽说是由电性船改装的,但飞船13个分系统中的8个都将参加试验考核,另5个分系统虽然不参加考核,但也都上了船。所以这艘试验飞船可以说是一艘完整的飞船。

然而,在改装期间,有人给中共中央总书记江泽民写了一封匿名信,认为:1999年发射试验飞船在技术上是不成熟的。航天部门的人这样做,是借搞载人航天之名,行捞取国家钱财之实。载人航天工程应该停止,否则国家的经济将会受到更大的损失。这封信后来被批转给了李鹏,李鹏又批转给了宋健。

时任航天工业总公司总经理、国家航天局局长的刘纪原得知这一消息后,非常担心这封信会影响到中央领导支持载人航天工程的决心。而载人航天工程万一中途搁浅,再启动起来就很困难。那样,肯定会造成极大的浪费。运十飞机,殷鉴不远。于是,他产生了一个想法,就是请中央领导到北京北郊的航天城看看航天人这6年里到底干了些什么,国家给的钱究竟用到什么地方去了,以便做到心中有数。在刘纪原等人的推动下,江泽民、李鹏、朱镕基、吴邦国等领导分别于1998年11月10日和11日视察了刚从一片农田上建起来的现代化航天城,并对这些年航天人的辛勤工作表示了肯定。此前,江泽民还根据工程指挥部的征名结果,亲笔为第一艘飞船题写了"神舟"二字。这一切,坚定了航天人战胜困难、在国庆50周年将神舟飞船送入太空的信心。

1999年11月20日上午,中国第一艘神舟飞船终于在酒泉卫星发射中心由长征二号F火箭发射升空。"神舟一号"飞船环绕地球14圈并完成各项试验后,于11月21日3时41分在内蒙古自治区着陆。航天人终于完成了"争八保九"的任务,兑现了向中央立下的军令状。

4. 神舟飞船的后续发射

继"神舟一号"飞船发射成功之后,"神舟二号"飞船又于2001年1月10日在酒泉卫星发射中心由长征二号F火箭发射升空,在轨道上飞行7天后,返回舱成功着陆。"神舟二号"飞船是我国第一艘正样无人飞船,由轨道舱、返回舱和推进舱组成,飞船技术状态与载人飞船基本一致,并首次进行了微重力环境下的空间生命科学、空间材料、空间天文和物理等领域的实验。

2002年3月25日,中国又使用长征二号F火箭成功地将"神舟三号"飞船送入预定轨道。4月1日返回舱顺利返回着陆场。在轨运行期间,"神舟三号"飞船上进行的拟人载荷试验取得良好效果,提供的生理信号和代谢指标正常,

验证了与载人航天直接相关的座舱环境控制和生命保障系统完全能满足载人的医学要求。此次飞行还首次进行了逃逸系统试验。

"神舟三号"飞船发射成功后,江泽民总书记为长征二号F火箭亲笔题写了"神箭"二字,这对火箭研制者来说是个莫大的鼓舞。2002年4月2日这一天,当已经镶进镜框的"神箭"题词被抬下火车展现在众人

图1-29 江泽民题词"神箭"(左:吴燕生,右:王宗银)

面前时,站台上立刻掌声雷动,时任中国航天科技集团公司副总经理许达哲用高亢的声音即兴吟诗一首:"神箭送神舟,银河任我游。拜访吴刚时,再饮庆功酒。"

2002年12月30日,第四艘不载人飞船"神舟四号"的发射也取得了成功,2003年1月5日返回。飞船技术状态与载人飞行时完全一致,解决了前三次无人飞行试验中发现的有害气体超标等问题,运载火箭和飞船完善了航天员逃逸救生功能。至此,中国载人航天工程的初期不载人发射试验宣告结束。

"神舟一号"飞船到"神舟四号"飞船的不载人飞行试验,全面考核了长征二号F火箭的性能与可靠性、神舟飞船的安全和可靠性、地面测试、发射、控制系统的适应性以及其它各大系统的可靠性。在载人航天工程七大系统都得到充分检验并证明达到预期目标的情况下,中国载人航天飞行正式开始。

"神舟五号"载人飞船是中国首次发射的载人航天飞行器,于2003年10月15日由长征二号F火箭发射升空,将航天员杨利伟送入太空。飞船返回舱于16日在内蒙古主着陆场成功着陆,返回舱完好无损,中华民族千年飞天梦终于实现。这次的成功发射标志着中国成为继苏联和美国之后,第三个有能力独自将宇航员送上太空并安全返回的国家。

2005年10月12日,"神舟六号"飞船在酒泉卫星发射中心发射升空,参加此次飞行的宇航员是费俊龙和聂海胜。"神舟六号"飞船与"神舟五号"飞船在

中国航天事业发展的哲学思想

图1-30　2003年10月15日,长征二号F遥五火箭发射"神舟五号"载人飞船

外形上没有差别,重量基本保持在8吨左右。与"神舟五号"飞船相比,"神舟六号"飞船上新增加了40余台设备和6个软件,使飞船的设备达到600余台,软件82个,元器件10万余件。10月17日,返回舱成功降落,实际着陆地点较预计相差仅1千米。"神舟六号"飞船是中国第二艘搭载宇航员的飞船,也是中国第一艘执行"多人多天"任务的载人飞船。

2008年9月25日,"神舟七号"飞船从酒泉卫星发射中心发射升空。返回舱于9月28日成功着陆。参加此次飞行的宇航员分别是翟志刚、刘伯明和景海鹏。此次飞行最重要的任务是实施中国航天员首次空间出舱活动,突破和掌握出舱活动相关技术。同时在轨道上释放卫星伴飞、卫星数据中继等空间科学和技术试验。"神舟七号"是载人航天工程二期的第一艘飞船。因为要完成出舱活动这一重大任务,所以"神舟七号"飞船的轨道舱经过了一次全新的设计,以致在技术上与载人航天工程一期飞船相比有了明显的变化。

2011年11月1日,"神舟八号"飞船由改进型长征二号F遥八火箭顺利发射升空。在此之前,中国已于2011年9月29日使用长征二号F/T1运载火箭将"天宫一号"送入预定轨道。"神舟八号"飞船沿用了"神舟七号"飞船的返回舱、推进舱和轨道舱三舱结构,增加了交会对接测量设备,以实现与"天宫一号"的交会对接。由于飞船和发射飞船的运载火箭均进行了较大技术改进,出于安全考虑,"神舟八号"飞船为不载人飞行,其主要任务是完成与"天宫一号"目标飞行器的首次交会对接试验,验证自动交会对接技术、停靠技术、组合体控制与管理技术,同时进一步考核飞船改进后的可靠性和安全性。11月16日,"神舟八号"飞船与"天宫一号"成功分离,其返回舱于17日在内蒙古预定区域着陆。

2012年6月16日,"神舟九号"飞船在酒泉卫星发射中心由长征二号F遥九火箭成功发射升空。"神舟九号"飞船载有3名航天员,是中国第四艘载人飞船,用以执行与"天宫一号"进行首次载人交会对接。根据既定的飞行方案,飞船与"天宫一号"进行两次交会对接,第一次为自动交会对接,第二次由航天员手动控制完成。6月18日首次载人自动交会对接取得成功,6月24日首次空间手控交会对接试验也取得了成功。6月26日,中共中央总书记、国家主席、中央军委主席胡锦涛来到北京航天飞行控制中心,同正在"天宫一号"开展科学实验的"神舟九号"航天员景海鹏、刘旺、刘洋进行了实时天地视频通话,中共中央政治局常委贾庆林、李长春、习近平、李克强出席并见证了此次通话。6月29日,"神舟九号"飞船返回舱在内蒙古四子王旗着陆场成功着陆,三名航天员安全返回。

图1-31　2011年9月29日,"天宫一号"发射成功后,
中国航天科技集团公司总经理马兴瑞和集团公司各院领导在试验队驻地合影

"天宫一号"与"神舟九号"飞船载人交会对接任务的圆满成功,实现了我国空间交会对接技术的又一重大突破,标志着我国载人航天工程第二步战略目标取得了具有决定性意义的重要进展。

三、北斗卫星导航系统的建立

1. 从"灯塔一号"到"北斗一号"

早在20世纪60年代末,我国就开展了卫星导航系统的研制工作。1967年,中国海军基于海上舰只特别是潜艇导航定位的要求,提出了发展导航卫星的建议。1968年5月,担任中国空间技术研究院院长刚满3个月的钱学森主持制定了空间技术研究院《人造卫星、宇宙飞船十年发展规划(草案)》。海军提出的发展导航卫星的建议在这份规划草案中得到了很好的体现。该规划草案写道:根据我国的电子技术基础,首先发展超短波导航卫星,以满足远洋舰艇的需要。然后,在超长波导航可行性试验成功的基础上,从我国的实情出发,独创地研制出超长波导航卫星,满足导弹核潜艇的导航需要。"灯塔一号"卫星为海上舰船、核艇导航;"灯塔二号"卫星为水下舰艇导航,解决美苏都不能解决的技术难题;于1971年,初步研制成功供全球导航的导航卫星。

但是,海军1968年7月在呈报给中央军委的《关于研制和建设对潜艇指挥通信、导航系统事》的报告中提到,卫星通信和导航要能实现全球性、全天候、高精度、高速度、高可靠和不间断的工作;并且明确要求1972年完成卫星微波通信、卫星导航系统的建设,1974年完成超长波通信、导航系统的建设。当月9日,国防科委即指示中国空间技术研究院根据海军的需求尽快完成导航卫星研制方案的论证工作。钱学森对此十分重视,迅速组织人员就此展开研究论证。

1969年1月6日至2月11日,海军司令部受国防科委委托,在天津召开了"关于卫星导航战术使用要求论证会议"。会上,海军除强调了发展中国卫星导航系统的必要性和迫切性之外,还提出了具体的战术使用要求。经过充分讨论,会议认为,由于技术难度太大,近期内无法使用卫星解决潜艇部队的水下导航问题。不过,可以先发展水面卫星导航系统,解决海军和一般用户的急需。3月13日,国防科委确定导航卫星工程代号为"691"。钱学森、常勇亲自安排,抽调相关单位技术人员组成总体论证队伍,由孙家栋主持水面导航系统方案论证。

1969年七、八月间,中国空间技术研究院研究确定,卫星导航覆盖区为南、北纬80°,连续工作寿命为1.5年—2年,轨道近地点高度为1000千米,重量小于200千克,用3颗星组成卫星网。导航系统采用双频多普勒体制,这种全被动式的导航系统具有较高的导航精度,能够满足用户的要求,且国内具有一定的技术基础。

关于导航卫星的研制技术途径,研究论证人员于1970年初提出了两种思路。一种思路是分两步走:第一步,利用现成的"东方红一号"卫星备份星,拿掉短波发射机、《东方红》乐音装置等仪器,换上双频测速导航系统,快速研制出一颗试验导航卫星;第二步,边试验、边研制应用导航卫星。另一种思路是一步走,不经过试验导航卫星阶段,直接按照海军等用户要求研制应用卫星,这样可

以减少投入,缩短研制周期。钱学森认为,搞卫星和搞火箭一样都要按研制程序办事,按部就班地循序渐进。因此,他主张先搞试验星,然后再搞应用星,即采纳两步走建议。

1970年11月,国防科委召开了"三星一船"(导航卫星、侦察卫星、通信卫星和载人飞船)方案论证会。已出任国防科委副主任的钱学森对导航卫星的技术方案进行了深入细致的审查。他建议,将我国导航卫星正式命名为"灯塔一号"。此命名后经批准于1972年3月4日正式启用。

"灯塔一号"卫星方案论证结束后,随即进入工程研制阶段,并于1973年列入国家计划。1977年4月,"灯塔一号"初样卫星达到了设计要求,6月转入模样研制阶段,9月进入正样研制阶段。遗憾的是,由于卫星的导航技术不够先进,国家财力难以继续支撑以及美国子午仪卫星导航系统已向民用市场开放等原因,国防科委宣布,于1980年12月31日撤消"灯塔一号"卫星的研制任务。这样,从1968年年底开始研究、历时12年的卫星导航系统研制计划被迫终止。不过,"灯塔一号"卫星虽然中途下马,成为我国卫星发展史上唯一一个没有上天的卫星型号,但它作为我国导航卫星的先驱,仍为后续导航卫星的研制积累了不少经验。

随着国民经济和航天技术的发展,国防科工委测量通信总体研究所负责人陈芳允和其合作者于1983年提出了利用两颗同步定点卫星进行定位导航的设想。基于双星定位的导航系统由两颗在经度上相差一定距离(角度)的静止卫星、一个运行控制主地面站和若干个地面用户站组成。主地面站发信号经过两颗同步定点卫星到用户站;用户站接收到主地面站发来的信号后,即作出回答,回答信号经过这两颗卫星返回到主地面站。通过主站——两颗静止卫星——用户站之间的信号往返,可以测定用户站的位置。然后,主地面站将通过巨型高速计算机计算出的用户站位置信息经过卫星通知用户站。在此定位过程中,主地面站和用户站之间还可以互通简短的电文。尽管双星定位系统只是一个区域导航系统,且其性能无法同美国的全球卫星导航系统(GPS)相提并论,但对于无力进行巨额投资的我国来讲却是不错的选择。不过,这一方案当时并没有引起人们的高度重视。

1985年4月在南京紫金山天文台召开的测地会议上,陈芳允再次提出"双星定位通信系统"问题,并将这一系统与美国的GPS和苏联的格洛纳斯(GLO-NASS)卫星导航系统进行了比较。当时,总参测绘局副局长卜庆君和国防科工委司令部参谋范厚爽也在场。该月中旬,卜庆君曾应邀参加了在华盛顿举办的

"GPS全球定位系统国际运用研讨会"。在那次研讨会上,卜庆君获悉,GPS的编码分为军用和民用两种,必要时,美国军方可以采取措施,限制国内外民间用户使用GPS。于是,他回国就立即撰写了一份报告,提出对GPS的发展和应用要进行跟踪研究,同时还应努力发展中国自己的卫星导航系统。不过,对如何研制中国自己的卫星导航系统,他一时还没有理清头绪。听完陈芳允的报告后,他意识到可以从双星定位通信系统着手开展中国导航系统的研究。

回北京后,卜庆君向时任国防科工委副主任沈荣骏等汇报了自己的想法,并获得了支持。随后,卜庆君拜访了陈芳允,并和陈芳允一起组织了一次小型研讨会,深入讨论了双星定位通信系统的可行性问题。1986年3月,卜庆君起草报告请求国家启动双星定位通信系统的研究。一个月后,有关部门就双星定位通信系统的研究立项问题召开会议,深入交换了意见。一开始,反对立项的人居多,经过充分交流,甚至是激烈的争论,最终,多数与会者表示有必要从国家战略和国家安全的角度出发来认识自主研制导航系统的重要性。这样,陈芳允提出的"双星定位通信系统"终于在1986年作为预研项目获准立项。

1989年9月25日,在国防科工委司令部测绘部的组织领导下,总参测绘局、成都电子部十所、计量科学院等单位在北京联合进行了双星定位通信系统的功能演示。北京某地的用户设备利用我国定点于赤道上空东经87.5°和110.5°的两颗通信卫星进行试验,经计算机处理参数,一秒钟后显示屏上就出现了这个用户的精确地理位置,与档案记载的误差在20米以内。这次功能演示不仅定位精度高,而且系统还可以进行简单的报文通信和时间发播。这是世界上第一次利用两颗卫星实现地面目标快速定位、通信和定时一体化的尝试。

1993年,双星定位通信系统的前期预研与论证工作基本完成,但要立项转入工程研制阶段还有很多工作要做。当时,载人航天工程刚刚启动,囿于财力,国家很难再支撑一个耗资甚巨的航天项目。因此,双星定位通信系统申请国家立项时遇到了经费不足的难题。恰巧中国另外两个卫星计划此时已经启动,且这两个卫星计划分别有一颗备份星指标。经过协调,这两个卫星计划的备份星指标最终挪给了卫星导航项目。这样,双星定位通信系统立项之初就不再需要单独划拨巨资。经过这一番努力,双星定位通信系统终于被列入国家"九五"计划,开始工程研制,代号为"北斗一号"。

"北斗一号"卫星刚启动就遇到了一个难题。承担导航卫星设计工作的中国空间技术研究院因需要优先确保神舟飞船研究力量的投入,故有关部门希望

第一章 中国航天事业的发展成就

将"北斗一号"卫星的研制工作迁往上海的航天八院,以减轻空间技术研究院的压力。而如果迁往八院,"北斗一号"卫星的研制工作基本上需要从头再来。已升任总参测绘局局长的卜庆君得知这一消息后,向时任解放军副总参谋长曹刚川力陈迁址之弊,最终使迁往八院的计划没有付诸实施。

"北斗一号"卫星研制团队一开始为自己定出的目标是"保八争七",即第一颗卫星保证在1998年发射入轨,争取提前到1997年。但研制工作远比最初设想的要复杂,以致直到2000年10月31日,"北斗一号"第一颗卫星才在西昌卫星发射中心发射升空,11月6日成功定点。同年12月21日,"北斗一号"第二颗卫星也在西昌卫星发射中心使用长征三号甲火箭发射升空,12月26日成功定点。这颗卫星与先前发射的第一颗卫星一起,构成了北斗卫星导航试验系统。它是我国自主研制的第一代卫星导航系统。2003年5月25日,我国又在西昌卫星发射中心使用长征三号甲火箭将第三颗"北斗一号"卫星成功地送入太空。这次发射的是北斗导航系统的备份星。

从2000年末开始,经过近3年的调试、测试和试运营,我国第一代卫星导航系统于2003年12月15日正式开通运行,成为继美国的GPS和俄罗斯的格洛纳斯系统之后,全球第三个建成并投入使用的卫星导航系统。

北斗卫星导航试验系统的建立,对推动我国国防和国民经济建设发挥了重要作用。2008年汶川地震时,重灾区的通信一度中断。救援部队持北斗终端设备进入灾区,利用其短报文功能突破通信盲点,及时与外界取得了联系。同时,管理中心则通过位置报告功能,随时掌握着每一个终端所处的位置。此外,该系统还被广泛地应用于水利电力、海洋渔业、交通运输、国土测绘、气象预报、减灾救灾和公共安全等领域,牵引促进了电子、通信、机械制造、地理信息等相关产业和信息服务业的发展,产生了显著的经济和社会效益。重要的是,"北斗一号"是我国独立自主建立的卫星导航系统,它的问世打破了美、俄在卫星导航领域的垄断,解决了中国自主卫星导航系统的有无问题,并为下一代卫星导航系统的建设奠定了重要的技术基础。

2. 北斗二代卫星导航系统

虽然北斗卫星导航试验系统投资少,见效快,但它也存在不少弱点:① 定位精度低。采用双星定位的北斗卫星导航试验系统只能提供二维空间的定位,所在位置的高度值需要利用地面控制中心的数值地图资料库或用户自备的测高仪求得。若地面控制中心数值地图数据库中的数据不够准确,那么定位出的三维坐标数据就会有问题。因国外的地理精确数据很难拿得到,故目前定位精度在标校区内可达 20 米,非标校区内只能达到 100 米。② 定位速度慢。北斗卫星导航试验系统用户的定位申请要送回地面控制中心,经由中心控制系统计算出用户的三维位置资料之后再发回用户。信号经过两次上下行链路的传送,加上中心控制系统的计算时间,整个定位时间约需 1 秒钟。1 秒钟的定位时间对飞机、导弹这种高速运动的物体会产生相当大的定位误差。因此,北斗一代系统目前只能为船舶、车辆等慢速运动的用户提供服务。③ 不适合军用。由于北斗卫星导航试验系统采用有源定位方式,用户终端机工作时必须发送无线电信号,也就是说无法保持无线电静默。这样,很容易被敌方无线电侦测设备发现。因此,不适合需要高度保密的军队用户使用。④ 接收机体积过大。北斗卫星导航试验系统使用的卫星是同步轨道卫星,离地比较远,这意味着落地信号功率很小,用户机需要安装较大天线才能接收到信号。而且因采用有源应答,用户机需要安装信号发射装置,以致用户机的体积、重量、耗电量比较大,价格也比较贵。有鉴如此,我国在建设第一代北斗卫星导航系统的同时,就开始了第二代北斗卫星导航系统的论证工作,但工程立项则是 2003 年伊拉克战争爆发之后的事。

2003 年 3 月 20 日,伊拉克战争爆发。依靠 GPS 精确定位,美军轰炸机投出的炸弹和从舰艇发射的导弹几乎无一不准确命中伊拉克境内的目标。但是其北约盟友,如英国、法国等派出的军队却享受不到 GPS 的精确定位优惠。美国自己使用的是精度为 1 米的军用 GPS,而供给各国使用的却是精度为 10 米的民用 GPS,这极大地刺激了欧洲各国。当时,主张建立"多极化世界"的欧洲各国已于一年前,即 2002 年启动了"伽利略"全球卫星导航计划。在此之后,已深深感受到"单极世界"威胁的欧盟开始正式"邀请"中国加入全球卫星导航系统,以加快"伽利略"计划的推进步伐。

在伊拉克战争期间,中国也受到了美国的强烈刺激。战争期间,中国中远公司的一条远洋货轮,通过马六甲海峡驶入印度洋后,被美国舰船拦阻,要求停船接受检查。中国货轮不肯接受美国的这一无理要求,继续行驶,但不久后发现船用 GPS 失效了,船不得不停了下来。当时,船长以为是 GPS 出了故障,后来才明白是美国海军对中国货轮 GPS 进行了局部屏蔽。其实,1996 年台海危机期间我军出海演习时也出现过民用 GPS 信号被一时关闭的情况。很明显,如果中国的军事装备和通信联络过度依赖美国的 GPS,战时很有可能会发生灾难性的悲剧。既然欧洲对美国的 GPS 都不放心,中国就更没有理由相信美国的 GPS。而当时,中国的北斗卫星导航试验系统只是一个不适合军用的区域性导航系统;俄罗斯的格洛纳斯系统因年久失修,已不具备与 GPS 一比高下的能力。在这种情况下,中国政府决定采用"两条腿"走路:一方面接受欧盟的邀请,加入"伽利略"计划;另一方面研制自己的第二代北斗卫星导航系统。

2003 年 10 月,根据国务院授权,科技部代表中国政府与欧盟签署了《中华人民共和国和欧洲共同体及其成员国关于民用全球卫星导航系统伽利略计划合作协定》。中国承诺投资 2 亿欧元,其中,三分之一由政府投资,该笔资金签约后不久就打到了欧方账户,主要用于支持系统研发阶段的工作;三分之二为企业投资,主要支持系统部署阶段的工作。

2004 年 8 月,国务院、中央军委批准第二代卫星导航系统的一期工程("北斗二号"区域卫星导航系统)立项,并成立了以总装备部为组长单位、国防科工委为副组长单位及其它部委组成的工程领导小组,加强对"北斗二号"工程建设的集中统一领导,同时在总装备部设立了"北斗二号"卫星工程办公室,具体负责组织管理工作。

欧盟与中国合作推进"伽利略"计划,本来是一件对双方都有利的好事。中国政府虽然批准第二代卫星导航系统一期工程立项,但一开始就将其定位为区域卫星导航系统,给"伽利略"计划预留下了很大的发展空间。但是,欧洲的亲美政治人物自 2005 年起陆续上台后,开始亲近美国,排挤中国。中国不但进不了"伽利略"计划的决策机构,甚至在技术合作开发上也被欧洲航天局故意设置的障碍所阻挡,这令投入了巨额资金的中国大为不满。在此背景下,中国不得不把注意力投向自己的北斗系统。

2006 年,中国政府将第二代卫星导航系统确定为《国家中长期科学和技术发展规划纲要(2006 年—2020 年)》的 16 项科技重大专项之一,并明确"北斗二号"卫星导航系统是第二代卫星导航系统专项的组成部分。2006 年 9 月,国务院批复成立了"中国第二代卫星导航系统"重大专项领导小组,明确总装备部为组长单位,成员单位包括国防科工委、科技部、发展改革委、财政部、总参谋部、信息产业部、交通部、中科院、教育部等。根据国务院文件要求,总装设立了"第二代卫星导航系统专项管理办公室",明确专项管理办公室暨"北斗二号"卫星工程办公室,归口管理国家和军队卫星导航领域工作,对外以中国卫星导航工程中心名义开展工作。

2006年11月2日，新华社受权发布：中国已经开始建设拥有自主知识产权的全球卫星导航系统——"北斗二号"卫星导航系统。中国正在建设的"北斗二号"卫星导航系统空间段由5颗静止轨道卫星和30颗非静止轨道卫星组成，提供两种服务方式，即开放服务和授权服务。开放服务是在服务区免费提供定位、测速和授时服务，定位精度为10米，授时精度为50纳秒，测速精度为0.2米/秒。授权服务是向授权用户提供更安全的定位、测速、授时和通信服务以及系统完好性信息。中国计划2007年年初发射两颗北斗导航卫星，2008年左右满足中国及周边地区用户对卫星导航系统的需求，并进行系统组网和试验，逐步扩展为全球卫星导航系统。新华社受权发布的这条消息等于向世界正式宣告：中国将走自己的路，依靠自己的力量建设第二代卫星导航系统。尽管如此，中国第二代卫星导航系统的建设进度还是因"伽利略"计划的影响而延误了数年。

2007年4月14日，中国在西昌卫星发射中心用长征三号甲火箭成功地将首颗北斗二代导航卫星送入中高轨道。这颗试验用二代导航卫星的成功发射，标志着我国自行研制的北斗卫星导航系统进入了新的发展建设阶段。这次发射的卫星和用于发射的长征三号甲火箭分别由中国航天科技集团公司所属中国空间技术研究院和中国运载火箭技术研究院研制。

2009年4月15日，第二颗北斗二代导航卫星也被成功地送入预定的地球静止轨道。不幸的是，改进后的"东方红三号甲"平台出现故障，导致2号卫星失控。后经抢救，2号卫星一度"复生"，但不久后又再次失控。

2010年，北斗系列卫星连续密集发射，一共增加了5位"新成员"。当2011年4月10日第8颗北斗二代导航卫星入轨后，北斗卫星区域导航系统形成了由3颗同步静止轨道卫星和3颗倾斜同步轨道卫星组成的"3+3"星座构型，具备了向我国大部分地区提供初始服务的能力。随着2011年7月27日和12月2日，第9、第10颗北斗二代导航卫星"落户"倾斜同步轨道，更是有效地提高了系统的可靠性和稳定性。2011年12月27日，北斗卫星导航系统新闻发言人宣布，该系统开始试运行，向中国及周边地区提供连续的、免费的导航定位和授时服务。

2012年，北斗卫星区域导航系统再次迎来密集发射期。随着2012年10月25日第16颗北斗二代导航卫星的成功发射，北斗卫星区域导航系统完成了所有卫星发射任务。至此，系统空间段由5颗地球静止轨道卫星、5颗倾斜地球同步轨道卫星和4颗中轨道卫星组成星座，标志着我国全面完成区域导航系统建设，形成了覆盖亚太大部分地区的服务能力。

在北斗导航系统的建设中,中国空间技术研究院研制团队坚持自主创新,攻克了10多项关键技术,填补了数十项技术空白。针对卫星在轨运行时暴露出的问题,参试人员按照"举一反三"的原则,不断对后续卫星进行改进。一方面对单星技术加以完善,包括加强卫星的稳定性、可靠性、抗干扰能力,延长其寿命等;另一方面也对系统进行了改进,包括规范运行管理、优化信号处理等。

通过一次又一次地攻坚克难,北斗团队逐步探索出了一条科学组织航天器组批研制生产的新模式,为北斗卫星导航系统的建设和今后的可持续发展奠定了坚实的技术基础。同时,北斗卫星导航系统凭借其独有的导航、通信相结合的服务特色,在各个领域得到了广泛应用,实现了"边建设、边发展、边应用"的良好局面。此外,经过十几年来的工程实践,大量的工程管理和技术人员得到了锻炼,一个以中青年人为骨干的航天器工程研制生产和航天技术应用人才队伍活跃在导航卫星研制和应用的舞台,为卫星导航系统的未来发展提供了雄厚的人才保障。

按照"三步走"战略,下一步我国将突破以星座组网、高精度时空基准、星座自主运行为主要特征的关键技术,发射多颗导航卫星,于2020年建成北斗卫星全球导航系统。届时,北斗导航系统服务范围将覆盖全球,导航定位精度、系统安全性能继续提高,短报文通信功能也将进一步改善。

四、嫦娥探月工程的推进

进入20世纪五六十年代,随着人类航天技术的进步,对月球进行各种形式的探测成为可能。1959年到1976年间,美、苏两国先后发射了83个不同类型的月球探测器,将两国之间的太空争霸推向高潮。特别是美国的"阿波罗"登月计划,实现了人类登上月球的梦想。

通过全世界科学家的共同努力,人类对月球有了更为深入的认识。月球拥有储量丰富的氦-3等资源,对人类能源供应具有巨大的潜在价值。此外,月球还有储量丰富的铁、钛等金属矿藏。月球探测技术不仅能挖掘珍贵资源,还能带动系列技术的突破。

1. 中国开展探月工程的重要意义

美、苏两国早于1959年就发射了一些月球探测器,美国人更是在1969年就将航天员送到了月球上。时隔40多年,中国人为何还要实施探月?作为发展中大国和主要航天国家,开展月球探测工程于中国而言具有经济、科技和国家发展的战略意义。

第一,与实施载人航天工程一样,月球探测工程是一个国家综合国力的体现,是航天技术发展水平的象征,是提升国家地位的载体,是一个国家科学技术发展水平的重要标志。近年间,随着探测技术的新发展和月球资源的新发现,月球探测再度成为人类航天深空探测活动的重点和热点。经过几十年的发展,中国已经在人造卫星发射和载人航天技术领域里取得了重大突破,适时开展以探月工程为起点的深空探测,是中国航天事业有所创新、持续发展的重大举措,是继成功研制和发射一系列应用卫星和突破载人航天技术后,中国航天活动的第三个里程碑,是中国航天活动的必然选择。

第二,月球探测工程是维护中国月球权益的需要。尽管联合国在1984年通过的《指导各国在月球和其它天体上活动的协定》(简称《月球条约》)中规定,月球及其自然资源是人类的共同财产,任何国家、团体不得据为己有。但是,随着当前主要航天国家和组织正加紧实施月球探测计划,作为联合国外空委员会的成员国,中国只有开展月球探测并取得一定成果,才具有分享开发月球权益的实力,才能维护中国合法的月球权益。

第三,月球探测工程是促进中国基础科学和高科技发展的孵化器。月球探测工程是一项多学科高技术集成的系统工程,带动信息技术、微机电技术、光电子技术、机器人、人工智能、遥感科学等学科的创新与发展,产生巨大的经济价值。美国与苏联正是通过月球探测,形成了一大批高科技工业群体,包括微电子、计算机、遥感、遥测与遥控、微波雷达等,产生了显著的社会经济效益。据不完全统计,从"阿波罗"计划派生出了大约3000多种应用技术成果。在登月后的短短几年内,这些应用技术就取得了巨大的效益——在登月计划中每投入1美元就可获得4美元—5美元的产出。

第四,月球探测工程将为中国乃至全人类开发利用月球资源做准备。人类已取得的月球探测成果表明,月球上特有的能源和矿产,是对地球资源的重要补充和储备。比如,据初步估算,月球上蕴藏的氦-3大约为100万吨—500万吨,可供人类使用一万年以上。目前的核聚变研究,主要以氘和氚为原料,但因氘氚反应产生大量中子,中子具有放射性,容易污染环境,也会影响人体健康,而氦-3是氦的同位素,能在核聚变反应中释放巨大能量,而且几乎不产生放射性污染,被认为是21世纪人类社会的完美能源。另外,由于月球上太阳辐射强,每年可产生12亿千瓦的能量,因此,在月球建立太阳能发电站也可能成为人类获取新能源的途径之一。同时,利用月球具有高真空、低重力的特殊环境,既能生产特殊强度、塑性等性能优良的合金和钢材,还能生产诸如超高纯金属、单晶硅、光衰减率低的光导纤维和高纯度药品等。因此,月球资源的开发利用将对中国乃至世界的可持续发展产生深远影响。

2. 探月工程的"三步走"战略

根据我国科学技术进步水平、综合国力和国家整体发展战略,参考美国"重返月球"的战略目标和实施计划,近期(2005年—2020年)我国的月球探测战略以不载人月球探测为宗旨,分为"绕、落、回"三个发展阶段。

第一阶段(绕):环月探测。研制和发射我国第一个月球探测器——月球探测卫星,对月球进行全球性、整体性与综合性探测。主要目标是:获取月球三维立体图像;勘察月球重要矿产资源的分布特点与规律;勘测月壤的厚度与估算核聚变发电燃料氦-3的分布与资源量;探测地月空间环境;并对月球表面的环境、地貌、地形、地质构造与物理场进行探测。

第二阶段(落):月面探测器软着陆与月球车月面巡视勘察。发射月球软着陆器,试验月球软着陆和月球车技术,就地勘测月球资源,开展月基天文观测,并为月球基地的选择提供基础数据。

第三阶段(回):月面软着陆与采样返回。发射月球软着陆器,对着陆区的地形、地质构造、岩石类型、月壤剖面、月球内部结构等进行探测;发射小型采样返回舱,采集关键性月球样品返回地球。

通过环月卫星探测,月面软着陆探测与月球车勘察,月面软着陆探测与采样返回的实施,为月球基地的选择提供基础数据,为载人登月和月球基地建设积累经验和技术。我国在基本完成不载人月球探测任务后,根据当时国际上月球探测发展情况和我国的国情国力,择机实施载人登月探测。

就目前探月工程发展现状,中国第一期的"绕月"工程顺利实施,成功研制和发射了月球卫星——"嫦娥一号"和"嫦娥二号",并即将发射"嫦娥三号"月球探测器。中国探月二期的"落月"工程已经启动,目前科研人员开始了技术攻关,加紧月球车、着陆探测器和巡视探测器的研制、试验工作,预计在2013年完成。中国探月三期工程计划在2017年左右实现"回"的目标。

3. "嫦娥一号"

2004年1月,以"嫦娥"命名的中国月球探测工程正式启动。"嫦娥一号"

是我国首发的绕月卫星,由卫星平台和有效载荷两大部分组成,以中国已成熟的"东方红三号"卫星平台为基础进行研制,并充分继承"资源二号"卫星、"中巴地球资源卫星"等现有成熟技术和产品,接受适应性改造。

2003年年底,"嫦娥一号"卫星完成初样初步设计工作。2004年,"嫦娥一号"卫星各分系统转入初样研制阶段。在历时20个月的初样研制过程中,"嫦娥一号"卫星研制队伍先后完成了初样结构/热控星和电性星的投产和验收、结构星力学试验、热控星热平衡试验、电性星电性能综合测试、卫星与地面测控系统及地面应用系统对接试验,同时还完成了专项试验、关键技术攻关、软件研制、正样技术状态协调确定,以及鉴定件研制和试验等工作。着眼于卫星所担负的使命,研制人员从元器件、原材料做起,攻克了一个个难关,完成了卫星初样阶段的研制任务,明确了正样产品的技术状态。

2005年12月,"嫦娥一号"卫星转入正样研制阶段。在历时13个月的正样研制过程中,各分系统进行了产品研制和试验、正样设计复核复算;进行了卫星的部装、总装、电性能综合测试、环境试验和可靠性增长测试工作;分别完成了与地面测控系统、地面应用系统和运载火箭系统对接试验;开展了与北京指控中心的飞控协调。

2007年2月,上级机关要求将"嫦娥一号"卫星的发射窗口调整到2007年10月24日。由于卫星发射窗口的变化,卫星研制队伍组织完成了新窗口条件下的综合论证,并重点在卫星可靠性增长、飞控准备、质量复查等方面开展工作。从正式立项起到研制全过程仅用了33个月。作为一个包含大量自主创新的全新航天器,"嫦娥一号"卫星首飞成功,且在如此短的时间内完成,这在航天器研制历史上是少有的。

"嫦娥一号"卫星最终于2007年10月24日,在中国西昌卫星发射中心由长征三号甲火箭发射升空,在11月7日成功进入环月轨道,发回大量科学探测数据。与2000年后发射和各国宣布将发射的月球环绕探测器相比,"嫦娥一号"卫星发射质量在干重比例、载荷与干重比、能源系统和工作寿命等指标上都达到国际同类水平。"嫦娥一号"卫星导航、制导与控制的能力和精度、无深空大天线支持条件下远距离测控精度、热控水平等,均达到国际先进水平。

与地球卫星不同的是,"嫦娥一号"卫星必须解决轨道设计、推进系统的设计、制导导航与控制设计、热控设计、月食问题、电源系统设计、测控问题、有效载荷的研制、数据反演问题、地面验证等诸多新问题。由于我国在海外无测控站,而多体运动关系决定的飞行过程使"嫦娥一号"卫星在一些特定的时段处于测控不可见弧段内,为确保卫星的安全,需要卫星及各分系统具有较高的智能和良好的自主性。

"嫦娥一号"卫星研制队伍为此做出了许多努力,取得了一系列具有自主知识产权的新技术。"嫦娥一号"卫星的技术创新可概括为 12 个方面,包括总体优化设计,轨道设计,制导、导航与控制,热控设计,远距离测控通信,大角度机械扫描定向天线,整星自主管理,有效载荷,供配电,推进,结构设计,综合测试设计。初步统计,"嫦娥一号"整星和各分系统创新点 44 项,截至 2008 年年底,该卫星及各分系统已经申请受理的专利 20 项,正在申请专利 37 项,以后还将梳理并申报更多专利项目。这些相关技术的突破为以后的深空探测打下了良好的基础。

图 1-32　2007 年 10 月 24 日,长征三号甲火箭发射"嫦娥一号"卫星

4. "嫦娥二号"

继"嫦娥一号"卫星在 2007 年 10 月 24 日成功发射并完成一年"绕月"使命后,"嫦娥二号"卫星经国务院批准,经过技术改造,从原为探月工程一期的备份星成为探月工程二期的技术先导星。根据卫星系统组成,提出新增卫星 X 频段信号转发需求,并突破了复杂电磁环境条件下多路不同频段的射频信号转发等难点。在任务准备期间,综合运用了加注系统故障诊断与优化技术、大型行走机构检修检测与恢复技术、导流槽损伤检测与加固技术等新技术,进一步提高了发射工位的安全性和可靠性,为托起"嫦娥二号"卫星创造了条件。

"嫦娥二号"卫星任务于 2008 年 10 月,经国务院批准组织实施,并在科研人员的艰苦努力下,顺利完成研制工作。"嫦娥二号"卫星于 2010 年 10 月 1 日 18 时 59 分 57 秒,在中国西昌卫星发射中心,由长征三号丙火箭成功发射,直接进入奔月轨道并成功进入 100 千米极轨环月工作轨道。

2010 年 10 月 24 日 16 时 49 分,"嫦娥二号"卫星搭载的 CCD 立体相机首

图 1-33　2010 年 10 月 1 日，在"嫦娥二号"发射现场合影（左起：严俊、李洪、陈求发、孙家栋、吴伟仁、龙乐豪）

次进行开机工作，并成功获取了月表的影像数据。按照"嫦娥二号"卫星任务科学探测计划，直至 2011 年 5 月 20 日，中国先后获取了 607 轨 100 千米高度和 15 千米高度的月球影像数据。在此基础上，经过科研人员半年艰苦细致的工作，7 米分辨率月球全影像图的制作圆满完成。与"嫦娥一号"卫星获得的全月球影像图 120 米的分辨率相比，"嫦娥二号"卫星提高了 17 倍，可以清晰展示月球撞击坑边缘的细纹，让人领略月球更加美丽的形貌。目前，国际上除中国外，还没有其它国家获得和发布过优于 7 米分辨率且 100% 覆盖全月球表面的全月球影像图。

总而言之，"嫦娥二号"卫星实现了几个第一：一是在国际上首次实现从月球轨道出发飞往日地拉格朗日点；二是在深空导航与测控通信方面，突破了卫星脱离月球的轨道设计与飞行控制技术，首次实现了中国航天飞行从 40 万千米到 170 万千米的跨越；三是首次实现中国航天活动一次发射进行多目标、多任务探测，为我国开展空间环境探测和工程技术试验迈出了新步伐。

5. "嫦娥三号"

作为二期先导星的"嫦娥二号"卫星已超额完成任务，二期工程的"嫦娥三号"月球探测器主要承担的任务是"落"，而且将首次实现中国探测器在地外天体着陆。为实现这一全新任务，"嫦娥三号"月球探测器研制过程必须攻克一系列新技术，如着陆控制技术、月面环境适应技术等。为此，研制了大量的新产品，如"嫦娥三号"月球探测器用的变推力发动机、着陆导航敏感器等；进行了许多新的试验,如着陆悬停下降试验,巡视器内外场试验等;建设了一些新的试验设施,如着陆试验场、巡视器试验场、发动机试车台等。目前,已经完成各型试验用探测器的总装,正在进行着陆器的下降试验、巡视器的内外场试验、变推力发动机可靠性试车等试验验证工作。

以上嫦娥系列卫星都是围绕着中国探月一期工程而展开的,它们都是"绕月"工程中至为关键的探测器。而以月球车和着陆器为探测器的探月二期工程目前正处于攻坚阶段。如果说研制月球卫星是一个有大量的卫星成功研制案例为基础的技术性改良工作,那么研制月球车与着陆器则是一个技术难度更大、创新要求更高的工程。以月球车为例,按照计划,"落月"工程将会有一辆月球车在月球表面登陆,进行科学勘探。"我们研制团队负责研制的月球车已经在进行模拟试验",月球探测工程、"嫦娥一号"卫星系统总指挥兼总设计师叶培建说,"科研人员专门从长白山运来了火山灰与很多材料配合,模仿月壤的构成成分,设计出很多坑、石头,再将月球车挂起来,模仿月球的重力环境。此外,还把它拿到甘肃地区的大沙漠跑过,以保障长达14天无日照的能源供应问题。"另外,"落月"工程要求要选定一处较好的着陆场,也就是在月球上降落的地点。这个地方有一定的要求,一般来看,首先光照条件要好,阳光可以提供比较充足的能源;其次应该选择较平坦的地方。目前,已经初步选定了月球的五个地方来作为"落月"工程的备选着陆场。这五个着陆场的优先顺序也已基本排出来了。但是科研人员现在还侧重解决"落月"工程的各种技术问题,而像"嫦娥一号"卫星搭载播放乐曲这样的"浪漫"举措还没有考虑。

除了探月一期工程圆满实施和二期工程努力攻坚以外,由于三期工程计划已经全面展开,将实现采样返回,技术难度更大,作为探月三期工程的自动采样返回探测器现已进入方案设计阶段。探月三期工程的核心是要完成无人月球表面采样返回,目前科研人员正面临"取样、上升、对接、高速载入地球"等难题。三期工程总设计师胡浩曾言:"要在月球上采样,得靠自己的机械设备采样。采完样以后还要装回储藏器里边,还得密封,跟月球上状态保持一致,还要在月球上、没有人的情况下发射运载火箭。取样困难、上升困难、对接困难,载入不好对我们来讲也是一个考验。从第二步到第三步的跨越,我认为是比较大的。"

"嫦娥"奔月,将华夏子孙千年的梦想化为现实,但可以肯定的是,这仅仅是中国走向深空探索领域的第一步。

第五节　中国航天半个世纪的辉煌

我国航天事业自 1956 年创立以来,已经走过了半个多世纪的风雨历程。经过五十多年的发展和建设,我国的航天事业从无到有、从小到大,构建了专业齐全、功能配套、设施完备的航天科技工业体系,形成了独具特色的航天工程管理体制,掌握了一大批具有自主知识产权的核心技术,造就了一支技术精湛、作风优良的航天人才队伍,形成了具有鲜明时代特征的航天精神、"两弹一星"精神和载人航天精神,在世界高科技领域占有一席之地,有力地增强了我国的国防实力、科技实力、经济实力和民族凝聚力,为维护国家安全,带动科技进步,促进经济发展,推动社会进步和振奋民族精神作出了应有的贡献。

一、导弹技术跨入世界先进行列

中国航天经过了五十多年的不懈奋斗,导弹武器系统奠定了国家战略安全的基石,使我国拥有了有效的战略核威慑力量和防御反击能力,为维护世界和平、促进祖国统一做出了巨大贡献。

图 1-34　1999 年 10 月 1 日,国庆阅兵仪式

第一章 中国航天事业的发展成就

导弹武器系统研制起步于"1059"导弹仿制,从1960年发射第一枚导弹,1966年"两弹结合"试验,1980年向南太平洋海域发射试验取得圆满成功。战术导弹武器从近程、中远程到洲际,从单级到多级,从液体到固体,从陆上到水下,从固定阵地发射到隐蔽机动发射,从基本型到系列化,形成了功能齐全、完整配套的武器系列,实战能力、突防能力和精确打击能力显著增强,使我国拥有了有效的战略核威慑力量和防御反击能力。战略导弹武器系统位居国内主导地位,战术导弹武器系统具有一定的技术优势,常规武器军贸市场不断拓展。

1960年11月5日,我国仿制的第一枚近程导弹东风一号发射成功。当天晚上,在庆功宴上,聂荣臻高举斟满紫红色葡萄酒的酒杯,向试验基地的工程技术人员和全体干部战士敬酒。他说:"这次试验情况,我已经打电话报告了毛主席和周总理,他们听了都很高兴,要我代表他们向全体参试人员表示祝贺和谢意。同时,要求大家再接再厉,争取更大的胜利。"他接着说:"在祖国的地平线上,飞起了我国自己制造的第一枚导弹,这是我国军事装备史上的一个重要转折点。"这次发射试验的成功,表明中国已经初步掌握了导弹制造技术,同时坚定了我国依靠自身的力量发展导弹武器工业的信心。

1964年6月29日,东风二号导弹飞行试验首次取得成功,标志着我国已成功走上了导弹自行研制的道路,并已经初步掌握了导弹设计的基本理论与方法。1966年10月27日,东风二号甲导弹成功地进行了导弹、原子弹"两弹结合"试验,表明我国已具有战略威慑能力,有力地打破了美、苏两个超级大国的核垄断。1967年5月26日,东风三号中程导弹试验发射取得成功,改进后的东风三号导弹射程可达2500千米,标志着我国液体弹道导弹技术已开始走向成熟。从东风一号导弹到东风三号导弹,在十年左右的时间内,我国就建立起了具有一定战略威慑力的中近程导弹武器系统。

自1970年1月30日我国东风四号中远程导弹进行飞行试验取得成功之后,又经过不断改进,日臻成熟。1977年11月22日,东风四号导弹全程飞行试验取得圆满成功。1983年6月29日,国务院、中央军委批准东风四号导弹核武器定型。1988年8月6日,改进后的东风四号导弹核弹头定型。东风四号导弹的研制成功,对掌握多级火箭技术,发展远程运载火箭,发射人造地球卫星,开拓空间技术以及加强中国的战略核力量都起到了十分重要的作用。

1971年9月,我国自行研制的远程运载火箭进行了低弹道飞行试验。1977年9月,中央批准远程运载火箭于1980年进行全程试验。1980年5月18

图1-35 2009年10月1日,国庆阅兵仪式

日,远程运载火箭全程飞行试验取得圆满成功,准确溅落于太平洋上的预定海域。1981年12月7日,远程运载火箭又从地下井进行了高弹道飞行试验,并首次在制导系统中采用了误差修正方法。1986年12月16日,远程运载火箭经国务院、中央军委批准正式定型。自列装至今,远程运载火箭一直是我国洲际核打击力量的重要组成部分。

1982年10月12日,海军031号潜艇水下试验发射巨浪一号潜地导弹取得成功,标志着我国已成为世界上第五个掌握了水下发射弹道导弹技术的国家。1988年9月15日和27日,海军406号核动力潜艇两次水下试验发射巨浪一号导弹均取得圆满成功,第一代核潜艇潜地导弹定型试验至此全部结束。

20世纪90年代以后,特别是进入21世纪以来,我国在战术导弹武器研制方面也取得了辉煌的成就。目前形成了以防空导弹与高炮结合的地面防空武器系统,给解放军地面防空体系作战能力带来了显著提高;野战防空导弹、新型雷达和情报指挥系统的列装,逐步完善了以侦查预警、指挥控制、信息对抗、火力拦截于一体的防控作战体系,使我军对空防护能力显著增强;舰空导弹、反舰导弹和岸舰导弹在我国海军新型作战能力建设中发挥了重大作用,为构建与维护国家主权和海洋权益相适应的海上防卫体系做出重要贡献;空地导弹的列装使我军形成了远、中、近相衔接,高、中、低相结合的防空作战能力,为保障国家领空安全构筑起可靠的安全屏障;地空导弹是地面防空作战的主战力量,是防空作战体系的中坚力量,当前地空导弹武器装备完成了由单一型号向多型号转变,作战能力由单一防空向防空、反导兼备发展,使国土防空水平大幅提升;地地常规导弹能够全天候、全方位对多种任务目标实施精确打击;巡航导弹使打击样式和作战能力有了新飞跃、新突破;陆基巡航导弹航程远、精度高,能够低空飞行、隐蔽突防、连续突击,成为对敌实施中远程精确打击的一把利剑。

第一章 中国航天事业的发展成就

图1-36 2009年10月1日,国庆阅兵仪式

目前,我国导弹研制水平已跨入世界先进行列,并形成了"探索一代、预研一代、研制一代、生产一代"的协调发展格局,有力地增强了我军保卫国家主权、维护世界和平的能力,为奠定我国在国际舞台上的大国地位发挥了重要作用。

二、运载火箭技术跻身国际一流

半个多世纪以来,中国航天的运载火箭技术取得了长足的进步,先后自主研制出了10余种不同型号的长征系列运载火箭,形成了长征火箭系列型谱,具备了发射近地轨道、太阳同步轨道、地球同步转移轨道空间飞行器的运载能力。运载火箭的可靠性、安全性和发射成功率均达到了国际先进水平,并且成功地跻身国际商业卫星发射服务市场。

我国已建成酒泉、西昌、太原三个卫星发射中心,位于海南文昌的第四个卫星发射中心正在建设之中。1979年,远望一号航天测量船建成并投入使用,使我国成为世界上第四个拥有远洋航天测量船的国家。由北京航天指挥控制中心、西安卫星测控中心、酒泉、渭南、青岛、喀什、厦门等陆上综合测控站、四艘远望号远洋航天测量船构成的航天测控网,多次圆满地完成了卫星或飞船的发射测控任务,卫星的入轨精度和地球同步静止转移轨道卫星的定点精度都达到了国际先进水平。

经过半个多世纪的风雨洗礼,中国航天为后人留下了无数个永恒的瞬间,令炎黄子孙无不为之感动。

　　1970年4月24日21时35分,长征一号火箭在酒泉卫星发射中心将我国第一颗人造地球卫星"东方红一号"成功送入太空。中国成为继苏、美、法、日之后,世界上第五个能够独立研制并发射人造地球卫星的国家。

　　1975年11月26日11时30分,长征二号火箭在酒泉卫星发射中心成功发射我国第一颗返回式遥感卫星,三天后卫星返回并回收,标志着我国成为世界上第三个掌握卫星回收技术的国家。

　　1981年9月20日5时28分,风暴一号火箭在酒泉卫星发射中心一次将3颗空间探测卫星发射升空,使我国成为继美、苏之后的第三个具备一箭多星发射技术的国家。

　　1984年4月8日19时20分,长征三号火箭在西昌卫星发射中心将我国第一颗试验通信卫星发射升空,4月16日18时27分57秒,卫星成功定点于东经125°赤道上空。这标志着中国成为继苏、美、法、日之后的世界上第五个独立研制并发射地球同步转移轨道通信卫星的国家。

　　1988年9月7日北京夏令时5时30分,长征四号火箭在太原卫星发射中心发射我国第一颗气象卫星"风云一号"。卫星成功进入高度为901千米的太阳同步轨道,使中国成为世界上继美国、苏联之后的第三个独立发射太阳同步轨道气象卫星的国家。

　　1990年4月7日,长征三号火箭发射美国休斯公司研制的"亚洲一号"通信卫星获得成功,中国航天从此踏入国际商业卫星发射服务市场。

　　1992年8月14日7时12分,长征二号E火箭在西昌卫星发射中心顺利起飞,成功地把美国研制的澳大利亚"澳赛特B1"通信卫星送入预定轨道。长征二号E火箭的研制成功,是中国运载火箭技术的一次重要突破,使中国火箭低轨道运载能力达到世界先进水平。

　　1999年11月20日6时30分,第一枚长征二号F火箭搭载"神舟一号"飞船在酒泉卫星发射中心发射升空。起飞后约10分钟,飞船与火箭分离,进入预定轨道,环绕地球飞行14圈后,于11月21日3时43分成功返回地面,这是中国载人航天事业迈出的历史性一步,对突破载人航天技术具有重要意义。

　　2003年10月15日9时,长征二号F火箭在酒泉卫星发射中心成功发射"神舟五号"载人飞船,杨利伟成为中国首位进入太空的航天员。飞船环

绕地球飞行14圈后,于10月16日6时28分胜利回到祖国怀抱。这一成就使我国成为继俄罗斯、美国之后世界上第三个能够独立研制和发射载人飞船的国家。

2007年6月1日零时08分,长征三号甲遥十五运载火箭在西昌卫星发射中心成功发射,将"鑫诺三号"通信卫星送入太空,是长征系列运载火箭的第100次发射。中国也因此成为继美国、俄罗斯、法国之后第四个实现了运载火箭100次发射的国家。

2007年10月24日18时05分,长征三号甲火箭搭载"嫦娥一号"卫星在西昌卫星发射中心发射升空。"嫦娥一号"卫星发射成功,使中国成为世界上第五个发射月球探测器的国家。

2010年10月1日18时59分,长征三号丙火箭搭载"嫦娥二号"卫星在西昌卫星发射中心点火升空。起飞约26分钟后,星箭成功分离,发射宣告成功。与"嫦娥一号"卫星相比,此次发射直接将探测器送入了奔月轨道,大大减少了飞行器进行变轨操作的燃料消耗,延长了飞行器的使用寿命。

2011年4月10日,第八颗北斗导航卫星成功进入太空预定转移轨道,北斗区域卫星导航系统基本建设完成。9月29日,我国自主研制的"天宫一号"目标飞行器发射成功。11月1日,"神舟八号"飞船成功发射,3日与"天宫一号"成功实现首次无人交会对接,17日顺利返回着陆。

2012年6月16日18时37分,长征二号F遥九火箭在酒泉卫星发射中心将"神舟九号"飞船成功发射升空,"神舟九号"飞船与"天宫一号"载人交会对接任务圆满成功,实现了我国空间交会对接技术的又一重大突破,标志着我国载人航天工程第二步战略目标取得了具有决定性意义的重要进展。

2012年10月25日,长征三号丙火箭成功将第16颗北斗导航卫星送入预定轨道。这是我国二代北斗导航工程的最后一颗卫星,至此,我国北斗导航工程区域组网顺利完成,形成了覆盖亚太大部分地区的服务能力。

从1970年4月24日长征一号火箭成功发射"东方红一号"卫星至2012年11月16日,长征系列运载火箭已经完成了170次发射(其中中国运载火箭技术研究院发射125次),共发射了40余颗外星。在这170次发射中,第一个50次中的前25次发射用了20年的时间,后25次发射用了8年时间;而第二个50

次发射只用了9年的时间;第三个50次发射进一步缩短为3年多一点的时间。其中,从1996年10月到2011年8月,长征系列运载火箭创下了连续15年发射成功的世界纪录。

我国的长征系列运载火箭已经走过了从常规推进到低温推进、从串联到捆绑、从一箭单星到一箭多星、从发射卫星载荷到发射飞船的光辉历程,形成了较完备的运载火箭型谱,具备了发射低、中、高不同轨道、不同类型卫星的能力,成为我国具有自主知识产权和较强国际竞争力的高科技产品。运载火箭技术的巨大进步不仅有力地推动了中国航天运输系统的发展,而且有力地推动了我国应用卫星技术及卫星应用技术的发展,带动了我国载人航天的起步,同时对扩大我国航天领域对外合作,增强中国的科技实力、国防实力和民族凝聚力,发挥了不可低估的重要作用。

三、应用卫星实现了系列化发展

半个世纪以来,我国先后研制发射了150多颗不同类型的人造地球卫星,是世界上第三个掌握卫星回收技术的国家,第五个独立研制和发射地球同步转移轨道卫星的国家。我国研制的各类卫星实现了系列化、平台化发展,卫星的技术水平、应用水平逐步达到了国际先进水平。

目前,我国已初步形成了6个卫星系列,包括返回式遥感卫星系列、东方红通信广播卫星系列、风云气象卫星系列、实践科学探测与技术试验卫星系列、地球资源卫星系列和北斗导航定位卫星系列,建成了卫星通信广播、卫星气象观测、卫星普查和卫星导航等系统。各系列卫星特别是通信卫星、地球资源卫星和气象卫星投入使用后,工作稳定,性能良好,已广泛应用于经济、科技、文化和国防等各个方面,为我国国防现代化和国民经济建设发挥了重要作用。

1. 返回式遥感卫星系列

1975年11月26日,我国成功发射了第一颗返回式卫星。为了使卫星能安全返回地面,科研人员攻克了变轨、防热、减速和回收等技术难关,并且基本形成了返回式卫星公用平台。利用返回式卫星,我国获得了大量有价值的卫星遥感资料,这些资料已应用于资源调查、地图测绘、地质调查、铁路选线和考古研究等方面,取得了良好的应用效果。

1987年发射第9颗返回式卫星时,我国开始进行卫星搭载科学实验。到

第一章 中国航天事业的发展成就

目前为止,我国已为国内外用户进行了100多项微重力和太空环境条件下的材料和生命科学实验,其中包括中国科学院的砷化镓、法国的海藻生长和德国的蛋白质微重力实验,这些实验均取得了可喜的成果。

2. 东方红通信广播卫星系列

自1984年4月"东方红二号"地球静止轨道试验通信卫星成功发射和定点之后,我国又相继发射了"东方红二号甲"、"东方红三号"、"东方红四号"等多种不同类型的静止轨道通信广播卫星。这些通信广播卫星的发射,大大改善了我国的通信和广播电视传输条件,彻底改变了我国边远地区的通信落后状况,社会和经济效益十分明显。

2006年10月29日,"鑫诺二号"通信广播卫星在西昌卫星发射中心成功发射入轨。"鑫诺二号"是基于"东方红四号"卫星公用平台研制的首颗通信广播卫星,采用标准的广播卫星频段,设计寿命15年,在轨服务寿命12年。该星上载有22个大功率转发器,可同时支持200余套标准清晰度电视节目,在我国全境范围内均可使用0.45米天线接收到清晰的声音和图像。"鑫诺二号"投入使用,一方面为丰富人民群众的文化生活和解决广播电视的全人口覆盖提供了有力保障,另一方面,对于我国开拓航天国际市场,提高国家信息广播的能力及安全性、可靠性,开展电视直播业务等也具有重大意义。

3. 风云气象卫星系列

风云气象卫星系列包括三类气象卫星,即"风云一号"极轨气象卫星、"风云二号"地球静止轨道气象卫星和"风云三号"新一代极轨气象卫星。

"风云一号"卫星共发射了4颗,现已被2008年和2010年发射的两颗"风云三号"新一代极轨气象卫星所替代。"风云三号"卫星具有全球、全天候、立体、定量、多光谱遥感监测能力,实现了中国气象卫星从单一遥感成像到地球环境综合探测、从光学遥感到微波遥感、从千米级分辨率到百米级分辨率、从国内接收到极地接收的四大技术突破。

"风云二号"卫星是我国自行研制的第一代地球静止轨道气象卫星,与极地轨道气象卫星相辅相成,构成我国气象卫星应用体系。"风云二号"卫星由两颗试验卫星和三颗业务卫星组成,主要任务是获取白天可见光云图、昼夜红外云图和水气分布图,进行天气图传真广播,收集气象、水文和海洋等数据收集平台的气象监测数据,供国内外气象资料利用站接收利用。

风云系列气象卫星已成为全球对地观测业务卫星序列的重要成员,与欧美等国的气象卫星一起,形成了对地球大气、海洋和地表环境的全天候、立体、连续观测的卫星观测网,为我国参与国际合作、开展全球气候变化研究提供了有力的技术保证。

4. 实践科学探测与技术试验卫星系列

1971年3月,我国发射了"实践一号"科学实验卫星,卫星在太空正常运行8年多,远远超过了原设计寿命,这在20世纪60年代国外研制的卫星中是少有的。1981年9月,我国用一发运载火箭同时发射了"实践二号"、"实践二号甲"和"实践二号乙"3颗科学实验卫星。3颗卫星同时在太空运行,为我国积累了许多宝贵的试验数据和运行管理经验。1994年2月和1999年5月,我国又分别发射了两颗实践卫星。其中,"实践五号"是我国第一颗采用公用平台技术研制的小型应用卫星。

进入21世纪后,我国又相继发射了由两组4颗卫星组成的"实践六号"、"实践七号"、"实践八号"等卫星。2010年6月15日,我国在酒泉卫星发射中心用长征二号丁火箭成功地将"实践十二号"卫星送入太空。我国实践系列卫星主要承担着空间科学试验和卫星新技术试验的任务。通过不断的努力,星上探测仪器的技术水平和卫星平台的整体水平明显提高,有力地推动了我国空间技术的创新发展。

5. 资源卫星系列

1999年10月,中国、巴西联合研制的"资源一号"卫星成功发射入轨,星上装有5谱段CCD相机、4谱段红外多光谱扫描仪、2谱段宽视场成像仪等。这是中国第一颗高速传输式对地遥感卫星。它的发射,结束了中国没有陆地资源卫星的历史。2003年、2007年,中巴两国联合研制的"资源一号"02星、"资源一号"02B星又相继发射成功。"资源一号"卫星发射后运行正常,不到一个月就遍扫地球一次。其所传输的大量图像资料被广泛应用于农业、林业、水利、矿产、能源、测绘、环保等众多部门,获得了非常好的经济和社会效益。

2002年5月15日,我国"海洋一号"A卫星成功发射入轨。2007年4月11日,"海洋一号"A卫星的接替星——"海洋一号"B卫星也顺利发射升空。2011年8月16日,我国又成功地发射了一颗"海洋二号"卫星。"海洋一号"、"海洋二号"卫星的发射,为我国海洋生物资源的开发利用、海洋污染的监测与防治、海岸带资源的开发等发挥了非常重要的作用。

6. 北斗导航卫星系统

卫星导航系统是重要的空间信息基础设施。中国高度重视卫星导航系统

的建设,一直在努力探索和发展拥有自主知识产权的卫星导航系统。自2000年第一颗北斗卫星发射升空以来,我国先后发射了16颗北斗卫星。前4颗是"北斗一号"卫星,后来发射的12颗是"北斗二号"卫星。北斗卫星导航系统的建立,使我国成为继美、俄之后的世界上第三个拥有自主卫星导航系统的国家。

北斗卫星导航系统自2011年12月正式宣布提供试运行服务以来,系统运行稳定,服务性能不断提升。系统测试评估表明,北斗系统定位精度平面10米、高程15米,测速精度0.2米/秒,授时精度50纳秒。目前,北斗卫星导航系统的应用服务已逐步拓展到交通运输、气象、渔业、林业、电信、水利、测绘等领域,产生了显著的经济和社会效益。实际上,在正式提供试运行服务之前,北斗卫星导航系统在2008年北京奥运会、汶川抗震救灾中已经发挥了重要作用。2012年10月25日,随着第16颗北斗导航卫星进入预定轨道,我国北斗导航工程区域组网顺利完成,形成了覆盖亚太大部分地区的服务能力。

各类卫星系列的形成,不仅实现了外星的搭载、发射,而且实现了卫星的整星出口,实现了卫星、火箭、测控全线出口。实施卫星"走出去"战略,将进一步带动我国遥感卫星、运载火箭、地面应用、数据和图像处理等领域相关产业联动发展,对于拓展我国商业发射服务市场,巩固我国航天大国地位,推动国际航天高科技交流合作,具有重要而深远的意义。

四、载人航天取得了突破性进展

我国载人航天工程1992年启动以来,先后攻克了飞船总体技术、飞船制导控制技术、飞船推进技术、返回和再入技术、高可靠性和高安全性运载火箭技术等国际宇航界公认的技术难题,20余项技术达到国际先进水平。2003年10月15日至16日,我国首次载人航天飞行取得圆满成功,实现了中华民族的千年飞天梦想,使我国成为继苏联和美国之后,世界上第三个掌握载人航天技术的国家。

2012年6月16日,"神舟九号"飞船在酒泉卫星发射中心发射升空。这是长征系列火箭的第165次发射,也是神舟飞船的第四次载人飞行。6月18日"神舟九号"飞船与"天宫一号"实施自动交会对接,6月24日又与"天宫一号"实施了手动控制交会对接。2012年6月29日"神舟九号"飞船返回舱成功降落在位于内蒙古中部的主着陆场预定区域,三名中国航天员平安回家。"天宫一

中国航天事业发展的哲学思想

图 1-37　模拟航天员座椅提升试验

号"与"神舟九号"飞船载人交会对接任务的圆满成功,实现了我国空间交会对接技术的又一重大突破,标志着我国载人航天工程第二步战略目标取得了具有决定性意义的重要进展。

神舟飞船是我国自主研制的一种卫星式载人飞船,考虑到我国在运载火箭和返回式卫星方面已拥有相当坚实的技术基础和丰富的研制经验,在借鉴国外研制载人飞船的经验基础上,我国航天专家决定一步到位,一开始就从多人多舱的第三代载人飞船起步。

与国际上先进的飞船相比,我国自行设计的神舟飞船有着自己的独特优势。第一,起点高,能够容纳 3 人;第二,适用性强,可一船多用;第三,实用性强,可以实现人货合运;第四,舒适度高。神舟飞船返回舱容积是世界上已有的近地轨道飞船中最大的,内部设备更为先进,航天员能在一个较宽松的空间中工作与生活。这些设计特点,体现了我国载人飞船在设计上的中国特色和技术创新。

长征二号 F 火箭是我国第一种载人运载火箭,也是中国目前可靠性和安全性最高的火箭。为了使运载火箭达到高安全、高可靠的要求,我国航天专家解决了一系列技术难题,首次在国内火箭上采用了 55 项新技术,其中 10 项关键技术达到国际先进水平。比如,长征二号 F 火箭增加了故障检测处理系统和逃逸救生系统,控制系统增加了捷联的冗余控制系统,大大提高了火箭的安全性和可靠性。载人飞船和运载火箭首次采用了垂直总装、垂直测试、垂直整体运输的"三垂"模式和远距离测试发射技术,对于提高可靠性和安全性以及缩短发射时间起到了十分重要的作用。

载人航天工程技术改造的实施,成为了航天技术向前迈进的新的加速器。承担载人航天任务的单位,基础设施都得到了很大的提高和改善。众多大型试验设备更新换代,无数现代化的试验厂房拔地而起,使航天企业的软硬件条件得到跨越式提升。建成的北京空间研制试验中心,达到了世界一流飞行器研制

试验水平。以 KM6 飞行器真空试验设备、高空模拟试车台为代表的一大批建设项目,达到了国际先进水平,填补了国内同领域的空白。这些基建项目投入使用,为载人航天工程和航天科技工业的可持续发展打下了坚实的基础。

发展载人航天,建设空间站,是世界航天领域的一个重要内容。我国要保持和巩固世界上有重要影响的大国地位,加入这场人类迈出地球摇篮、飞向宇宙太空的行动中去,就要保持载人航天的可持续发展,确立我国在载人航天技术上应有的地位。早在 1992 年批准载人航天工程时,党中央就高瞻远瞩,明确了我国载人航天的发展蓝图,提出了我国载人航天分三步走的战略目标,为我国载人航天的发展指明了前进的方向。

按照中国载人航天工程三步走发展战略,在 2012 年完成无人和载人空间交会对接试验,突破和掌握飞行器空间交会对接技术后,后续任务规划是:第一,2016 年前,研制并发射空间

图 1-38 首次载人航天飞行动员会
(右起:许达哲、胡世祥、王永志)

实验室,突破和掌握空间站关键技术,开展一定规模的空间应用。第二,2020 年前后,研制并发射核心舱和实验舱,在轨组装成重量 60 吨级的载人空间站,突破和掌握载人空间站建造和运营技术,长期载人飞行技术,并开展较大规模的空间应用。

载人航天工程的推进,极大地增强了中华民族的自豪感和凝聚力,提升了我国的国际地位,增强了我国的经济实力、科技实力,对我航天事业和我国的可持续发展战略具有重大而深远的意义。

五、产业辐射范围连年不断增大

中国航天以服务国家经济社会发展和提高人民生活水平为己任,充分利用航天技术优势、人才优势和管理优势,加速发展航天技术应用产业和航天服务

业,形成了军民融合的发展格局。

中国航天科技集团公司经过多年的发展,在卫星应用、信息技术、新材料与新能源、航天特种技术应用、特种车辆及零部件、空间生物等重点领域,形成了军民融合的发展格局,向市场提供了卫星导航定位系统、卫星遥感应用系统、卫星转发器租赁、软件、工业控制计算机、太阳能电池、特种泵阀、风能发电系统、汽车空调系统等一批具有较高知名度的产品和服务。在卫星应用方面,包括卫星通信综合广播服务(上行站)、固定站卫星通信天线、"静中通"卫星通信天线、射频微波部件、"动中通"卫星通信天线、"动中通"卫星通信系统、"北斗"系列导航终端、卫星导航运营服务系统、卫星转发器租赁等。信息技术领域主要涉及惯性定位定向系统、钻井测斜仪、嵌入式一体化分布测控单元、工业控制计算机、红外热轴探测系统、动态公路检重系统、SCADA系统(监控及数据采集系统)。在新材料与新能源方面,产品主要有光伏发电产品及系统、大型风力发电机组、新型建材、缝编织物、光热发电产品及系统、飞机炭刹车盘、芳纶无纬布及制品、稀土电机等。汽车零部件及特种车辆方面包括自卸车、油井车底盘、垃圾转运车、汽车CAN总线系统、电动车辆等。此外,还包括航天特种技术应用,如废液、废气、垃圾焚烧炉、加热炉(有机热载体加热炉)、粉煤加压气化技术、立式高速泵、环境工程、烟尘监测仪、增雨防雹火箭、安全阀、卧式高速泵、振动试验设备、烟草行业自动控制及信息管理系统等。空间生物产品包括生物保健品、辅酶Q10。

中国航天科工集团公司依托航天防务技术优势,在信息技术方面,研制生产的雷达设备,其技术质量性能都处于国内一流水平,在气象观测、交通管制、精密测量等众多领域均有广泛的应用,并已建立起卫星应用产品研发、生产、销售和运营服务体系。产品主要包括气象雷达、相控阵跟踪测量雷达系列产品、数字式无线电经纬仪高空气象探测系统、边界层风廓线雷达、保障珠穆朗玛峰通信畅通、单脉冲精密跟踪测量雷达、VITE2.0虚拟仪器测试开发环境、机动式连续波精密跟踪测量雷达等。在装备制造方面,研制生产了油罐车、运钞车、机场加油车、深冷及耐强腐蚀车、高空作业车、重型平板车等130余种功能各异的特种车辆。拥有高效锂电池、特种加固件和紧固件、压力元件、特种磁材。主要产品有应急维修车、水上摩托艇、沙滩摩托车、垃圾装填车、大型平板运输车、机场加油车、环卫车系列、电源配电车等。另外,中国航天科工集团公司正在利用航天技术积极进军智能电网以及物联网等战略新兴产业领域,成果初步显现,还运用航天先进铸造焊接表面处理工艺和技术,制造了香港天坛大佛、南海三面观音等。

利用航天独特技术和优势资源,在信息、能源、广播电视、环境保护等行业和其它新兴产业中,中国航天培育出了很多符合国家产业政策并具有自主知识产权和广阔市场前景的经济增长点。随着产业辐射范围的不断扩大,中国航天正全方位、多领域的为中国国民经济建设贡献力量,其迅猛的发展速度显现出独具航天特色的军民融合经济效益特征和整体性竞争优势。下面的一个个项目代表了航天民用产业近年来大步前行的闪光足迹。

1. 卫星通信综合广播服务(上行站)

云岗地球站是我国第一颗试验通信广播卫星测控站的研制、试验基地和国家级广播电视上行站,始终坚持以为客户提供可靠和稳定的卫星运营服务为宗旨,为用户提供卫星广播电视传输和卫星通信运营的整体解决方案。

(1) 广播电视传输

云岗地球站长期为国内外用户提供高质量的卫星广播电视传输服务,1990年开始承担国家模拟电视广播、标清数字电视广播、数字付费电视广播,以及直播节目上行和远程教育卫星传输,是国家广播电影电视总局安全播出体系的重要组成部分。2006年传输70余套广播电视节目,传输节目时间约52万小时,连续五年安全播出率在99.999%以上。

云岗地球站运行管理9个卫星广播电视上行站,拥有的大口径天线分别为2副9米、2副11米、1副12米、1副13米。随着卫星运营综合服务业务发展,广播电视传输能力将进一步增强。

(2) 卫星新闻采集和赛事传输

云岗地球站连续多年向国内外新闻媒体、体育商和节目公司提供新闻、赛事实况和内容投递的卫星传输服务,可为各级媒体提供信道租赁和节目传输一揽子解决方案。

目前运行管理3个卫星新闻赛事上行站和8个卫星新闻赛事采集站,天线口径均在4.5米以上。2006年给境外媒体提供890小时新闻和体育比赛实况,给境内媒体提供3500多小时的重大国际新闻和比赛实况信号。

2. 雷达信息技术

(1) 气象雷达

采用单脉冲测角体制,通过跟踪气球携带升空的数字式无线电探空仪,可以获取斜距200千米范围内,从地面到30千米高空的大气温度、湿度、气压数据,计算出各高度层次上的风向、风速等气象要素,为天气预报、气候分析和气象保障提供及时、准确的高空气象情报资料。该系统分车载式和固定式两种,广泛应用于机场、试验基地和军用、民用气象台、站。

(2) 相控阵跟踪测量雷达系列产品

用于卫星发射和对宇宙飞船返回舱进行捕获、跟踪及轨道测量,以及在靶场对各种导弹、运载火箭及其它空中目标的跟踪测量。

(3) 边界层风廓线雷达

是一部采用固态发射机技术的脉冲多普勒边界层风廓线雷达。能够不间断地实时探测100米至3600米高度范围内的大气水平风场、垂直气流、大气虚温等气象要素随高度的分布。

(4) 保障珠穆朗玛峰通信畅通项目

该项目将在海拔6300米处建立一个基站,通过卫星落地中国移动拉萨主站,并入中国移动GSM网。届时,该基站将对海拔6300米以上通信提供保障,在世界屋脊珠穆朗玛峰上亦可通过手机与世界各地实现通信。

由于珠穆朗玛峰特殊的自然环境,对设备、技术及施工人员都有着非常高的要求。为保障该项目顺利实施,采用了目前卫星通信领域最先进的技术,并在链路通信上采用双机热备份来提高可靠性。

3. 安保科技系统

安保科技系统是指以维护社会公共安全为目的,以传统的安全防范系统为基础,具备C4I3SRT(即指挥、控制、通信、协调、信息、情报、集成、探测、监视、处置)各项功能的综合安全防范集成系统。近年来,在"大防务、大安全"发展战略思想的引导下,中国航天科工集团公司将源于导弹武器系统的C4I3SRT这一成熟技术,通过广泛参与各种重大赛事活动及平时社会安全的维护,实现向"科技强警"、"国土安全"、"应急反恐"、"应急救援装备"、新一代"平安城市"等更广泛领域拓展,为强大主业、突出航天高科技特色、履行护卫民众安全责任等作出了重大贡献,引起社会广泛关注和高度赞誉。

自2008年首次承担奥运安保项目至2011年底,中国航天科工集团公司共承担5个重大赛事活动安保任务,2012年共承担8个大型活动类安保项目,共与3个省市签订安保科技及智慧城市相关的战略合作协议,同时正在与各个省市进行深入沟通协商。拥有涉及自建、合作、研发三大类60余个安保项目;遍

布京、沪、粤、新、黔、浙、鄂、滇、黑、吉、辽、冀等多个省市、多个行业的安保系统项目及相关配套建设;在武汉、杭州智慧城市建设起步的同时,中国航天科工集团公司与其它几个沿海城市在智慧城市方面的合作也将很快结出硕果。从大型活动安保项目到平安城市、再到智慧城市建设,中国航天科工集团公司安保科技系统的品牌影响力也越来越大,在履行社会安全责任方面也正在发挥着越来越大的作用。

主要产品有:大型活动安保指挥系统、边海防视频监控站和监控系统、国家粮食安全预警系统、反恐防暴现场监控和指挥处置系统、固定式边界层风廓线雷达、系列化短波广播发射机、高清视频监控系统、高清摄像机等。大型活动安保指挥系统综合应用多模态探测、大规模异构视频集成、综合态势显示、动态警力仿真和综合通信调度等技术,实现大型活动安保指挥工作的高效、可靠管理。应急与反恐现场信息装备系统是国内首次为应急与反恐部门研发的现场装备系统,该系统综合应用数字化单兵信息装备、多模式现场监视与侦测、现场无线电监测与控制、现场应急通信和现场应急指挥等技术,构建高集成度、高质量的现场监测与控制系统,提升应急与反恐现场的处置指挥效率。

4. 光伏发电产品及系统

利用卫星能源技术研发的太阳电池及光伏发电系统,已经拥有 21 项专利,其中 10 项发明专利,其高效率、大功率、高可靠性及长寿命等特点,已通过 TUV、UL 等国际认证。先后在西藏、新疆、青海、四川、陕西、甘肃和内蒙古等省市、自治区建设了太阳能电站,在国家实施的西部地区无电乡通电工程中做出了重要贡献。

2007 年 5 月,上海航天技术研究院与上海航天汽车机电共同投资的内蒙古神舟硅业有限责任公司正式成立,8 月 4 日举行了生产基地奠基仪式。通过引进吸收俄罗斯技术,公司形成年产 1500 吨多晶硅的能力,将从根本上缓解原材料紧缺的压力,并且已经建立了太阳能光伏工程技术中心并计划将之建设成为国际一流的研发机构。

通过这些年的努力,中国航天科技集团公司在太阳能光伏领域已经建立了一条完整的产业链,从硅矿开采,到多晶硅材料生产和切割加工,以及太阳能电池组件,光伏发电工程项目等。

5. 大型风力发电机组

南通航天万源安迅能风电设备制造有限公司是由中国航天科技集团公司

北京万源工业公司、西班牙安迅能能源集团、西班牙英莎国际工贸集团共同投资设立的风力发电机组的制造企业。公司的生产设施于2006年5月投入使用,生产的首台AW1500型风力发电机组于2006年6月26日成功下线。公司位于江苏省南通经济技术开发区,具有1.5MW变速恒频风力发电机组400台的年生产能力,同时向客户提供风场建设、微观选址、运行维护等专业性技术服务。

公司生产的AW1500型1.5MW风力发电机组是由中国航天和西班牙安迅能能源共同打造的国产化风机品牌。它吸取了西班牙安迅能能源12年的风电厂建设经验,将292台风机的制造经验、85个风电厂的建设经验和2600台风力发电机组的运行维护经验移植到中国,为中国风电广阔的发展前景和广大的中国风电厂开发商提供最全面的技术服务和代表国际先进技术的优秀品牌1.5MW变速恒频风力发电机组。

为确保公司生产的产品与西班牙安迅能能源具有完全相同的性能和质量,公司全面引进了制造技术、生产工艺、检测手段等。在公司各部门,如生产部、风场建设部、运行维护部、质量部等部门,都配有在安迅能能源工作多年的技术人员和管理人员。目前公司正在逐步稳健开展风机零部件的本土化工作,积极带动我国风机制造及零部件产业的发展,降低风机制造成本,使用户获得满意的经济效益。同时,公司将根据中国国情和市场需求对该机型进行改进,使其更符合中国用户的要求。

6. 粉煤加压气化技术

北京航天万源煤化工工程技术有限公司研发的"航天HT-L粉煤加压气化工艺技术"项目能够将几乎所有品质的固态煤炭,通过"粉煤气化炉"高效、洁净环保、低成本地转化成气态的洁净一氧化碳和氢气混合物,是工业产品的重要原料气,其用途十分广泛,可以做化肥、生产甲醇和二甲醚、生产汽柴油、作为IGCC燃料发电、生产氢气等。

该项目是中国运载火箭技术研究院拥有自主知识产权的新项目,是以航天发动机相关技术进行转化延伸、应用于民用产业形成的成果,是"寓军于民"、军转民技术应用推广的典型。通过航天煤气化技术工业示范装置的成功开车运行,验证关键技术攻关及关键装备研制的突破,从而达到国际先进煤气化技术的水平。通过技术整改和研发,研制具备更大生产能力的煤气化工业装置,从而达到国际先进煤气化技术的生产规模。

按照中国运载火箭技术研究院"十一五"民用产业发展目标,公司以掌握具有完全自主知识产权的核心技术、关键技术和龙头产品为牵引,在国内整个煤化工领域打造具有影响力的知名品牌,实现销售收入和利润的稳步增长。同时,树立"军品为本、民品兴业"的理念通过技术创新和产业发展培养一批高素质的人才队伍,成为国内一流的煤化工工程公司。

7. 税控机系列产品

税控机是航天信息股份有限公司的主要产品之一,主要包括防伪税控系列产品、防伪税控延伸产品、国税集成产品、税控收款机系列产品、税控收款机拓展业务。1994年1月1日起,我国开始实行以增值税为主体的流转税制。由于增值税专用发票不仅能作为购销凭证,而且能够抵扣税款,兼有货币的某些职能,因而一些不法分子在利益的驱使下,采取虚开、代开、伪造专用发票等手段大肆偷逃国家税款,获得不法巨额利益,造成国家税款的大量流失。为了用高科技手段解决利用增值税专用发票偷税骗税,航天信息股份有限公司研制成功了增值税防伪税控系统。该系统是国家金税工程的重要组成部分。通过运用数字密码和电子存储技术并强化专用发票的防伪功能,做到成功遏制利用增值税专用发票偷税、漏税的现象。该系统是可防止税款流失并实现对增值税一般纳税人税源监控的计算机管理系统。防伪税控系统的发明、推广和使用极大地增加了国家税收并已成为我国税收征管强有力的手段之一。

除防伪税控系统外,税收执法管理信息系统也是由航天信息股份有限公司开发研制的,是一个集执法考核与执法监察于一体的执法管理系统,该系统依据国家税务总局"依法治税"的方针,以计算机网络为依托,以信息一体化为准则,以税收业务为基础,包括执法考核子系统和监察考核子系统。执法考核子系统是依据总局的相关规程及法律法规文件,以全过程监控税务机关及其工作人员的日常执法行为、实时进行违规责任自动追究为目标,通过对税务执法过程进行分析验证,达到监控、考核和过错责任追究全面自动化管理。

除此之外,税控机系列产品还包括大、中、小型税控收款机,采用微处理器作为系统核心,采用小规模液晶中文显示的方式和不同规格大小的发票打印机,具有高性能、低价位和高可靠性等特点,部分产品拥有完善的加密机制及数据存储、检索功能,安全可靠;具有商品管理、收银管理、财务统计分析等完整功能,适合于中小规模的零售、专卖店、餐饮、娱乐、服务、商场、酒店、宾馆、交通运输、文化体育、石油石化等对商用管理功能要求较高、扩张性较强的企业使用。另外,为实现付款和发票的集成,航天信息股份有限公司自主开发了金融税控收款机,集金融管理、税控管理、商业管理、发票管理、报表管理等功能于一体,满足税控开票、银行刷卡、商业收款等需求,且可扩充,可定制;具有丰富多样的接口资源,外设扩展空间较大。航天信息股份有限公司依靠"金税工程"、"金卡工程"、"金盾工程"等国家重点工程,已经实现了年产值超过 110 亿元。

8. 惯性定位定向系统

高精度陀螺寻北仪是一种全天候、快速、准确的定向仪器,能自主式寻北,给出指定目标与天文北向的夹角。它具有自动化程度高、寻北时间短、准确度高等特点,与传统的磁式测北相比精度高、可靠性高、性能稳定,此外寻北仪技术具有良好的环境适应性。可应用在导弹武器系统机动发射的瞄准系统,炮兵阵地联测,隧道施工及其它需要建立方位基准的领域。

陀螺寻北仪可广泛应用于预警雷达、炮群、坦克、步兵战车、侦察车辆、自行火炮、布雷车以及火箭炮、雷达定向系统等。还可用于大地测量、地形测量,以及建筑工程(地铁、坑道、矿井、道路、堤坝、桥梁的建设等等)施工过程中进行天文方位角的测量。陀螺寻北仪具有较大的市场需求,高精度陀螺寻北仪的研制开发,不仅适应了市场的需要,可创造一定的经济效益,作为一项惯性技术,也有一定的社会效益。

9. 装备制造

(1) 自卸车

系列自卸车广泛应用于各种货物的运输和煤炭运输,引用了国际技术环保力量,低油耗、低排放、低噪音;省油、省钱,有效降低使用成本;有效区分不同市场需求,产品动力强劲,品质可靠。其中,重型自卸车具有承载能力强、发动机功率大、起升装置优良、货箱强度高等特点。

(2) 应急维修车

应急维修车整车由汽车底盘、车厢、应急维修设备及辅助设施等构成。整车为闭式厢式车型,主要用于靶场及工地等车辆设备的应急抢修,具有良好的机动性和应急保障功能。该车配备了发电机、电焊机、台钻、台虎钳、灭火器等各种维修工具和消防器材,满足野外作业的要求。

(3) 水上摩托艇

水上摩托艇是一种小型高速动力艇,电喷高速发动机,时速可达 100 千米

以上,一般由艇身覆盖件、发动机、喷射单元、控制系统、操纵系统、储物箱等部分组成。摩托艇以发动机为动力,具有自重轻、吃水浅、回旋半径小、动力大、能耗低、操纵机动灵活、速度快、抗浪性好、低噪声、故障率低等特点。主要应用在体育运动、旅游休闲等方面,是一种高级休闲产品。

(4)沙滩摩托车

沙滩摩托车具有速度快,马力大,性能稳定,外形独特美观等特点,是欧美各地运动休闲产品中的"新宠",可广泛应用于旅游休闲、陆地巡逻、野外作业等领域。

(5)垃圾装填车

压缩式垃圾车是专门用于收集清运城镇居民生活垃圾和其它可压缩垃圾的环卫专用车辆。该车垃圾装填口离地低,垃圾扬尘小,安全省力,垃圾收运采用密封化,消除了二次污染。人性化的设计,操作、维修方便,外型美观,厢体完全密封,从而彻底避免二次污染。

(6)大型平板运输车

是集"机一电一液"一体化的高科技产品,是一种自升降式、自行驶轮胎式船体分段或其它重型结构体转运的特种车辆装备。全车采用液压驱动、液压悬挂、液压独立转向等技术。液压系统采用了DA变量、电比例变量和恒功率变量等先进变量技术,同时通过微电控制使该车更安全、更可靠、易于操控。被广泛应用于造船厂、钢厂、路桥等大型结构件在工序间转运和公路、铁路特大混凝土预制构件的运输。作为牵引车,还可以运用于运载火箭水平对接、水平测试、水平转运、起竖以及航天飞机的运输等。

10. 其它产业

金盾业务包括社会信息采集平台、公安信息应用开发平台和公安应用解决方案,有代表性的包括机动车修理业治安管理信息系统、旅馆业治安管理信息系统、派出所综合信息管理系统、奥运赛区旅馆业住宿信息查询系统、现役军人和人民武装警察居民身份证信息系统、流动人口社会化管理系统等。金卡业务主要包括智能卡、电子标签、终端机具、系统解决方案等。其中,智能卡主要指异形卡、复合卡、双界面卡、接触式IC卡、非接触式IC卡等。电子标签产品主要由标签芯料、票式标签、易撕标签、标准卡标签、IC卡社会保障系统解决方案、风景区门票系统。终端机具主要指一系列通用读卡器,另外还包括一些机顶盒、卫星接收天线等产品。

随着航天生物应用研究的不断深化,空间生物产品发展很快,现已形成包括"天曲牌益脂康片"、"东方红一号宇航口服液"、"航天东方红牌航力片"、"航天天胶牌糖定康片"等在内的一系列生物保健品。另外,中国航天科工集团公司利用航天先进铸造焊接表面处理工艺和技术,先后铸造了海南三亚海上观音像、奉化雪窦寺42米弥勒佛像、江苏太仓郑和铜像、中央政府赠送澳门特区政府(贺澳门回归)盛世莲花和中央政府赠送香港特区政府(贺香港回归)紫荆花。

第二章

中国航天事业的体制机制

中国航天事业发展的哲学思想

第一节　与时俱进的体制变迁

　　我国航天科技工业是在国家工业基础相对薄弱的条件下发展起来的，因而，航天科技工业的管理体制也是在缺乏经验借鉴的情况下，逐步探索并完善起来的。作为国防科技的重要组成部分，航天事业管理体制的变迁与国家发展战略紧密相连，有着鲜明的时代特色。从20世纪50年代中期党和政府正式决策发展航天事业至今，中国航天科技工业已发展成国际性的、以科技为先导的大型航天企业集团，是以型号研究院为基础，按型号配套，以科研为主导，科研、生产、经营相结合的，全行业统筹规划、运行管理协调的总部、研究院和所、厂三级管理体制。专业研究院、所的科技研制能力与"两条指挥线"形成的型号研制管理模式，通过矩阵式结合形成的工程系统结构，保证了中国航天科技工业完成研制任务、保持持续发展的整体能力。

　　总体来看，这套我们自己一步一个脚印探索出来的航天管理体制完全符合中国国情和航天科技工业发展的客观规律，使我国在经济发展水平和技术条件长期落后的情况下，以最小的投入，在最短的时间内，取得了令人瞩目的成就。航天事业的管理体制，是社会主义制度下集中力量办大事的一个生动体现。

一、航天事业的体制环境

1. 航天科技工业关系国防安全

　　当今时代，人类航天事业的辉煌成就早已数不胜数。但即使从俄国科学家齐奥尔科夫斯基1903年提出液体火箭的推进构思算起，现代航天也只走过了109年的短暂历史。为什么在短短的一百年间人类航天科技能取得如此惊人的成就，以至于许多人将20世纪称为"航天科技工业的世纪"？除了人类自古有之的探索外太空的无尽好奇与强烈追求外，更重要的乃是战争对这一新兴工业领域的强力推动。

　　以弹道导弹技术为代表的航天科技工业真正进入大众的视野，引起各国政府和军队的高度重视，源自于二战末期德国V-2导弹在战场上的巨大破坏力。

盟军总司令艾森豪威尔曾经感慨道:如果V-2导弹提前3个月投入战争使用,那么诺曼底登陆就无法实施,整个西线的战局也可能因此而大为不同。正是因为导弹在战场上有如此惊人的破坏力,二战硝烟未散,美、苏两国就将德国导弹工业的专家、资料和生产设备瓜分完毕。再加上各自强大的工业、经济和科技实力,两国很快奠定了在航天科技领域长期领先的地位。

众所周知,进入20世纪50年代以后,美、苏两国开始在航天科技上"争奇斗艳"。在这场竞争的舞台上,一方面呈现给世人的是人造卫星、载人飞船、深空探测、空间站和航天飞机等科技成就;另一方面就是各种型号的战略和战术导弹。高峰时期,美苏两国中远程弹道导弹数量都达到几千发之多,成为各自对别国进行威慑、讹诈的资本。即使在冷战结束之后,虽几经削减,两国仍保持了数量巨大的导弹库,而且还在不断研制、探索新型的航天武器装备。

20世纪50年代中期,正是出于确保国家安全的长远考虑,以毛泽东为代表的中华人民共和国最高领导层做出了发展独立自主的航天科技工业的重大战略决策。从那时起,尽管历史环境和体制机制都已发生了巨大变化,但中国航天科技工业始终都把完成党和国家交给的战略任务放在极其重要的位置,从不动摇。

2. 航天科技工业体现国家实力和意志

航天科技工业发展需要经济实力、工业水平和科技能力为保障,是国家实力的象征,体现着国家意志。对于一个大国而言,航天事业的成败可能会影响国民的士气,甚至关系到国家在国际上的整体形象。美国前总统约翰逊曾对美、苏之间激烈的太空竞赛感叹道:在全世界眼里,航天第一,什么都第一;但航天要是第二,就什么都第二了。

中国作为在国际上有着重要影响力的大国,航天科技工业的规模和水平需要与自身地位相匹配。五十多年来,中国航天取得的一个个辉煌成就激励了一代又一代的中华儿女奋发图强,报效祖国。在发射第一颗人造地球卫星时,为了扩大其政治影响,中共中央特别提出这颗卫星要"上得去、抓得住、听得到、看得见"。前两条是航天发射的基本要求,自不待言,但为政治需要而特别提出的后两条要求,却一度给研制工作带来了不小的挑战。为了"听得到",决定在卫星上播放《东方红》乐曲;为了"看得见",特意在火箭末级上加了一个特殊材料制成的"围裙",大面积反射太阳光,增加亮度。卫星升空后,周恩来总理要求,要及时准确地预报卫星轨道,特别是要预报卫星通过亚非拉各国的时间。这一举措,大长了第三世界人民的志气,提升了中国的政治影响力和国际威望。

实施载人航天工程以来,每一次发射都吸引了全世界中华儿女的目光。"神舟五号"飞船顺利升空并成功返回后,看到杨利伟走出舱门的画面,一位旅居海外多年的老华侨面对电视镜头落下了激动的泪水。类似的情景在中国航天的发展历史上又何止一次两次?几十年来,无论经历怎样的风雨起伏,航天人始终都以能够为国争光作为自己最大的精神动力。

3. 航天科技工业影响国家经济和社会发展水平

20世纪70年代之后,随着技术的进步和世界各国经济的快速发展,航天科技成果开始走入千家万户。特别是进入21世纪以来,航天技术民用化的步伐显著加快,这为世界各国航天科技工业的发展带来了全新的机遇与挑战。

航天科技工业属于综合性工业门类,对下游产业有着巨大的带动作用。20世纪六七十年代,美国政府组织投入巨大人力、物力、财力开展的"阿波罗"登月工程,带动了一大批先进技术的发展,使美国的产业技术水平实现了一次整体性飞跃。其中的许多技术投入民用后,产生了巨大的经济、社会效应,甚至在很大程度上改变了现代人类的工作和生活方式,影响不可谓不深远。

进入20世纪90年代以后,航天民用技术的重要意义更加凸显,引起了航天企业的高度重视。特别是近十多年来,中国航天科技集团公司、中国航天科工集团公司在确保完成国家战略任务和军品生产任务的同时,大力增强民用技术的研究与开发。与之相伴,为了加强在市场经济条件下的综合竞争力,各单位对原有体制架构进行了大规模的调整与完善。以中国航天科技集团公司为例,面对我国航天科技工业历史上任务最多、发展最快、竞争日趋激烈的重大战略机遇期,逐步形成了宇航系统、导弹武器系统、航天技术应用产业和航天服务业四大主业,正在全力打造国际一流的大型航天企业集团。

二、高度权威的决策机构

举全国之力搞以"两弹一星"为代表的现代国防科技建设,这是国家意志的高度体现。中华人民共和国航天科技工业自创建之日起,便是在党中央的直接领导下发展起来的。航天部门在管理层级上受党中央、国务院和中央军委领导,具有很高的政治地位,确保了决策的战略高度和执行能力。毛泽东、周恩来、邓小平、江泽民、胡锦涛等中央领导同志,领导制定了我国航天科技工业的总体发展战略,并提出了许多具有重大意义的指导意见。1958年5月,在党的八大二次会议上,

第二章 中国航天事业的体制机制

毛泽东主席发出了"我们也要搞人造卫星"的号召。1970年4月24日,经毛主席亲自批准,我国第一颗人造地球卫星"东方红一号"成功发射升空。周恩来总理曾多次听取航天领域工作汇报,亲自做出了型号研制、定型、生产、发射等方面的许多重大决策。他所倡导的"严肃认真,周到细致,稳妥可靠,万无一失"16字方针,早已成为全体航天人的座右铭。长期领导国防科技工作的聂荣臻元帅,更是全程参与了我国航天科技工业发展前期的几乎所有重要领导工作。

作为国防工业的重要组成部分,在相当长的一个时期内,我国航天科技工业由国防科技部门进行管理。

1958年10月16日,为统一管理国防科技工作,加速国防科技事业的发展,中共中央决定,把原国防部航空工业委员会的工作范围加以扩大,改为国防部国防科学技术委员会(简称"国防科委"),在中央军委、中央科学小组领导下进行工作,聂荣臻任主任,陈赓任副主任。1959年12月1日,经中共中央批准,中央军委成立国防工业委员会(简称"国防工委"),由贺龙任主任委员。1961年11月29日,国务院成立国防工业办公室(简称"国防工办"),归口管理第二、第三机械工业部和国防科委的工作,并作为国防工委和国防科委的协调办事机构,由罗瑞卿任主任,向中央书记处和中央军委负责,其任务主要是全面规划、组织实施并监督检查国防常规与尖端武器的生产、建设、科研以及干部和技术人员的培养工作。1963年9月2日,中共中央决定,撤销国防工委,其任务合并到国防工办。1963年2月至1965年2月,第二、第三、第四、第五、第六、第七机械工业部的业务工作由国防工办归口管理。1969年11月1日,中共中央决定,第二、第七机械工业部由国防科委全面管理。在很长一个时期内,国防工办和国防科委共同管理国防科技工业,使顶层的领导与指挥力度得到进一步加强。国防科委更注重研究性、前瞻性、规划性、协调性等方面的工作,而国防工办则更注重实际的武器装备研制生产以及跨部门的协调工作。

"文化大革命"期间,共同负责领导国防科研工作的国防工办与国防科委均受到不同程度的冲击,一度给航天科技工业的管理带来不小的困难。1969年12月22日,国务院、中央军委决定成立中央军委国防工业领导小组及其办公室(简称"军委国防工办"),同时撤销国务院国防工办,负责国防工业的生产、建设和科研工作。1973年9月,军委国防工业领导小组及其办公室撤销,重新成立了国务院国防工办,由国务院、中央军委领导,其中以国务院领导为主。1977年9月,国务院、中央军委决定将国防工办列入军队序列。同年11月,国务院、中央军委决定成立中央军委科学技术装备委员会,统一领导国防科学技术和国防工业生产工作(七机部由其归口管理),张爱萍任委员会主任,下设办公室,简称"军委科装办",刘华清任主任。1956年至1982年中国导弹与航天事业高层管理机构演变如图2-1所示。

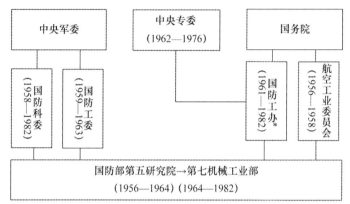

图2-1　中国导弹与航天事业高层管理机构图(1956—1982)①

(＊含军委国防工办)

1982年5月10日,国务院、中央军委决定,国防科委、国防工办、军委科装办合并组成中国人民解放军国防科学技术工业委员会,同时称中华人民共和国国防科学技术工业委员会(简称"国防科工委"),其工作受国务院和中央军委的双重领导,既是中央军委统一管理全军国防科学技术工作的领导机关,也是国务院管理各有关工业部门的国防科研、军品生产和军品外贸工作的综合部门。1998年4月3日,中国人民解放军总装备部在原国防科工委军事部门以及总参谋部、总后勤部相关部门的基础上在北京正式组建,全面负责全军武器装备建设。另成立一个属政府部门的国防科工委,主要负责组织管理国防科技工业计划、政策、标准及法规的制定与执行情况监督。将原国防科工委管理国防工业的职能,以及各军工总公司承担的政府职能,统归新组建的国防科学技术工业委员会管理。2008年,国防科工委在国务院机构体制改革中不再保留,其职能并入发改委、工业与信息化部等部门。目前,与国防相关的航天工作由总装备部、国防科工局和航天科技工业企业共同管理。

此外,对于重大工程,中共中央、国务院、中央军委成立专门领导机构进行管理与协调。

---

① 刘戟锋,刘艳琼,谢海燕.两弹一星工程与大科学[M].济南:山东教育出版社,2006:82.

第二章 中国航天事业的体制机制

在"两弹一星"研制的关键时期,为了加强领导,更为有效地推进各项工作,1962年11月17日,中共中央决定成立十五人专门委员会(简称"中央专委"),统一领导核武器研制工作,自1965年起兼管导弹和卫星的研制工作。中央专委具有极强的决策力和执行力,是当时国防尖端武器研制的最高决策机构。中央专委成立后,每次遇到重大问题时或重要试验开展前,都要开会研究,听取汇报,为航天科技事业的发展做了大量决策、组织和协调工作。

1962年至1974年,中央专委共召开会议40余次,指挥调动了各行各业齐心协力为"两弹一星"的发展作出贡献。在决策过程中,中央专委充分发扬民主,高度尊重技术人员的意见,在科技工作管理方面起到了很好的表率作用。钱学森曾回忆说,在美国参加冯·卡门主持的学术研讨会和在北京人民大会堂参加周恩来总理主持的中央专委会议,是他最幸福的时刻,这里高度民主,思想活泼。中央专委办公室曾组织上百个部、委、局级单位,26个省、市、自治区和上千个厂矿、院、校、所及各军兵种的有关单位,进行分工协作,开了几次千人协作大会和多次中小会,进行连续的联合攻关,克服了大量技术工艺的难题,全面落实了大量科研课题和新材料、新设备的成套研制任务。[①]

三、从国家部委到大型国企

在五十多年的发展中,中国航天系统经历了一个从多部门协调到统一领导,从军队编制到集体转业,从国家部委到大型航天科技企业的发展过程。

中国航天科技工业最早的研究管理单位是国防部五院。国防部五院先后成立、接收了部分研究单位,编制规模不断扩大。除国防部五院外,当时还有一系列隶属其它部门的工厂和科研教育机构参与到了航天项目中来。随着导弹研制工作的深入,这种分散管理的模式已不能适应研制工作的要求。为了将当时分散在不同部门的研制单位有效协调组织起来,1964年12月26日,三届全国人大一次会议通过了成立第七机械工业部(简称"七机部")的决议。七机部以国防部五院为主要基础,统一管理整个航天科技工业。20世纪六七十年代,中国第一枚导弹、第一次"两弹结合"试验、第一颗人造地球卫星、第一颗返回式卫星等先后取得成功,这是中国航天事业发展史上的第一批重要成就。

---

① 刘柏罗.中央专委与"两弹一星"[M].北京:九洲图书出版社,2000:142-143.

改革开放以后,党和国家的工作重点转移到社会主义经济建设上来。航天科技工业的管理部门先后经历了五次大的变革,以适应国家的发展战略。

为了贯彻"调整、改革、整顿、提高"的方针,加强地空、海防等战术导弹和战略导弹研制、生产的统一领导和管理。1981年9月10日,五届全国人大常委会第二十次会议决定将第八机械工业部和第七机械工业部合并,两部合并后,保留第七机械工业部,撤销第八机械工业部。1982年3月8日,五届全国人大常委会第二十二次会议通过关于国务院机构改革问题的决议,第七机械工业部改称为航天工业部。1985年10月26日,航天工业部代表中国政府向世界郑重宣布:中国将把自行研制的长征系列运载火箭投入世界航天发射市场。1988年4月9日,七届全国人大一次会议通过国务院机构改革方案,决定撤销航空工业部和航天工业部,组建航空航天工业部。这三次变革,使中国航天工业的管理更为系统和集中,正是在此期间,中国航天开始了迈向市场的步伐。

图 2-2　1984 年 10 月 1 日,航天工业部方阵参加国庆阅兵仪式

20世纪90年代以来,随着我国经济发展水平和综合国力的不断提高,航天事业也进入了快速发展时期。1992年,党的十四大明确了我国经济体制改革的总体目标是建立社会主义市场经济体制。在社会主义市场经济形势下,原先由国务院组成部门直接领导全国航天科技工业的机制已经难以适应新的环境,中央决定对航天科技工业实行企业化改革。1993年3月22日,八届全国人大一次会议批准撤销航空航天工业部,分别成立中国航空工业总公司和中国航天工业总公司(国家航天局)。同年6月,航天工业总公司正式成立。作为过渡

阶段的安排,中国航天工业总公司和国家航天局实行"一个部门,两块牌子"的制度,既开始进行企业化运作,同时又担当国家航天管理部门的角色。

1998年3月,九届人大一次会议通过国务院机构改革方案,进一步调整和撤销各经济管理专业部门。根据这次会议精神,国务院要求原先兼有部分行政职能的各大国有企业要全面实行政企分开,建立现代企业制度。1998年5月,国家航天局划归国防科工委管辖,作为国家在航天事业方面的最高行政管理部门,中国航天工业总公司不再承担政府职能。1999年7月1日,经国务院批准,中国航天工业总公司正式分为中国航天科技集团公司和中国航天机电集团公司(后改为中国航天科工集团公司)。

1. 中国航天科技集团公司

(1) 集团公司介绍

中国航天科技集团公司是国务院管理的国有特大型企业集团,是我国国防科技工业的重要组成部分,是航天科技工业的主导力量,承担着我国全部长征系列运载火箭、全部洲际战略核导弹、全部载人航天器和深空探测器以及各类军民卫星、部分战术地地导弹、部分战术防空导弹的研制、生产、试验任务,也是我国境内唯一的广播通信卫星运营服务商。

中国航天科技集团公司已形成北京、上海、天津、西安、成都、内蒙古、香港(深圳)、海南八个区域性航天产业基地,控股8家境内外上市公司。公司目前共有员工18万人,已培养形成了以重点学科带头人为代表的科技人才、以优秀企业家为代表的经营管理人才和以能工巧匠为代表的技能人才等若干人才队伍。其中,有中国科学院、中国工程院院士33名,"百千万人才工程"国家级人选67名。2011年中国航天科技集团公司实现营业收入超过1000亿元,资产总额首次突破2000亿元,稳居央企第一梯队,预计到"十二五"末将实现2500亿元的总收入规模。

中国航天科技集团公司采用三级管理模式,总部为第一层级,包括机关各部;各研究院、子公司、直属单位为第二层级;各研究院下属各厂(所)、子公司为第三层级。总部机关领导整个集团公司的运行和发展,把握企业发展的全局性、战略性、前瞻性问题,制订企业发展规划,协调公司内外各单位,共同完成型号研制任务。研究院是各项业务的具体完成单位,负责各型号项目的设计、生产、试验及各种经营管理工作。厂、所在研究院领导下,负责完成技术、经营、服务、法律、后勤保障等方面的各项具体工作。在三个层级中,第二层级是企业运行的主体。

目前,中国航天科技集团公司第二层级组成单位主要包括中国运载火箭技术研究院、航天动力技术研究院、中国空间技术研究院、航天推进技术研究院、四川航天技术研究院、上海航天技术研究院、中国航天电子技术研究院、航天空气动力技术研究院共8家大型科研生产联合体，中国卫星通信集团公司、中国长城工业总公司等12家大型专业公司，以及中国航天标准化与产品保证研究院、中国宇航出版社等8家直属单位。其中，8家科研生产联合体负责项目型号的研制与生产，各专业子公司开展经营性工作，各直属单位在标准制定、新闻出版、信息通信、人力资源、对外交流、公共活动等方面对集团整体业务予以支持和保障。

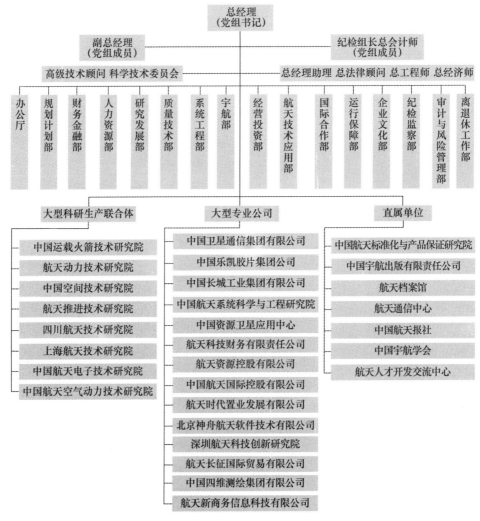

图 2-3　中国航天科技集团公司组织结构图（截至 2012 年 11 月）

(2) 三大总体院

① 中国运载火箭技术研究院

中国运载火箭技术研究院的前身是始建于1957年11月16日的国防部第五研究院第一分院。第一分院以国防部五院六室(总设计师室)、七室(空气动力学研究室)、八室(结构强度研究室)、九室(发动机研究室)、十室(推进剂研究室)5个研究室为基础组成,负责各类导弹总体设计和弹体及发动机研制。经周恩来总理批准,钱学森为国防部五院院长兼一分院院长,谷景生为国防部五院副政治委员兼一分院政治委员。

成立伊始,一分院全院仅有5个研究室,175名工作人员。随着型号的仿制生产和基地建设等工作的展开,一分院队伍规模迅速扩充,组织机构也不断充实和健全。至1957年底,整个分院已有403人;研究室也调整为8个,依次为总体设计室(第一研究室)、结构强度研究室(第二研究室)、空气动力室(第三研究室)、火箭发动机研究室(第四研究室)、冲压发动机研究室(第五研究室)、化学推进剂研究室(第六研究室)、材料研究室(第七研究室)、测试研究室(第八研究室),此外还有一个试制工厂筹备处。

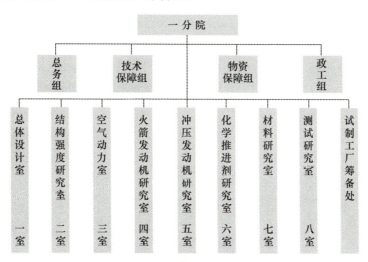

图 2-4 1957 年底,国防部五院一分院编制序列表

1958年1月,一分院部队番号为中国人民解放军0038部队一大队。1959年9月,改为中国人民解放军0681部队。1958年初,总体设计室改为地地弹道式导弹设计部,火箭发动机研究室改为火箭发动机设计部。1959年2月,为加强一分院的导弹仿制生产和研制工作能力,国防部五院党委决定,将211厂划

归一分院建制,承担各类导弹总装、试制和小批生产任务。

一分院成立初期,主要负责各类导弹和运载火箭的总体设计、总装和发动机研制、试验工作,而控制系统研制和大型地面试验分散在其它单位,造成了行政指挥线与技术指挥线的不统一,给研制工作带来了许多困难。由于型号管理上存在交叉,各子系统之间联系不畅,致使协调联系工作复杂度大增,很多小问题都要通过国防部五院甚至国防科委(当时隶属国防部)协调才能解决。为改变这一状况,从1963年起,国防部五院就开始调整各分院的技术力量和机构配置,加强总体部门在研制中的地位与作用,使各分院逐步向型号设计院的方向发展,以形成能适应大型国防科研工程研制要求的、高度集中统一的体制。1964年11月4日,国防工办批准国防部五院提出的关于科研机构和试制工厂的调整方案,对专业院的体制进行调整,以原一、二、三、四分院为基础,分别负责一类型号的总体、分系统的设计、试制和试验,形成弹道式地地导弹、地空导弹、飞航式导弹和固体导弹四个研究院。同年12月22日,国防部五院正式下达《关于科研单位和工厂调整工作的指示》,确定以一分院为基础组成地地弹道式导弹研究院。为了完善一分院的设计、生产、试验体系,将原属其它分院的若干部门、工厂划归一分院建制。主要包括,原二分院第一设计部,即控制系统设计部(代号第12研究所);原二分院第四设计部(惯性陀螺设计部)负责地地导弹陀螺仪的研制人员和设备以及该部机关、模样车间大部分,组成惯性器件研究所(代号第13研究所);原三分院试验站(代号101站)整体划回一分院,同时将发动机过程研究所的五、六、七号试车台交试验站统一管理;三分院发动机过程研究所部分研制人员,3个推进剂研究室及少部分技术管理人员划归一分院液体火箭发动机设计部建制;从二分院11厂分出地地导弹控制设备生产厂(代号200厂)和惯性器件生产厂(代号230厂),一并划归一分院建制。与此同时,一分院非地地导弹的研制单位,则划给相应的其它分院。调整工作于1965年1月15日完成。七机部成立后,一分院随即从军队编制划归七机部管辖,改称第七机械工业部第一研究院。截至1966年,一院有部、所、厂、站20个单位和院机关部、室单位7个,全院各类人员已达21500多人,配套的研制队伍已经基本形成。

这一时期,一院先后自行设计了东风二号中近程导弹,独立研制了中程导弹、中远程导弹和洲际导弹等第一代液体弹道导弹并形成了系列,完成了远程运载火箭全程飞行试验,研制成功固体战略导弹和潜射导弹。这些武器装备部队后,极大地增强了中国的国防力量,具有十分重要的战略意义。在运载火箭方面,一院先后研制成功长征一号、长征二号丙、长征二号 E、长征二号 F 以及长征三号甲系列火箭,形成了较强的运载火箭研制能力。

20 世纪 80 年代中期以后,一院开始从单一军品生产向"军民结合"的方向转型,积极投身于国际卫星发射市场。1989 年 2 月,航空航天部批复一院,同意一院的第二名称为"中国运载火箭技术研究院"。1992 年 9 月 8 日,中国运载火箭技术研究院挂牌。90 年代中期以来,一院整体技术水平全面提升,经营规模快速增长,实现了跨越式发展。目前,长征系列运载火箭已形成了十多种型号的系列型谱,能发射近地轨道、太阳同步轨道、地球同步转移轨道卫星、载人飞船和其它航天器。与此同时,一院积极发挥航天高科技优势,致力于航天技术应用产业的发展,以先进能源、特种车辆和汽车零部件、新材料及应用、航天特种技术应用、卫星应用和电子工程为重点发展领域,初步形成了产业规模,为国民经济建设作出了突出贡献。

图 2-5　1992 年 9 月 8 日,中国运载火箭技术研究院挂牌

经过五十多年的发展,中国运载火箭技术研究院已经形成了完整的科研、生产和管理体系,成为我国最大的导弹武器和运载火箭研制、设计、试制、试验和生产实体,火箭总体技术性能达到国际一流水平。目前,全院共下属 10 个国家仕编科研事业单位、3 个预算内企业单位、1 个职工医院、3 个全资公司、2 个院本级实体单位和 3 个控股公司,主营业务包括航天型号工程、航天技术应用产业等领域,覆盖系统总体、空间飞行、结构与强度、自动控制、地面发控、伺服机电、计量测试、强度与环境、新材料、特种制造、总装总测、新能源、煤化工等多方面专业技术,具有先进雄厚的生产制造能力。

② 中国空间技术研究院

中国空间技术研究院成立于 1968 年 2 月,是中国最主要的空间技术及其产品研制基地。

中国空间技术的发展起步于1958年,当时主要由中国科学院负责。1958年7月,中科院党组向聂荣臻呈送了卫星研制分三步走的计划:第一步发射探空火箭,第二步发射小卫星,第三步发射大卫星。与此同时,成立了3个空间技术设计院:第一设计院负责卫星总体设计与运载火箭的研制;第二设计院负责控制系统的研制;第三设计院负责探空仪器与空间物理研究。这三个设计院分别为力学研究所、自动化研究所和应用地球物理研究所二部。同年8月,成立了以钱学森为组长的领导小组,负责组织、协调和实施人造卫星和探空火箭研制任务。

1964年底和1965年初,科学家赵九章、吕强、钱学森等分别向中央提交报告,建议对中国的人造卫星事业作全面规划,及早列入国家计划,开展有关研究工作,促其发展。1965年4月,国防科委向中央呈送了《关于研制发射人造卫星的方案报告》,建议卫星本体及探测仪器由中国科学院负责,运载工具由第七机械工业部负责。同年8月,中央专委原则同意中科院受国防科委委托提出的《关于发展中国人造卫星工作的规划方案建议》。这个建议经修订,形成了《发展中国人造卫星事业的十年规划》。同年9月,中科院开始组建卫星设计院(代号651设计院),开始第一颗卫星的研制工作。为了配合651设计院工作,中科院还对1958年建立的科学仪器厂进行大规模改扩建,使之担负起卫星总装厂的任务。到1967年年底全厂职工已达1230名,其中科技人员415名,技术工人630名。[1]

"文化大革命"开始后,空间技术研究队伍受到很大冲击。为了排除干扰,保证各项科研任务顺利推进,1967年初,聂荣臻副总理在向中央呈送的《关于军事接管和调整改组国防科研机构的请示》报告中,提出了组建空间技术研究院的建议,毛泽东、周恩来批准了报告。同年6月,国防科委《关于组建空间技术研究院的报告》上报中央军委,中央军委表示同意。同年8月,国防科委决定先行成立空间技术研究院的筹备处,称"国防科学技术委员会651筹备处"。

1967年9月20日,聂荣臻副总理向中央提出了《关于国防科研体制调整改组方案的报告》,建议把国防科研方面的研究力量进一步集中起来,成立18个研究院,其中第五研究院命名为"人造卫星、宇宙飞船研究院"。同年10月25日,毛泽东批准了这个报告。同年11月9日,国防科委召开专门会议,研究空

---

[1] 中国科学院院史[EB/OL].参见中国科学院网站:www.cas.ac.cn。

间技术研究院的体制和组织问题,批准了空间技术研究院筹备处提出的研究院编制方案,确定空间技术研究院以研制空间飞行器(航天器)为主要任务,以中国科学院卫星设计院、自动化研究所、力学研究所分部、应用地球物理研究所、电工研究所、西南电子研究所、生物物理研究所、兰州物理研究所、北京科学仪器厂、上海科学仪器厂、山西太谷科学仪器厂以及七机部第八设计院、军事医学科学院第三研究所等从事空间飞行器研究的力量为基础进行组建。1968年2月20日,国防科委根据中央军委批复,授予研究院番号,称"中国人民解放军第五研究院",钱学森兼任院长。1973年7月24日,国务院、中央军委决定,空间技术研究院脱离军队编制,正式划归七机部建制,称中国空间技术研究院。

经过40年的发展,中国空间技术研究院已经成为中国空间事业最具实力的骨干力量,主要从事空间技术开发、航天器研制、空间领域对外技术交流与合作、航天技术应用等业务,还参与制订国家空间技术发展规划,研究有关探索、开发、利用外层空间的技术途径,承接用户需求的各类航天器和地面应用设备的研制业务并提供相应的服务。目前,中国空间技术研究院下设分院、研究机构、卫星制造厂等,拥有1家上市公司和多家全资子公司,建立了多个国家重点实验室,形成了北京、西安、兰州、烟台、天津、内蒙古、深圳7个产业基地,拥有空间飞行器总体设计、分系统研制生产、总装测试、环境试验、地面设备制造及卫星应用、服务保障等配套完整的研制生产体系,在北京航天城建成了集系统设计与集成、总装、测试、试验一体化的新型航天器研制生产基地。

③ 上海航天技术研究院

上海航天技术研究院初创于1961年,是上海地区航天科技工业的抓总单位。

1959年12月,由于当时严峻的国际形势,中共中央为加强国防建设,决定以最快速度建立新的导弹工业基地。副总理贺龙、聂荣臻根据中央的战略决策,经与上海市委第一书记、市长柯庆施商议,提出"上海也要搞尖端",要充分利用上海工业基础好、协作条件好的优势,争取时间在上海开展试制导弹的工作,并逐步建设成为中国的导弹工业发展基地。这一设想很快得到周恩来总理的支持和中共中央的批准。

1961年7月19日,上海市委决定成立上海市第二机电工业局,主管上海地区的导弹研制事业,初期目标以仿制导弹为主,研制探空火箭为辅。上海机电二局成立之初,国防部第五研究院进行了对口支援。1961年11月,国防部五院从一分院、二分院抽调30余人赴上海帮助筹建导弹试制基地,制订发展规划。这一行人当中,有国防部五院一分院副院长屠守锷、七室主任姚桐斌等。1962年春,国防部五院王诤副院长又带领一批技术人员到上海。此外,从上海全市有关科研设计单位、工厂和大专院校也抽调一批优秀科研人员、干部、工人和学生支援上海机电二局,很快形成了1万余人的职工队伍。到1964年底,上海机电二局有工厂8个、研究所1个,职工达15100人。①

七机部成立后,经中央专委批准,上海机电二局划归七机部,与七机部第二研究院合并,作为二院在上海的分支机构,同时仍作为上海的一个工业局,领导上海地区的导弹研制工作,主要负责运载火箭和地空导弹研制。1982年6月,上海机电二局改称为航天工业部上海航天局,实行以航天工业部为主的部、市双重领导。1999年上海航天局划归中国航天科技集团公司管理,改称上海航天技术研究院。

经过五十多年的发展,上海航天技术研究院已经成为一家大型航天科技企业。作为我国运载火箭和航天器的重要研制单位,上海航天技术研究院先后研制了风暴一号、长征二号丁、长征四号火箭,风云系列、遥感系列、实践系列等应用卫星,并积极开展以"萤火一号"火星探测器为代表的深空探测研究和国际技术合作。该院不仅是载人航天工程、探月工程主要研制单位之一,也是我国防空导弹武器系统的重要研制单位。同时,依托航天技术,该院积极投入民用产业开发,已在太阳能光伏、汽车零部件、燃气调压设备、新材料、机电产品等领域取得重要成绩。在航天服务领域,该院积极开展了卫星通信服务、软件评测、物业管理等方面的业务。

2. 中国航天科工集团公司

(1) 集团公司介绍

中国航天科工集团公司是国务院管理的国有特大型企业集团,以"科技强军、航天报国"为企业使命,主要从事防空导弹武器系统、飞航导弹武器系统、固体运载火箭及空间技术产品等研制生产工作,是我国国防科技工业的中坚力量。科工集团先后为国家提供了几十种性能先进的导弹武器装备,创造了我国国防武器装备建设史上一个又一个辉煌的"第一",极大地提升了我国的国防实力。近年来科工集团着眼于"大防务、大安全、大融合、大发展"理念,积极拓展

---

① 陆正廷,王德鸿.上海航天志[M].上海:上海社会科学院出版社,1997:3-5.

非传统安全领域发展空间,在信息技术、装备制造等方面开发了一系列军民结合高技术产品,产生了较好的社会效益和经济效益。2011年,科工集团营业收入规模首次突破千亿元大关。

中国航天科工集团公司现有5个大型研究院、2个科研生产基地及若干企事业单位,控股6家上市公司。目前,集团共有员工13万人,各类专业技术人员超过40%,其中包括一大批国家级知名专家和学者。

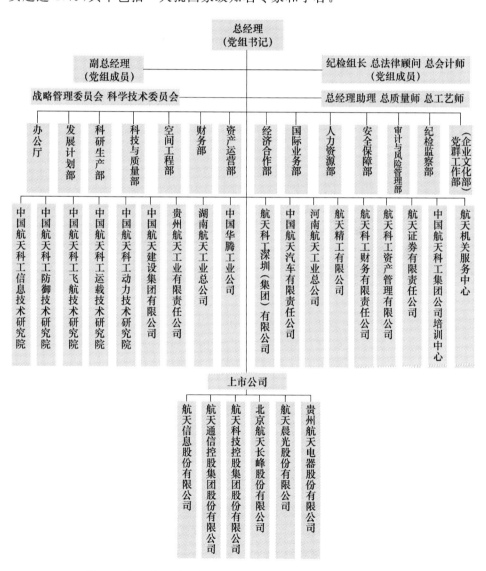

图 2-6　中国航天科工集团公司组织结构图(截至 2012 年 11 月)

（2）五个大型研究院

① 中国航天科工信息技术研究院

中国航天科工信息技术研究院成立于2002年7月1日,隶属于中国航天科工集团公司。2009年8月,原中国航天科工信息技术研究院、中国航天科工8511研究所、北京航天测控技术开发公司、中国航天系统工程公司等从事信息技术研究及相关装备研制生产的单位进行重组,成立了新的中国航天科工信息技术研究院。

中国航天科工信息技术研究院拥有国防科技工业自动化测试技术研究应用中心等国家级技术创新机构,是科技部认定的国家技术转移示范机构,是发改委确定的国家信息化试点工程单位,是中国航天科工武器装备测试与控制技术中心。取得各类专利成果260余项,共获得省部级以上科技奖近百项,其中,国家科技进步特等奖3项、二等奖3项。现有在职职工858人,离退休职工221人。2010年全院实现营业收入7.4亿元,利润总额6601万元,资产总额近17亿元。

中国航天科工信息技术研究院主要从事军民信息系统的研究及信息技术产品的设计开发与生产,包括空间与导弹武器电子对抗、卫星导航与卫星通信应用、武器装备信息化综合保障、智能仪器、信息系统集成等技术研究与产品开发与生产,涉及小卫星、卫星通信、卫星导航、智能交通系统等领域,服务对象遍及政府、军队、公安、交通、金融、教育、卫生、电力等行业。中国航天科工信息技术研究院成立以来,完成了多项国防科学重点技术研究项目及国家产业化项目;成功研制了多种系列小卫星产品、卫星应用系列产品、行业应用软件系列产品及信息安全产品;参与了不同行业多项重大信息工程建设,为国防现代化及经济建设做出了较大贡献。

目前,中国航天科工信息技术研究院由院本级、总体部、一个研究所、四个子公司和一个合资公司组成,下设一个总部研发基地、两个产业园区,地点分布在北京市丰台区、石景山区和江苏省南京市。设有研发中心及若干个分中心,负责卫星、卫星应用、信息技术、测控技术等核心技术研究和产品开发。

中国航天科工信息技术研究院下属的8511研究所是航天系统唯一的航天电子对抗技术总体研究所,主要业务方向是电子对抗技术研究与设计、试验和产品开发。历经多年的发展,取得了100多项科研成果,形成了以电子与红外对抗设备、通用电子战设备为代表的系列产品。8511研究所作为我国卫星载

第二章 中国航天事业的体制机制

荷研制的开拓者和主要研制单位,圆满完成了多个重点卫星载荷类装备的研制工作。研究所研制的电子对抗类产品广泛应用于航天、航空、电子等科研生产领域。

北京航天测控技术开发公司位于北京市石景山产业园区,是中国航天科工测控中心、武器装备测试与综合保障技术中心、国防科技工业自动化测试技术研究应用中心,主要业务是军工领域测控装备和维修保障信息化装备研发生产、导弹通用测试平台、系统集成、工业控制、基础测试测量仪器产品和软件与信息化产品。公司在以武器装备测试与综合保障技术为代表的测控领域,取得了突出成绩,产品及服务覆盖部队、航天、航空、兵器、核工业、船舶、电子等军用领域和民航飞机、石油、汽车、化工、电力、铁路等民用领域。

中国航天科工卫星技术有限公司主要开展微小卫星与有效载荷及相关技术产品的研发、生产,基本形成了微小卫星及先进载荷等产品系列。公司承担了多项国家863预研项目和国家重点型号任务,并完成了多项研制任务。

北京航天科工世纪卫星科技有限公司主要开展信息传输与分发总体技术研究与相关产品集成,数据链终端、信息处理终端、卫星导航终端、区域卫星导航增强系统、卫星应急通信设备卫星通信等技术研究和产品开发。公司自主研制的VSAT卫星通信系统、车载卫星天线系统等产品,参与多项国家重点工程和行业重点项目。公司承建的珠穆朗玛峰6500米卫星通信站是世界海拔最高的移动通信基站,为奥运圣火在珠穆朗玛峰传递的通信保障作出了重要贡献。

中国航天系统工程公司是中国航天科工技术创新投资管理、节能技术、军转民生产力促进三大中心,主要承担民用系统工程、节能减排审计及信息服务、与节能减排有关的电子信息设备开发等业务。公司开发的系统电效控制技术已得到成功应用,列入军工行业成果推广计划,2007年国家科技部将该技术列入国家火炬计划重点项目。

② 中国航天科工防御技术研究院

中国航天科工防御技术研究院创建于1957年11月16日,其前身是国防部第五研究院二分院。

中国航天科工防御技术研究院是军民结合、技工贸一体化的高科技经济实体。下设10个专业技术研究所、3个工厂、6个服务保障单位、1家上市公司,现有在职职工18000余人,其中管理和专业技术人员10000余人,技能人员7000余人,研究员和高工2000余人,拥有两院院士7人和一大批国家突出贡献的专家。1979年以来,共获得国家及部级科技进步奖2500余项,曾四次获得国家科技进步特等奖,尤其是在2007年、2008年连续两年获得国家科技进步特等奖,成为我国第一个连续两年获此殊荣的单位。

中国航天科工防御技术研究院拥有5个国防科技重点实验室,以及电磁兼容等一大批行业重点实验室,75%的设备仪器的装备水平达到国际国内先进水平。建立了防空导弹武器系统柔性设计制造数字一体化集成环境及完善的计量测试、电磁兼容、元器件可靠性试验检测、软件评测等基础保障条件,并形成了批量生产能力。

经过50多年的建设与发展,中国航天科工防御技术研究院已从国家导弹武器控制系统专业技术研究院发展成为集开发、研制、生产、试验和服务于一体,以系统总体技术、体系研究和系统集成技术为主导,以微电子、光电子、机电技术为基础,在武器系统总体、导弹总体、精确制导、雷达探测、目标特性及目标识别、仿真技术、军用计算机及共性软件、地面设备及发射技术和先进制造技术等领域处于国内领先水平。中国航天科工防御技术研究院先后承担并圆满完成了我国早期地地导弹控制系统,我国多代地(舰)空导弹武器系统,我国第一个固体潜地战略导弹、固体陆基机动战略导弹的研制生产任务,为我军装备现代化建设和我国综合国力的提升作出了重大贡献,有多型装备先后参加了国庆35周年、50周年、60周年阅兵,接受了祖国和人民的检阅。

在确保军品任务完成的同时,中国航天科工防御技术研究院积极贯彻"军民结合、寓军于民"的方针,"十一五"期间确立了安保科技与应急装备、物联网与信息安全、工业自动化与数控机床以及医疗器械作为军民融合及民用产业重点发展的四个产业方向,圆满完成了北京奥运会、上海世博会、国庆60周年阅兵及广州亚运会等安保科技系统建设和保障任务,荣获了党中央、国务院颁发的"北京奥运会先进集体"和"上海世博会先进集体"的荣誉称号。其中,电子票证(RFID)系统成功应用于北京奥运会和广州亚运会,创造了奥运会、亚运会历史上的多项第一;信息安全系列产品、射频识别相关软硬件产品获得了公安系统、国家保密局的测评认证资质,广泛应用于政府及军工行业;工业自动化与数控机床产业不断拓展,火电、水电、国际工程业务稳步提升,电力辅机业务拓展到核电辅控市场;成功进入城市轨道交通市场领域;形成了数控机床、数控系统、伺服及电机等数十种产品;以制动总成为核心产品的汽车零部件及其它多款新产品成功推向市场,形成了一定规模;医疗器械产品以转型求发展,积极寻求经营模式和产业结构的转型,完成了麻醉机、呼吸机、手术灯、手术床等产品关键技术攻关,开拓了手术室解决方案和手术室工程新的领域,实现了产品开发向技术创新的转变。在元器件检测、专用测试设备和计量校准测试服务、医疗服务、信息咨询服务、物流管理、工程监理、动力运行、通信保障及外贸出口等领域均实现了新的发展。

③ 中国航天科工飞航技术研究院

中国航天科工飞航技术研究院成立于1961年9月1日,是我国唯一的集研究、设计、试验、生产为一体的飞航导弹科研生产基地,也被称为中国飞航导弹事业的"摇篮",其前身为国防部第五研究院三分院。

中国航天科工飞航技术研究院作为大型综合性研究院,由飞航产品总体设计部,动力、惯导、雷达测控、红外激光、特殊材料、计算机等10个科研生产一体化专业技术研究所,2个总装厂,4个保障单位,9个公司(其中含1个上市公司),共计26家单位组成,在武器系统研发、系统试验、系统集成等方面具有核心竞争力,在飞航武器系统等10余个专业领域拥有核心技术。从这里诞生的飞航导弹中,有8个型号的导弹武器装备参加了国庆35周年、50周年、60周年阅兵。现有在职职工18700余人,培养出了一批有突出贡献的知名专家和国家级学术技术带头人,先后产生了7位院士,16位国家级、92位省部级专家及学术技术带头人,398人享受政府特殊津贴。先后获得国家级、省部级科技奖励1290余项,其中国家科学技术进步特等奖5项,一等奖10项,国防科技进步特等奖3项。

自成立以来,中国航天科工飞航技术研究院按照"基本型、系列化"的指导思想,走出了一条"仿制改型—自行设计—自主创新"的发展之路。先后研制成功舰舰、岸舰、空舰等多系列、多型号飞航导弹,共10余个系列30余种产品,射程覆盖近、中、远程,发射平台包括舰艇、潜艇、飞机、车辆,飞行高度覆盖高、中、低空,飞行速度涵盖亚声速、超声速,能攻击海上、陆上等多种目标,服务对象面向三军,形成了庞大的飞航导弹家族,填补了我国武器装备系统的一系列空白,如中国第一型岸舰导弹、第一型空舰导弹、第一型超音速飞航导弹、第一型固体多用途反舰导弹、第一型潜射反舰导弹、第一型中程反舰导弹、第一型巡航导弹等。在国庆35周年阅兵式上,某型飞航导弹在阅兵方阵中刚一出现,即被外国人惊呼为"飞鱼",正是这个"中国飞鱼",开启了"玲珑一代"飞航导弹的先河,为飞航导弹事业发展创新铸就了一座不朽的里程碑。在国庆60周年阅兵式上,我国某型巡航导弹首次亮相,该型号实现了我军远程精确打击能力的跨越发展。

在跟踪世界航天高科技发展的同时,中国航天科工飞航技术研究院积极开展国际技术交流,与国内上千家科研院所、企业保持着紧密友好的合作关系,促进了飞航技术外向型发展,并被国家批准为首批享有进出口权的科研院所。面向未来,中国航天科工飞航技术研究院将瞄准世界先进水平,继续全力推进中国飞航导弹武器装备体系的转型升级。

④ 中国航天科工运载技术研究院

中国航天科工运载技术研究院是从事固体地地战略导弹武器系统、固体运载火箭等研制生产的单位。

中国航天科工运载技术研究院由原中国航天科工集团公司第四研究院、第九研究院整合重组而成,2011年12月30日在武汉挂牌。原中国航天科工集团公司第四研究院组建于2002年7月,是我国专业从事某航天型号系统的研制生产主体与技术总抓单位。原中国航天科工集团公司第九研究院于2007年4月挂牌,其前身是经周恩来总理亲自批准成立的066基地,该院是我国重要的型号产品研发生产基地和特种越野车及底盘研发生产基地。

中国航天科工运载技术研究院由院本级和第四总体设计部(四部)、控制系统总体研究所(十七所)、导弹总装测试厂(南京三〇七厂)、航天晨光股份公司、南京晨光投资公司、指挥自动化技术研发与应用中心等6个单位组成。其中,四部始建于1965年8月,是我国第一个固体地(潜)地导弹武器系统的总体设计部,十七所始建于1968年2月,是固体运载火箭控制系统总体研究所,南京三〇七厂的前身是1865年创办的金陵机器制造局,有着悠久的军工历史。目前,各单位分布于北京市和江苏省南京市两地,现有在职职工6000余人,拥有5名"新世纪百千万人才工程"国家级人选、33名享受政府特殊津贴人才、入选国防专家人才库70余人,各类专家和学术技术带头人近百人。

中国航天科工运载技术研究院在军品领域创造了我国固体地地导弹研制领域的多个"第一",是我国地地导弹的重要研制生产基地,为我国国防现代化建设作出了突出贡献。近年来,中国航天科工运载技术研究院以高科技武器装备建设需求为牵引,大力加强先进航天能力建设,拥有了多个国防重点研究实验室,导弹武器系统集成设计与验证能力得到有效提升,承担了国家多项武器型号研制生产任务,取得了国防武器装备建设的新成就,该院抓总研制生产的

武器装备参加了国庆60周年阅兵,充分展示了其地位和实力。

中国航天科工运载技术研究院积极推动军工技术的转化应用,取得了良好的社会和经济效益。如参与奥运火炬研制,为北京成功举办奥运会作出了贡献;自主研发的动中通卫星通信车,在"5·12"汶川大地震抗震救灾中发挥了重要作用;为国庆60周年群众游行活动研制的"神舟飞天"等4辆主题彩车,展现了装备制造实力。

在民用领域,中国航天科工运载技术研究院充分发挥军工技术和设备能力优势,坚持走军民融合的发展道路,形成了特种车辆、成套机械设备、压力容器、软管、艺术制像等五大产品系列,民用产业取得了快速发展,经营规模不断扩大,市场占有率逐年提高。其中,专用车分公司已成为我国最大的专用汽车研究生产基地之一,柔性管类分公司成为了亚洲规模最大的金属软管和波纹补偿器研究生产基地,艺术制像分公司是世界上最大的青铜艺术品研究生产基地,产品蜚声海内外。

⑤ 中国航天科工动力技术研究院

2011年12月26日,中国航天科工动力技术研究院在内蒙古呼和浩特市成立。它是中国航天科工集团公司以建设国内一流的固体动力研究院和产品供应商为发展目标,将原中国航天科工集团公司第六研究院及有关单位的固体动力相关资源重组整合组建的。

原中国航天科工集团公司第六研究院(又名中国河西化工机械公司)是我国第一个固体火箭发动机研制生产基地。1962年7月,国防部第五研究院在四川泸州建立了我国第一个固体火箭发动机研究所;1964年4月,改称国防部第五研究院四分院;1965年1月,改称第七机械工业部第四研究院;同年北上,又在内蒙古自治区呼和浩特市建立生产基地;1978年10月,改称内蒙古自治区第七工业局;1981年5月,改称第七机械工业部第四研究院驻内蒙古指挥部;1999年7月,国防科技工业十大军工集团公司成立,内蒙古基地改为中国航天科工集团公司第六研究院。

五十多年来,原中国航天科工集团公司第六研究院创造了中国航天固体动力发展史上10余项"第一",成功研制出100多种型号的战术、战略、宇航用固体火箭发动机,获得省部级以上科研成果奖400余项;成功研制的东方红第三级固体火箭发动机、返回式变轨制动发动机和EPKM近地点固体发动机,在我国第一颗人造地球卫星、第一颗试验通信卫星、第一颗气象卫星和国际卫星发射中屡建功勋。

2011年12月26日,中国航天科工集团公司内部固体动力资源重组整合,新六院组建成立。目前,新六院下属41所、46所、210所、601所、602所、359厂、389厂、8610厂、科技公司、金岗重工、实业公司、航天医院等5个专业研究所,3个大型生产厂,2个民品公司,1个三产服务总公司及配套的服务保障单位,拥有在职员工7000余人,形成了呼和浩特、北京、西安和湖北四地协同、可持续发展的军民融合式产业发展格局。经过50年的发展,新六院已逐步形成了覆盖战略、战术、防空反导以及宇航等全应用领域、多尺寸、宽射程、系列化的固体动力产品体系。

新六院按照国家"寓军于民、军民融合"的发展方针,聚焦高端装备制造、化工及新材料、信息技术与工业自动化、现代服务业等领域,培育形成了F-12高强有机纤维、风电塔筒、风力发电机叶片、稀土萃取剂、乳酸系列产品、电气自动化设备等一批极具市场潜力和发展前景的重点产业化项目,为固体动力事业的长远、可持续发展奠定了坚实的基础。

第二节　科学高效的运行机制

航天工程具有高度复杂性,需要依靠众多单位、部门,成千上万人的大力协同工作才能研制成功,是典型的系统工程。从组织管理角度看,开展航天工程研究,就是要把一系列笼统模糊的初始研制概念逐步地落实为数以万计的参研参试人员的具体工作,这是一个逐渐具体化、清晰化的过程。在完成过程中,管理人员必须统筹考虑各方面的因素,使得整个工程的实施能够协调运转,做到技术上合理、经济上合算、研制周期满足要求。为了更好地开展管理工作,在不断取得技术进步的同时,中国航天人也在不断探索更为科学的航天工程管理体制。经过多年的发展,中国航天逐渐形成了以型号院为核心单元的组织结构,确立了以型号研制为核心的研制工作基本模式。这一研究管理体制以系统科学思想为指导,高度突出总体设计部的作用和"两条指挥线"制度,强调研究、规划、设计、试制、生产和试验的一体化。另外,中国航天科技工业通过军民分线管理保持了航天事业的平稳发展,在保证军品任务的同时,产业辐射范围不断扩大。实践证明,这一体制把科学技术创新、组织管理创新与体制机制创新有机结合了起来,是一条独具中国特色的自主创新管理道路。

一、型号研制程序

一种新型运载火箭的研制,从明确任务到正式投入航天发射服务,一般需要5年左右的时间。在整个研制过程中,要把成千上万的设计、生产和试验人员,各种各样的工艺和试验设备有秩序地组织起来,按照系统工程的方法制定严格的研制程序和周密的实施计划。

型号工程项目总体上可以分为两个大的阶段:第一个大阶段是可行性论证阶段,即国家批准型号工程立项和型号项目的任务书下达之前的工作阶段,此阶段为战略决策阶段;第二个大的阶段是型号研制阶段,即国家已经批准型号工程立项并下达详细任务书的工作阶段,这个阶段可以划分为方案、工程实施和定型三个步骤。

1. 型号工程的可行性论证阶段

（1）预研论证阶段

预先研究是指通过对关键技术及共性基础知识的研究，为产品的进一步研制及发展提供技术储备。早在20世纪五六十年代，一些领导与主管"两弹一星"研制的科学家和领导者就注意到了预先研究的重要性并加以实践。20世纪60年代初，为了适应中近程火箭及后来几个型号的需要，在国家的统一计划下，在液体火箭发动机、箭体结构、箭上计算机、惯性器件、伺服机构、遥测技术、地面设备、空气动力、环境试验、材料工艺、测试计量、电子元器件等方面，组织了强有力的科研攻关，突破了许多关键技术，为新型号研制打下了坚实的基础。以中程导弹东风三号为例，当1964年正式开始研制时，已有了可储存液体推进剂、全惯性制导系统、四发并联、新材料和新工艺等技术储备。因此，从结束总体方案设计到第一次飞行试验成功，仅用1年零9个月时间，而且，东风三号导弹与东风二号导弹相比，在火箭的结构系数、发动机的比推力和控制系统的制导精度等技术性能方面有了质的飞跃，大大锻炼了我国的导弹研制队伍。航天材料专家姚桐斌曾说："研究与发展所需的周期较长，设计与生产所需的周期较短。如果研究与发展能创造充分条件，设计与生产所需的周期即可大大缩短。"

根据中国的实际情况和多年的实践经验，1966年2月，聂荣臻在给周恩来的报告中，正式提出国防科研要走"三步棋"，即在一定的计划期内，要有三种处于不同阶段的型号，一种是正在试制、试验的型号，一种是正在设计的新型号，一种是正在探索研究的更新的型号。至少要看"三步棋"，这样可以加强工作的计划性和预见性。对于一种型号来说，要分三步走，先经过预先研究，再转入型号研制，最后进行小批生产。按"三步棋"安排科研生产，坚持预先研究先行，型号研制要按程序、分阶段管理。同时，在型号研制经费的划分上，国防部五院也一直坚持预研经费要占到整个型号研制经费的30%（后来，国防科委为保证计量、质量、情报这类技术基础的研究，从30%的预研经费中砍掉4%，用于技术基础的研究），符合航天事业发展的客观规律。

预先研究工作，大体分成两类：一类是基础技术应用研究，主要包括为多种型号共用的专业技术研究。如遥测技术、气动技术、计量技术研究。也包括一部分探索性的新技术和新理论研究，如优化设计理论研究。一类是支撑性课题预研，主要包括以规划中的特定型号为目标的关键技术课题研究。如通信卫星

国内波束天线研制,运载火箭新型发动机研制。这两类预先研究,要安排适当,总的目标都是为了提高航天科技水平,加速型号的发展。但是这两类课题的研究都很难见到成果,从事预研工作的同志在评奖评职称时就会受到影响。为了稳定从事预研工作的同志,中国航天后来专门设立了一套预研师系统。

中国航天在预先研究选题方面,始终紧紧围绕发展规划中确立的未来要进行的型号工程项目进行,为型号工程研制提供先导性的技术支持,依据型号发展规划进行配套预研,或原理试验的验证。中国航天在进行预先研究选题过程中,有四个主要的原则。原则一,可行和可靠。即所选定的课题,不但应当是可行的,而且是可靠的。任何研究课题都有其完成课题的必备条件。原则二,技术进步。技术进步就是要解决型号工程的关键技术问题。这些关键问题解决了,就会使型号工程的技术大大前进一步,甚至有质的变化。原则三,学术价值。首先是突破旧理论束缚实现新探索,其次是新方向,这种新往往出现在基础研究的创造性课题。第三是新途径,即同一问题可以有不同的解决方法。原则四,经济价值。经济价值是指研究项目本身要具有经济价值,也指研究项目预计花费要清晰可控。

一般来讲,航天事业预研的大方向不存在急剧的变化,由于航天工程往往与高可靠密切相关,航天产业对于科学技术的依赖性特别强。因此,航天产业的变化和普通民用市场相比不仅周期慢,而且即使有变化也是有计划和循序渐进的,一些大的方向不是太难判断,更多的是在技术上比较难以实现。例如,世界公认的运载火箭发展方向是无毒无污染、高可靠、低成本以及可重复使用。但是如何从技术上加以实现,特别是落实到具体操作层面上就变成需要攻克的难题。

(2) 型号项目可行性论证阶段

在型号工程研制计划管理中,项目的可行性论证是很有特色的一个环节。技术方案可行性论证主要由研制部门通过综合分析提出可达到的技术指标和对型号研制的建议,这一过程既要符合我国航天技术发展规划,又必须考虑人力经费等方面的可能性,还要参考世界航天技术发展动态。可行性论证报告内容主要包括总体技术方案设想、大型试验方案设想、研制周期、重要的保障条件、研制经费估算和对研制分工的建议等。

新一代大推力运载火箭长征五号可行性论证工作就很有代表性。长征五号火箭论证的时间非常长,第一份论证文件是1986年完成的,而真正的立项是在2006年,整个项目论证经过了20年才通过国家审核。立项以后,考虑到早期论证关键技术攻关工作难以满足要求,在进行方案论证时增添了一个预发展阶段,这个阶段是其它型号论证过程中所没有的。在预发展阶段补充完成所需要的技术攻关工作,然后再进入初样阶段。型号研制的每个阶段要完成的工作,关键技术所要达到的水平,所有这些内容在型号论证的初期要形成一个全面的报告。

航天型号可行性论证报告往往是最科学、最全面的。在立项研制的初期,需要将可能涉及的所有要素,如计划、经费、技术等都考虑在内。例如,在研制长征三号甲火箭的时候就策划了后期可拓展的长征三号乙和长征三号丙两种火箭构型;正在研制的长征五号火箭原本策划了六种构型,出于简化状态的目的最终保留了长征五号和长征五号B两种构型。

在重大航天工程立项前,我国航天事业的决策者们十分注重发挥科技委的"参谋部"和"智囊团"作用,组织科技委专家或相关领域专家对任务背景、关键技术、实现途径及研制进程等进行充分论证,对工程项目提出建议,明确专业技术发展方向,确定后续研制任务。多年来的实践证明,航天科技工业如何发展,每类专业确立什么指标,走什么技术途径,开辟什么样的研究课题,成立什么样的项目等,都必须开展充分的技术论证和可行性论证。既要避免跟着世界先进水平亦步亦趋而毫无新意,又不能在技术指标和途径上提出不切实际的过高要求,要把先进性与可行性、学术性与工程性、探索性与实践性很好地结合起来。为达到这一目的,对于这些技术性工作,必须由科技委主导,组织研究、论证、评审和议定工作。科技委对于综合试验和大型试验,要同"两总"一起检查和评审试验结果。在进行这些工作时,要同"两总"、科技工作管理部门、计划部门沟通和协调,以利于科技工作管理部门、计划部门对科技委的议定进行落实。

2. 型号研制阶段

(1) 方案阶段

各类型号工程项目进入方案设计阶段,必须具备三个条件:一是上报的可行性论证报告得到批准;二是国家批准下达了型号工程的研制任务书;三是型号工程项目的关键技术已具有相当的预先研究成果。三者缺一不可,最关键的是第三条。型号工程项目进入方案阶段后,从总体到各分系统,再到各配套产品等,都必须开展相应的研制工作,以保证型号工程项目各个研制阶段工作的顺利进行。

以运载火箭为例,其方案设计阶段的主要任务是在优选出的运载火箭技术方案的基础上,进一步选定总体设计方案,并全面展开方案设计工作。通常,首先应选定火箭的结构形式和火箭级数,选择推进剂、发动机、控制系统和伺服系统等的类型,进而确定火箭的结构外形、总体布局、星箭和级间分离方式,以及各级贮箱、壳段的结构形式等。在此基础上,进行第一轮正式的运载火箭总体参数分析计算,提出运载火箭的总体参数、空气动力学特性、弹道、载荷、推进剂晃动和火箭弹性振动计算等具体设计报告。根据上述设计报告提供的计算结果和总体设计方案的要求对各分系统设计单位提出初样设计任务书。在方案阶段,型号总设计师及其工作机构——总体设计部,要通过多种方案、多种途径的论证、比较,统一设计思想,筛选总体和分系统方案,经过模样验证、必要的试验和理论计算,选择最佳方案,并对型号研制工作做出全面规划部署。总体方案是否正确和达到总体最优化,是这个阶段的关键。方案阶段的工作必须做充分,尽可能避免总体方案的反复。方案阶段完成的主要标志是涉及运载火箭总体方案的关键技术已经基本解决,经模样验证运载火箭技术方案得到肯定的结论,初步确定了运载火箭总体和分系统的主要性能参数以及初样火箭的技术状态。

(2)工程实施阶段

工程实施阶段,包括初样研制和试样研制两个阶段。在初样和试样阶段,要抓紧技术经济指标的落实,特别注意技术改进和稳定技术状态的关系。初样阶段的任务,是经过各种试验,修改设计,达到技术指标要求,使之成为正样产品。试样在飞行试验前的地面试验要充分,试验工作要坚持由简到繁、循序渐进的原则,先做数学模拟,后做实物模拟;先做局部性能试验,后做综合匹配相容性试验。

以运载火箭为例,初样研制是方案阶段的设计结果被批准后开始的。初样阶段的主要任务是用初样样机对设计、工艺进行验证,进一步完善运载火箭的设计方案。通过初样样机的地面试验,进一步改进各分系统的设计。经分系统改进设计后向总体单位提出进一步的设计依据。总体设计单位进行第二轮工程型号总体参数分析计算,即所谓"初步设计",目前通称"初样设计"。这一轮分析计算的内容与方案设计阶段基本相同,只是计算方法更为精确,为试样研制提供更为可信的设计依据。经过初样设计,原则上讲,该型号的总体方案和主要性能已经基本确定。

试样研制阶段,也就是试验样机阶段,又称正式样机阶段。试样阶段,是全面检验型号工程项目的总体、分系统、配套产品设计方案、设计和工艺水平与质量,型号工程技术性能指标能否满足要求的阶段。这个阶段的根本任务是研制出进行飞行试验的产品,并进行发射飞行试验。根据型号工程项目技术状态的起点状况和型号工程项目的总体技术方案、型号工程项目的战术技术指标,以及型号工程定型条例的要求,可以组织一个回合或几个回合的反复试制和试验。

（3）定型阶段

定型阶段由定型鉴定试验、设计定型和工艺定型三个阶段组成,是在研制阶段结束后组织全系统进行定型审查和评审的工作,提出定型报告。

以运载火箭为例,通过定型鉴定试验后,运载火箭的技术状态和技术方案基本固化,任何设计更改都应十分慎重。因为整个运载火箭系统从设计到生产,从地面设备到运载火箭,从测试、发射使用文件到靶场实际发射操作,已经形成了一个完整、协调的系统,此时任何小的设计更改或者工艺更改都可能带来新系统不协调的问题。所以设计定型后,任务设计更改都必须履行规定的审批程序,并且加以严格控制。同样,一旦完成了工艺定型的工作,任何零部件的工艺生产规程不得轻易改变,任何改变都需经规定的程序审批后才能进行。通过设计、工艺定型的办法,确保定型后的运载火箭的技术状态、技术性能和生产质量的稳定性,设计定型与工艺定型是运载火箭投入航天发射服务的重要保证。

二、总体部与"两条指挥线"

1. 以型号为主线的管理方式

20世纪50年代末60年代初,我国整体工业水平仍十分落后,与航天科技工业相关的许多技术门类都是空白,许多子项目难以做到严格的专业化分工。从历史的角度来看,以型号研制为基本单元组织研制生产工作,是中国航天科技工业在这种特殊困难条件下的一种应对举措。然而,正是在发展起步阶段这种看似不得已而为之的举措,几经完善,最终成为了中国航天最为重要的体制创新。

型号研制是一个非常复杂的整体,由许多功能相异而又相互关联与制约的

分系统所组成。为保证型号工程总体性能的实现,各分系统必须按总体部提出的技术要求来进行研制并保证其实现,而总体性能指标必须建立在分系统可能实现的基础之上。如果不能严格按型号研制的客观规律办事,只会欲速而不达。1958年至1960年,在仿制苏联P-2导弹的过程中,技术人员的主要工作还只是摸清苏制导弹的原理、结构与性能,对导弹总体设计的认识尚在起步阶段。1962年3月,东风二号导弹首次发射失败,使大家认识到自身在总体设计能力上还存在严重不足,在组织结构上还没形成科学有效的管理体系,难以对导弹设计与生产的各个环节予以全面保证。

当时,国防部五院内部采取的是分设不同专业研究分院,最后进行系统集成的项目模式。这种模式容易造成行政指挥线与技术指挥线的交叉,使型号系统内在的联系被人为割断。开展仿制工作时,这种管理模式尚可完成任务,但在自行设计生产展开后,各种问题很快便凸现出来。在技术能力有限的情况下,一个分院同时承担几类不同型号的研制工作,这些型号的技术特点又有很大差异,往往会顾此失彼,难以全面照顾,形成了谁都负责、谁也负不了责的局面。同时,各个系统之间联系严重不足,使得总体衔接上出现很多困难。再者,对于航天系统内无法解决的技术与产品问题,有时要采取大协作的方式加以解决,而且也确实攻克了不少技术难关,但是大协作往往又要付出很大的协调成本。总之,当时很难做到将一枚导弹的不同组成部分分解给各个专门化机构进行研制生产。

20世纪60年代初颁布的《七十条》,在系统总结成败两方面经验的基础上,对型号研制的相关问题做了若干具体规定,主要包括:① 制定型号研制程序,强调必须按照各个阶段要求开展工作;② 建立技术责任制与总设计师系统;③ 强化总体意识,明确实现总体设计意图是研制过程中的主导;④ 组织管理要在统一的计划与调度下进行。这个条例的产生,标志着我国航天系统工程管理的形成,为各单位从"专业院"向"型号院"的转型奠定了基础。

根据形势的发展需要,1963年国防部五院开始调整各分院的技术力量和机构配置,使各专业分院逐步向型号院的方向发展。1964年11月,国防部五院在原一、二、三、四分院的基础上,分别组建了按型号类别划分的四个研究院,标志着型号院体系的初步形成。通过调整,各分院均形成了以型号为目标,专业为基础,科研生产相结合的集中统一的组织体制。这种体制,重点突出,型号抓总,技术协调,一般不需要跨院进行,促进了各类导弹研制工作的开展。其中一院包括了火箭总体、控制系统、火箭发动机、地面设备、材料工艺、强度与环境、遥测、计算机应用、计量测试等门类比较齐全的研究所、工厂和试验站,形成了系统配套的研究、设计、试制、试验等技术力量,能对运载火箭的研制实行统一领导,集中管理。

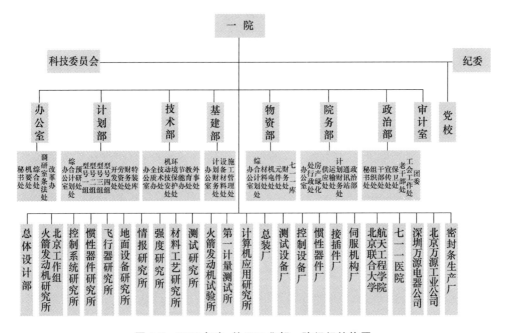

图 2-7　1987 年底,航天工业部一院组织结构图

通过强化总体设计,每个单位负责一大类产品的整体研究工作,而分系统形成专门化研究机构进行设计生产,减少了不同院所之间、航天系统与非航天系统之间的交叉与协调,简化了管理环节,既有利于提高科研生产效率,又有利于保障产品质量。同时,这种模式更有利于型号整体的技术预研、技术储备和技术攻关,对型号的长远发展也非常有利。在整体管理上,这种模式有利于在型号研究院内贯彻同样的技术标准,同样的产品质量,同样的产品进度,可以大大减少技术与进度协调带来的麻烦。此外,这种模式封闭性强,有利于开展国防型号的保密工作,也便于上级部门的宏观管理。

当然,随着时代的发展,这种一个型号一条龙式的组织模式也逐渐显现出一些弊端,例如研制机构的重复设立,内部封闭,型号之间缺乏竞争等。在当前我国整体工业和科技水平已经大幅提高的情况下,航天科技工业也正在对既有的型号院组织模式做出一定的调整与完善,适当提高不同分系统专门化研究的水平,以便于更好地提高产品质量,降低研制生产的成本,增强产品的整体竞争力。

2. **总体设计部**

作为一个多学科、多专业有机结合的大规模的系统工程,航天型号研制具有技术复杂、综合性强、协作面广、研制周期长、质量和可靠性高、决策层次高、探索性强、不确定因素多和风险大等特征。航天型号管理的根本目的就是要通过良好的组织协调,在最短时间内,以最少的投入,利用最为合理的技术手段,完成用户确定的目标任务。在设计生产一枚导弹或火箭的过程中,总体协调工作不可能单靠一个或几个总设计师来完成,因为这么少的人不可能精通整个系统所涉及的全部专业知识,更不可能有足够的时间和精力作为保障。在这种情况下,就要求有一个工作团队或一个部门来代替先前的单个指挥者,对这种大规模社会劳动进行协调指挥,对系统总体设计和技术把关,这就是航天系统中的"总体设计部"。

具有丰富航天系统工程理论和航天工程实践经验,曾任国防科工委系统一司司长兼国家航天局副局长的郭宝柱说:"航天系统工程的关键核心就是总体设计部。系统工程的本质是从需求出发,综合多种专业技术做一个系统的方法;而总体设计部从任务需求出发,通过对控制、结构、动力等专业技术的协调,完成型号研制生产和发射任务,这是典型的系统工程。"

总体设计部在中国航天系统内的设立与完善,离不开以钱学森为代表的第一代航天人的重要贡献。早在20世纪40年代末、50年代初留美期间,钱学森在研究控制与制导技术时,就特别注意提炼普遍性概念、原理和方法,并于1954年以英文出版了第一版的《工程控制论》,这是他早期在系统工程方面进行的重要开创性工作。1956年回国开始领导导弹事业后,钱学森特别重视着眼全局、着眼长远的工作,在国防部五院成立之初,就在机构中设置了总体设计部,培养总体设计能力。但由于当时主要是学习消化苏联的设计图纸并按图纸组织生产,总体与分系统之间的矛盾并不突出,总体设计和技术协调工作不多,因而总体设计部的作用还不突出。苏联专家撤出后,随着自行设计的展开,总体设计部在整个导弹研制工作中的作用很快便显露出来。东风二号导弹失败的教训,使国防部五院上下对航天工程本身的综合性、复杂性有了进一步的认识,对总体与分系统之间协调的迫切性有了更深切的体会,从而认识到应当加强总体设计部的作用。

1962年,钱学森参与并领导了制定"70条"的全过程,并主持其中科学技术部分的起草和定稿工作。我国航天事业历经坎坷,从资源分散到集中高效使用,从多头无序运行到建立起以型号研制为中心、责任分明的技术指挥线,这个条例发挥了巨大作用。条例规定:总体设计部是总设计师领导型号设计的技术工作抓总机构,主持制定总体方案与初步设计工作,草拟分系统设计任务书;负责总体技术协调、全型号配套和分系统验收;主持总装测试、综合试验和设计定型等。

经过1964年调整后的各型号院总体设计部,作为总设计师的技术依托部门,具有顶层的技术地位,在此后型号研制工作中发挥了重要作用。总体设计部是技术抓总单位和技术参谋部,是总设计师的技术决策支持单位,是型号研制的龙头单位,是型号战略规划和系统创新的责任主体,是航天技术发展的牵引和带动力量。总体设计从需求以及大系统约束条件出发,经过分析权衡得到系统顶层体系结构和功能、性能要求。根据研制对象的特点,把系统结构和功能要求逐级分解到分系统和单机,使它们成为成千上万研制任务参与单位和人员的具体工作。经过从部件、分系统到系统逐级协调、设计、集成与试验,最后得到满足使用要求的系统产品,实现系统整体功能和性能的"$1+1>2$"。随着系统工程方法的实践,总体地位不断得到强化和提升,"服从总体"成为一种不容置疑的观念。需要特别说明的是,总体设计是从明确任务到交付使用的一个完整过程,而不是一个时间点。从接受客户需求到论证和确定技术指标,再到分解和落实指标给分系统;从整个研制过程的技术协调、进度协调直到总装和地面试验、飞行试验,都离不开总体设计部的工作。

整体优化是系统工程的基本原则。整体优化包括战术技术性能指标、费用成本、研制周期三者之间的匹配统一达到最优。在技术性能指标中,不是追求某一分系统性能指标的先进,而是注重实现整体的优化。同时如何正确处理好创新与继承的关系,节约成本和缩短研制周期,这些都需要总体设计部在整个研制周期中进行协调。以长征三号甲系列火箭为例。长征三号甲系列火箭由长征三号甲、长征三号乙、长征三号丙三种液体运载火箭组成,是我国目前高轨道最大运载能力的火箭系列,也是我国目前用于国内外应用发射的品牌和主力火箭系列之一。早在研制初期,长征三号甲系列火箭研制队伍就将长征三号甲、长征三号乙、长征三号丙作为一组系列火箭进行模块化、组合化与整体化优化设计,确定了以长征三号甲火箭为基本型的发展模式。长征三号甲火箭是在长征三号火箭的基础上采用重新设计第三级形成的大型三级液体火箭;在长征三号甲火箭的芯一级捆绑四个直径 2.25 米的助推器就派生出了长征三号乙火箭,地球同步轨道运载能力可达到 5500 千克,当时运载能力仅次于俄罗斯的"质子号",位居世界第二位;在长征三号甲火箭的基础上捆绑两个直径 2.25 米助推器,就组合成长征三号丙火箭,地球同步轨道运载能力可达到 3800 千克。长征三号甲系列火箭这种"上改下捆、先改后捆"的技术途径,体现了模块化、组合化与整体化优化的先进设计理念。这一设计思路对长征三号甲系列火箭和后续型号的设计工作起到了重要的指导作用。

20 世纪 90 年代中期以来,随着国家综合国力的显著提升,对各类航天发射的需求快速增长,运载火箭型号任务不断增多。同时,各类客户对航天型号研制的性能、质量、进度、成本也提出了更高的要求。针对这种情况,各型号院总体设计部不断优化项目管理组织体系,实行更加全面和有效的多项目管理,以适应"多型号并举"形势下的全新要求。在型号项目立项和研制过程中,进一步打破机构界限,形成复合式的矩阵型组织结构,更加有效地协调资源,处理复杂的合作关系,控制各种技术和非技术风险,保证按照性能指标、经费预算和计划进度要求完成研制任务,实现飞行试验"一次成功"。特别是在信息化管理上,积极推动了 AVIDM 平台软件和数据库管理软件的使用,整体提高了型号研制的数字化水平。

3. 两条指挥线

在型号院内部,以总指挥系统和总设计师系统为代表的"两总"系统是行政、技术两条线领导模式在航天型号研制中的集中体现。关于"两总"的责任,在中国航天工业总公司成立以后有所转变。在中国航天工业总公司成立之前,航天型号研制以总设计师为主,总指挥进行保障,保证总设计师设计意图的实现;中国航天工业总公司成立后,强调总指挥全面负责制,但技术责任仍在总设计师。其中,总指挥系统承担型号研制任务的经济、质量和安全责任,全面协调整个项目的设计、生产和发射;总设计师系统则主要协助总指挥系统对项目实施管理,对项目的技术及设计、试验质量工作负责。在每一个分系统内,设计师对其技术设计负责,技术设计完成并报总体部门确定后,由分系统指挥组织进行生产测试。"两总"系统的突出优势是层次清晰,职责分明,能够有效避免行政管理和技术负责之间职权不清的不利状况。

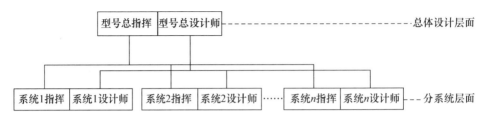

图 2-8 "两总"系统关系示意图

(1) 总指挥系统

总指挥系统由各级领导机关的行政首脑和各级计划管理部门(主要是计划、调度和技术管理部门)组成。在一个型号研制过程中,总设计师系统确定技术方案后,总指挥系统按照设计师对技术途径、总体方案等的分析,根据每一个时期各分系统进度、配套情况,制订和实施各项工程计划,并进行动态调整,以协调整体项目进度,并对整个项目的进度、安全、质量负责,目前航天系统实行的正是"总指挥负责制"。

在有些型号中,还专门设立质量师系统和工艺师系统,由行政指挥系统统一领导,负责产品质量和产品工艺。通过总指挥系统,把型号技术协调同计划调度结合起来,把技术责任制同经济责任制结合起来,对需要与可能,任务与条件进行综合平衡,努力实现技术指挥线所确定的技术途径,并根据国家要求,做出统一安排,保证各个型号、各阶段的任务如期完成。

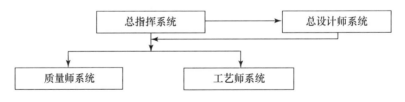

图 2-9 "两总"系统结构关系

(2) 总设计师系统

在航天事业发展初期,由于缺乏管理经验,加之仿制工作需要,对设计人员重视不够,仅采用行政首长负责制,即行政指挥线。1962年东风二号近程导弹试射失败,促使国防部五院设立了总设计师、主任设计师、主管设计师体系,成立了总设计师室。以林爽和钱文极为总设计师的两个总设计师室,最初是设在国防部五院院部。但很快发现,总设计师脱离设在分院的总体设计部,无法履行他的职责,上下渠道不通,责任制不明确,因而缺乏应有的指挥权威。在总结经验、统一认识的基础上,逐步明确了总体设计部是型号总设计师和副总设计师的工作机构。型号设总设计师,分系统设主任设计师,单项产品设主管设计师。总设计师主要是负责与总体设计有关的技术问题,尤其是与各分系统协调相关的问题;主任设计师负责分系统的技术问题;主管设计师负责单项产品的技术问题。此后,在相当长的一段时间内采用了总设计师负责制。1965年3月中央专委决定尽快研制我国首枚远程导弹,由屠守锷任总设计师。按照钱学森的说法,当时这个总设计师既是技术总负责人,又是指导日常设计工作的技术决策人。随着航天事业的进一步发展,型号任务的复杂程度越来越高,总设计师无法在技术设计工作中分担更多精力对型号的整体运转进行管理。因此,为适应发展需要,又逐步调整为以总指挥为主要负责人的"两总"指挥系统。

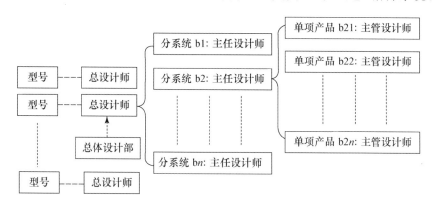

图 2-10 航天设计师系统组织模式图[①]

(3)"两总"系统的协调与配合

型号研制工作是一个有机的整体,技术和行政"两条指挥线"的紧密配合和互相协调,是至关重要的。在实际工作中,"两总"系统的工作是互相交叉、互相渗透的,两者各负其责,相得益彰。实际上,技术协调同计划调度往往是互为条件的,计划调度是以技术协调为基础,而技术协调要通过计划调度来实施和完成。总设计师系统在做技术决策时,必须把技术的先进性同经济的合理性统一起来,认真考虑人力、物力、财力、周期的可能性,不能把技术决策建立在不现实的基础上,以避免给总指挥系统造成不必要的困难。同样,总指挥系统要千方百计,克服困难,从组织队伍、创造研制条件、组织协作配套、搞好思想政治工作

---

① 刘戟锋,刘艳琼,谢海燕.两弹一星工程与大科学[M].济南:山东教育出版社,2006:116.

和后勤保障等各个方面,努力实现总设计师系统确定的技术途径和方案,保证型号研制工作按既定的程序进行。

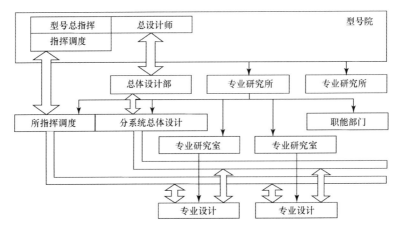

图 2-11 "两总"系统的矩阵式结构关系[①]

三、航天工程的指挥调度工作

由于航天型号研制的自身特点,多数型号研制计划的制订在很大程度上取决于国家当时的政治和军事形势的需要。因此,在计划已定的前提下如何保证各项研制工作按时完成,就成为各级指挥调度人员的第一要务。

航天事业的指挥调度工作,是在 1963 年 2 月 7 日决定由院、分院推行到部、所、厂、站,即三级计划调度线,以有力地保证和促进技术指挥线的畅通。技术指挥线的主要职责是:制订产品方案,组织产品设计,配合产品试制,保证产品质量,组织参与大型试验,负责设计定型,提出保障要求和经费估算,协同实施研制计划。计划部门根据设计师系统提出的技术方案、技术措施、研制进度,结合国家投资、物资、外协等条件安排计划。计划一经确定,所有部门都要围绕研制任务这个中心,按照计划进行工作。技术指挥员和设计师系统要按照计划,积极处理技术问题,协调各个系统的技术进度,力求按计划进度完成任务。同时计划部门又要根据技术工作的变动情况,随时调整计划,适时调度、解决工作中遇到的问题,努力保障技术方案、技术措施的顺利完成。这一独特体制创

---

① 郭宝柱.航天工程管理的系统观点与方法[J].中国工程科学,2011(4):43-47.

立后,在四十多年的实践检验中,充分显示了它的巨大活力和生命力。

实践证明,指挥调度系统的建立与健全,对于科研、生产、试验各项工作实施全面、系统、动态管理,使型号研制持续地有节奏地进行,起到了极好的推动、控制、协调作用,并适应了航天技术型号研制的综合性、探索性、国家指令性的特点,为航天事业的迅速发展作出了重大贡献。

1. 研制计划的组织实施

指挥调度工作中最忙碌的是各院的调度机构,因为他们直接同总设计师系统、生产单位和各类技术保障部门打交道,直接负责科研生产计划的组织实施工作。计划是指挥调度系统组织、开展各项研制工作的依据和前提。

(1) 各阶段主要任务

在型号的方案论证、总体方案设计及各分系统设计阶段,根据总设计师的部署,组织各种方案论证会、技术协调会;根据年度计划,编制专题协作计划,落实各研究设计单位间相互提供的技术参数、文件资料等;组织并监督各项技术课题的攻关,以保证在限定的时间内攻克技术难关,组织落实各种试验件的生产、试验设备的配套、试验,并做出试验结果分析报告。

在型号研制的试验阶段,组织设计图纸的工艺审查、晒蓝、复制下厂;组织设计人员及时配合生产;在产品总装过程中,组织和督促各生产厂适时向总装厂交付产品,协助总装厂对各生产厂交付产品的接收和验收;协助总装厂组织有关单位人员在总装车间完成产品的总装、测试和出厂前的各项准备工作。

根据研制计划组织型号的大型试验。按照技术配套表,组织地面设备、工具、备件的配套;组织大型试验设备的调试、验收、交付工作;组织试验队伍、产品运输、交接、试验,并做出试验结果分析报告。

型号定型阶段,要制订工作计划与实施细则,统一定型文件与报告格式,召开各级定型鉴定会议,直到型号定型的报告审批。

在型号进入批量生产阶段后,组织各生产厂按生产计划统一投产,及时配套、开装,完成总装测试出厂,交付使用;协助总装厂按产品定价收款、结账;必要时,协助总装厂了解配套产品定价,并向配套产品生产厂付款、结账。

(2) 组织协调会和调度会

协调会一般由主管计划的计划部部长(或科技部部长)、主管计划的副院长、总设计师、副总设计师主持。协调会主要解决:型号工程项目或重大研究课题各项任务的主要分工,跨年度的主要任务的进度协调,主要分系统技术参数接口关系的协商,重大技术措施和技术保障条件的落实,以及经费预算目标,等等。其中属于技术性的问题,由总设计师系统同调度部门协商后,由总设计师系统主持;属于行政组织管理性的问题,由行政指挥系统的计划(科技)部或主管计划的副院长主持。为使协调会决策准确,要求有关单位进行充分准备,整理出预案材料分送拟参加会议的部门,然后正式召开会议讨论;凡经会议决定的事项,必须用书面形式通知有关单位,调度部门应跟踪检查,监督其落实情况,绝不允许出现决而不行的事情。

调度会是根据年度计划对任务目标的要求,针对其当时存在的问题,为协调、集中解决问题而在一定范围内召开的会议。调度会一般由计划(科技)部长主持,或由主管计划的副院长、院长主持,各部、厂、站的领导干部参加。对于会议的内容,事先由调度室提出议题,编写调度议案,内容包括议题、议题的背景资料(即前因后果)、解决方案、负责单位、协作单位、解决时间、主要负责人等。调度议案经主管领导审定后,至少在会期两天前通知有关单位,以便与会人员作好准备,以提高调度会的效率。调度会召开时,与会人员一律签到,以示负责。凡经会议决定的事项,调度室要以书面形式通知有关单位,并跟踪检查与监督落实情况,并将执行情况用书面形式上报、下发,使任何单位必须郑重对待会议决定。

(3) 及时跟踪计划执行情况,适时进行计划动态调整

型号研制计划在执行过程中往往由于各系统、各单位之间自身工作的不平衡性,或是由于意想不到的设计、生产、试验等问题而造成计划的不协调。这就需要各级指挥调度人员随时注意了解计划的执行情况,及时发现和解决出现的问题,通过掌握的第一手材料为上级领导提供修正计划的参考依据。实际工作中,各级指挥调度人员根据计划节点要求随时检查主管单位研制工作的进展情况,并按周按月向上一级机关汇报有关情况,对出现的重大问题和急需解决的问题采取一事一报制度。根据工程研制过程的需要和基层反映的问题及时召开调度协调会,提出解决措施,将问题解决在萌芽状态,从而保证总体研制计划不受影响或将影响降低至最低程度。

计划往往根据需求牵引来制订,由于受工程研制中技术、生产及协调、配套上的不确定因素的影响,因此在计划的制订上常常留有一定的超前性,这也就是"倒排计划"。如何实现"倒排计划"的目标,是摆在各级指挥调度人员面前的重要课题。实际工作中,一方面坚决维护计划的权威性和严肃性,同时也积极

开展调查研究,摸清每个单位在完成任务中存在的主要问题和需要的保障条件。提前加以控制并采取措施,努力通过细致的调度协调工作来保证计划的按时完成,争取更为宽松的研制周期。在制订计划时,充分利用计划网络图技术,将不同阶段的任务、要求及时间节点有机地联系起来,做到计划的科学性和严密性。

(4) 计划评审技术和动态调度

1962年,钱学森提出在计划和技术管理部门试用计划评审技术,即美国率先采用的 Program Evaluation and Review Technique (PERT)。美国海军特种计划局在研制"北极星"导弹核潜艇武器系统时,于1958年底探索出来了一种新型的管理方法,即计划评审技术。计划评审技术是系统网络技术的一种,它把构成任务目标的所有事项,按技术和组织上的各种时序联系和逻辑联系,组成统一的计划流程图,然后运用数学方法对各环节进行分析预测,寻求资源利用的最优方案。计划评审技术在工程的计划管理和时间控制上特别有效,已成为现代管理中应用最广的技术之一。在"北极星"导弹的研制过程中,共有8家总承包公司、250家分承包公司、9000余个转包商,组织管理异常复杂,但应用了计划评审技术后比原计划提前两年完成。

1963年,国防部五院在远程导弹制导系统的地面计算机制造过程中,试用计划评审技术管理方法,结果发现,若凭直觉一般会认为铁芯体是制造过程的短线、电源为长线,而根据计划评审技术却发现电源是设计制造中的短线。实践证明计划评审技术的优越性,我国的计划部门以前采用的线条图只能反映预期的静态状况,不能反映全局性的关键和主次任务之间的联系,而计划流程协调技术可以弥补此缺陷,它可以将任务的整个过程画在一张计划流程图上,并表示出它们之间的分工关系,时间的要求或完成的层次,责任分明,可以查明富裕线(即长线)的潜力,及时地安排其它任务。可以使用计算机,提高效率。

从此,该技术在国防部五院得到了全面推广,尤其在远程运载火箭、潜地导弹和通信卫星三项任务中发挥了重要作用。计划评审技术减少了管理决策中的主观性,在确定任务、统观全局、明确关系、分清层次、调节反馈、优化效应等方面为领导决策和实时指挥提供科学依据,使得指挥调度客观、主动、科学。计划评审技术尤其适用于一次性的头绪众多、协调频繁、时间紧迫的大型科研与生产活动,在进度安排、资源分配与费用优化方面有独到之处。

2. 短线与关键技术攻关

根据型号研制特点,在初样和试样阶段研制任务最为繁重,暴露和需要解决的问题也最多。针对不同阶段研制任务的特点,抓住主要矛盾,以点带面,推动研制工作的进展。

方案论证是方案设计的基础,而方案论证的首要目的是确定可行的技术状态和技术方案。由于进度的要求和经费的约束,不可能在技术上过于展开。据此,指挥调度系统在全力配合设计师系统认真作好技术论证的同时,也从工程研制的实际需要出发严把技术状态关,坚持实事求是,严格控制方案论证技术项目的取舍和工艺方案的选定。根据工程总体在经费、进度方面的综合要求,力求用最少的经费、最短的时间和最主要的精力来完成工程所需的最基本的研制工作。

对于全新型号,关键技术的攻关是方案设计阶段的首要任务,主要采取八条措施:

① 成立专项课题攻关组,制订专题计划,将关键技术攻关任务分解、落实到单位和个人,明确各阶段攻关小组的工作目标和要求,按责任制分工逐级进行调度、协调和检查。

② 加强对总体设计的调度工作,以总体设计为龙头,带动其它分系统工作,重点做好总体设计与上下左右接口关系的协调,以避免方案上出现大的反复或脱节。

③ 积极支持引进,吸收和消化国外先进技术,通过借鉴国外先进技术和经验达到提高自身研制水平、节省研制经费和缩短研制周期的目的。

④ 根据研制任务的需要,对关键技术攻关的组织管理实施目标、岗位、经费和责任承包制,通过责、权、利的有效结合调动研制人员的工作积极性。

⑤ 在严格执行生产分工定点规定的同时,为提高方案设计试验方案的可比性和有效性,强调有限竞争及总体与专业分工的原则,监督做好主要外协合同的审核、签订工作。

⑥ 强化机关的服务意识,首创机关管理工作会制度,围绕中心任务落实责任、目标;加强机关工作中的信息反馈和问题协调,杜绝因为中间环节的问题而影响研制工作的正常开展。

⑦ 开动脑筋,想方设法创造条件,利用原有设备和产品开展关键技术的研究试验;突出重点,合理安排,确保方案设计阶段所要求的试验项目优先完成。

⑧ 针对起点高、技术新、任务重、周期紧的任务,在各单位及各系统岗位人员配置上要求要大胆启用年轻人,同时强调以老带新做好研制队伍的培养工

作。通过上述措施,保证关键技术攻关工作的顺利实施和完成。

3. 综合协调,确保成功

初样阶段是型号研制进程中工作量最大,同时也是最重要和最关键的阶段。这一阶段的工作不仅是对方案设计阶段工作正确性的检验,同时也为试样阶段的设计出图和首次飞行试验提供试验及设计依据。因此,在初样阶段,工作重点是放在试样设计之前必须完成的各项大型地面试验上。为确保各项试验项目按照要求的进度完成,各级指挥调度人员需要做许多艰苦细致和富有成效的工作,主要有以下几点:

① 狠抓设计出图。设计出图是初样生产和试验工作的前提,它直接制约着后续任务的开展。实际工作中,根据任务需要及时组织设计单位研究和制订出图专题计划,为生产厂尽早安排生产和交付试验赢得时间。

② 制订好专题计划。由于初样阶段各类项目很多,而且彼此之间还有连带关系,因此根据任务需求制订好专题计划对完成好后续试验任务尤为重要。在制订初样试验专题计划过程中,尽可能了解设计师系统对每项试验在进度安排上的需求,同时也对试验件生产和试验工作承担单位的具体情况进行摸底。在充分调研和协调的基础上,制订出各方认可、切实可行的专题计划,从而避免由于计划制订的不合理而给后续工作带来失误。在制订专题计划时,还注意学习和了解设计师系统的试验意图、试验流程、协作单位、试验接口关系和试验件的再次利用等情况,以便在后续的调度工作中做到心中有数。由于承担任务单位的情况千差万别,因此在制订专题计划时也存在个别单位有畏难情绪。这种情况下,一方面要求该单位从大局出发,克服困难;另一方面也积极了解问题所在,采取措施,帮助做好相关工作。

③ 深入试验现场,强化动态管理。为了确保初样阶段每一项试验的顺利进行和按时完成,加强了对试验工作现场的调度力度,根据"两总"的要求,试验及主要配合单位的调度均必须到场。因为试验过程中往往会发生意想不到的问题,随时需要调遣人员或准备工具,各方调度在场可以提高工作效率,同时也利于了解试验进程,掌握第一手资料,随时向上级领导通报试验工作的有关情况。在组织、调度试验过程中,加强对试验工作的动态管理,注意根据试验进程提前做好后续试验工作的协调,包括试验件的分解、调配、交付,组装以及试验配合人员的组织和试验计划的安排、调整等。通过深入一线开展工作,密切上下级关系,促进各项试验工作的顺利进行。

④ 及时召开调度会,加强调度协调。初样大型地面试验的顺利完成离不开各有关单位的大力支持,它是全体参试单位和人员共同努力的结果。实际工作中,根据各项试验任务的进展和存在的问题随时召开调度会,会上除了调度和协调有关问题外,还应及时将工程研制的总体进展情况和主要问题进行通报,一方面让各单位对整个工程的研制全貌有个基本的了解,另一方面也让各单位对自己所承担任务的重要性和可能产生的影响加深认识,从而达到进一步动员和激发研制人员工作热情的目的。实践证明,根据研制工作的进展适时召开专题或综合调度会,对于了解、协调和解决问题,确保各项任务的完成是十分重要的。

四、有效的协作保障机制

航天科技工业是政府主导下的"大科学"工程,具有高复杂、高投入、高风险、大规模、长周期这五大基本特点。因此,只有建立起系统有效的协调机制,才能够对规划、设计、研制、试验、生产等各个环节进行统筹保障,进而确保整体目标得以实现。

美、苏两个超级大国在航天领域的成功都是建立在其雄厚的科技和经济实力上的。冷战期间,苏联的国防开支高峰时曾达到政府总开支的一半,航天和战略导弹工业是重中之重。美国的"阿波罗"登月计划,前后历时共11年,耗资达255亿美元,工程高峰时期,参加工程的有2万家企业、200多所大学和80多个科研机构,总人数超过30万人。与美、苏两国相比,中国在技术水平、人才储备、市场环境等方面长期落后。如果按照正常的发展规律,那么20世纪五六十年代中国还根本达不到发展航天科技工业的基本要求。在这种情况下,当时的中央决策层突出强调各领域的协调配合,举全国之力对重点工程项目予以保障,确保了在较短时间内取得成效。

1. 多部门协调配合

一个航天项目经常涉及成百上千个单位,只有全国大协作才能保证项目取得成功。1980年,我国向南太平洋发射远程运载火箭的飞行试验取得成功,使中国在国际上的地位又一次得到大的提升。在这一"飞向太平洋"的工程中,有1000多家工厂、研究所直接参与研制试验所需的各种仪器、装备、元器件,国务院30多个部委局、解放军总部、海军、空军、二炮、各大军区以及27个省、市、自治区的有关单位也为这次试验作出了贡献。

载人航天工程共有7大系统,每个系统有10个左右的分系统和更多的子系统,各系统之间相互独立又互相联系。据不完全统计,工程直接参加单位110多个,涉及单位多达3000余家,参试的工程技术人员超过10万人。很多时候,所涉单位并不属于航天系统,但他们总是能够将航天工程项目放到最为优先的地位,以高度的政治责任感,高质量高速度地完成任务。神舟飞船发射时,为预防运载火箭出现故障并溅落海中,交通部打捞局要派出救捞船只在不同打捞海域待命。最远的一艘船每次航行往返需要在海上颠簸近20天,而飞船飞过这一区域的警戒时间只有短短2分钟。许多工作只是这样默默无闻地付出,但是只要项目指挥部一声令下,各单位都会坚决完成任务。

2. 国家投入的优先保障

即使在经济困难时期,航天科技工业也可以获得国家相对稳定的投入。三年自然灾害期间,邓小平曾在中央书记处说,国防部五院的科研人员待遇要高些,工资要高些,生活安排要好些,并由李富春副总理统一考虑解决。在全国粮食供应严重困难的情况下,国家为航天科研人员确保了"2611"的伙食标准,即每月26斤粮,每餐1个馒头或粗粮窝头,1角钱干菜汤。所谓干菜,大都是晒干的白菜帮子或萝卜缨子。尽管这一标准很低,但在当时已属难得。在最困难的时期,为了确保科研人员身体健康,经周恩来批准,聂荣臻、陈毅专门调拨了一批"科技鱼"、"科技肉"、"科技水果"、"科技豆",分配给每个专家和技术人员(政工管理人员不享受此待遇)。后来,在"文化大革命"期间,这项举措一度被造反派作为批判聂荣臻走"专家路线"的罪证之一。在历次政治运动中(特别是在"文化大革命"期间),国家对于航天科技工业的投入也保持了很高的水平。航天领域的工作也经常有各种特殊保护措施,保证了各项工程的顺利实施。

改革开放之初,航天员工收入较低,特别是那些留在三线地区工作的同志,生活上有很大困难,以至于社会上一度出现了"搞导弹的不如卖茶叶蛋的"这样的声音。针对这种情况,在当时国家财政极度紧张的情况下,邓小平同志明确指示时任财政部长王丙乾,要给航天职工,特别是三线地区的职工每月涨10块钱工资,后来又调高到15块。20世纪80年代上马气象卫星,一度也有人提出质疑,认为在国家财政吃紧的情况下这样的项目应该缓一缓。李鹏总理曾多次作出重要批示,特别强调"气象卫星我们是下决心要搞下去的,我们中国要有自己的气象卫星","我们中国现在财政经济各方面还不是那么富足,即使在这样的情况下,中央和国务院考虑到气象工作的重要性,我们还是尽一切力量,促使这两种卫星(指极轨和地球同步轨道气象卫星)发展"。这些事例充分体现了党和政府对我国航天事业的特殊重视。

3. 优秀的人才队伍

航天事业组建之初,便从军队抽调了一大批骨干人员从事行政和后勤保障工作。1960年,苏联单方面撕毁协定,撤走在华专家时,带走了全部技术资料,造成巨大的人才缺口。同年3月,中共中央向全党发出《关于迅速完成提前选调给国务院国防部五院应届大学毕业生的通知》,从全国选拔高校毕业生从事导弹研究工作。仅这一年,就有4000名理工科大学毕业生走入了航天大门,占到了当年全国高校毕业生总数的11%。同时,国内各高校、科研院所和企业也为导弹研究工作抽调了大批骨干力量。他们中的许多人主动放弃了平稳安逸的生活,来到了条件十分艰苦的地方。例如曾在美国弗吉尼亚理工学院动力和燃料专业获硕士学位的著名空间技术专家王希季,1950年回国后,一直在高校任教,主要研究方向为热力工程。1958年11月,王希季接到通知后,随即从上海交通大学工程力学系转岗到上海机电设计院担任技术负责人,从此开始成为火箭研究事业的领军人物。从20世纪60年代开始,部分高等院校和科研院所开始系统培养航天相关专业学生,为航天领域储备了大量高素质人才。这些学生中的绝大多数,毕业后都走上了航天一线岗位。

4. 基础工业门类技术进步

基础工业是航天事业的后盾,航天技术综合运用了基础工业的最新成就,它的发展有赖于基础工业的发展。同时,航天技术的发展,可以带动和促进基础工业的发展。对于我国来说,为了迎头赶上世界先进水平,不能坐等基础工业发展起来之后,再发展航天技术。而且,航天事业的发展也可以带动基础工业部门的大批新型原材料、元器件、仪器仪表和大型设备的发展,带动许多新的生产部门和新型学科的建立和发展。1960年我国仿制苏联近程导弹时,国产材料只能满足三分之一的需求;到1970年研制长征二号火箭时,所需材料就完全能立足于国内解决,而后者对材料的品种、性能、规格的要求,要比近程导弹高得多。

5. 举国构建协作网

航天工程的协作网,包括两个层次:一是航天科技工业系统内部的协作网,二是全国范围的协作网。在航天系统内部,主要是航天产品的研究、设计、

试制、试验的协作,特别是在通用的专业技术和基础技术方面,如空气动力、环境试验、强度试验、计算技术、计量测试技术、标准化、科技情报等,形成了若干技术中心,面向整个航天战线,甚至对全国开放。这样,既充分发挥了这些专业技术部门的作用,又避免了重复建设。航天科技工业在全国范围的协作网,包括四个方面:一是科研协作网,主要为型号研制提供理论基础和技术基础,探索新的技术途径;二是生产协作网,主要为加工制造航天产品承担工艺协作任务和配套产品任务;三是物资器材协作网,主要是为型号研制提供原材料、元器件、机电设备、非标准设备;四是航天发射试验协作网,主要为完成各种型号发射试验提供各项保障。

五、军民分线管理

改革开放初期,市场经济的浪潮冲击着我国各个行业,航天事业也在其中。当时普遍存在着"搞火箭的不如卖茶叶蛋的"的说法,航天人不仅责任重大、任务艰巨,收入还很低。另外,当时中国航天的军民生产处于混线状态,军品、民品工作经常发生矛盾,技术人员不能专心攻科研,有时,技术人员坐火车去试验场,心里还在惦记民品生产,严重影响了军品的生产效率和发射质量。当时,中央提出了"军民结合、平战结合、军品优先、以民养军"的目标,于是,中国航天工业总公司党组在1992年下半年决定,把握国家实行保军津贴契机,推动军民分线管理。

中国航天工业总公司成立了改革领导小组,下设军民分线小组,由人劳司副司长任组长,计划、财务、人劳、科技生产、政法、企管等司局均派人参加。改革小组成员的主要精力放在军民分线工作上。当时,军民分线工作总的原则是,总公司统一领导下的两种或多种运行机制并行。军品按指令性计划生产,民品、三产(后勤保障)适当放开。

围绕总体原则,如何把军品、民品队伍分开成为军民分线工作的关键,究竟要保留多少军品队伍成为军民分线工作遇到的最大难题。经过核定与规划,确定保留军品人数,其中科研事业单位占原有人数的50%,企业占原有人数的30%。这主要是通过核定现时任务量、任务的完成情况以及"八五"、"九五"计划的未来任务量,再加上总公司规划战略要求完成的。

军民分线工作主要分试点、试行、运行等几个阶段来开展,实行"四定",即

"定岗、定编、定职、定员",最后是定报酬。军民分线工作在推进过程中,各单位为保障职工思想状态稳定,采取了很多创新性的方法。军品实行先设岗后找人、按岗选人、逐级进行、择优聘任、岗满自谋等方式,民品实行先设岗后找人、双向选择、逐级进行、领导批准,三产实行因人设岗、全部收留。为了更好地推进这项工作,还实行"内部待岗"、"内部职工提前退休"等制度,切实使人员分流。

在军民分线工作过程中,各单位遇到了不少问题,经过研究,中国航天工业总公司确定了一些具体原则和方法,如科研院所设军品室、民品室,分别统一管理军、民品,规定相当一部分人保军,总装、部装及其它关键岗位划为军岗,军民共用的岗位视需要划为民岗,机关管理保军人数为一线军品人员的 10%;医院、学校、后勤和动力系统不列入军品队伍之内。除此之外,中国航天工业总公司还制定了一些配套政策,有关司局下发了《基本改革思路》、《稳定军品人员措施》等若干文件。在试点基础上,召开了两次经验交流会,然后全面铺开,于 1993 年底完成了军民分线工作。其中,民品、三产人员的事业经费从 1994 年起,每年逐步核减,一线人员 3 年核减完,三线单位 4 年核减完。

为了考核各单位军民分线工作是否按照要求推进,中国航天工业总公司制定了六条验收标准:① 军民岗位划分清楚;② 岗位职数结构合理;③ 岗位职责明确;④ 岗位人员落实;⑤ 岗位考核标准可操作;⑥ 军品闭环管理,对民品、三产有统筹安排。

军民品分线分开以后,当时二十四万人,大约有三分之一的人搞军品,当时国家拨款一亿三千五百万,使军品队伍专心搞军品研制;大约有三分之一的人搞民品,按照市场经济的规律,多赚多得;另外,还有三分之一的人搞后勤服务,后勤服务也面向社会,除了基础的保障性设施由国家提供以外,其它都面向社会,面向市场。

通过军民分线,军品性质的企业便于国家独资经营,便于落实保军的有关政策,在资金来源、调节手段、营销方式和效益指标上独立运行,形成精干的队伍,确保指令性计划的完成,并有利于摆脱"一厂两制"的矛盾和困扰。民品性质的企业可以完全按市场机制大胆放手,引进外资和先进技术,改造和建立专业生产线,促进民品上档次、上规模、上效益,并且在民品生产经营中可以免受军品任务的制约,使航天民品得以稳定、持续地发展,逐步提高产品的技术含量,走上国际化的道路。各单位分为三条线后,在组织领导上仍是统一的,分线

只是管理上的加强。资金可以分别核算,但必须统一调配。军民分线工作与建立现代企业制度结合起来,与机构改革结合起来,使之不断取得新的成果。

军民分线管理在中国航天工业总公司形成了一个亦军亦民、保军促民的强大实体。这样,既保留了航天系统多年来型号院的成功模式,又结合新时期国内外形势的发展和社会主义市场经济体制的要求,作出较大的结构调整。军民品分线管理机制既稳定了航天军品队伍,提高了产品质量,又放开了民品和后勤服务工作,三支队伍分开以后,各按各的队伍,各按各的市场规律去做,使航天事业更好地适应了市场经济发展的要求。随着改革的不断深入,军民品分线管理机制也不断与时俱进,不断适应新的政策、环境和发展的要求。目前,中国航天事业正努力在分线管理的基础上,推进军、民技术上的融合,产业辐射范围不断扩大,经济效益不断提升,为社会主义现代化建设贡献了更多力量。

第三节　确保成功的质量体系

航天型号是一个大规模复杂系统,技术专业面广,接口众多,要通过研究、设计、试制、试验反复迭代过程,才能形成,需要高投入,具有高风险。航天型号的成败,关系到国家的声誉,影响着国家的安危。要实现一次成功,必须建立科学的质量管理体系,实施系统地产品保证。纵观五十多年的航天发展史,最让航天人刻骨铭心的一个词就是——"质量"。质量是航天型号永恒的主题,质量是一切航天活动的生命。

"两弹"刚开始研制的20世纪60年代中,周恩来总理就提出"严肃认真,周到细致,稳妥可靠,万无一失"的工作方针,成为航天人一直遵循的行为准则。1964年,时任国防部五院副院长的钱学森在领导"八年四弹"规划实施一开始,就提出并领导建立了质量控制研究所(一院705所),开展对航天大系统的精度和可靠性进行分析、验证、评价方法的研究。70年代中期,为确保第一个远程运载火箭全程飞行试验成功,时任型号副总师梁思礼、控制系统主任设计师刘纪原在领导控制系统研制过程中,实施了元器件筛选、整机老炼、系统稳定运行、设计鉴定答辩、产品出厂前验收、元器件失效分析、产品寿命摸底试验等一系列保证产品质量的措施。与此同时,又积极建议并推动了元器件"七专"控制活动。加之当时全体参研人员的高度政治责任感和严肃、严密、严格的"三严"作风,有效地保证了第一代战略导弹和试验卫星的研制成功,并为形成"以保证产品质量为中心、以提高产品可靠性为重点"的航天质量保证体系奠定了基础。

20世纪90年代初、中期,随着新型号研制的不断上马,又面临向市场经济过渡、航天工业部转为企业、军转民等大环境的变化,带来了价值取向多元化、研制队伍人心不稳等问题,对质量管理造成了极大冲击,科研、生产、试验中质量问题不断暴露出来,直接导致中国航天跌入低谷。1996年2月15日,我国的长征三号乙火箭载着国际通信卫星从西昌起飞,不久火箭失稳,撞在距发射台1.85千米的山坡上,星箭俱毁,造成了中国航天史上的一次重大事故;同年8月18日,长征火箭家族中老资格的长征三号火箭在第11次飞行中,出人意料地出现了异常状况,三级发动机提前48秒关机,未能将"中星7号"卫星送入预定轨道。于是,"2·15"、"8·18"连同此前发生过的长征二号E火箭首次发射"澳星"时因推力不正常,火箭未能起飞的"3·22"一起成了中国航天人刻骨铭心的日子。长征三号乙、长征三号火箭两次发射外星失败,不仅使火箭的研制者——中国运载火箭技术研究院的能力受到怀疑,声誉受到损害,而且动摇了国内外用户和国际保险界对长征系列运载火箭的信心。

面对国内外对中国航天的质疑,面对"失败不起,没有退路,只能成功"的异常严峻的局面,中国航天工业总公司党组进行了深刻的反思,认识到,在改革开放,走向市场经济的大变革中,必须要解放思想、转变观念,要在管理机制、管理方法、建章立制上进行改革。

图2-12 "2·15"后,李鹏(右二)在刘纪原(右一)陪同下到一院为科研人员鼓劲

时任总经理的刘纪原提出,"有火不能不救,但要在救火的实践中寻求防火的规律"。他有针对性地指出并推行了改进航天质量管理的一整套新思路、新办法。针对航天大系统创新过程的复杂性和高风险,运用系统工程的方法来建设航天质量保证系统。

"9515"会议期间,刘纪原提出各级领导要深入一线检查、研究、处理已经发生的质量问题,同时要求总公司质量局制定"质量问题归零"的标准,1995年发布了以"防止再发生"为目标的"归零"五方面要求,在实施中逐步精炼成为"定位准确,机理清楚,问题复现,措施有效,举一反三"。后来科研局又发布了"质量问题管理归零"的五条要求,形成"双五条"归零标准。通过严格实施,有效地防止了重复故障的再发生。加之不归零不能转阶段、不能出厂、不能发射的"三不准"原则,促进了航天人责任心进一步加强、技术水平进一步提高、作风更加严谨、产品可靠性得到增长的"四大效应"。"双五条"归零标准所体现的是建立在航天实践基础上的认识论和管理哲学。

在"归零"的实践中,从管理上挖掘深层次原因,中国航天工业总公司党组提出"以质量求生存,以管理促发展,着力抓落实"的工作方针。组织制定了"航天质量管理改革方案"。提出了"单位抓'体系'、型号抓'大纲'、专业抓'建设'、建立自我保证与客观监督相结合的运行机制、调整政策,调动各方面保质量的积极性"的系统化的航天质量管理改革基本思路,明确了行政、型号和专业各自的任务与责任,指出了强化监督、运用政策引导的重要性。

建设航天大系统的质量保证体系要抓好"三个一",即建设一支高素质的队伍,拥有一套先进的测试、分析手段和一套科学的程序和方法,能实施"预防、控制、纠正"系统化的质量保证,才能履行技术支持和监督的双重职能。

首先抓队伍,在航天系统内开展思想、作风、纪律整顿,转变对质量和管理的态度,批判"外因论"、"特殊论"、"失败难免论",落实质量责任制。决定把发射"澳星"失利的3月22日,定为"航天质量日";组织各类人员的质量培训,总经理、副总经理、总指挥、总设计师、研究院院长、机关司局长都要接受5天的质量培训,总经理带头接受质量培训。

工欲善其事,必先利其器。从1993年到1996年,结合"技术保障体系工程"实施,中国航天工业总公司每年筹集调配资金3000万元与国家支持的技改资金一亿美元,实施"质量专项技改",更新老化的设备,改进研制、生产、试验、检验、分析手段,重点解决了一些影响质量的"卡脖子"问题。为提高运载火箭的小批生产能力和产品质量稳定性,制订并实施了"工艺振兴计划",建设工艺研究所和一批特种工艺中心;组织建立了航天元器件可靠性保证中心,实施以型号总体院为主体的元器件"五统一"管理(统一选用控制、统一组织采购、统一监造与验收、统一复验与筛选、统一失效分析);建立各类计算机飞行软件评测中心,进行独立的确认测试,用技术手段强化质量监督。

结合行为规范体系工程建设,组织在总结经验的基础上制定带有普遍意义、针对性强、较为完备配套的管理法规,作为指导航天科研生产管理的纲领性文件。1997年发布了《中国航天工业总公司强化科研生产管理的若干意见》即"72条"。同年3月,在各院反复研究、讨论的基础上,航天工业总公司在廊坊召开会议,对航天质量管理措施进行深入的讨论,最后形成了航天工业总公司的《关于强化型号质量管理的若干要求》,即"28条"。

有幸参加那次讨论会的王金钟同志回忆说:"在集团开会时,当时中国运载火箭技术研究院提交的报告是29条。经过大家讨论,最后就定下来的是28

第二章 中国航天事业的体制机制

条。"这"28条"在以后相当长的时间里,对指导、规范航天的质量管理工作起到了非常重要的作用。甚至对航空等其它工业领域,也具有现实指导意义。

曾任国防科工委系统一司司长兼国家航天局副局长的郭宝柱说:"'28条'就是抓住了1996年'2·15'、'8·18'失利中的主要矛盾——人,由于外界环境的变化,降低了人的质量意识,因此航天工业总公司出台'28条',并开展了一系列有关航天精神的教育,最终实现了15年的连续成功。这种抓住主要矛盾的矛盾论思想在中国航天事业发展中发挥了重要作用。"

任何复杂系统都是由"三件"(电子元器件、计算机软件、材料和机械零件)经过设计和制造"两个过程"形成的。为保证型号质量,每个型号都要制定并实施"产品保证大纲",控制好"三件"和"两过程"。强化评审、检验、派驻质量监督代表等加强监督;完善航天产品设计规范、技术状态管理、设计评审制度;建立了科研生产许可证制度、生产过程产品检查测试中的表格化管理制度、"代办事项"检查制度、航天产品履历书制度;实施了航天产品放行准则。

在改革创新质量管理的过程中,中国航天实施的科学化、体系化的航天质量管理理念和方法,提高了航天科技工业这个大系统的运行效率,对中国航天走出低谷,彻底扭转被动局面,保持稳定发展势头起到决定性作用,实现了时任国防科工委主任曹刚川提出的"三连冠"目标。

"28条"、"72条"和"双五条归零标准",这些为实践证明行之有效的质量管理理念和作法,不仅一直为航天行业所沿用,还被推广到整个国防工业系统。对航天事业来说,产品的质量和可靠性,不仅是关系成败的决定因素,更是对国家的一种责任。对于航天人而言,质量是政治,质量是生命,质量是效益。型号产品属特殊产品,有些是单件、小批量生产,而生产质量又集中体现着高可靠、高技术的特点。以载人的长征二号F运载火箭为例,在其研制过程中,中国运载火箭技术研究院已经形成一套以"型号产品"为中心的质量管理模式,紧紧围绕着型号产品高可靠、高安全、高质量的"三高"要求,围绕质量管理机构、质量规章制度、标准规范体系的建设,对质量管理体系及产品保证体系进行系统的完善和提高,形成相互促进、相互支撑的有效运行机制,这种机制为型号的成功研制创造了有利条件和保障。"一次成功不等于次次成功,次次成功不等于永远成功","成功不等于成熟,成熟不等于可靠,可靠不等于万无一失"已经成为我国航天质量管理的一种理念。这种质量管理理念,已经成为航天人的共同"准则",也成为中国航天的宝贵财富。

一、零缺陷的质量意识

零缺陷思想是被誉为"全球质量管理大师"的克劳斯比(P. Crosby)在20世纪60年代初首次提出的。零缺陷的中心思想是第一次就把事情做好,这意味着全神贯注于对缺陷的预防,而不是总想着找出缺陷后再来修补。零缺陷的质量意识在中国航天事业起步时就得到重视,近年来更是以纲要的形式被明确列入航天科研生产规范手册中。

中国航天事业早期的零缺陷质量意识,可追溯到20世纪60年代的初创岁月。针对航天型号技术复杂、质量与可靠性要求高的特点,周恩来提出了"严肃认真,周到细致,稳妥可靠,万无一失"的16字方针。这16个大字至今仍立在中国运载火箭技术研究院办公大楼上方,时刻鞭策着每一个航天人。

进入20世纪90年代以后,在国家综合实力不断增强,社会主义市场经济逐步趋于完善的环境下,中国航天也在多方面作出重大调整,零缺陷的质量意识又多了一份新的责任,成为一个企业生存发展的立足之本。

为此,零缺陷的质量意识被赋予了全新的理念:质量是政治,质量是生命,质量是效益。"质量是政治"强调航天产品的质量事关国家地位和形象,事关国家安全和祖国统一大业,事关国家经济建设、科学发展和社会进步,事关民族的团结与凝聚。质量问题绝不仅仅是技术和管理问题,首先是政治问题,讲质量就是讲政治,提供高质量的产品就是高度政治责任感的体现。特别是一些像载人航天这样的重大专项工程,对于增强中华民族的凝聚力和展示中国的综合国力具有十分重大的意义,受到党中央和全国人民的高度重视,只能成功,不能失败。"质量是生命"代表航天产品的质量从根本上决定着航天科技工业的生存和发展,一个航天企业如果研制不出高性能、高可靠的产品,便失去了生存的根基,更谈不上持续发展。航天产品的质量直接影响着参试人员及人民群众的生命安全。"质量是效益"则表示作为国家高科技、战略性产业的大型企业集团,既要追求经济效益,又要追求社会效益,航天的特点决定了只能以质量求效益,追求高质量就是追求高效益。对于航天民用产品,也只有靠高质量才能真正赢得市场。

针对航天型号研制生产任务的新特点,中国航天进一步引进、消化和吸收国外成功的企业质量管理经验,不断丰富已有的航天质量管理理念和方法。例如,2008年针对航天工程任务的新形势和新特点,中国航天科技集团公司制定并实施了《航天型号精细化质量管理要求》(即"新28条"),深入落实零缺陷理念,系统提升质量管理能力,强调对关键环节和变化的控制。2011年,《中国航天科技集团公司质量文化建设纲要》(以下简称《纲要》)制定并实施。为全面、有效地贯彻《纲要》精神,中国航天科技集团公司组织编制了《质量文化手册》,从指导思想、座右铭、理念、价值观、道德观、方针等多角度全面阐释了零缺陷的质量意识,帮助员工消化吸收航天质量文化。其中,质量文化的指导思想为:严肃认真,周到细致,稳妥可靠,万无一失。这是周总理对中国航天事业提出的殷切希望与最高要求;质量座右铭为零缺陷——第一次就把事情做对做好;质量理念为质量是政治,质量是生命,质量是效益;质量价值观为以质量创造价值,以质量体现价值;质量道德观为诚实守信,尽职尽责;质量方针为一次成功,预防为主,精细管理,持续改进,顾客满意,追求卓越;质量行为准则为严、慎、细、实。中国航天通过标准形式和质量文化的塑造将这一质量意识深化到每一位员工的行为规范中。

中国航天的发展就是伴随着一个个问题的发生与解决而成长起来的,每一个问题的背后都存在思想与工作方法的不足,特别是总结近十年来中国航天发射成功与失败的经验和教训,可以看出,没有科学的方法就无法取得成功。而从失败中找到成功的方法可以概括为"三个吃透"和"三个再认识"。"三个吃透"是指要吃透技术、吃透状态、吃透规律;"三个再认识"是指对源头抓起再认识、对采用成熟产品和技术再认识、对产品测试和质量控制方法再认识。具体而言,确保航天工程系统质量的方法包括以下几个方面:第一,"把成功当做信仰"的文化理念和零缺陷的工作标准。第二,单点故障模式及关键特性分析。该方法基于抓主要矛盾,防止任务失败的原则。单点故障是指会引起系统故障,而且没有冗余或替代的操作程序作为补救的产品故障。通过对灾难型和成败型的单点故障进行识别,找出涉及的产品,识别出产品的设计、工艺、过程的三类关键特性,并对关键特性的保证进行闭环的检查确认。第三,飞行时序动作分析与确认。该方法基于逻辑推演和仿真的思想,并检查实现的条件,从而达到消除风险的目的。以飞行时序为牵引,从时域、空域、差异性、影响域、环境适应性、速度等方面开展飞行时序动作分析与确认。第四,"四不到四到"。该方法基于有限条件下,逐级补偿的思想,即测试不到要验收到、验收不到要工序检验到、工序检验不到要工艺保证到、工艺保证不到要人员保障到。第五,多媒体记录控制。该方法是一种状态确认、问题追溯的有效方法,主要为设计、工艺关注的不可逆装配过程、不可测装配环节、易错难操作部位,以及产品标志性试验的现象和试验前后状态比对等,提供可视化凭证。这是信息化时代下,复杂产品系统质量记录的新形式和产品质量检查确认的重要支撑。第六,"九新"识别。该方法是基于以变化为线索识别风险的思想方法。"九新"识别是指对型号研制过程中的新技术、新材料、新工艺、新状态、新环境、新单位、新岗位、新人员、新设备等进行分析、复查和确认,查找风险。第七,质量问题归零"双五条"和"新五条"。技术归零五条包括:定位准确、机理清楚、问题复现、措施有效、举一反三;管理归零五条包括:过程清楚、责任明确、措施落实、严肃处理、完善规章;新五条归零原则包括:眼睛向内、系统抓总、层层落实、回归基础、提升能力。第八,"再分析、再设计、再验证"。该方法基于发展(技术进步、可靠性提高、适应新需求)的观点和认识螺旋式上升的基本原则所实施的有计划的活动。为了全面、正确分析识别出型号产品存在的隐患、薄弱环节和管理上存在的问题,针对经多次飞行试验成功考核的产品,从其可靠性、安全性等方面开展再分析、再设计、再验证工作。

二、全过程的质量控制

零缺陷的质量管理要求在中国航天工业的设计、生产、试验、研制的每一个环节中,每一个人对质量的把关都是竭尽全力,而非尽力而为。型号质量管理全过程是运用系统工程不断创新的循环过程,是按功能体系将系统顶层的指标、要求向底层(基本功能单元)逐级分解落实,通过底层的设计、制造、试验和验证,达到一定的技术要求后,再提供上一级系统进行集成,直至实现系统顶层要求的逐级集成的一系列创新过程。

同样,在整个型号研制过程中,一个型号要经过不同层次和规模的检查,这是对产品质量和可靠性的最终考核。譬如,通过整机合练来提高电子设备的可靠性;通过各种环境试验来考验产品在低温、高温、振动、冲击、噪声、辐射、真空等各种恶劣条件下的性能;通过各种综合、匹配的试验来检验仪器设备之间、分系统之间的相互匹配与相容性等。实际上,还有相当多型号研制质量控制做法可谓之"精细",例如实行建立焊缝质量档案、产品履历书制度和质量跟踪卡制度;进行单机、分系统间出厂前的"握手见面",确保产品实物接口的匹配性;开

展试制、生产准备状态检查,实施工艺、测试、试验、验收表格化管理,做到型号不带故障出厂、不带疑点转场、不带隐患上天。

质量控制的另一类有效手段是建立型号标准化管理。标准化思想在早期管理思想家法约尔的14条管理原则中就有体现,一直被管理界视为箴言。型号研制标准化管理是依据型号标准化大纲的规定,对工作的目标与范围、一般要求、特殊要求及贯彻标准的要求、技术文件的标准化要求、软件开发控制的标准化要求以及工作系统与协调原则等进一步做出明确规定,以确保研制的产品符合标准。以中国航天科技集团公司为例,为加强型号研制质量管理的标准化建设,相继下发了一系列文件,如《强化型号质量管理的若干要求》(即"28条")、《关于认真做好质量问题在管理上归零工作的通知》(即质量问题"双五条"归零标准),并且按照型号研制要求,紧密围绕型号科研、生产开展了各项标准化工作,下发了《执行航天工业行业强制性标准要求的通知》等标准化法规,发布了三批航天工业行业强制性标准,还制定和发布了百项技术标准和规范。这些做法都为航天型号研制过程中产品能否达标提供了一个数据性的客观标准。

与质量检查控制的过程一样,质量改进(包括设计定型阶段和生产阶段)也被视为一种改善质量的机会,而不单纯是对问题和竞争威胁的反应。当然,改进的前提是明确问题和竞争的威胁之所在,方能知己知彼百战百胜。

尽管长征系列运载火箭实现了连续15年的成功,但是"次次成功不代表永远成功",成功是以前工作的结果,是争取下一次成功的起点。习惯"居安思危"的航天人总结了"三高两重"的新形势:三高是指型号研制、业务运行要求高可靠、发射飞行任务高密度、内部人员和外部环境变化高动态;两重是指国家重大工程责任重、多型号并举任务重。为此,中国航天坚持质量问题快报制度,务求提高型号的产品保证能力、质量问题归零和"举一反三"的快速反应能力。所谓的质量问题快报制度就是指完善各级质量分析例会制度,全面开展面向产品的质量分析工作。质量分析工作是航天型号质量管理的重要活动,是提高产品质量和改进质量体系的有效手段。针对当前质量分析工作中存在的机制不健全、分析深度不够和对改进产品质量针对性不强等问题,应按厂(所)、院(公司)、集团公司自下而上逐级建立质量分析例会制度,并纳入到各级质量体系文件中,以实现质量分析工作的制度化和规范化。

但是,要想将改进工作持续到底,必须有一群乐于进行质量改进的员工做后盾,因此重视质量的激励机制就能很好地发挥作用。2011年,中国运载火箭技术研究院211厂给每一位员工发放了第一批质量改进奖金。该厂拨专款设立质量改进基金,用于鼓励员工积极查找质量隐患,及时发现质量问题,主动、持续进行质量改进,遏制低层次、人为责任和重复性质量问题的发生。该厂质量改进基金依据各单位在质量整顿中的工作量、产品质量、质量管理的难易程度而定,分三批进行发放,成为该厂为提升质量而实施的具体措施。

三、开创性的质量工作方法

中国航天在质量管理发展与完善的过程中,离不开各种具有开创性和适时性的质量工作方法。

中国航天的质量问题主要从三个方面进行管理:第一个方面是提高技术人员的专业技术水平,有些质量问题的发生是因为技术人员专业水平低;第二个方面是加强技术人员的质量意识,可能是技术人员专业水平很高,但是技术人员违反了一些设计的纪律,而违背设计规律的一些工作方法也会引发一些故障;第三个方面是强调技术人员之间的协同能力,有时候技术人员的水平也很高,也按照掌握的设计要求完成了工作,但是忽略了协同,违反了一些系统协同性的原理,给别人造成了危害。质量问题的三个方面,对于专业技术水平和工作的协调性而言,需要做的事情包括提高人员专业水平,增强沟通能力,还要加强对大家的引导和教育。运行良好的质量管理一方面必须靠组织的教育和培养,规章制度和质量要求的约束;另一方面要提高设计人员的技术水平,加强责任心和责任感。如果做不到这些,后果往往非常严重。一个型号的总体设计要求文件可能就100页左右,但是其涉及的分系统可能就有几千张图纸,再到了单机和生产厂数据量将非常庞大,总体改一个尺寸可能意味着下游环节很多人的工作要从头再来,还可能意味着成百上千人几个月的工作徒劳无功。

具体而言,确保航天工程系统质量的方法主要体现在以下几个方面:在流程上规定和明确所有员工的作业与方向,根据自身对质量问题的理解和界定有针对性地提高管理水平。其中"四不到四到"和"质量问题归零"制度,充分彰显出航天精神,具有浓郁的航天特色。

1. 测试覆盖性与"四不到四到"

长征二号F火箭率先开展了型号产品测试覆盖性检查工作,并明确提出对于不能见面,测试不到因而不能覆盖发射、飞行的项目,应有充分的理论分析或旁证试验验证,确保出厂后不出现问题,给出不影响飞行的明确结论。为此长征二号F火箭下发了《关于对长征二号F产品出厂测试覆盖性检查的通知》。

为确保型号产品在研制过程中各项功能、性能得到有效控制和验证,按照测试覆盖性要求,型号研制过程必须做到"测试不到要验收到、验收不到要工序检验到、工序检验不到要工艺保证到、工艺保证不到要人员保障到"(简称"四不到四到")。按照单机、系统、总体三个层面逐级开展测试、验收、检验、工艺、人员五个环节的逐项检查确认,逐层追溯,用测试覆盖来验证设计正确,以及对关键环节的冗余设计来消除隐患。

"921"火箭研制团队对长征二号F火箭开展了总体和各系统的测试覆盖性和"四不到四到"的检查,对设计、生产和测试过程中复查出的达不到测试覆盖性要求以及"四不到四到"要求的项目进行清理统计和逐项落实。举例来说,长征二号F遥六火箭共梳理出不能测试覆盖项目38项,各系统共有设计方面"四不到四到"项目46项,生产方面"四不到四到"项目83项,对这些不能测试覆盖项目和"四不到四到"项目采取了相应措施。

2. 质量问题归零

质量问题归零其实是一个闭环管理活动,要求发生的质量问题在内部得到解决。它是航天人在实践中不断总结、完善、创新的具有中国特色的质量管理方法。质量问题的归零过程,是实现质量管理从事后的问题管理转化为事前的预防管理的过程。质量问题双归零管理方法对产品本身,起"救火"作用,对其它型号,起"防火"作用。技术归零五条包括:定位准确、机理清楚、问题复现、措施有效、举一反三;管理归零五条包括:过程清楚、责任明确、措施落实、严肃处理、完善规章。

无论是技术还是管理归零,核心的内容都是五条,航天人将其概括为"双五条"。"双五条"归零的方法是按照戴明、朱兰、克劳斯比和费根堡姆共同设计的"质量改进"主题,遵循戴明循环(PDCA),从出现的质量问题入手通过技术上的分析、管理上的改进,达到系统预防的目的,从而提高航天产品的质量水平。而今,"双五条"归零已植入到航天事业的"基因"中,成为航天事业管理与文化的一部分。面对内外环境的不断变化,航天人在确保成功的方法上做得更深更细,并不断推陈出新,提出了"新五条归零原则",即眼睛向内、系统抓总、层层落实、回归基础、提升能力。

由于不同型号对质量的要求和关注程度不一样,虽然出现异常都要归零,但是归零后处理存在差异。例如,"921"队伍对质量的要求和关注,比其它型号关注的程度要更高。有些问题,放在其它型号,可能就作为一个一般问题,但在"921"中则不然。用一位"921"总体研制人员的话说,"在'921',我们就要用放大镜、显微镜看待工作的每一个问题,要用望远镜去看待整个工作的策划"。以转速传感器的转速超差归零为例:转速超差"罪魁祸首"就是DAFY-2这个发动机,作为75吨的常规发动机,DAFY-2出现转速超差的次数不止一次了。转数的判据,说到底就是一个遥测参数。对比其它型号,只要异常或者超差,也要进行归零处理。但是考虑到并不影响结果,这只是一个测量的异常。但"921"把转速作为二类参数,把转速作为判断火箭是不是出了故障的标志,因为这个参数可能涉及逃逸系统,所以"921"研制队伍就比其它型号的研制队伍对转速传感器的异常更加敏感,抓得也更紧。

四、元器件管理与工艺攻关

1. 元器件管理

长期以来,在航天元器件研制和应用领域存在许多矛盾,例如工业基础薄弱与航天高技术、高可靠性的要求差距很大,型号使用元器件多品种、小批量、高要求与企业发展需要少品种、规模生产的矛盾等。元器件问题不可能完全按照市场规律的办法去解决,必须通过国家有关部门的组织,由元器件研制和使用单位共同努力来加以解决。

元器件本身由于来源、标准、制造、管理等一系列的原因,使大系统的特点更为明显。由材料做成元器件,由元器件组成日益复杂的系统,每一个过程都有可靠性问题,因此必须按照系统工程的原理,对过程加以严格控制。

以长征二号F火箭为例,中国航天科技集团公司在原航天工业总公司提出的"统一选用、统一采购、统一监制验收、统一复验筛选和统一失效分析"的"五统一"精神指导下,针对长征二号F火箭的具体情况,按照系统控制、统一管理的基本方针,确定了长征二号F火箭元器件质量保证选用控制、检验控制和使用控制"三个过程"控制的基本内容。实施"三个过程"控制的基本条件是完善型号元器件质量保证机构和体系。针对历史上存在的问题,将元器件分散于各个工厂自行管理的状态,适度集中,并进一步强化各厂在元器件设计应用方面

的管理,具体体现在以下四个方面:第一,建立和完善一套质量保证程序,即在元器件的选择,产品技术条件和规范的编制,供应单位的认定、采购、监制、验收、复验、筛选、合格证发放、应用、失效分析、归零、复查、报告、信息管理等环节采取严格的质量保证措施;第二,建立和完善维持质量保证程序运行的一套管理制度;第三,完善支持质量保证程序有效运行的技术支撑,建立完善元器件的失效分析、检测等技术机构,以及成立元器件可靠性专家组;第四,从技术保证方面,建立以技术条件、采购规范为主的技术文件体系。在元器件质量保证体系建设的基础上,按照"三个过程"的特点,规定了不同的控制内容和流程,并通过信息系统实施闭环控制,称之为"三个过程"控制。元器件的选用控制,包括制定元器件质量保证大纲,确定选择方案与选用目录,确定标准平台,对目录外元器件进行控制,应用可靠性设计及其管理活动。元器件检验控制,是设计师选定元器件以后,以元器件可靠性为中心开展的质量控制活动。元器件使用控制,是指元器件出库后到整机现场使用阶段的元器件质量控制,这一时期以元器件问题归零、信息管理、复查、评审为主要内容,是以各单位质量部门为主展开的质量控制活动。元器件三个质量保证过程的建立和有效控制,为运载火箭元器件质量保证工作的有效开展形成了必要的机制和条件。

2. 工艺攻关

运载火箭能不能上天,质量能不能符合高可靠要求,不仅需要设计师的聪明才智,还需要工厂工人生产方面的工艺才华。中国航天在制造工艺管理方面,除了加大常规工艺管理工作力度外,还采取了多重特殊的措施,召开型号工艺工作会、建立型号工艺师队伍、组织型号专项工艺攻关、编制型号工艺总方案及实施工艺转阶段评审,从严、从细加大工艺技术文件的管理力度等。实践证明,正是这些措施,有力地促进了型号研制工作的顺利进展,保证了产品质量,成为运载火箭顺利升空的重要保障。

(1)建立型号工艺师队伍

历史上中国航天的工艺师队伍曾经十分坚实,但也经历过多次反复。在有些型号中,工艺师系统没能充分发挥作用,使得火箭在生产制造过程中出现大量工艺方面的问题,在一定程度上分散了型号总指挥、总设计师的精力,也影响工艺问题本身的彻底解决。载人航天工程的实施,给中国航天确立独树一帜的工艺管理体系提供了契机。

以"921工程"某次工艺工作会为例,参会的各位专家认真分析了工艺师系统的现状,以及型号研制过程中存在的问题,提出在工艺师系统短期内不能改变面貌的情况下,为保证载人航天型号高质量、高可靠、高安全的要求,先建设好长征二号F火箭工艺师队伍,以强化型号制造工艺管理工作,积累完善工艺师系统的经验。按照此次工艺工作会的要求,中国运载火箭技术研究院正式任命了长征二号F火箭总工艺师、副总工艺师、主任工艺师、主管工艺师和专业工艺师,并赋予相应的职责和权力,形成了一个完整的、有效的型号工艺工作指挥系统。各级工艺师职责明确,渠道畅通,长征二号F火箭研制过程中出现的工艺问题,都能及时进行有效的组织和协调,迅速得到解决。长征二号F火箭研制之所以能够顺利进展,首飞及多次飞行试验取得成功,与这支高素质的型号工艺师队伍的有效工作是分不开的。长征二号F火箭工艺师队伍的建设及有效工作,既满足了型号研制的急需,又为今后中国运载火箭技术研究院工艺师队伍的建设提供了可借鉴的有益经验,也为型号工艺管理工作提供了强有力的组织保证。

(2) 分阶段的工艺攻关

工艺攻关是解决型号研制过程中工艺关键的有效手段。针对运载火箭高质量、高可靠、高安全的要求,根据不同研制阶段的特点,在方案、初样和试样各阶段都要开展工艺攻关工作,分别解决工艺技术上的难点和对提高产品质量起重要作用的关键技术问题。

初样阶段的工艺攻关所立课题更具有针对性,主要是解决新工艺方法稳定、产品工艺可靠性问题。型号研制进入初样阶段以后,对产生的工艺关键,又组织有效的工艺攻关,解决如何提高合格率、如何稳定产品质量、如何提高可靠性。除了在各研制阶段组织工艺攻关外,随着研制工作的进展,只要有工艺关键技术问题出现,马上组织相应的攻关,使得工艺技术问题很快得到解决,以保证研制工作的顺利进展。

以长征二号F火箭为例,在该型号火箭研制过程中,型号"两总"十分重视设计与工艺的结合问题,在方案阶段就让工艺人员及早介入型号设计的有关工作,了解设计意图并相应地着手进行工艺方法的探索与试验。经与设计人员多次讨论协商,确定关键的工艺技术难点并及早组织立项攻关。工艺攻关紧紧围绕载人航天"三高"的要求,在解决新结构、新材料、新技术、新工艺方案研究上下工夫。同时,还针对在其它型号生产中存在的工艺技术薄弱环节进行攻关,使长征二号F火箭的研制从方案阶段开始,就为生产制造阶段扫清了可能出现

的工艺技术障碍。方案阶段工艺攻关课题的逐步攻克也为顺利转初样提供了有力的保障。在长征二号F火箭研制过程中,组织工艺攻关总计62项:其中方案阶段27项、初样阶段27项、试样阶段8项,先后投入经费829.5万元,这在我国运载火箭研制历史上是少有的。一方面说明长征二号F火箭研制工艺技术难度之大、难点之多;另一方面也表明了中国运载火箭技术研究院对工艺攻关工作的重视。

通过组织工艺攻关,攻克了大量工艺技术难点,掌握了很多新工艺、新材料的应用特性,积累了丰富的经验,实现了许多零的突破,有力地促进了中国航天工艺技术水平向更高的层次发展。与此同时,培养和锻炼了一支经受过重大型号研制考验的工艺队伍。

在工艺攻关工作中,实行了目标管理。以各课题可量化的、可检查的、可考核的阶段标志目标的制定为基础,制定了各课题的阶段性目标,并按节点计划严格进行考核。在工艺攻关工作中,实行了工艺攻关经费与标志性目标完成情况挂钩的拨款制度,不断促进攻关课题研究工作的进展。同时,专门批准一笔经费对保质按时完成攻关任务的攻关组,视情况实行奖励,且明确规定80%以上的奖金要发到攻关组成员手中。这些措施,对工艺攻关起到了推动和激励作用。在工艺攻关工作中,不仅强调攻关成果必须落实在制造工艺文件中,还十分注意攻关成果的共享,使其充分发挥作用。除了将攻关文集发至各有关单位,还从中挑选出先进、优化的工艺技术,在中国航天相关专业单位进一步推广交流。

(3) 工艺总方案的编制

研制运载火箭是一项涉及高技术、多学科、多专业的复杂系统工程,必须按研制规律与程序统筹规划,合理安排,选取最佳和最有效的方法和过程,才能保证科研、生产工艺工作有条不紊地顺利进行。突出工艺总方案编制工作的重要地位,从严、从细地加大工艺技术文件的管理力度,并严格执行各阶段工艺评审制度,使航天系统工艺规程编制质量提高到新的水平,各阶段工艺评审工作细致有效。

在工艺总方案编制工作中,强调要以科研生产安排的有序性和合理性为基本准则,按照运载火箭产品生产特点、生产规模进行编制,要求能有效保证产品生产有规划、有制度、有措施。以中国运载火箭技术研究院为例,院属各单位认真地贯彻了长征二号F火箭工艺总方案制定工作的原则要求。在工艺总方案中增设工艺质量控制难点,控制外协铸件的工艺质量,避免因出现铸件质量问题而影响产品质量和生产周期,严格控制焊接工艺质量,防止出现虚焊、错焊和焊接强度不够等问题;制定气浮仪表通气安全性工艺保证措施,严防发生"断气"故障等。在工艺总方案中,还制定保证实现短周期内仪表稳定性的工艺措施,制定可加工陶瓷转子杯加工防裂纹的制造工艺,制定磁阻式多级旋转变压器的制造工艺,完善组合传感器装配工艺等。

为加大工艺技术文件的管理力度,强调从严、从细抓好工艺规程的编制工作。对技术文件实行标识管理,加盖型号工程项目的标识;为避免错漏项的发生,在总装过程中使用了表格化的工艺操作文件;为了保证工艺技术状态与设计技术状态的一致性,推行"三单"(通知单、更改单、质疑单)跟踪管理;要求工艺员对工艺审查出的问题填写"设计文件审查问题登记表",并存档备查;在生产过程中,对重要的零部件实行专批、专料、专人、专卡、专门包装、专门运输、专门标识、专人交接和专人保管等特殊措施。

为确保研制工艺的有效性和稳定性,在型号研制阶段时,组织工艺专家和有关人员对各生产任务承担单位进行工艺转阶段评审。对研制阶段的工艺工作进行全面的审查和评估,成功的予以固化,针对问题提出进一步的解决办法。

(4)工艺复查

强调工艺工作全过程管理,在重视各研制阶段工艺工作的同时,严把型号出厂前工艺技术状态复查关,确保不带任何问题出厂。

例如,为保证首次载人飞行的长征二号 F 遥五火箭出厂工艺技术状态复查工作的有效性,中国运载火箭技术研究院提出对复查工作在以往型号出厂工艺技术状态复查工作模式的基础上制定加严措施,采取各有关单位自查和组织复查组到重点单位现场审查、核实相结合的方式进行。除了要求各生产任务承担单位按相关文件要求,对长征二号 F 遥五火箭相对于遥四火箭在设计技术通知单、更改单的工艺落实情况,工艺更改情况,产品使用禁用工艺情况,其它需要说明的情况四个方面进行工艺技术状态复查外,还对遥五火箭提出了具体的加严要求。比如加入了对质疑单工艺落实情况的复查统计;对产品二级以上焊缝进行 X 光透视及其底片处理情况;对产品使用的火工品进行射线检查的情况;对于其它需要说明的情况中明确了要有新技术、新工艺、关键件、重要件、关键工序、重大工艺技术攻关、重大技术改造方案、重大工艺改进的评审情况等要求。在复查结论中,要求明确本单位工艺技术状态的更改是否落实了技术状态

控制的五项原则,以及对本单位复查工作的总体评价等。

在各有关单位进行自查的基础上,组织工艺专家及机关有关部门对重点生产单位进行了现场审查核实。审查组严格按照复查的加严要求对各重点单位的复查情况进行复核,询问了相关单位工艺技术状态的控制措施和执行情况,并到现场抽查了部分重点项目的设计通知单、更改单、工艺更改单、工艺文件等原始资料40多份。对发现的问题进行协调,提出了相应的改进意见。各相关单位按检查组意见进一步修改完善了复查报告。产品出厂前,按照型号质量复查工作的整体要求,再一次组织各生产任务承担单位对工艺技术状态进行了复查确认,对重点单位的复查情况进行了专题审查。

长征系列运载火箭连续发射成功,证明了中国运载火箭技术研究院在工艺管理方面采取的上述特殊措施是有效的、成功的。为载人航天工程运载火箭的可靠性、安全性奠定了基础,也为改进和加强中国航天型号工艺管理工作积累了经验。

第四节　业绩优先的选才方式

航天事业是一个国家综合实力的重要标志之一,而提升其竞争力的决定性因素是人才,尤其是创新型人才。人才的高度决定了事业的高度,事业的成功造就了一流的人才。人才是航天事业的真正发动机,航天事业是人才成功的推进剂。中国航天事业能取得如此举世瞩目的成就,其中一个重要原因就在于培养造就了一支政治坚定、作风严谨、无私奉献、造诣深厚、勇于创新的科技人才队伍。美国宇航局前局长米切尔·格里芬曾经发出这样的感慨:中国航天最令人感到害怕的,不是它所取得的像载人航天工程这样的巨大成就,而在于它所拥有的一大批年轻科学家和工程师!

一、唯才是用的选拔机制

1. 能力比资历更重要

航天作为当今世界最具挑战性和广泛带动性的高科技尖端领域之一,不仅是一个国家经济社会发展和科技进步的重要推力,也是国家安全的战略基石。如何迎接挑战,并实现追求卓越的梦想呢?古今中外,无数个成功的案例揭示了同一个道理:重用一流的人才。而关于人才的标准之争无外乎资历和能力两个关键词。过去,能力往往与经验联系在一起,而经验又常常与年龄和经历正相关;而现在能力常常与知识联系在一起,而知识与年龄或经历的关系则不像从前那样紧密。相对而言,资历代表着过去成功经验的长期积累,能力代表着潜在的创新求变和知识修养,迎接挑战需要尊重资历,但更应该尊重能力。为迎接挑战必须主动求变,求变就必须创新,任何创新都有可能被抄袭,唯一能持续的就是让优秀的人才不断涌现,进而不断创新。只有树立起"实干比头衔重要,能力比资历重要"的理念,才能破除论资排辈的积习,形成人才辈出的良好局面。

中国航天事业始于积贫积弱的基础。组建初期的人才奇缺的状况,使中国航天一开始就意识到要走唯才是用、能力比资历重要的任人之路。从 45 岁任院长的钱学森,到钱学森列出的 30 多位年富力强的专家名单,再到我们选拔的留学生和优秀的毕业生,以及从全国各条战线抽调的能工巧匠和部队的领导干部,他们都是当时科技人才、技术人才、管理人才的优秀代表。唯才是举的用人法则,造就了中国航天事业人才辈出的局面。在航天创业初期,靠的是以钱学森、任新民、屠守锷、黄纬禄、梁守槃为代表的第一代航天人的忠诚敬业精神;在航天事业成长期,靠的是涌现出的以王永志、孙家栋为代表的航天英才延续辉煌的自主创新能力。在新时期,新一代航天高层次人才更是群英荟萃。

图 2-13 王永志、张爱萍、孙家栋、王礼恒、郭国正(从左至右)参观中华航天博物馆

企以才治,业以才兴。航天人才的科研能力提升了中国航天企业的核心竞争力,推动了中国航天科技的跨越式发展。中国当前高级技术人才严重短缺的形势,正反映了我国技术创新升级的"短板"问题;而对于航天这一个庞大的系统工程,必须依靠既懂管理又懂技术的高级管理人才。老一辈科学家、工程管理专家,凭借高度的责任心、渊博的学识、丰富的经验以及极具创造力的工程管理、组织、指导和协调才能,让中国成功跻身于世界"航天俱乐部"。航天骨干是航天队伍的主体力量,具有独立解决问题、承担航天重大工程任务的能力,可任型号专业主管;航天专才是指在某专业领域长期钻研,已磨炼出较深的技术,可发挥专业主导技术发展的作用;航天将才则是既懂技术又懂管理、素质全面,具有型号总指挥、总设计师的能力,发挥航天型号领导者的作用;航天帅才可以总揽全局、把握方向、慧眼识人、运筹帷幄,具有重大工程总师、型号系列总师、领域首席专家的能力,发挥航天技术里程碑式的作用;航天大家是中国航天技术

的开拓者、奠基人,是学术权威级的学术巨匠,发挥技术发展领路人的作用。尽管航天人才的能力有层次区分,但他们共同的能力特征是:具备专业的知识和技能、从事科学或技术工作、富有较高的创造力。

图 2-14　张庆伟(左)、袁家军(中)、戚发轫(右)在发射现场

细心的人都会发现,中国航天事业的辉煌实际上是在一批"少帅军团"的指挥下完成的。航天事业发展关键在人才,中国航天事业的辉煌也使创造这一辉煌的航天人才同样为世人所瞩目。随着神舟系列飞船相继成功发射,中国航天的"少帅军团"逐渐为世人所知晓和赞誉。他们是中国高层次创新人才队伍建设的成功典范。中国航天人才队伍年轻化的秘诀在哪里?那就是,中国航天自始至终都贯彻着能力比资历更重要的选拔任用标准。这种标准使无数个年轻人在平凡的岗位上脱颖而出,创造中国航天建设史上的一个个伟大的奇迹。年轻人最富有创造力。据统计,人的一生中 25 岁至 45 岁是创造力最旺盛的黄金时期,被称为创造年龄区,而中国航天人才队伍建设完全符合这一人才发展的规律。200 余名型号"两总"的平均年龄只有 44 岁,45 岁以下的占 70%;月球探测工程研制队伍平均年龄不到 40 岁,正副主任设计师中 1970 年以后出生的占到 65%。"神舟九号"飞船发射时,火箭试验团队的科研人员平均年龄不到 40 岁,飞船试验团队人员平均年龄在 30 岁到 35 岁之间。中国航天科技集团公司党组书记、总经理马兴瑞不无骄傲地说:"这支年轻的创新团队是比'嫦娥二号'、'天宫一号'、'神舟九号'飞船等更为振奋人心的宝贵财富。"经过 30 多年的改革开放,经过国家重大航天工程的实践,航天技术人员已经完成新老更替,这是中国航天事业未来健康发展的根本保证。

"60 后唱主角,70 后挑大梁,80 后当中坚",这是目前中国航天人才队伍建设的真实写照。以中国航天科技集团公司为例,按人才队伍能力建设的整体要求,每两年举办一次职业技能比赛,获得优异名次的选手可直接晋升高一等次的职业资格,充分体现了"不唯学历、不唯职称、不唯身份、不唯资历"的原则,给技能人才提升和发展的机会。从1996年起,中国航天事业的管理者和决策者就有计划地组织高级技能人才赴俄罗斯、乌克兰、德国等国家进行焊接、机械加工等方面的技能培训,借到美国、法国、德国的宇航公司监造的学习机会,学习国外先进的技能操作,使技能人才增长了知识,学到了技能,开阔了视野。正如中国航天科技集团公司人力资源部部长陈学钏在"神舟九号"发射成功后,接受央视采访时所说:"航天事业吸引人的地方包括事业留人,也包括感情留人,几十年航天事业发展当中,形成的'两弹一星'精神和载人航天精神为我们提供了宝贵的精神财富。应该说航天人才这种年轻化的趋势还将继续。"

既然有人才"走出去",就少不了"引进来"。2008年国家为吸引海外高层次人才回国,推动国内创新工作,启动了海外高层次人才引进计划,即"千人计划"。航天科技工业对海外优秀人才引进高度重视,以中国运载火箭技术研究院研发中心为例,该单位就十分重视发动全体员工推荐人才,同时在内部会议上督促"千人计划"引进工作并将人才引进工作作为各处室全年工作的重要考核项,此外还专门制订保障引进专家工作生活的计划,都充分体现了航天人对人才的高度重视和渴望。

2. 公正的选拔环境必不可缺

能力固然重要,而创造一个公平、公正的选拔环境是组建一支有能力的人才队伍必不可少的保证。人才选拔工作的改进要从多方面入手,如建立规范的选拔流程和环节,扩大选拔范围,增加选拔工作透明度等。

如中国航天科技集团公司推行公开选拔和竞争上岗制度,择优任用领导干部,使一大批德才兼备、年富力强的优秀青年管理人才走上了领导岗位。通过大胆选拔具有事业心、有责任感、有潜力的优秀青年人才进班子,改善了领导班子的年龄和学历结构,为领导干部队伍注入了生机和活力。尤其对于关键岗位的科技人才,各级组织都会积极为他们创造机会,如承担多专业领域的工作、担任科技领军人才的助手等,不断提升他们的判断力、决策力、领导力和控制力,提升他们对系统工程的认识、对复杂大系统管理的把握和掌控能力以及运筹帷幄、谋划未来的能力,令每一位科技人才都能享受到自我提升技能的机会和权利。许多基础好、潜力大、提高快的"尖子"都是通过这样的选拔方式走上领导岗位的。

根据调研中国航天科技集团公司的后备干部储备来看,该公司按照"数量充足、素质优良、结构合理、资源共享、动态管理、备用结合"的原则建设了领导干部后备队伍,后备干部一般按现职领导干部职数正职1∶2、副职1∶1的数量确定。抓好对后备干部的培养教育和跟踪考察,使后备干部在思想素质和业务能力上不断提高,以适应事业改革发展的要求。为此引入竞争机制,优者上,庸者下,保证了后备干部的整体素质,加大了后备干部的储备。对科技人才,该公司出台了一系列政策文件加强培养和使用,注重发挥政策的导向作用,把年轻人推向型号的关键岗位,有意识地实施新老搭配、以老带新的方式,促使型号骨干尽快成才,如规定型号总指挥、总设计师的任职年龄,规定型号管理干部老、中、青的搭配比例,采取压担子、破格提拔的方式,使青年科技骨干承担重任。这一系列的政策确保了"能者上、庸者下"选拔任用机制的良性运行。同时组织上加强对年轻人才职业规划指导,对那些科技苗子,引导和鼓励他们发挥所长,沿着专业技术通道发展,做到人与岗位相适应。如青年专家包为民在中国运载火箭技术研究院12所担任过室主任、副所长,也是当所长的好人选。但组织上认为他在专业领域发展更好,就有意识地帮助他在技术上不断提高,结果他年仅40岁就担任某重点型号总设计师,45岁时就当选中国科学院院士。

在航天领域,选人定岗有着严格的标准和条件。如在研制"神舟七号"任务时,坚持在每个重要岗位设主副岗两人,主岗负责操作,副岗支持配合。想取得上主岗资格必须"过五关斩六将"。一名在"神舟六号"任务中被定在副岗的科研人员,为争取在"神舟七号"任务中能上主岗,主动放弃攻读研究生的机会,全身心投入熟悉程序、操作等准备工作中。到了考核时,通过一道道关口后的他只因在填写测试数据登记表时,忘了标注具体日期,便没有被评审组认可通过,只能再次被定为副岗。事后他感慨地说:"定不到主岗,我心服口服。"在发射中心,历次"神舟"任务定岗都是这样严格筛选出来的。有人说,这样做太苛刻了。但是每一个航天人都知道只有这样严而又严,才能确保万无一失、确保成功。

二、人尽其才的任用原则

1. 人岗相适,有为有位

人有所能,有所不能。工作岗位的最佳人选并不见得是智商最高、能力最强的人,但肯定是最适合工作要求的人。只有把岗位的需要和人才的实际才能结合起来考虑,用人所长、避人所短,才能做到岗职相称,用当其才,否则就会使人才难以发挥应有的作用,是对人才价值的误判。

航天事业创建初期,国防部五院里除了钱学森之外,没有一个人是学导弹的。这样的一批人,之所以能在一个月后便组建了导弹总体、空气动力、发动机、弹体结构、推进剂等10个研究室,钱学森是费尽思量的。他以一个科学大家高瞻远瞩的眼光,综合考虑了创业所需的专业结构与各个研究室负责人的业务能力,充分了解每个干部的专业特长、工作经历、兴趣爱好,进行了因事用人、因岗择人、因能授职、有为有位的安排。导弹总设计室排在首位,其极端重要性体现为日后的总体部;空气动力研究室排在第二位,体现了空气动力研究是航天产品"先行官"的思想;推进剂研究室主要进行液、固两体研究,为火箭、导弹的固体化铺路。

同时,不仅岗位的类型不同,人才的专长各异,而且同样类型的岗位内部还有高、中、低等不同等级的要求。同类人才,其能力又有强弱之区别。因此,使用人才不仅要注意岗位和人才不同"质"的方面,还要注意其"量"的方面。要选择相应能量的人去承担。这样既使各种人才的效能得到充分发挥,又使整体工作获得最佳效益。王永志就是典型的在"质"和"量"上都符合岗位需求的人物。钱学森对王永志的评价是"这个人有许多过人之处,他的思维常常与众不同,很有自己的见解,年轻时就崭露头角,我看由他当总师比较合适"。1992年11月15日,中央军委正式任命王永志为中国载人航天工程总设计师。两年后经江泽民亲自批准,紧急调王永志入国防科工委,直接授予其少将军衔。他在担任中国运载火箭技术研究院院长期间,增设了自培研究生,对技术尖子进行重点培养,虽然工作繁忙,但他仍坚持亲自带研究生,同时开展了一系列出国深造、在职进修、继续工程教育、技术比武等活动,在全院营造了浓郁的学习氛围,一支年轻化的科技人才队伍逐渐形成。他不仅通过自身技术能力为航天型号研制作出贡献,还通过言传身教的方式为航天型号研制的人才培养和可持续发展奠定重要的基础。

然而,人才是相对匮乏的,如果在遇到工作难题时才想到去寻找具有相应能力的人才,往往会有很大难度,这种情况在中国航天事业刚刚起步时屡见不鲜。因此灵活地挖掘可迁移能力强的人才就显得尤其重要。中国航天早期就遇到中层技术干部和熟练的技术工人匮乏的问题。1957年6月,国防部五院对苏联P-1导弹的仿制工作已展开。这时缺中层技术干部的问题开始显现。

院长钱学森、政委谷景生向聂荣臻递送报告,要求从有关单位抽调73名中层技术干部,其专业涉及28个种类。同时,他们提出要进行熟练技术工人队伍的建设。因为航天产品质量的特殊重要性对生产工人素质的要求很高。再好的设计思想和设计要求,如果没有技术工人去完成,火箭也不能把卫星送上天。如构成火箭的几大系统,数十万个元器件以严密的程序协同工作,指令频出,绝不允许火箭上出现一处连接松动、密封点渗漏、导线误接、接点虚焊,甚至微小的多余物妨碍了电流、气流、液流的通路,也会导致箭毁星亡。这就要求航天的生产工人是"能文能武"的智力型技术工人,既要掌握相当的技术理论知识,又要有熟练的操作技能,还要有很强的驾驭复杂设备的能力和工艺技术攻关能力。国防部五院组建之初,从全国各地选调到航天队伍中来的能工巧匠,来自全国各个工业战线,有的是从部队选调的优秀战士,还有一部分是从技校毕业的工人,他们中的许多是原来行业的劳动模范和技术能手,有理论、有文化、肯钻研,在实践中成长得很快。随着航天事业人才培养机制日趋完善,这种大规模抽调的方式已经淡化,但我们不能忘记其在航天事业发展早期起过的举足轻重的作用。

2. 用当其时,用尽其才

用当其时,就是在人最佳使用期内任用。人才在学习和创造的最佳年龄内取得成果的可能性最大,这是人才成长的年龄规律。一个人,即使很有才能,如果长期闲置不用,也会"贬值",其知识就会"过时",其能力就会"氧化",其创造力和工作热情就会下降,这无疑会给航天科技工业带来损失。

当然,人的最佳使用期并非一成不变、千篇一律,要因人而异,对创新能力强、工程经验丰富的年轻干部,要从实际出发,敢于破格录用。长征三号甲火箭总指挥岑拯就是这样被录用的。他1989年硕士毕业于北京航空航天大学,2004年,当组织决定提拔他为长征三号甲火箭总指挥时,他自己都感到突然,作为副总设计师,按常规该晋升总设计师,然后才是总指挥,但领导决定对于岑拯这样不可多得的人才理应一步到位。31岁的王楠已当了8年的火箭动力系统指挥,被同事们称为"最年轻的系统指挥",这是因为他出色的表现使他大学毕业后一年内就被破格任命的结果。火箭所属其它分系统指挥岗位人员的年龄也大都在30岁左右。总设计师祝学军和姜杰,长期奋战在科研生产第一线,先后成长为重点型号的总设计师。对此,用中国航天科技集团公司人力资源部部长陈学钏的话说就是:"对于政治素质高、专业技术及综合能力强、工作业绩突出、发展潜力大的人才,要敢于打破年龄和资历限制,及时把他们推举到总指挥和总师的岗位,通过加任务、压担子,促进他们快速成长。"

三、"干中学、学中干"的培养模式

干中学,就是在实践中学,提倡的就是实践精神。技术团队的能力成长离不开他们的工作对象。中国航天五十多年的发展说明真正掌握技术、能打硬仗的团队无一不是在航天工程的实践中成长起来的。

1. 通过大项目锻炼人和培养人

中国航天对人才的培养,最值得称道的地方就是在完成国家任务的同时,通过大项目锻炼和培养人。人才就这样一代代薪火相传,这是比干一个大项目更为重要的任务。20世纪90年代是中国航天非常困难的时期,也是人才流失非常严重的时候。外资企业进入中国市场,吸引了大批人才,曾有一段时期,外资企业甚至就把招聘现场设在中国运载火箭技术研究院门口"抢"人才。然而,中国航天还是通过载人航天等国家重点工程留下了一大批骨干。如果没有这些骨干技术人才,如果没有国家重点工程作为支撑,最后很可能人才队伍没了,研制的平台也没了。

目前,俄罗斯就遇到类似的问题。仅在2011年,俄罗斯就有5次航天发射失败。其实俄罗斯在航天领域的投入不少,现在的技术水平也并不低,核心的问题就是人才断档,人才年纪偏大,年轻人非常少。航天代表团去俄罗斯访谈,感触良多:"我们这边代表团成员都是20到40岁的年轻人,对面都是老头儿、老太太,俄罗斯的年轻人不干这个枯燥的工作,再加上前几年俄罗斯经济又不好,他们全干别的了,没人干航天了。因为俄罗斯人走得比我们早,中俄航天之间的差距表现在硬件差距,但是从未来来看,他们有可能就会落后,人才和中国相比明显处于下风。根本的原因就是苏联解体后,俄罗斯运用'休克疗法',却没有通过一个型号项目留住人才。"

通常情况下,在运载火箭研制这样规模大、环节多、周期长的项目中,一个新人需要三年时间才能独立工作,如果把一个新员工完全培养好再配置到工作岗位上,不仅成本过高,而且耗时过长。基于人才培养的这种特殊情况,岗位培养模式在航天系统应运而生。对于新人,岗位培养模式是一种结合工作岗位的具体要求,以胜任岗位职责为目标,以提高履行职责能力为出发点和落脚点,通过实际工作锻炼培养人才的模式。对于新人岗位培养可根据实际工作需要,调整分工,大胆让他们去从事没干过甚至没接触过的工作,促使其开动脑筋、积极思考,提高工作能力,同时便于上级发现其缺点和不足,以利于采取针对性的培养和改进措施。对那些已大体熟悉和掌握现岗位本职工作要领,并能较好地完成工作任务的员工,要不失时机地交给他未曾接触过的新工作,同时进行适度的指导。这种通过具体的工作进行有目的、有针对性的培养,才是真正有效的培养。工作既是培养,培养又是工作,这是一种人才培养的良性循环。在工作中循循善诱,启发引导,言传身教,潜移默化,注意为员工施展才能、成长进步提供必要的条件及环境,这是长期以来中国航天人才培养工作积累下来的宝贵经验。

如今,通过实施国家重大工程和重点任务培养造就科技领军人才,已成为航天领域人才培养工作的常态。"921工程"启动伊始,就明确提出要通过工程的实施,造就新一代以中青年科研人员为主的科研、生产、试验和管理队伍,进而明确规定:在型号研制队伍中,35岁以下年轻人要占到三分之一以上。许多年轻人才通过参加重大工程项目积累了经验,增长了才干,迅速地成长起来。目前,一大批朝气蓬勃、极富创新精神和创造活力的青年科技英才正成为中国航天事业发展的新栋梁和骨干。中国航天科技集团公司党组书记、总经理马兴瑞曾深有感触地说:"通过重大工程项目的带动,一大批年轻科技人才在实践中锻炼成长起来,成为航天科技领域的领军人才。"

2. "以老带新"与"传、帮、带"

"传、帮、带"是航天培养人才的优良传统。"传",就是传授、传承;"帮",就是理解、关心、帮助;"带",就是带头、带领、树榜样。尽管年轻员工拥有新知识,但缺乏经验和管理知识。因此,由德高望重的资深前辈指导新人,传授实际的工作经验和管理知识,是必要的。20世纪60年代中后期,聂荣臻就提出了培养年轻一代的战略问题。为此,航天老一代不辱使命,言传身教,不断培养和锻炼中青年骨干,使他们在技术攻关中充分发挥聪明才智,形成了航天人才队伍"长江后浪推前浪"的大好局面。

针对人才队伍新老交替的特点,我国航天事业的决策者和领导者打破常规,大量返聘有精力的离退休老专家,让老专家在工作中加强对青年人的培养,将年轻技术人员"扶上马,送一程"。一些重要的课题,年轻人被放在第一线,老同志则主要是做一些顾问性质的、总体把关的工作。在研制用以发射神舟系列飞船的长征二号F火箭之初,80%的设计人员是年轻人,80%的图纸不能通过工艺审查。于是"老兵"带着"新兵"加班加点,一遍又一遍地查找问题,修改或重新设计,终于使图纸如期下厂。这样,通过新老结合,以老带新,年轻人在实践中很好地传承了老同志的宝贵经验。

"立言工程"是老专家"传、帮、带"作用的一次成功体现。现任中国运载火箭技术研究院党委副书记罗晓阳介绍:"为了使老专家的经验更好地传给年轻人,中国运载火箭技术研究院实施了'立言'工程,要求老专家在完成科研任务的同时,及时总结、系统化其专业领域的经验,并将其上升到工程理论,著书立说,即'立言'。"1985年前后开始到90年代初结束,中国航天花费数年时间,动用最优秀的航天人才撰写"红宝书",如同大型工程一样,目的就是把几十年航天积累的经验凝练起来,并把知识固化下来,一代代传承下去。

"名师带徒"制度也是航天人才薪火相传的成功方法。由于历史的原因,航天领域也曾存在人才"断档"现象。自20世纪90年代开始,60年代毕业的大学生陆续离开工作岗位,新老交替尤其频繁。为此,中国航天事业建立了"名师带徒"制度,出台了一系列的人才接力计划,以使人才队伍的新老更替工作顺利完成。技能上的"传、帮、带"就是按项目确定课题,把一批具有绝招的高级技能人才定为名师,按课题要求带徒,传授技艺和经验知识,在一定程度上使绝招绝技得以继承。这种亲密的师徒关系,极大地促使了年轻技能人才快速成长。

3. 搭建学用结合的实践平台

实践平台的"学中干"是指为专业基础好,但缺乏型号研制经验的科技人才提供机会,让其参与工程实践,强化理论应用的规范体验,达到专业技能和管理能力双提升的目的。管理者为员工提供施展才华、积累经验、全方位提升能力的实践平台,员工在实践中应用所学、转化为实战能力,促使其快速成长为科技骨干、专才、将才、帅才、大家。因为航天工程是跨领域、多学科集成的系统工程,需大批的高层次优秀的科技人才来支撑。随着载人航天、月球探测、新一代运载火箭等为代表的航天型号工程任务的开展,把年轻人才放到重要岗位进行不同层次的锻炼,是航天人才组织培养机制的又一个特点。

在培养年轻骨干人才成长的工程任务的平台上,年轻的科技人才参与其中,可以强化设计、试验规范的学习,通过参与基础性的课题攻关,广泛开展科技练兵活动,可以更多地掌握研制的流程,增加工作的阅历,提升知识应用的广度和专业技能。预研课题人员中经常有70%的刚毕业两三年的年轻人,这些实践平台给年轻人提供了自我展示的机会,一批有才华的年轻人脱颖而出,成为骨干,可及时选拔到工程组长、副主任设计师、主任设计师等岗位上锻炼,在提升专业能力的同时提升其综合能力。

工程实践中加强多岗锻炼,是培养领军人才的又一重要方式。通过加大型号之间、型号总体和分系统之间、各单位之间骨干人才的交流力度,使他们系统全面地了解总体、分系统、单机等多岗位的要求,熟悉各系统的接口关系和技术关系,促其丰富阅历、拓宽视野,增强他们的多领域技术把握能力,提高他们的组织管理、科学决策及沟通协调能力。实行总指挥、总师助理制,选拔基础好、潜力大、提高快的年轻人才担任总指挥、总师助理。还通过岗位轮换、临时代理等方法培养锻炼年轻技术骨干,创造条件让他们经历多级的岗位锻炼,如从研究室组长、研究室主任、研究所所长到院长、集团公司领导,使他们在不同岗位、角色都做过,具有丰富的岗位经历。

除了工程任务以外,拓宽交流是专才成长的另一类平台。着眼于航天技术的前瞻性和先进性,各级航天组织积极搭建学术、技术交流平台,选派科技骨干到美国、俄罗斯等航天技术强国培训深造,拓宽专业视野,跟踪技术前沿。为了攻克我国载人航天二期工程关键技术难题,缩短与欧美发达国家的技术差距,中国空间技术研究院曾专门选派航天科技骨干前往英国开展专业技术培训,提升了专业技术水平和扩大了国际化视野。

人不是天生就有能力的,而是通过岗位锻炼出来的。航天工程的复杂性决定了领军人才培养需要经过10年甚至20年的积累和磨炼。

毕作滨,在长达22年的专业技术工作中,先后担任研究室副主任、主任6年,综合计划处处长1年,研究所副所长7年,期间参与4个型号的研制。同事评价他"善于学习、善于思考、善于总结、善于沟通"。凭借过人的综合实力,他被提拔为某型号总指挥,后又兼任该型号总设计师。针对该型号系统组成复杂、指标要求高、研制难度大的特点,他制定了适合国情的研制思路,组织型号队伍采用了大量新技术、新材料和新工艺,不仅缩短了研制周期,节省了研制经费,还创造了某重点型号"首飞成功、发发成功"的佳绩。

正是这些重大工程的实践平台,成为磨炼科技领军人才的"熔炉",一批又一批年轻有发展潜力的好苗子被及时推到领导岗位,实现了既出成果,又出人才。新一代航天人在实践中经受住了考验,成为新时期航天事业发展的中坚力量,为载人航天工程、探月工程、深空探测、新一代大型运载火箭等国家重大科

技专项的攻关,提供了坚实的人才支撑。

四、科研人员的考核激励

在知识经济的大背景下,现代企业必须形成一套科学有效的绩效考核和激励机制,这是人力资源开发管理的核心。唯有如此,才能激发人才的动力,使其产生内在潜力,提高工作效率,确保任务完成。对于航天科研人员而言,他们对自己的事业有着强烈而执著的追求。因此激励不能仅限于物质方面,还须从工作的挑战性、职业发展、实现自我价值等方面着手,使科研人员得到全面的认同。为此绩效考核结果就需要与工资、奖金、公平、机会、个人发展、认可等方面进行挂钩。

1. 从物质激励中寻求稳健

首先,组织最基本的激励方式就是给予其成员良好的物质待遇。薪酬成为了物质激励的第一手段。薪酬包括工资和奖金两大部分。以中国航天科技集团公司为例,对于工资而言,集团公司实行按岗定酬、按任务定酬、按业绩定酬的工资制度,让贡献突出者得到应有的报酬。对于奖金而言,中国航天科技集团公司则建立了科技成果贡献奖励基金,把科技成果作为科研人员晋升技术职务、增加工资、参加评奖的重要依据,重点奖励年度贡献科技成果数量多的技术人员。同时建立灵活多样的激励内容和形式,针对不同层级科技人员,制定相应的奖励办法,注意奖励内容的多层次性。

其次,各航天单位实行岗位津贴、职务补贴、一般工龄津贴等一系列制度,强化员工各类津贴保障。在载人航天等重点工程项目中,党中央、国务院、中央军委拨出专款建立专项资金,对骨干队伍给予特殊津贴。为了稳定青年科技队伍,加强、深化人事分配制度改革,又确定了岗位津贴标准向重点岗位人员倾斜的政策,对有突出贡献的中青年科技人员给予特殊津贴的奖励,调动起科技人员学习深造、钻研业务的积极性。

2. 从薪酬管理中彰显公平

薪酬的多少直接体现了科研人员为组织贡献的大小,为此,对科研人员的贡献做出合理评价是物质激励成败的关键。如何设计一套能公平地衡量科研人员贡献的绩效考核系统是航天领导者们不得不直面的难题。

传统意义上,人们习惯把绩效考核等同于发工资和奖金的工具,试图开发出一套精确、量化的绩效考核办法,与薪酬紧密挂钩,使研制人员心服口服,从而起到激励研制人员的作用。事实上,这种绩效考核模式完全不适用于中国航天科技集团公司。航天系统的研制工作非常复杂且难以量化,其结果和过程都具有很强的不确定性,员工能控制的因素有限,研制出现失误时,很难准确区分是何种因素导致的,而且不同部门及员工绩效的可比性不强,所以要精确、量化地考核研制人员的工作几乎是不可能的。于是,中国航天科技集团公司索性对研制人员采取相对宽松的考核政策,即对科研人员平常的工作绩效予以自由的空间,鼓励"放心大胆去试,成功了,成绩是你们的,失败了,责任是我们的";到了型号需要接受真正的检验时,则严格依据型号的"上天表现"进行定量评价。

除了建立公平的绩效考核机制以外,还需要建立公平的薪酬模式。公平的薪酬模式对内则遵守规范的政策和制度,对外则具有相应的竞争力。在航天型号研制过程中,第一考虑型号研制队伍的内部公平,科研人员的工资发放要与绩效评估紧密挂钩,做到有据可查;第二考虑外部公平,要使各级研制人员的收入具有一定的竞争力。中国航天科技集团公司在2000年4月召开的人事、劳动、教育工作会上,提出新发展时期的人事、劳动、教育工作的总体目标,其中就已经提出要基本建立激励化的薪酬分配机制和规范化的监督制约机制,实现干部队伍能上能下,人员能进能出,收入能高能低的竞争局面。采用固定工资加上年终奖的薪酬制度则成为中国航天科技集团公司一种既简单又有效的薪酬模式。

3. 从正向激励中强化信心

对于研制人员来说,工作成果获得肯定可以使其获得一种物质回报所不能带来的成就感。这种方式承认了科研人员的水平、能力和贡献,是对其成功履行职责的褒扬。因此,对各种科技成果以评奖的形式给予肯定是激励型号研制人员的一个重要手段。

为充分调动广大研制人员的积极性,确保完成研制任务,各研究院所依据有关规定,及时为研制人员积极申报各类科技成果奖励。按分阶段组织科技成果奖励原则,先组织对初样阶段性成果奖励,待首飞成功后再组织部门及国家奖的申报。长征二号F火箭是中国航天科技集团公司对型号实施全过程成果奖励最完整的型号之一。从1998年到2004年,组织完成了各阶段成果奖励,有339项成果获得各级奖励,获奖者约2000余人,不仅为稳定型号研制队伍、充分调动广大研制人员的积极性作出了积极贡献,同时也积累了型号成果管理

经验,提高了科技成果管理水平。

奖励固然重要,注重奖励的时效性能更好地发挥出正向激励的作用,围绕型号任务做出及时评价就显得尤为重要了。在载人航天工程中,中国航天科技集团公司根据实际情况及时对初样研制成果提出申报要求,包括:一是要全面总结初样阶段取得的各个方面成果;二是申报范围要全面,即设计、工艺、试验技术和管理,特别是工艺、管理,要认真总结并在此基础上进行申报;三是申报项目进步点不能重复,按系统、分系统、单项技术(设备)进行申报。一旦获得获奖项目和获奖者的名单,必须马上向全院公布,颁发奖励证书和奖金。例如,长征二号F火箭是国家对奖励制度实施改革后中国航天科技集团公司申报国防科技奖励的第一个型号。长征二号F火箭的整个研制过程共产生276项获型号研制阶段成果奖项,其中一等奖35项,二等奖88项,三等奖153项。这种及时以科技成果奖励的形式肯定了广大研制人员的工作成绩,鼓舞了研制人员的工作热情。

设立这种项目奖的方式有一个前提假设:只有让研制人员看到直接与项目绩效挂钩的奖金,他们才会发自内心地、主动积极地完成项目任务。事实上,真正能够持续有效激励研制人员的并非是像项目奖这样的短期性奖金。由于研制项目奖的导向作用,使研制人员都热衷于投身短期内能够看到"效果"的产品研发项目,而对技术研发、前瞻性产品预研等长期性的项目则无人问津,研制流程、技术规范、经验积累、文档编写等工作也没有人愿意做。久而久之,企业还是缺乏核心技术和知识积累,没有核心竞争力。因此,航天事业要在短期项目和长期项目的奖励中寻求一种平衡,对长期项目,不仅参加阶段性评奖,最后型号研制一经成功,其获得的奖励更为丰富。

此外,为了鼓励创新思想的产生,中国航天科技集团公司制定了合理化建议奖励办法,规定凡在岗位责任制范围内对科研生产、技术、经营等方面提出具有创新因素的建议、方法和措施,经过实践检验确实有效者,可依据创新程度、难易程度、作用等评定等级,给予物质和精神奖励。

4. 从工作胜任中创造价值

研制工作对航天事业最终绩效的影响是长期的,而科研人员最关注的是自我价值的实现,所以,从激励的角度来看,成就、赏识、挑战性的工作、增加的工作责任,以及成长和发展机会等非物质的激励因素才能真正激发科研人员的热情。以上这些激励因素可归结为工作持续的胜任感。

最初关于自我价值的体现是建立在能力和岗位工作相适应的基础上的,即通过科学分配工作,将合适的组织成员安排在合适的岗位上,在合理配置人力资源的情况下使组织成员尽可能实现自我价值,从而达到激励的目的。要做到这一点,必须"知人善任",即对现有研制人员的知识结构、年龄层次、性格特征等要素进行充分的了解,然后将每位研制人员分配到适合其专业与特长发挥的位置上。在航天型号研制中,由于涉及的专业很多,任何一个分解的研制任务都很难由个人单独完成,必须由多学科的人员共同参与才能完成。在这个过程中,中国航天科技集团公司既要确保每一层研究开发任务的完成,又要顾及每一个研制人员的具体特点。因此,通过使科研人员积极参与所承担工作任务的制定,让他们实现自我管理,从而激发起工作热情。当研制人员对自己所承担的任务与目标非常明确,并且知道自己所从事工作的价值时,研制人员才可能充满激情地进行工作。

此外,随着科研人员能力的提高,为其提供相应的满足其事业成就的岗位便是自然之举。人们如果能够较好地预期自己在事业上的晋升通道,并能按计划取得预期的成就,就能够燃起他们进步的动力,起到长期激励作用。多年来,中国航天在大力加强人才队伍建设的同时,构建了较为完善的员工发展途径,采取了多样化的培养措施,为每位员工提供了良好的事业平台,并提供了畅通的发展通道。

表2-1 不同培养方向员工职务、职称晋升路径

类别	路径
行政管理	班组长(工程组长)、研究室主任(处长)、厂(所)级领导、院(公司)级领导、集团公司领导
型号管理	调度、调度长、指挥、副总指挥、总指挥
型号设计	主管设计师、副主任设计师、主任设计师、副总设计师、总设计师
专业技术职称	初级、中级、副高级、正高级
工人技术等级	初级工、中级工、高级工、技师、高级技师、特级技师
科技人才选拔奖励	厂(所)学术技术带头人(突出贡献专家)、院(公司)学术技术带头人(突出贡献专家)、集团公司学术带头人(突出贡献专家)、国防科技工业有突出贡献专家、国家"百千万人才工程"人选、两院院士
技能人才选拔奖励	航天技术能手、航天技能大奖、国防科技工业技术能手、全国技能能手、中华技能大奖

管理工作不一定符合某些技术人员的职业目标,如果硬将其推向管理工作,不仅会由于非其兴趣所在而无所建树,还会造成知识、经验和能力的浪费。这种现象在我国科研组织中并不罕见。针对这种现象,中国航天科技集团公司设法给科研人员提供一种不同于管理晋升阶梯的职业发展道路,几种职业发展通路是平等的,每条通路都有相应的等级。有了这种制度,没有管理兴趣或管理能力的专业技术人员就可以在技术阶梯上升迁,既保证了对他们的激励,又使他们能充分发挥自己的技术特长。

5. 从信任关怀中建立情谊

人是有着丰富感情的高级生命体,情绪和情感都是人精神生活的核心部分。一位西方学者说过:"有效的领导者就是最大限度地影响追随者的思想、感情乃至行为。"社会人假设和马斯洛需求层次理论都反复论证了"人需要获得社会团体的认可"的重要性。一个组织若能对其成员给予情感上的关怀,尊重并信任组织成员,为其创造一个轻松的环境,通过各种方式满足其情感上的需要,组织成员则能保持良好的情绪和持久的工作热情。

型号研制组织需要团队的力量,需要通过情感激励建立深厚的团队友谊和宽松的团队氛围。尊重科研人员、关心科研人员并和他们结下深厚感情是激励科研人员的基础和前提。很多火箭的型号研制都是周期长、难度大的工程,在长达数年的研制过程中,研制人员难免遇到工作和生活中的各种困难。为了鼓励研制人员战胜困难,每一级管理人员表现出豁达的气度、坚定的信念和乐观的精神,以真挚的感情关心人才,塑造关系融洽、氛围温馨的软环境,使人的创造才能得到充分施展。中国航天科技集团公司明确提出了"为科研工作服务,为科技工作者服务"的口号。为了给科技工作者创造一个好的工作环境,广大后勤保障工作人员在平凡岗位上,为航天事业的发展付出了艰辛的劳动。他们中,有把食堂办成"进餐者之家"的炊事工作人员;有急科研生产所急的汽车司机;有待病人如亲人的医务工作者;有为双职工解除后顾之忧的好保育员等。

要使情感产生激励效果,应做到尊重员工的人格、首创精神、进取精神和独特见解;爱护员工的积极性和创造性;信任员工,放手让员工大胆地工作;员工遇到困难时,上级要主动支持员工,帮助员工排忧解难,增加员工的安全感和信任感;帮助员工保持对人生的乐观和增强承受挫折的能力。

第五节　众志成城的文化氛围

　　回首五十多年的风雨历程,中国航天事业不但取得了一系列突出的科技成就,培养和塑造了一支过硬的航天队伍,积累了大量的理论与实践经验,更形成了一种具有强大感召力与凝聚力的文化氛围。这种文化高度强调使命感与责任感,使每个人都能够将个人发展与集体事业有机融为一体,找准自身定位,自觉投身事业,充分发掘潜力。这种文化氛围是对祖国和人民情感的真切流露,是联系一个事业团体的牢固纽带,也是每个航天人拼搏奋斗的不懈动力。顽强、毅力、忍耐、坚定,一代代航天人正是在这样的文化氛围中,奋发图强、团结协作、迎难而上、精益求精,圆满完成了祖国和人民赋予的一项又一项光荣使命,推动着中国航天事业不断迈上新的台阶。

　　走进航天人的内心深处,细细品味航天事业的文化氛围,能够更好地把握中国航天的发展脉络,更能真切感悟几代航天人的心路历程。随着时代的发展进步,航天文化的影响也不应仅仅限于航天领域之内。如果能够发掘出更为深刻的意蕴内涵,航天文化可以在社会上产生更为广泛的影响。

一、以国为重的历史使命感

　　中华民族是富有爱国主义光荣传统的伟大民族。在我国历史发展的长河中,爱国主义是中华民族百折不挠、自强不息的民族精神的生动写照,也是中华文明几千年发展和进步的重要力量源泉。爱国主义的具体内容和形式,是随着历史阶段和时代条件的变化而发展变化的,在不同社会群体中也有着各具特色的体现。

　　在中国航天事业的发展历程中,爱国主义是一条贯穿始终的精神主线,它集中体现在一种时刻以国家利益为先的集体文化,这是中国航天人内心深处的价值观念,也是中国航天文化的核心要义。为什么每一个航天人都能时刻牢记国家利益至上?因为这项事业乃中华安危所寄,泱泱国运所系。这是一种政治责任,也是一种历史使命,它要求每个从业者都应能够在工作中有勇气、有行动、有担当。

1. 航天人身系国家战略和民族尊严

航天工业吸引着全人类的目光,早已成为一个国家兴旺发达的重要标志。一方面,航天工业同国家战略安全密切相关;另一方面,航天工业又是一个国家综合国力的重要体现。回望中华人民共和国建立之初,不但没有航天管理部门,也没有任何相关的工业基础,除钱学森外甚至几乎没人知道火箭和导弹是什么东西。时至今日,伴随着长征二号F火箭发射"神舟九号"飞船的腾空而起和载人空间交会对接试验的圆满成功,中国早已成为世界公认的航天大国。在这五十多年的发展之中,航天事业始终与国家战略紧密相连,时刻牵系着全国人民的尊严和感情。

中国航天科技工业是伴随着国防现代化建设而起步的,自从诞生之日起,它便同中国的国防事业紧密联系在一起,成为国家安危之所寄。"我们的国防将获得巩固,不允许任何帝国主义者再来侵略我们的国土。"这是中华人民共和国成立前夕,毛泽东在中国人民政治协商会议第一届全体会议上向世人做出的庄严宣告。然而,中华人民共和国刚一成立,便受到了来自外部的巨大威胁。在抗美援朝三年中,美方动用了除导弹、核武器之外的几乎一切现代化武器装备,在制空、制海权上占据绝对优势,给我方带来了巨大伤亡。在美国国内,更有人多次叫嚣要对中国实施"核打击"。战场上的惨烈事实使中国领导层对现代国防,特别是现代化武器装备有了一次最直接的认识。20世纪50年代中期,以毛泽东同志为核心的党中央果断地决定,我国国防科学技术的发展要以尖端技术为重点。1955年3月,毛泽东在党的全国代表会议上指出:"我们进入了这样一个时期,就是我们现在所从事的、所思考的、所钻研的,是钻社会主义工业化,钻社会主义改造,钻现代化的国防,并且开始要钻原子能这样的历史的新时期。"将导弹、原子弹确定为我国国防科技发展的重中之重,这是党中央为巩固国防,进而带动和促进我国整个科学技术发展所做出的历史性抉择。从这一刻起,航天工业便成为了维系国家安全的又一战场。

20世纪六七十年代,中国航天人通过自身奋斗,在十分困难的条件下,取得了国防战略武器研制方面的一系列辉煌成就。1960年11月,我国仿制的第一枚近程导弹发射成功。1964年7月,我国自行研制的中近程导弹发射成功。1966年10月,导弹核武器试验成功。1970年4月,我国第一颗人造卫星发射成功。1980年5月,我国向南太平洋发射远程运载火箭成功。1982年10月,潜艇水下发射导弹试验取得成功。航天人通过三十年的奋斗,有力地巩固了国防,完成了党和人民赋予的历史使命。邓小平曾深刻指出:"如果六十年代以来中国没有原子弹、氢弹,没有发射卫星,中国就不能叫有重要影响的大国,就没有现在这样的国际地位。"①

作为国家战略的重要组成部分,航天科技工业的发展紧密配合国家整体发展的需要。国家宏观布局的调整,给航天科技工业带来了巨大的机遇和挑战。特别是改革开放以后,随着党和国家工作重点的转变和国际形势的缓和,中国航天科技工业也开始调整自身发展方向。1979年中央确立了"军民结合、平战结合、军品优先、以民养军"的方针,要求航天工业开始改变单一的军品体制,在确保军品航天科研生产任务完成和强化型号管理组织建设的同时,面向国民经济第一线,面向国内、国际两个市场,大力组织开发民品和积极参与国际市场竞争。这是新时期中国航天事业历史使命的一次重大转折,使中国航天人对自身的使命有了更为全面的理解。

从20世纪80年代至今,中国航天技术上了一个新台阶,先后掌握了气象卫星总体设计技术,通信卫星的大容量、长寿命、高可靠技术,遥感卫星的长寿命、高分辨率技术,运载火箭捆绑技术和太阳同步轨道卫星发射技术,新一代导弹武器技术,并陆续在移动通信卫星、导航定位卫星、载人航天、深空探测等技术领域取得重大突破。航天领域的国际交流与合作广泛开展,在航天技术输出、卫星零部件和机电产品出口方面取得了十分显著的成绩。经过第二个三十年的努力,在确保军品研制和生产的基础上,各单位全面提高了民品的技术水平,满足了新时期国家经济建设对航天工业的新需求,并逐步适应了国际卫星发射服务市场运作机制,使中国航天能够在这一市场中打破西方垄断,占据一席之地。党的十七大把"载人航天飞行成功实现"写入报告,作为过去五年"经济实力大幅提升"的一个标志。载人航天发展取得的巨大成就,向全世界展示了中华民族实现伟大复兴的雄心壮志,极大地提升了中国的大国形象和国际地位。

航天工业关系到国家经济实力、科技实力和民族凝聚力,也是国家形象的重要展示。中国要在世界航天领域占有一席之地,这是中华民族伟大复兴的客观要求,也是历史发展的必然选择。中国航天事业的每一次进步,每一点成就,

---

① 邓小平.邓小平文选(第三卷)[M].北京:人民出版社,1993:279.

其所具有的价值往往都是无法估量的,对国家的经济、政治、科技、社会、文化,乃至民族自豪感、自信心都会产生深刻的影响。能够接过党和人民赋予的重托,从事这项与国家战略密切相关的事业,这使每个中国航天人都有着高度的历史使命感。在航天事业的文化之中,国家战略和民族尊严要求每个从业者都要始终坚持把国家利益作为最高准则,忠诚使命、履行使命、不辱使命,从内心深处把自己与航天事业完全融合在一起。

2. 航天人时刻听从祖国和人民的召唤

作为一种集体文化,航天文化强调每个人都要时刻服从党的指挥,听从祖国和人民的召唤。关键时刻能够做到这一点,绝非一时一事的思想教育所能达成,这依靠的是长期的历史传承和环境熏陶。

航天事业起步之初,人才极度匮乏,技术领导层主要是一大批海外归来的专家。仅仅在23位"两弹一星"功勋奖章获得者中,就有21位是海外归国人员。中华人民共和国成立之初,无论是生活条件还是科研环境,同西方国家相比都有着天壤之别,从事保密性国防研究更不如在大学校园中任教悠游自在。但是对祖国的热爱使他们归心似箭,为我国航天事业带来了第一把宝贵的火种。

钱学森,浙江杭州人,著名空气动力学家和火箭、导弹专家,中国航天事业的奠基人。1935年起先后在美国麻省理工学院、加州理工学院学习,师从著名空气动力学家冯·卡门,从事空气动力学、固体力学和火箭、导弹等领域研究,在三十岁时已是世界著名的空气动力学家。中华人民共和国成立伊始,钱学森便有回国意向。然而,突如其来的朝鲜战争中断了他的归国之路。1950年8月,准备回国的钱学森一家被美国移民当局扣押,并一度遭到软禁,理由是"必须防止具有科技背景的外国人离境,以免为敌国利用暗中破坏美国军事防御能力"。直到1955年10月,经过周恩来总理的亲自过问,以释放朝鲜战争中被俘的11名美军飞行员为交换条件,钱学森才得以登上了回中国的轮船。临行之时,美国人不允许他携带任何与导弹研究相关的书籍,而他脱离科研也已有整整5年之久。刚一回国,钱学森便全身心地投入到了我国的导弹、火箭事业中,1956年2月他给国务院写了《建立中国国防航空工业的意见书》,其中特别强调我国要集中力量发展导弹技术。1956年10月8日,中国第一个导弹研究机构——国防部第五研究院正式宣布成立,钱学森担任院长。从此,他便将自己的后半生完全奉献给了中华人民共和国的航天事业。

任新民,湖北谷城人,著名航天技术和火箭发动机专家,中国导弹与航天技术的重要开拓者之一。1945年公费赴美辛辛那提磨床铣床厂实习,后入密歇根大学研究生院,先后获机械工程硕士和工程力学博士学位。1948年9月,被美国布法罗大学机械工程系聘为讲师。早在1929年10月,年仅14岁的任新民便加入了中国共产主义青年团,宣城冒埠暴动失败后与组织失去了联系,这促使他立下了科技救国的志向。1949年,中华人民共和国成立前夕,任新民毅然回到祖国,先后在华东军区军事科学研究室和哈尔滨军事工程学院工作。1956年8月在钱学森领导下参加筹建国防部五院的工作,此后历任总体室主任、液体火箭发动机设计部主任、一分院副院长兼液体火箭发动机研究所所长、七机部副部长、航天工业部科技委主任及航空航天工业部高级技术顾问。他先后领导了中近程、中程、中远程、远程弹道导弹的多种液体火箭发动机的研制、试验工作。1980年5月在向太平洋预定海域发射远程运载火箭的飞行试验中,作为首区总指挥,他协助领导和指挥了这一重大的飞行试验任务。

屠守锷,著名的火箭专家,中国科学院院士。1917年生于浙江湖州,1936年毕业于埭溪中学,1948年12月加入中国共产党。1940年毕业于清华大学航空系。1941年赴美国留学,1943年获美国马萨诸塞州理工学院航空工程硕士学位,后在美国布法罗寇蒂斯飞机工厂任工程师。1946年回国后,任清华大学副教授、教授。中华人民共和国成立后,任清华大学教授、北京航空学院教授。从1957年历任国防部第五研究院总体设计部主任、第一分院副院长。1965年任第七机械工业部第一研究院副院长。1982年任航天工业部总工程师,航天工业部科学技术委员会副主任。1990年任航空航天部高级技术顾问。长期从事火箭总体研究与设计,先后担任中国自行研制的液体弹道式地地中近程导弹、中程导弹的副总设计师,远程运载火箭和长征二号火箭的总设计师,带领科研人员突破了一系列技术关键,解决了许多技术难题。特别是在洲际液体弹道地地导弹的研制试验中,以坚实的理论基础和丰富的实践经验,提出独到的见解和解决问题的办法,保证了中国向太平洋预定海域发射远程运载火箭任务的圆满完成。1985年获国家科学技术进步奖特等奖。

黄纬禄,我国著名的火箭与导弹控制技术专家和航天事业的奠基人之一,"两弹一星"元勋,中国科学院院士,国际宇航科学院院士。1916年12月18日出生于安徽芜湖市。1940年毕业于中央大学电机系,1943年赴英国实习,1945年在伦敦大学帝国学院攻读无线电专业,获硕士学位。1947年回国,曾在资源委员会无线电公司上海研究所任研究员。中华人民共和国成立后,在重工业部电信局上海电工研究所、通信兵部电信技术研究所任研究员。1957年转入国防部五院二分院,1960年加入中国共产党,先后任国防部五院二分院第一设计部研究室主任、设计部主任,七机部一院12所所长、一院四部主任、一院副院长、二院副院长、七机部总工程师,航天部二院科学技术委员会主任、二院技术总顾问、航天部科学技术委员会副主任、型号总设计师。黄纬禄长期从事火箭与导弹控制技术理论与工程实践研究工作,对导弹研制过程中重大关键技术问题的解决,大型工程方案的决策、指挥及组织实施发挥了重要作用,开创了我国固体战略导弹先河,奠定了我国火箭与导弹技术发展的基础。20世纪50年代末至60年代初,在我国涉及导弹技术的众多学科和技术领域都处于空白的状态下,他主持突破了我国液体战略导弹控制系统的仿制关、自行设计关,相继解决了远程和多级导弹的液体晃动、弹性弹体稳定、级间分离及各种制导、稳定方案的理论和工程技术问题,使我国液体战略导弹控制技术提高到了一个新的水平。20世纪70至80年代,在没有任何国外实物和资料可借鉴的情况下,他成功地领导和主持研制出了我国第一枚潜地固体战略导弹、第一枚陆基机动固体战略导弹,突破了我国水下发射技术和固体发动机研制技术,填补了我国固体战略导弹技术的空白,获得国家科技进步奖特等奖。他探索出了一条我国固体火箭与导弹发展的正确道路,为我国航天事业做出了卓越的贡献。

图2-15 黄纬禄、屠守锷、钱学森、梁守槃、任新民、庄逢甘合影(从左至右)

梁守槃,生于1916年4月13日,福建省福州市人。1937年6月毕业于清华大学,1938年赴美国麻省理工学院留学,用了不到一年的时间就获航空工程硕士学位。本可以在美继续深造或工作,但他深深地怀念着灾难深重的祖国和处于水深火热中的四万万同胞,放弃了舒适、优裕的学习、工作环境,1940年回到了祖国怀抱。此后在西南联合大学、航空发动机制造厂、浙江大学、哈尔滨军事工程学院工作。1956年调入国防部第五研究院,历任发动机研究室主任、一分院总体设计部主任、发动机研究所所长、三分院副院长,第七机械工业部第三研究院副院长,航天工业部科技委副主任,航空航天工业部高级技术顾问,航天工业总公司高级技术顾问。20世纪50年代末期,中国开始仿制从苏联引进的P-2液体近程弹道导弹。这在当时是一个全新的陌生技术领域,他被任命为总体设计部主任,主持这一导弹仿制的总体技术工作,开展"反设计",即按引进的P-2导弹的战术技术指标进行导弹设计,将设计计算的结果与引进的P-2导弹的数据进行比较,验证我们的理论分析、设计、计算是否正确,对有差别的地方进行分析研究,找出原因,有针对性地进行设计改进。通过这样的"反设计",极大地锻炼和培养了我们自己的科技队伍,为独立自主地研制新型导弹奠定了基础。同时梁守槃也是我国第一任海防导弹武器系统的总设计师,被誉为"中国海防导弹之父"。

姚桐斌,江苏无锡人,著名冶金学和航天材料专家,航天材料及工艺技术研究所的主要创建者之一。1947年公费赴英国伯明翰大学工业冶金系留学,1951年以"对于液态金属及合金的粘性与流性的研究"的论文获博士学位。之后,他开始在英国伦敦帝国学院从事研究和讲学工作。在英期间,参与发起组织了中国科学工作者协会英国分会,并担任主席。姚桐斌因领导爱国活动被英国政府宣布为不受欢迎的人,被迫于1954年转赴联邦德国亚亨工业大学冶金系铸造研究室任研究员兼教授助理。在周恩来总理的亲自安排下,姚桐斌于1957年同妻子彭洁清回到祖国,到刚刚成立的国防部第五研究院工

图 2-16　姚桐斌作总结报告

作,任材料研究室主任,领导开创了我国自己的航天材料学科。从1958年至1968年这十年间,姚桐斌领导突破了一系列材料难题,为国防科技工作作出了巨大贡献。"文化大革命"开始后,姚桐斌受到巨大冲击,但他仍坚持继续研究国家亟需的导弹和卫星的保温材料。1968年6月8日不幸被仇视"反动学术权威"的暴徒毒打致死。周恩来总理对姚桐斌的去世十分痛心,他批示严惩凶手,并紧急开列了一份重要科学家保护名单。后来,姚桐斌经中央批准被追认为革命烈士。

在共和国航天事业的草创年代,正是这群归乡游子们起到了中流砥柱的作用。在他们的推动下,中国航天开始步入正轨。经历过旧中国重重苦难的人,最期盼祖国的腾飞。正是怀着这样的报国之心,这些海外赤子选择了投身共和国的航天事业。

同许多工业聚集发展的模式不同,航天科技工业布局十分分散、地域跨度很大。这一方面是因为作为一项复杂的系统工程,许多工作不可能由一两个部门独自完成,需要多部门的协调与合作。特别是在发展早期,由于我国工业基础整体上十分薄弱,经常需要调动全国力量协同攻关。另一方面,出于安全工作的需要,很多发射场、试验基地、工厂、研究院被选址在了地域偏远、环境恶劣的地方。这种高度分散性注定航天人很难在平静安逸的环境中工作,不但经常要四处奔波,更要能够耐得住困难环境的考验。五十多年的风雨,早已把航天人铸造成了一支"铁军"。无论何时何处,只要组织一声令下,即刻便能够整装待发,到祖国和人民需要的岗位去。

中国三大火箭发射基地中,酒泉基地处于内蒙古的戈壁,西昌基地藏于凉山的深岭,太原基地位于晋西北的荒山,都是自然条件恶劣、人迹罕至之处。很多工作人员需要远离家人,常年驻守在这里。1958年2月25日,经毛主席和中央书记处批准,我国第一个导弹试验靶场选定在地处西北戈壁的额济纳旗的青山头地区。1958年3月6日,总参谋部下达命令,中国人民志愿军第二十兵团回国参加导弹试验靶场建设。一夜之间,10万大军从朝鲜战场消失,浩浩荡荡开赴"死亡之海"。在极端保密的情况下,除了最高层外,整支部队都不知道自己将要去向何方,从事怎样的工作。在相当长的一个时期内,基地规定给亲属写信必须开口留待检查,甚至女兵不得在基地外找对象,男兵不许配偶前来探亲。直到工程结束之时,全体指战员才被告知他们兴建的是中国第一个导弹试验基地。也许当年的这些子弟兵们根本不知道导弹、火箭为何物,但是对党和国家的忠诚使他们毫无保留地选择了这里。"死在戈壁滩,埋在青山头",这不仅是当年战士们的豪言壮语,更是航天人无悔的荣光。直到今天,位于酒泉发射基地的东风烈士陵园门口石碑上依旧刻着这样一句话:"他们去了,生命的火焰化作太空永恒的星光,崇高的精神化作后来者不尽的力量源泉。"

不难想象,从选址、建设到每一次发射,这些发射场、试验基地、测控站的恶劣自然条件都是对参与者的挑战。时至今日,尽管交通和通信已经如此便利,但是恶劣的自然条件依旧考验着新一代航天人的意志。2002年12月底"神舟四号"飞船准备发射时,寒流骤然袭来,酒泉基地气温一度低至零下30℃,这是几十年都未曾遇到过的极端天气。从发射现场总指挥到现场工作人员,每个人都是在紧张和焦虑中度过最后几天。按照发射规程规定,"发射窗口"的温度不能低于零下20℃,而根据气象预报"发射窗口"的气温甚至可能低至零下25.5℃。为了确保发射成功,发射场专门成立了临时"火箭飞船抗寒抢险小组",先后用上热风机、空调、泡沫塑料、高瓦数电灯泡为火箭保温,最后甚至用上了一一编号的200条棉被。在最后发射之前,为了便于操作,发射官兵不得不脱掉棉衣,冒着寒风工作了几个小时。最终,"神箭"成功升天,"神舟"顺利翱翔太空,而这次发射创造了世界航天发射史上超低温发射的纪录。

曾几何时,为了这项与国防安全密切相关的事业,航天人面对着太多的"苛求":这是一项条件艰苦的工作,投身其中便意味着亲情的长期分离;这是一项毫无基础的工作,投身其中便意味着一切从零开始;这是一项保密性的工作,投身其中便意味着从此要与朋友形同路人;这是一项没有止境的工作,投身其中便意味着终身的奉献。然而,正是这种艰苦、这种毫无基础、这种保密性、这种永无止境,铸造了航天人不屈的品格。直到今天,即使环境已经发生了巨大变化,条件早已大大改善,但是时刻听从祖国和人民的召唤依旧是航天文化不朽的灵魂。

二、以企业为家的大院文化

现代管理学理论认为,一个好的企业应该让员工感觉到像"家"一样。而在中国人的传统观念中,"家"更是情感的归宿,是安身立命的依托。与许多优秀的大型企业相似,以企业为家也是航天文化的一个重要组成部分,这种文化使员工彼此之间相互关怀,共同提升企业的凝聚力和竞争力。与众不同的是,航天领域独立性较高,航天工业的组织结构、科研生产管理和人员流动相对较为封闭。在中国航天企业中,许多员工都是几十年如一日在同一个企业,甚至同一个研究院所内工作,日积月累让"家"文化的情感显得尤为深厚。一个或若干个单位聚于一个"大院",正是这样的环境促使航天企业形成了一种独特的"大院文化",这是集体主义精神在航天人身上的一种特定的呈现方式。

1. 敢于碰硬的军队作风

在中国如果将某个单位称之为"大院",那么给人的第一印象就是这个单位很可能与军队密切相关。"大院"这个词的含义,可能是集中领导,统一行动,严格保密……航天企业所以具有"大院文化"的鲜明特色,很大程度上便是因为自身存留的军队文化烙印。

航天人身上具有一股敢于碰硬的军队作风,令行禁止,雷厉风行,这是由于同军队的密切联系所注定的。一方面,航天事业创立之初直接服务于国防需求,很多单位都是军队编制。例如国防部五院在行政序列上是国防部下辖的单位,直接归属中央军委领导。所有工作人员不管源出哪个系统,只要加入到航天队伍中来,就要纳入军队编制。第一批行政管理人员之中,相当一部分是直接从军队中抽调而来的各级指战人员,他们带来了人民军队高度的组织纪律性和敢打敢拼的战斗作风。在集体转业之后,虽然军装已经脱下,但是这种军队作风坚持传承了下来。另一方面,航天研制工作直接服务于国防科技建设,很多时候要同军队方面协同配合,自然会在各方面受到影响。例如许多导弹的设计、生产、试验需要军队有关部门的直接参与,纪律要求和行事风格上自然向军队看齐。

概括起来,军队文化对航天人的影响主要体现在以下两个方面:

一是逆境不屈的优良作风。员工的优良作风是一个企业成功的重要保障,虽然看不见、摸不着,却是一种隐形的战斗力。五十多年里,中国航天事业的发展并非一帆风顺,也曾有过各种干扰甚至挫折。但是航天人敢于在困难中坚持,敢于从逆境中奋起,使这项事业不断迈向新的胜利。著名航天测控专家陈芳允,从20世纪50年代末期起即开始从事卫星测控方面的研究工作。1965年3月起,他正式接受我国第一颗人造地球卫星的地面跟踪测量任务。"文化大革命"开始后,中科院各研究所受到冲击,卫星测控研究工作一度陷入停顿。由于自身所谓"历史问题",陈芳允更是受到了迫害。为避免情况进一步恶化,在聂荣臻的建议下,中央决定人造卫星地面观测站的建设任务由中国科学院调整到导弹试验基地,这样陈芳允和他负责的卫星测控业务一下子由地方转入了军队。但陈芳允却在相当长的一段时间内不能正式入伍,用他自己的话说是身份不定。不过,毕竟能够开展工作,不再受批判,也不用住牛棚了。已过天命之年的他和普通战士一起,在渭南塬上白手起家建设起了一座现代化的航天测控基地。直到1976年,60岁的陈芳允才终于实现了自己的愿望,加入了中国人民解放军。几十年如一日,正是因为有成千上万像陈芳允一样的航天人在逆境中敢于坚持,追求着为祖国奉献的目标,中国航天事业才能够真正站立起来。

二是敢打硬仗的强大执行力。企业执行力是一个企业达成战略目标与完成各项任务的综合能力,是企业获得竞争优势的重要保障。企业执行力的本质涉及的是企业的人才队伍及其品质,包括忠诚敬业与自信无畏、立即行动与全力以赴等优秀品质。长期军队作风的熏陶,使航天人成为了一支善打硬仗的队伍。1992年,载人航天工程启动后,本着"快、好、省"的研制工作思路,决定在长征二号E火箭的基础上研制能够达到载人航天要求的新型运载火箭——长征二号F火箭。在此之前,我国火箭在设计上不含任何载人飞行的理念,长征二号F火箭需要增加全新的故障监测处理系统和逃逸系统。这两个系统技术新、难点多、协调关系复杂,仅需进行攻关的关键技术就有十多项。其中火箭故障模式、故障判别准则、纵向解锁技术、整流罩上下支承机构、栅格翼阻尼器技术及栅格翼加工工艺技术等都有很大的难度。在没有任何经验,没有成熟的技术可以继承,甚至连间接借鉴的条件也不具备的情况下,中国运载火箭技术研究院的研制人员艰难探索、刻苦攻关,突破了火箭传统的研制程序,采用并行工程方法和交叉作业的做法,仅用18个月的时间就完成了故障检测系统和逃逸系统的研制和试验,为载人航天工程的顺利实施奠定了坚实的基础。18个月,对于普通人而言,只是短暂的一段时间,但对于中国运载火箭技术研究院的干部、职工而言,则意味着多少个不眠之夜。正是这种能量、气概与智慧,铸就了航天人强大的执行力。

2. 和谐融洽的干群关系

人际关系是集体生活的一个重要组成部分,往往决定了一个人的精神和工作状态。如果一个企业不能使员工感受到融洽的人际关系氛围,那么管理工作就很容易陷入困境。因此,中国航天始终把"和"作为自身文化建设的重要组成部分。在各种人际关系之中,干群关系的意义尤为重要。只有干群关系和谐,才能把大家凝聚在一起,形成干部员工同心同德,"以企为家、爱企如家"的良好氛围。

航天内部特别强调领导干部要率先垂范。中国文化中有强调"以德服人"的传统,而德治就要求领导者必须能够起到模范带头作用。身教胜于言传,这是中国古代管理思想的精华。中国航天特别强调各级领导干部要身先士卒、以身作则,特别是在困难和危险面前,更是要敢于承担、靠前指挥,只有如此才能树立威信,调动起全体员工的工作热情。2000年12月31日,"神舟二号"飞船发射的前十天,长征二号F火箭在总装厂房突然发生意外,由于操作失误,火箭发生了碰撞,箭体被撞十多处,严重"受伤"。为了对火箭进行全面查看,年过六旬的总指挥黄春平和总设计师刘竹生带领工作人员,爬到90多米高的总装测试厂房顶层,自上而下,一层一层或跪或趴地查看火箭。他们深知,如果因为这次意外而影响了发射任务,进而影响了整个载人航天计划,将对全体参试人员和全院员工造成重大打击,也无法向全国人民交代。火箭还能否按时发射?这需要黄春平做出决断。因为只看到了火箭的"皮外伤",还不能做出任何保证,黄春平决定先对火箭进行全面检查,接着提出了具体检查方案,并保证用4个工作日完成。黄春平的意见得到了采纳。会后,黄春平与刘竹生率领研制人员立即投入"战斗"。火箭的关键部位——电气系统通电检查、动力系统气密检查、固体发动机探伤等给火箭"体检"的措施全面展开。3天后,厚达50多页的分析报告摆在了众人面前。黄春平在长舒一口气后作出保证:火箭可以正常起飞! 2001年1月10日,矗立在发射塔架上的长征二号F火箭满载着中国航天人的凌云壮志,送"神舟二号"飞船成功实现了新世纪第一飞。这一飞,仅比原计划推迟了4天。在这种关键时刻,如果不是两位"老总"临危不乱,率先垂范,果断决策,也许整个载人航天工程的进度都会因为这次意外事故而被严重推迟。这一事件,已经成为年轻员工进行思想和技术学习的重要案例。

中国航天特别强调领导干部要重视员工的意见。由于航天的系统工程特色,无论是在管理还是工程研制之中,都采用了典型的金字塔式管理结构。这种管理结构是特大型工程管理的客观要求,有利于统一组织协调,提高工作效率,但是它不利于每个员工个人意见的表达。如果只是自上而下的单项指挥、命令模式,那么基层员工将始终处在被动接受上级指示、安排的地位,从长远看,这不利于员工的自身成长和企业的发展。为了避免这一问题,中国航天特别重视沟通渠道的建立,力求使员工关心的各种问题能够及时准确地反映上来,得到有效解决。特别是在关系到航天事业发展的重大技术和管理问题上,领导干部要积极鼓励员工发挥自身创新精神,积极提出各种可行性意见,帮助整个团队实现更好的发展。近年来,在型号研制过程中,中国运载火箭技术研究院等单位普遍开始对员工合理化建议进行积分考核奖励,这种带有激励色彩的管理方式,在更高层次上体现了领导对基层员工的重视,特别有助于和谐干群关系的建立。

表 2-2　长征二号 F 火箭管理类合理化建议评审标准[①]

评审依据	评审细则	得分
创新程度	有实质性改进、总公司内先进	15—20 分
	有明显的改进、院系统内先进	10—15 分
	有一定的改进、本单位先进	10 分以下
难易程度	难度很大且很复杂	15—20 分
	难度较大且比较复杂	10—15 分
	有一定难度	10 分以下
作用	解决了院重大问题,对院管理工作作用重大	15—20 分
	解决了院的较大问题,对院管理工作作用很大	10—15 分
	解决了院的一般问题,对院管理工作作用明显	10 分以下
效益	取得了重大社会效益、间接经济效益并能在总公司系统应用	20—30 分
	取得了较大社会效益、间接经济效益并能在院系统应用	10—20 分
	有一定社会效益、间接经济效益并能在本单位应用	10 分以下

表 2-3　长征二号 F 火箭技术类合理化建议评审标准[②]

评审依据	评审细则	得分
技术水平	国内首创	20—25 分
	国内先进	10—20 分
	部内先进	10 分以下
技术难度	难度很大且比较复杂	15—25 分
	难度较大且比较复杂	10—15 分
	有一定难度	10 分以下
作用	对国防现代化、科技进步作用大	20—25 分
	对国防现代化、科技进步作用明显	10—20 分
	对国防现代化、科技进步有一定作用	10 分以下
应用范围	应用于全院	15—25 分
	应用于厂所各单位、机关各部门	10—15 分
	应用于车间、科室	10 分以下

---

① 黄春平,侯光明.载人航天运载火箭系统研制管理[M].北京:科学出版社,2007:338-339.
② 同上,339.

第二章 中国航天事业的体制机制

中国航天特别强调给员工以发展平台。一个真正重视员工的企业一定是能够让员工不断成长的企业。航天企业和领导层非常重视给普通员工,特别是青年员工提供各种展现自己能力,发挥自己聪明才智的机会。1989年1月,长征三号火箭发射"亚洲一号"卫星的合同最终签订。当时,美方提出卫星必须在起旋后脱离火箭。在论证会上,一位老专家提出了使火箭整体起旋,带动卫星旋转后再分离的方案,但需要进一步论证卫星的入轨精度。当时坐在后排,只有27岁的年轻工程师张庆伟大胆地说了一句:"可以用计算机先计算一下。"会议主持者颇感兴趣地问道:"你来干行不行?"张庆伟当即答应。很快,凭借自己在计算机辅助设计方面的过硬功夫,他很快便推导出了数学公式,编好了程序,并在计算机上建立了仿真模型,完成了星箭起旋方案分析。1989年11月,张庆伟随中国运载火箭技术研究院代表团赴美国洛杉矶,在最后谈判中以严谨可靠的理论依据和计算结果说服了美国休斯公司的谈判人员,使方案最终获得通过。1990年2月4日,长征三号火箭在发射"东方红二号甲"卫星时成功做了起旋试验。同年4月7日,长征三号火箭在西昌卫星发射中心发射"亚洲一号"卫星一举成功,并创造了休斯公司已发射的32颗同类卫星中入轨精度的最高纪录。把握住了机会的张庆伟也因此从众多的同龄人中脱颖而出,被破格晋升为高级工程师,从"预备队"一下子跃升至"一线突击队"。航天大军中起到骨干作用的年轻人又何止张庆伟一个?五十多年来,中国航天队伍建设最大的成就就是搭建起机遇平台,让许许多多的年轻人走上了一线岗位,这种融洽、和谐、公正的干群关系是事业得以持续发展的肥沃土壤。

中国航天特别强调领导干部要关怀员工。在相当长的一段时间里,航天员工的生活条件十分艰苦,航天事业的管理者们继承了人民军队"爱兵如子"的优良传统,在工作和生活上对员工予以亲切的关怀,使员工感受到家的温暖。长征三号甲火箭的总指挥和总设计师龙乐豪就是一位被研制人员称赞为平易近人,容易交心的老领导。他总是深入基层,呆在试验生产的第一线,掌握第一手资料,和技术人员共同研究问题。在长征三号甲火箭进入最后研制阶段近两年的时间里,龙乐豪没有休过星期天。放假了他也骑上自行车到加班生产的车间转一转、看一看,向工人师傅道声辛苦。工人们都这样说:"龙总三天两头往我们这里跑,最忙最辛苦的还是他。"一年冬天,负责大喷管装配的技师李永利正在进行大喷管攻关,每天从早上7点工作到晚上9点多,家里的暖气管道坏了也没有时间修理,导致孩子感冒了。为了应急,李永利从商店买来了三个暖水袋,晚上睡觉,全家三口人一人一个,但根本无济于事。龙乐豪知道后,赶紧找到后勤部门,亲自督促着让他们给李永利家修暖气,解除了他的后顾之忧。这位纯朴的工人师傅更加努力地投入工作,在经过近一个冬天的攻关后,终于成功地装配出第一台大喷管。

中国航天特别强调改善员工工作生活条件。随着经济的发展和思想观念的改变,现代航天企业很难再像初创时期那样要求员工舍弃个人生活,一门心思扑在工作上。只有为员工营造一个好的工作生活环境,才能够更好地调动员工的积极性,使大家消除后顾之忧,以良好的心情全心全意投入到工作中去。近年来,航天系统各单位采取切实有效的措施,解决了很多长期以来普遍存在的问题。以中国运载火箭技术研究院为例,2005年在院第五次党代会上,院党委明确提出要坚持每年为员工办十件实事;2006年以"党政一号文件"的形式,正式确定了推进"美好家园"建设,构建和谐中国运载火箭技术研究院的总体工作目标;2007年院党委又下发了《关于深入推进美好家园建设工作的决定》,进一步明确指出,要努力为员工创建和谐的科研生产和生活环境,建设和谐、平安、整洁、美化、健康的"美好家园"。"美好家园"建设就是要把以人为本的理念贯彻到企业管理中去,使广大员工能够在工作和生活中感受到快乐与幸福。

航天的文化,是发展的,更是开放、创新、融合的。正如2012年11月12日,中国运载火箭技术研究院党委书记梁小虹来到肩负引领未来重任的院研发中心调研,谈到预研创新单位应该具有何种文化时说:"请大家注意一下成熟人才的引进问题。这些人才的引进,我认为是管理方法、企业精神、工程视野、行业文化的融合和变革。这些同志来到一院,不要简单地说,是来给我们干技术的,他们原单位的文化、视野甚至方法、习惯,我们要很好地学习到手,百花齐放,百家争鸣。今天的研发中心,应该是个'移民'单位,人来自四面八方,航天的、航空的、船舶的、兵器的、高校的、民营的甚至国外的,都可以来。这些人来了以后,必然带来各种文化、各种习惯、各种流程、各种方法,他们交汇在一起,运用得好了,就形成一种先进的文化。如果运用不好,就是'小家子气'文化,或者是固步自封的文化。我认为航天文化固然很好,但是我们还要多角度、多方位地学习借鉴别的文化。"

三、以团队为先的合作意识

团队是现代企业最基本的人员组织模式,因此团队协作能力在很大程度上

决定着企业竞争力的高低。如果团队成员能够团结合作,紧密配合,就能够形成强大的凝聚力、战斗力,为在工作中取得成功打下坚实的基础。相反,一个团队如果思想不一、组织涣散,就很难形成合力,有效应对工作中的挑战。

航天系统不同于一般的生产企业,其所开展的每个工程项目都要求人与人之间、团队与团队之间的高度配合,这种协调还往往要涉及不同单位、不同地域。任何的隔阂或者沟通不畅都有可能影响产品质量,甚至导致整个项目的失败。因此,在航天企业的文化中特别强调合作意识。在局部与整体的矛盾中,必须以整体为先;在个人与团队的矛盾中,必须以团队为先。这种以团队为先的文化氛围,使得人与人之间主动发现矛盾、化解矛盾,给航天系统创造出了一个互利互信、互帮互助的和谐环境。

1. 局部服从总体是系统工程的客观要求

在任何一个团体组织,任何一个集体项目中,局部与总体、个人与团队之间的关系都是从管理者到普通参与人员需要共同面对的问题。不同组织、不同项目在处理这两种关系时会展现出各自不同的风格和特色。航天文化高度强调局部利益服从总体利益,个人利益服从团队利益,这是由航天实践的特点所决定的,是系统工程的客观要求。中国运载火箭技术研究院总体设计部的文化就是"大局、系统、严谨、争先、包容"。

作为多学科、多专业、技术复杂、协作面广、综合性强、质量要求高的大型系统工程,以火箭导弹研制为代表的航天工程特别强化总体协调与技术抓总作用,确保型号研制的整体优化。在研制、设计、生产过程中,为了确保成功,要求做到局部服从全局、分系统服从总体、单机服从整机。在一发火箭十多万个零部件中,只要任何一点出现纰漏,都可能造成整个火箭发射失败。每一个航天器的研制,每一项工程任务的完成都是千千万万个研制人员群策群力、共同战斗的结果。因此,航天人总是要站在全局的高度,实现总体最优效果,而不是过高地追求局部最优和局部的高精尖。局部超越整体、个人突出于团队之外的个人英雄主义风格在航天人的实践中是被极力避免的。

局部服从总体体现在航天产品研究、设计、生产诸环节的协调统一,每个分、子系统不但要确保自身稳定可靠,还要能够同其它分、子系统相匹配,满足系统整体要求。与许多其它高技术产业不同,航天工程对于新技术的采用,往往持慎重态度,因为新技术就意味着较大的风险,而航天技术开发需要确保的第一原则是可靠性而非领先性。因此,有时某些局部的技术改进并不一定会立刻为总体部门所采纳。例如,在20世纪60年代末远程导弹(即后来的远程运载火箭和最初的长征二号火箭)方案设计初期,对二级发动机曾有过争论。单从发动机技术来看,推力为55吨的带大喷管的高空发动机比冲较高、重量较轻,是相对先进的研制方案。由于考虑到时间和经费等因素,特别是二级游动发动机用小泵带动和小推力滑行方案的提出,最后确定二级选用当时技术已经成熟的77吨推力发动机。

但是,局部服从总体并不意味着总体人员可以高高在上,相反,从总体设计人员角度来看,必须充分考虑到各分、子系统的具体情况,不能脱离各部门的实际能力。在长征二号F火箭的设计中,将火箭的可靠性指标定为0.97,航天员安全性指标定为0.997,就是在保障发射成功和航天员安全需要的同时,又充分考虑各单位具体情况而做出的选择。以一发火箭有十万个零件为例,如果是完全串联系统,在火箭零部件可靠性为0.99999的情况下,火箭的总体可靠性只有0.37,这在载人航天中是绝对不能允许的。如果过分求高,仅仅把火箭的总体可靠性从0.97提高到0.99,就得要求零件的可靠性达到0.9999999,也就是说平均1千万个零件中不可靠的不能多于1个,这显然在生产上是很难达到的。从这个角度看,0.97和0.997两个看似还不够绝对完美的数字,事实上是总体部门在考虑到各生产单位的实际情况下做出的最优选择。

2. 和衷共济是航天人合作意识的集中体现

航天文化中这种局部服从总体的氛围,不仅体现在技术要求和组织架构上,还深刻反映到了航天人的行事原则之中。每一个航天企业的新员工,从加入这个团队的第一刻起,就会被要求服从集体,服务大局。航天人在工作和生活中总是能够主动把团队利益置于个人利益之上,增强合作意识,时刻以团队为先,养成顾大局、能包容、重协调的行为准则和较强的执行力。特别是在遇到困难和挫折时,航天人总是能够团结合作,同舟共济,迎难而上,完成上级赋予的任务和使命。这种全力协作、万众一心、重视团队的文化氛围,是航天事业的实践所催生出来的,是航天人战斗力的重要保障。

在共同参与重大工程项目时,如果有的单位出现技术困难,其它各单位一定会尽已所能,提供有效的支持与帮助,确保工程整体取得成功。在载人航天工程进行设计时,有人提出:"火箭升空到一定高度工作结束,该与飞船分离的时候,万一分不开怎么办?"为了解决这一问题,工程总体要求飞船上再增加一项能保证航天员手控发送分离指令的功能。但是这个指令要从飞船送到火箭

第二章 中国航天事业的体制机制

上,还要有独立的电源来支持,牵涉到的问题比较多,不是飞船系统自己可以解决的。飞船总设计师戚发轫组织召开协调会研究解决这一问题。为了不给兄弟单位添麻烦,当时担任长征二号F火箭副总设计师的张庆伟当即表示,同意火箭接收飞船的指令并按要求做到电源独立。面对兄弟单位的热情协作,戚发轫感慨而不失风趣地说:"庆伟啊,要不是你帮忙,我这个总师可完不成任务了。"

团队精神使航天人在困难面前一定会尽己所能确保成功,绝不轻易言败。2003年11月15日凌晨,我国自行研制的"中星20号"通信卫星在西昌卫星发射中心成功发射入轨,发射这颗卫星的是中国航天的"金牌火箭"长征三号甲运载火箭。然而,很少有人知道,仅仅在三个星期之前,这发火箭曾经有过"惊魂一刻",经过全体参试人员的共同努力,这颗卫星才得以顺利升空。

2003年10月22日,火箭进行转场,在一、二、三级火箭顺利完成级间对接后,开始进行火箭与活动塔的协调。在打开活动塔第七层平台时,液压系统电磁阀突发故障,导致活动平台未能按计划停止移动,直接挤压到火箭。火箭受压后发生倾斜,与另一侧的第八层平台发生严重碰撞,导致火箭贮箱绝热层受到压迫,留下压痕和裂口。这一严重的突发事件如果不能得到妥善处理,将会直接影响到预定的发射计划。一场紧急抢救长征三号甲火箭的战役就此打响。火箭总指挥龙乐豪、总设计师贺祖明立刻组织参试人员对箭上各系统单机、电缆、接插件、导管、活门、连接面、螺栓等进行全面仔细检查,修补、更换受损结构及系统部件,同时对火箭可能的"内伤"进行全面检查。经过反复检查和计算,证明火箭虽受挤压,但未造成箭体结构刚度削弱,不会影响飞行稳定性。10月28日,专家们一致同意火箭可以继续使用。从10月22日到28日,经过整整七天夜以继日的紧急"抢救",经过前方后方的密切配合,经过各团队的良好合作,这发火箭终于又完好如初。

航天人的和衷共济还体现在险情面前把危险留给自己。1992年3月22日长征二号E运载火箭首次发射"澳星"失利的事故抢救现场,使许多航天人记忆犹新。从发动机紧急关机到取下卫星、泄完燃料的五十多个小时里,上至总指挥、总设计师,下到发射现场的普通官兵,每个人都用自己的行动书写了对岗位的忠诚和对团队的奉献。发射紧急关机后约10秒钟,发射总指挥胡世祥当机立断,连续下达三个口令:切断箭上电源,按预案组织实施,记录好现场状态。在确认电源切断后,胡世祥和时任中国运载火箭技术研究院院长沈辛荪、火研制总指挥于龙淮、火箭总设计师王德臣等人即刻从指挥大厅赶往发射现场，和发射基地总师佟连捷等人一起走近发射架查看。现场情况是：火箭点火后已按顺时针方向转动了约1.5度，四个防风固定螺栓已经有三个错位，火箭随时可能倾覆爆炸。为了固定住火箭，他们立刻定下处置方案，开始指挥抢险。此时，发动机还在喷射余火，发射台严重缺氧，充满毒气。为了固定火箭，发射基地的官兵来不及戴防毒面具，用毛巾捂着鼻子便上了发射台。第一个靠近发射台的操作手在没有任何工具和防护设备的情况下，硬是用双手将连接螺栓插入螺孔，然后再迅速用扳手将其固定，四个手指被烫得粘在了一起。紧接着，在充满毒气的环境里，抢险队员们又在没有工作梯的情况下，搭着人梯钻进40厘米见方的火箭舱口，取出了20多个火工品，断掉了近百个火工品电源，消除了隐患。此后，在火箭燃料尚未泄出的情况下，在征得外方人员同意后，中方现场人员又冒着巨大风险，独立完成了撤收卫星的工作，保住了价值上亿美元的卫星。能够在几百吨燃料尚存于火箭内的情况下完成如此任务，靠的是发射指挥和火箭研制两个团队千余名参试人员高度的协调配合，靠的是每一个现场人员的智慧和勇气。

疾风知劲草，危局见英雄，问题暴露的时刻才最能显现出一支团队合作能力的高低。类似这样大大小小的困难时刻、危机时刻，在中国航天的历史上发生过多次。航天团队总能够遇事不慌、临危不惧，愈是在困难和挑战面前，愈是能够携起手来、和衷共济。

一个个生动的故事告诉我们，航天文化不是抽象的，也不是航天工作与生俱来的，它源自于中国航天人五十多年的点滴积累，生动地体现在航天人工作和生活的方方面面。作为一种集体文化，它激励人、凝聚人、塑造人，早已融入了中国航天人的血脉之中，与中国的航天事业紧密相连。作为一种企业文化，它是航天系统在科研生产实践中形成的一种共同的价值观念和行为准则。

航天文化既受中国传统文化的影响，又体现着现代科技活动的普遍规律，是二者的紧密结合。航天文化更是与时俱进的，它既反映出鲜明的时代特色，又遵循自身内在的发展规律，伴随着中国航天事业的发展不断丰富与充实。实践证明，航天文化潜移默化地丰富着航天人的精神世界，影响着航天人的行为和观念，促进了航天事业的全面科学发展。

第三章

中国航天事业的成功法宝

中国航天事业自1956年创建以来,从仿制苏联P-2导弹到独立研制远程运载火箭,从早期液体火箭到固体洲际导弹诞生,从发射试验卫星到实现载人航天,一步一步成就今日中国航天的世界地位。回顾中国航天五十多年的发展历程,促进中国航天实现创新发展、技术追赶和产业竞争力升级的原动力究竟是什么?五十多年来,中国航天事业努力获取持续竞争优势的过程,绝不是一件轻松的事情,更像是一场耐力较量的马拉松竞赛。中国航天事业的成功取决于中国共产党的领导,是社会主义优越性的具体体现,是生产关系适合生产力发展的客观反映。型号研制就是中国航天的生产力,体制就是生产关系,机制则体现了生产关系与生产力之间的相互制约和促进。显然,中国航天事业的成功是众多因素综合作用的结果。因此本章分别从系统工程与顶层设计、举国体制与果断抉择、知识积累与自主创新、技术民主与质量第一、人尽其才与能力传承五个方面去提炼中国航天事业的成功法宝。

第三章 中国航天事业的成功法宝

第一节 系统工程与顶层设计

一、战略决策，明晰方向
——正确的战略方向选择为航天事业发展提供了保障

战略之于组织，犹如大脑之于人体。航天决策层的领导力体现在战略和方向的正确性上。正确的战略方向选择，为航天事业发展提供了保障。如果制定了一个错误的战略，那么执行力越强，偏离正确轨道也就越远。作为尖端性和战略性的产业，航天产业的技术进步离不开持续的技术创新。技术创新理论告诉我们，技术创新首先要解决创新什么的问题，即创新的方向；其次是如何能够实现创新，即创新的技术发展路线。就像我们去旅行，首先要有一个目的地，然后再确定一条到达目的地的线路。中国在工业基础相对薄弱的情况下，用五十多年时间迈入航天大国之列，有两点很重要：一是高瞻远瞩的国家战略规划；二是分步实施的计划。以载人航天工程为例，作为亲历者的某型号总设计师范瑞祥在一次访谈中不无感慨地指出："从1992年到现在整整20年，国家一直坚持这个方向不动摇，中间也有一些不同的声音，但我们不受这些声音的影响，大家主攻方向一致，就坚定地走了下来。"他进而谈到："放眼历史，凡一个国家要把大事干成，必须有长远的顶层决策，但仅有这一点还不够，还要持之以恒，坚持下来。"因此，如何选择正确的战略方向，对于中国航天事业的可持续发展至关重要。

"缩短战线、突出重点"是中国航天选择技术发展战略的一条重要原则。航天工程是规模巨大的科学工程，需要动用国家层面的资源，使其不仅在自身内部存在如何取舍的问题，也与其它工程存在资源分配的问题。尤其是在经济水平低下、工业基础薄弱的20世纪五六十年代，要研制"两弹一星"，取舍两难的困境更加突出，如何集中有限资源，确定恰当的战略发展方向是一个严峻的现实问题。为此，周恩来曾说："没有舍就没有得。"舍是为了取，舍了才能取。

在技术战略方向取舍过程中，中国航天早期的主要判断标准是：以解决我国自身需要为前提，区分轻重缓急，把有限的投资用在急用、实用的重点项目上，不能平均用力。唯有这样才能变总体的劣势为局部的优势，可暂时缓解这种问题的急迫性。人造卫星的发展过程就面临过这样的选择：1958年，我国成立了"581组"筹备人造卫星的发展。当年中央政治局拨出专款2亿元人民币，用于研制人造卫星。但是由于随后国家进入了三年经济困难时期，已有的人造卫星计划对国家来说已经是比较沉重的负担，加之苏联代表团认为发展人造卫星所需要的计划复杂，中国当时的工业基础和科研力量都跟不上，而"两弹"的重要性大于卫星，因此我国在1959年果断做出了调整空间技术研究任务的决定，停止大型运载火箭和人造卫星的研究，先研制探空火箭，进行高空物理探测，同时筹建空间环境模拟实验室，研制地面跟踪测量设备。缩短战线的决定突出了重点，既保证了"两弹"研制的需求，又在人造卫星的研制方面取得了循序渐进的效果。

随着航天系统研制的系列化和复杂化，单纯从需求出发，会暴露出很多不足。特别是如果没有清晰技术线路的支持，研制计划非常容易受到周围环境的影响而"夭折"。例如，在早期航天项目计划执行的时候，由于受"大跃进"中"浮夸风"的影响，出现"与其仿制，不如自行设计"、"三年打到太平洋，五年放个小月亮"等不切实际的说法，甚至试图把导弹、火箭和卫星全面研制的计划都"全线上马"，不顾有限的资源，摊子铺得很大，到头来发现自己并不具备充足的资源；"欲速"的结果终究是"不达"。通过仿制"1059"导弹和自行设计中近程导弹所积累的经验教训，中国航天人逐渐意识到导弹、火箭和卫星型号的立项，必须基于充分的前期预研和论证，必须确定技术创新顶层设计和超前系统谋划部署，必须制定清晰的技术发展路线图。

正是基于上述认识，"八年四弹"、"三抓"、新"三箭一星"、载人航天和深空探测等一系列的重大航天成就充分体现了"遵循技术创新战略方向和路线，有步骤、有计划实施，技术创新发展战略引领发展方向"的原则。从1964年开始，中国航天提出了"八年四弹"的发展规划，确定从1964年到1972年循序渐进、稳步研制四种导弹——中近程导弹、中程导弹、远程导弹、洲际导弹。"八年四弹"的发展规划，明确了从无到有与从近到远的发展路径，确定了规划的目标与工程项目的技术途径。与此同时，中国航天又适时启动了人造卫星研制发展计划，明确卫星的重点是为国防和国民经济服务，发展的重点应是应用卫星，并提出了"第一个能上，第二个能回来，第三个能占领同步轨道"的技术发展步骤。

第三章 中国航天事业的成功法宝

为此,中国航天制定了"首先保证'东方红一号'卫星成功发射,其次将返回式卫星列为重点发展对象,然后再发展同步轨道通信卫星"的战略。至今,除了美国、俄罗斯和中国外,没有国家能独立研制返回式卫星。1992年开始实施的载人航天工程确定了"从载人飞船起步"和"三步走"的方案:第一步是发射无人和载人飞船;第二步是继续突破载人航天的基本技术,实现多人多天飞行、航天员出舱活动、完成飞船与空间舱的交会对接的目标,在突破这些技术的基础上,发射短期有人照料的空间实验室;第三步是建立永久性的空间实验室。而对于深空探测工程,中国航天自20世纪90年代初开始月球探测工程的有关论证,于2004年1月正式启动以"嫦娥"命名的月球探测工程,分别在2007年和2010年发射了"嫦娥一号"和"嫦娥二号"卫星,并计划于2013年发射"嫦娥三号"月球探测器。月球探测活动主要分为"探"、"登"、"驻"三个阶段,中国目前开展的月球活动处在"探"的阶段,分"绕"、"落"、"回"三期实施。这标志着继发射人造地球卫星和突破载人航天之后,探月将成为我国向深空探测进军的起点。导弹、卫星、载人航天和探月工程的实践证明,依据技术发展战略确定航天项目的实施计划,将技术发展战略作为所有战略的前提,是一条具有远见卓识的正确发展之路。

航天系统既包括导弹、火箭,又包括卫星以及各种辅助系统。每一个子项,又是由更多的子系统构成。这对中国航天来说,就意味着拥有很多的新系统研制机会。而资源是有限的,如果每看到一个机会就马上投入产品研制,就会发现企业的资源是不够的。同时研制太多的产品也会超出自身的能力,结果只会是每个项目都不能如期完工,部分项目被迫下马。

事实上,中国航天任何一个技术战略方向的确定和研制计划的实施,都依赖于预先研究。预先研究是型号研制的前提和基础。一种新型号的先进性,取决于采用新技术的多少,而新技术的采用又取决于是否有预研成果,所以预研工作必须走在型号研制的前面。中国航天的型号产品始终遵循通过科学论证和预先研究,选定重点发展对象的模式,有充分的理论保证才可以跳跃式发展。所以,通过预先研究确定技术战略方向的方式,分析和筛选所有主要的航天系统研制机会,确定有研制价值的产品和重点保障的产品,对于不是重点但长远来说必不可少的产品,要保留一定的骨干开展预先研究,进行先期探索,储备技术力量。

时至今日,利用预研成果制订每年研制计划、每五年技术发展规划与长远发展战略,已经成为中国航天各单位的一种工作常态。例如,围绕航天2020年—2030年长远发展、培育战略性新兴产业和建设创新型国家的战略要求,中国航天科技集团公司组织包括30位院士在内的专家完成了航天技术发展规划,从上万项技术中,确定了12个核心技术领域、16个专业技术领域、13个前沿技术领域和16个基础技术领域。针对如何开展载人登月和深空探测的问题,中国航天论证了探月工程"三步走"发展策略和深空探测发展路线图;针对进入空间的能力,中国运载火箭技术研究院确定了百吨级运载能力重型火箭的技术途径。这些技术创新的谋划和预研,有力地牵引和带动了中长期航天科技的创新发展,为航天科技工业的可持续发展提供了重要的技术保障。

纵观航天技术创新战略引领产业发展的过程,我们感悟良多:组织的战略方向选择十分重要,一切行动必须首先解决"做什么"的问题,才谈得上"怎么做"的问题。"做什么"本身是需要决策的,而且是重要的决策。中国航天五十多年的历程,每一个阶段都会面临研制什么航天系统的问题,只有取舍得当,目标决策正确,以后研制的环节才有意义,最终的目标才能实现。目标如何确定,最基本的两个要求就是"需要"与"可能",换言之,决策目标必须放在"需要"与"可能"的基础之上。所谓目标符合需要,就是要符合决策者的需要。然而,决策者不能离开环境,不能离开技术发展的环境而生存。1958年5月17日,毛泽东主席在八大二次会议上提出:"我们也要搞人造卫星。"但直到1970年4月24日,我国才成功发射了第一颗人造地球卫星,时间整整过去了12年。从战略角度看,我国非常需要研制人造卫星,但受三年经济困难的环境制约,国务院副总理陈云、邓小平都认为:"卫星还要搞,但是要推后一点,因为国家经济困难。"可见决策者不能只考虑自身的需要,需要本身也不能孤立存在。在考虑需要之后,必须考虑可能性,看看在现有主客观条件下,经过努力能否做到。作为技术密集型的行业,技术的可行性对航天的技术战略选择很重要,为此预研应当放在相当重要的位置。

中国航天在"战略决策的取舍"和"平衡需要与可能"上的做法和美国航空航天局(NASA)的做法十分相似。20世纪50年代末,在苏联咄咄逼人的航天技术压力下,美国就曾组织了一批航空航天科学家系统地研究过人类开发太空的前景和实施的技术途径。他们清楚地刻画出了人类发展航天事业的规划和实施步骤,作为一个纲领性的指导文件。美国不受国际政治时冷时暖的干扰,有计划、有步骤地推进自己的航天工程项目,先后在"阿波罗"登月计划、太空实验室、可重复使用的航天飞机开发,以及星际探测和实用卫星应用等方面,取得了巨大的成功。五十多年后的今天,时间最充分也最客观地证明,原本落后于苏联的美国航天科技已经明显领先于俄罗斯,尤其是在新型航天器和新领域开拓方面,已经远超世界其它国家,这些成就的取得正是得益于其坚持执行和推进其战略规划。不仅如此,美国人在太空开发方面,稳步推进,一举多得,既满足了军事需要,又提升了整个国家的科学技术水平,还带动了国民经济的快速发展。

从这个意义上说,成功的道路是正确的目标铺成的,中国航天的成功也一样离不开正确的战略方向,而且在战略发展方向确定的基础上,很好地把握了需要与可能的关系。取舍得当的战略方向决策铸就了中国航天的可持续发展。

二、顶层设计,夯实基础

——顶层设计能力的形成奠定中国航天事业的基础

早期的中国航天,是以模仿苏联的导弹和工艺为起点,以实物模型为设计依据,通过对零件原型的测量生成设计图纸,并采用逆向工程的方法来制造模具。从仿制到自主创新,中国航天取得许多技术进步:长征系列运载火箭的运载能力、入轨精度和适应能力达到国际一流水平;载人航天等一系列新技术也取得实质性进展。让人困惑的是,与相当多的产业普遍存在着"引进-落后-再引进-再落后"的现象不同,同样是从技术引进开始,为什么中国航天却能从早期逆向工程思维中成功转型为中国产业创新的一面旗帜?

从技术上讲,逆向工程对于"初学者"来说,是很重要的学习手段和方式,但缺点是逆向工程只能提供静态的物理展示,无法向中国航天展示不同部件之间的逻辑关系。而航天系统是一个有机的整体,是一个系统。各分系统设计得再好、再完美,如果缺乏对整体系统的设计,整个系统也有可能毁于一旦。对整体系统有良好把握以后,就要梳理分系统间的关系。不仅总体与分系统之间存在联系,各分系统的仪器设备之间,甚至零部件、元器件之间也是如此。虽然逆向工程使中国航天积累了模仿创新的能力,但是并不能使中国航天人有效掌握技术的原理和诀窍。

由此可见,单纯地借助技术引进实现逆向设计,无助于顶层设计能力的形成,也不能缩小技术差距,加之资金和人才的匮乏,就只能陷入"能力弱-依赖-

更没能力-更依赖"的恶性循环之中不能自拔。之所以出现"引进-落后-再引进-再落后"的恶性循环，归根到底，就是相当多中国企业没有解决好顶层设计与产品研发的关系，往往把顶层设计与产品研发等同一物，没有实现分离。其实，拥有产品研制能力并不等于拥有顶层设计能力。顶层设计是用来描绘价值理念与操作实践之间关系的"蓝图"，是外部需求与技术实现之间的桥梁，是解决构建何种性能新产品的问题。产品研制能力是解决如何实现一款具有新性能指标的新产品的开发能力。一旦缺乏顶层设计能力，一方面会把本应该在顶层设计中妥善考虑的技术问题带到产品研制中，延长了研制周期，带来更大的风险，影响产品研制的成功；另一方面会更容易导致片面关注产品研制，忽略了专门用来保障顶层设计工作开展的团队和机制，令关键技术和核心技术难以积累和提升。

中国航天意识到顶层设计的重要性起始于 1962 年东风二号导弹首次发射失败。作为中国第一枚自行设计的中近程导弹，其总体设计方案是：充分利用"1059"导弹的仿制成果，将发动机推力提高到 46 吨，弹体比"1059"导弹加长 3 米，射程预计达到 1000 千米。这时的设计，只是在原仿制型号上进行了一些改进，其技术继承性远大于创造性。但是由于没有将弹体作为弹性体来考虑，实际发射时，细长的弹体像一根具有弹性的竹鞭，结果在飞行中与姿态控制系统相互作用、发生耦合，产生弹性振动，导致导弹飞行失控。中近程导弹的失败，使中国航天痛定思痛：仅有仿制的实践是远远不够的，没有吃透、消化近程导弹的每一个技术方案和要求，没有深刻理解总体和分系统之间以及设计、试制和试验之间的内在联系，必然导致总体方案的错误。因此，中国航天人达成了共识：根据国家战略需求形成完整的顶层设计，是航天工程取得成功的先决条件。基于这个共识，中国航天强化了总体部的作用，强调了"设计方案必须建立在可靠的技术成果和充分的地面试验的基础上，明确按研制程序办事"的重要性。

顶层设计能力不断累积的过程是螺旋上升的过程，前一个项目累积的知识和能力为后一个项目奠定基础。导弹/火箭之所以能实现"核武器的载体-重型卫星的运载工具-载人航天的运载工具"三部曲的功能升级，皆是因为有不断深化的国家战略需求和前人夯实的技术基础。每当提出新的需求，中国航天就要提供一个满足需求的方法，就要分析如何把比较笼统的初始研制需求逐步变为成千上万个研制者都能参与的具体工作；如何把这些工作最终综合成一个技术上先进、经济上合算、研制周期短、能协调运转的实际系统；如何使这个系统成为其自身所从属的更大系统的有效组成部分。就这样一点一点地积累，从中近程导弹开始，到20世纪60年代的"八年四弹"，70年代的"三抓"，80年代的新"三箭一星"，90年代的载人航天，再到新世纪的空间站计划和深空探测计划，中国航天的顶层设计能力逐渐走向成熟。例如，长征一号和长征二号火箭都是以中远程和远程导弹为原型研制的，但是长征三号甲系列火箭改变了过去一种卫星研制一型火箭的格局，追求较高的投入产出比，意图实现中国运载火箭"通用化、系列化、组合化"的目标。由于顶层设计的初衷是为适应航天型号系统工程的特点而确立的，因此针对火箭通用化的研制要求，顶层设计的目标就是要明确达到哪些指标才能实现通用化的要求。综合考虑了各个子系统之间的关联性和平衡性的特征后，中国航天确定"上改下捆，先改后捆"的总体技术方案，明确将氢氧发动机、动调陀螺四轴平台、冷氦加温增压系统、低温氢气能源双摆伺服机构作为研制的主攻方向。

图3-1 江泽民参观航天事业35周年成果展
（左三：林宗棠，右一：刘纪原，右二：沈辛荪，左一：刘宝镛）

中国航天的顶层设计能力，在载人航天工程中体现得淋漓尽致。载人航天工程由七个系统组成，系统的整体行为不是其组成要素的简单堆砌。虽然过去的火箭研制已经有一定的技术基础，但是对于真正要把过去的火箭变成发射载人飞船的运载火箭，把航天员安全送入太空并成功返回所需要的方法、需要完成的指标、需要达成的要求,俱无所知。第一个问题就是运载火箭高可靠性的要求。过去二十次发射当中有一次失败,那么可靠性还是不错的,但是发射载人飞船,这个指标就太低了。美国和俄罗斯的载人运载火箭能够达到 0.99,中国火箭要达到多少?第二个问题就是火箭高安全性的要求。过去火箭发射安全性的一个重要要求,就是保证航区内的地面安全,即火箭发射时保证发射场的安全,如果火箭偏离飞行轨迹就启动自毁程序,以免危及地面人身和设施的安全。载人飞船发射,第一要保证航天员的安全,这个难度就更大了,这就要求确定火箭什么时候可能出事,出事后会造成多大的危害。如火箭起飞后可能会爆炸,但什么时候爆炸?爆炸一秒钟,火球会跑多远?造成的冲击有多大的压力?第三个问题就是运载火箭在很短时间内连续发射的要求。运载火箭发射飞船周期跟过去有很大的区别,载人飞船的发射周期要求很高,甚至还可能应急发射。为了适应这种情况,必须要有很大的突破。过去运载火箭在技术区都是水平状态测试,完成后再对接起来运到发射区。这样在发射场的准备周期很长,占用发射台的时间也很长。如果采用"三垂"方案,火箭竖起来推往发射区的过程中,铁轨频率很低,振幅很大,会不会令火箭产生一些隐患?另外,发射台是活动的,怎么调平,保证它的稳定性?运输过程中会不会对火箭产生载荷力?此外,过去发射卫星的时候要尽量减轻结构重量,载人航天需要提高承载能力,就需要采取新的设计方法。

针对载人航天工程提出的以上要求,中国运载火箭技术研究院组织队伍,先把过去出现的影响火箭可靠性的问题梳理出来,并查阅一些国外公开的资料,保证所有的设计方案都是建立在可靠技术成果和充分地面试验基础之上。对研制过程中面临的各方面问题,如总体、性能、结构、材料、动力、生产条件、设备制造、技术构成、管理体系等进行环境分析、技术分析、可靠性分析、全寿命周期费用分析,策划完成载人航天工程的整体框架、规划,并进行功能分析与分解,开展概念设计,构想系统方案,确定系统技术要求,形成基于不同要求和性能的备选方案,并进行评估,最后形成研制总要求。载人航天工程的顺利进展,标志着中国航天运载火箭顶层设计能力达到一个新高度。

回顾中国航天五十多年的发展历程,中国航天之所以能成功,在很大程度上是因为拥有了顶层设计的能力。航天人总谈"抓总体",实际上就是要进行顶层设计。顶层设计能力的形成奠定了中国航天事业的基础。顶层设计能力的形成非常重要,没有顶层设计能力,就只能搞模仿,靠引进,凭借老办法,这是中国大多数企业的通病。顶层设计能力的缺失,意味着国外处于火箭设计的最高技术水平,而我们则处于火箭产业的底端,这将使我们"知其然,而不知其所以然",没有办法获取持续学习的能力。一旦国外的技术得到提升,我们将不得不再次陷入"引进-落后-再引进-再落后"的被动局面。

三、协调配合,确保成功
——"两条指挥线"的有效配合是项目成功实施的关键

航天系统研制是一项需要跨部门协作的综合性活动,几乎需要相关的所有单位和职能部门都参与进来。然而,以部门分工和职能化为基础的组织结构,天然存在两面性。一方面,部门分工和职能化是企业组织结构的基础,是企业发展的必然选择。另一方面,职能分工必然使员工形成部门意识,习惯从部门角度看待和处理问题,形成职能化壁垒,容易带来部门之间协作和协调的种种困难。航天工程的尖端技术具有探索性、创造性特点,表现在技术和工程的管理上,就是需要集中,需要有严格的技术责任制,需要建立强有力的、有权威的指挥系统。如何借助强有力的指挥系统,打破职能化组织架构的壁垒,实现航天系统保成功的终极目标,是航天项目成功实施的关键。

经过实践、认识、再实践、再认识,中国航天逐渐形成了"两条指挥线"的管理体制。在航天事业发展初期,由于缺乏管理经验,加之仿制工作需要,对型号设计师系统重视不够,仅采用行政首长负责制,即行政指挥线。但由于行政指挥人员在技术方面较为薄弱,随后中国航天建立了总设计师制度,对设计师系统的职责进行明确的规定,确定了由各级设计师组成技术指挥线。型号总指挥是型号进度、经费计划与控制的总负责人,是资源保障方面的组织者、指挥者。型号总设计师是研制任务的技术总负责人,是设计方面的组织者、指挥者,重大技术问题的主要决策者。总指挥制度和总设计师制度,形成了"两条指挥线"的原型。1984年,国务院、中央军委颁布了《武器装备研制设计师系统和行政指挥系统工作条例》,将"两条指挥线"以法规形式确定下来。

"两条指挥线"的管理体制在中国航天事业发展的过程中发挥了巨大的作用。这种作用在长征二号E火箭的研制过程中得到充分体现。初涉国际商业发射市场时,为了满足用户要求,完成发射任务需要使用超过当时运载能力一倍多的火箭,而合同期仅有18个月。在时间短、任务重的情况下,火箭的行政指挥系统会同技术指挥系统,要求设计出图与物资备料、设计与工艺准备、工艺审查与生产准备、生产与试验、研制与靶场准备五个交叉作业,以技术为保障,向管理要时间,终于在规定的合同期内,中国第一枚大推力运载火箭——长征二号E发射成功,将近地运载能力提高了近两倍,从而使中国航天跻身国际商业发射服务市场。

由于型号研制工作是一个有机的整体,技术和行政"两条指挥线"的紧密配合和互相协调是至关重要的。在实际工作中,"两条指挥线"的工作是互相交叉、互相渗透的,两者相辅相成,相得益彰。技术指挥系统在做技术决策时,必须把技术的先进性同经济的合理性统一起来,认真考虑人力、物力、财力、周期的可能性,不能把技术决策建立在不现实的基础上,以免给行政指挥系统造成不必要的困难。同样,行政指挥系统要千方百计克服困难,组织队伍创造研制条件,组织协作配套,搞好思想政治和后勤保障等各个方面的工作,努力实现总设计师系统确定的技术途径和方案,保证型号研制工作按既定的程序进行。

事实上,"两条指挥线"能够有效配合并发挥积极作用的原因,主要是很好地解决了技术问责制的三个重要问题,即总指挥和总设计师为什么负责、对谁负责、通过什么机制负责。

首先,为什么负责?总指挥的岗位责任就是根据上级下达的研制任务,落实研究、试制和协作配套单位,明确任务分工,提出并落实重大技术改造措施,主动协调跨部门的重要问题,组织编制研制任务的总计划和阶段计划,组织计划调度,督促检查研制计划实施情况,确保行政系统范围内人员、物资、经费以及外部协作配套设施能保障型号研制的需要,大力支持总设计师的工作。对总设计师决定的技术问题,从行政指挥上创造条件,保证技术指挥线的畅通。总设计师的岗位责任就是根据上级批准的战术技术指标要求,按照标准化、系列化、规格化、通用化的原则,组织方案论证,进行经费—效能(费效比)的全面分析,选择技术途径,提出总体方案,并参与拟制型号研制计划,根据上级下达的研制任务书,确定研制程序,确定各系统的设计任务书(协议书),组织型号设计,协调解决研制过程中的重大技术问题,提出型号研制和试验的技术保障要求。中国航天通过制定一系列的绩效指标,把航天的总体责任巧妙地转化为总指挥和总设计师的个体责任,具有极强的操作性和实用性。因此,当总设计师提出型号研制的技术保障要求的时候,总指挥就要从行政指挥上创造条件,保证技术指挥线的畅通,整个体系完全是基于制度保障实现的。总之,岗位责任

与个人责任相连,个人责任又与职位相连。把握技术指挥线和行政指挥线责任人的岗位责任和个人责任是理解中国航天事业的总体责任的关键。

其次,对谁负责?总指挥和总设计师向集团公司负责,通过集团公司向国家负责。国家一直将航天产业作为战略性的产业,作为国家利益扩展的重要支撑力量,任何一个大的航天项目立项都与国家的利益密切相关,都要经过国家最高领导层的批准。况且检验航天系统项目成功的标准相当简单和透明,例如运载火箭的成功就是看最后发射的时刻能否安全地把卫星或飞船送到指定高度的轨道。中国航天五十多年的发展历程清楚地表明,国家持续不断的投入保证了航天产业不断发展。但是这种长期的投入是有前提条件的,就是需要不断研制出实现国家战略意图的航天系统,航天的成功与国家利益的实现某种程度上形成了正向反馈的机制。中国航天不断成功的背后是责任与使命,中国航天的成败,某种程度上取决于是否始终如一地坚守责任。而责任缺失是对使命的践踏。就是在这样的氛围下,总指挥和总设计师才能有效协调,分工明确。

最后,通过什么机制负责?"两总"制的考核其实很简单,就是把"发射成功"作为重要考核指标之一。对运载火箭而言,把有效载荷送到预定轨道就是成功;对导弹而言,把武器系统送到指定区域就是成功。航天系统从来都只是"0"和"1"的关系,技术的先进性和可靠性必须放在大背景下统筹考虑,高可靠性的问题一定是航天最主要的目标。中国航天从20世纪60年代中近程导弹试射失败开始,规定了技术文件的校对、审核、审批制度,建立了质量复查、事故预想等制度。从"两弹一星"到载人航天工程、探月工程,五十多年的研制实践催生了航天系统对责任人(包括单位的行政负责人以及型号总指挥)颁发责任令的考核制度。责任令的主要内容是国家指令性任务的重大里程碑节点,责任令的完成情况是责任人年度考核的主要依据。"两总"的考核机制充分体现了权力和责任相对等的原则。一方面"两总"制度赋予总指挥和总设计师极大的自主权,同时也要求相关人员承担一切经营责任,包括成功的奖励和失败的惩罚。权力越大,责任也越大,奖励很高,惩罚也重,每个人在行使权力时必须同时承担这两种结果。

总指挥和总设计师"两条指挥线"自上而下纵向贯通,各级定岗定责,共同编织成矩阵式的组织体系和网络。航天计划的权威性和严肃性,要依靠执行的力度来加以保证。航天各级强有力的指挥调度系统,强调统一组织、跟踪管理、过程控制、狠抓短线、科学调度,形成了一个以任务为中心,横到边、纵到底,责任明确的有机协调的调度网,从而确保计划的有效执行。"两总"制度设计和实施过程中,实现权力本位向责任本位的转变,其根本特征是组织遵循责任本位的逻辑,安排权力与责任的关系。就中国航天组织建设而言,责任本位的逻辑意味着,根据履责的需要决定各条指挥线权力的配置,以责任来勘定指挥线权力的边界。不搞"两条指挥线"就会出现很多企业中常见的职责不明、越俎代庖的乱象。中国相当多企业中的技术人员开展创新的时候,经常受到行政领导的不当干预。"两条指挥线"对解决职责不清、赏罚不明、有职无权、"种了别人的地,荒了自己的田"等问题发挥了极其重要的作用。同美国"曼哈顿工程"中著名科学家柯南特、布什和康普顿有很大的控制权一样,中国航天工程的控制权也需要掌握在重视科学且懂科学的管理者和科学家的组合体手中。科研主体和组织主体之间相互尊重、相互理解,有助于达成科研发展和目标实现的一致。

总之,我国航天工程在党中央、国务院的领导下,成立工程指挥部统一组织实施,采用总指挥、总设计师"两条指挥线"协同管理的运作模式,建立总指挥、总设计师联席会议制度,研究决策工程实施过程中的重要问题。应该说,"两条指挥线"作为中国航天事业顶层设计中的重要制度安排,在推动航天事业发展方面发挥了重要的作用。而"两条指挥线"之所以能够充分发挥其制度效率,挖掘其制度潜能,是因为航天工程作为典型的"大科学",具备相对自律性的特征,而"两条指挥线"作为"两权分工、相辅相成"的制度安排,刚好适应了大科学的相对自律性特征。具体而言,航天产品作为国家的军需、民用的通用产品,自然带有"公共产品"的特征,因而必然需要利用"举国体制"的制度优势,充分调动一切可利用的社会资源,尤其是在"政治挂帅"的特殊时代背景下,行政总指挥可以充分利用其行政角色和地位,尽其最大可能去调动社会资源以满足航天工程作为大科学的资源依赖需求。正是行政指挥线的制度设计,构建了作为大科学的航天工程的社会支持网络,充分满足了航天工程的资源需求。与此同时,航天工程是一项技术性很强、专业性较高的"技术活",它有自身的相对独立性。换言之,航天工程作为成功的大科学的典范,它需要行政指挥线提供社会资源的支持,但是在核心技术创新的决策方面,它又要尽量避开行政指挥线的外界介入,从而保持自身的相对自律性。正是在这样的情况之下,中国航天建立了总设计师制度,确立了技术指挥线在体制内的合法性基础,让内行的技术权威引领航天事业的发展,实现航天工程领域的权威自治,从而及时地满足了航天工程的相对自主性需求。这样,航天工程领域的技术人员都是术业有专攻的行

家,可以引领航天工程领域的发展潮流。

作为航天工程领域顶层设计的重要方面,"两条指挥线"的制度安排充分体现了有机系统论的观念。"两条指挥线"中行政服务和技术攻关的合理分工与合作,有助于航天工程中的参与者寻找到适合自己的工作岗位,以便对其职业角色形成认同感和归属感,并在这种积极情感能量的支持下,将工作热情转化成攻克航天技术难关的思想利器,最终形成技术创新的合力。总之,航天工程领域"两条指挥线"这一顶层设计,通过对航天事业任务的合理分工和定位,在充分尊重个体差异性的基础上,实现了航天系统工程内部的有机团结,使得个体对航天系统中的其它成员的依赖性加强,从而让个体以自觉自愿的方式增强对航天系统的认同感和归宿感,并将其转化成工程技术研究中的创造动力。

航天领域"两条指挥线"这一顶层制度安排,在某种程度上和经济实践中所有权与支配权"两权分离"的情形有所类似,并同样具备资本增值的功能。"两权分离"的初衷是为了实现经济活动的专业化和职业化,并在此基础上更好地进行资本运作和资本增值。这是因为掌握资本的所有者并不一定具备资本运作的能力,为了让资本在有效的运转中以"滚雪球方式"实现增值,有必要在资本所有者"参与监督"的情形下,将资本转交到职业经理人的手中进行运作。在航天系统工程中,为了实现其独特的沟通媒介——"技术资本"的增值,也有必要在行政总指挥及其团队的行动参与和资源支持下,将"技术资本"增值——不断攻克航天技术难关的任务主要交给技术总设计师及其团队,从而维护了航天系统工程领域的职业化与自律性,最终充分挖掘"两条指挥线"的制度潜能。

第二节　举国体制与果断抉择

一、全国协作，突破短板
——通过举国体制解决我国基础工业技术短板问题

企业管理中有一个被熟知的"木桶理论"，指的是企业能力的整体水平取决于企业各项具体能力中最弱的一项，就像一只木桶，装水的容量最多只能达到所有挡板中最短挡板的高度。"木桶理论"作为一个形象化的比喻，是极为巧妙的。在很多产业中，企业的潜在优势取决于与此相关的配套产业是否具有竞争优势。因为相关产业的表现与能力，自然会带动上下游的技术创新。假如下游的相关产业缺乏参与市场竞争的能力时，单靠上游企业的竞争力，并不足以形成这个产业的持续竞争优势，下游相关产业的羸弱可能成为影响整个产业发展的短板。

中国薄弱的工业技术基础严重制约了中国航天事业的发展，特别是在重要原材料、基础元器件和关键设备方面。航天系统无论是导弹、火箭、卫星都是由数十万个零部件构成的复杂巨系统，涉及材料、电子、机械等众多学科，远远超过一个航天企业的能力范围。整个系统的研制不仅涉及航天部门，还与很多基础产业的发展水平和制造能力密切相关，只有国家的综合实力积累到一定程度，才能制造出先进的航天型号产品。新中国的航天事业是在国家的工业化和现代化程度很低、人均收入水平很低，但却必须拥有大国利器的历史背景下发展起来的，这是我国发展航天事业的现实基础条件。所以，在早期乃至现阶段仍处于追赶状态的中国，建立和拥有像美国那样均衡的产业基础仍然是十分困难的。如果将木桶的最大容量比喻成中国航天的实力和竞争力，任何一个重要原材料、基础元器件、关键设备的缺失，都可能成为阻碍航天事业发展的短板。因此，与零部件供应商形成利益共同体，构建完整的航天产品配套体系是航天事业发展的必要条件。

然而,搭建完整的航天产业协作体系并不是一件轻松的事情。以仿制"1059"导弹为例,由于我国原材料工业基础差,仿制"1059"导弹所需要的各种原材料有相当一部分在品种、规格方面是国内不能配套生产的,如冷轧薄钢板、2米以上宽度的铝合金板材、无缝不锈钢管以及一些橡胶件等。至于发动机需要的几百种不同品种和规格的原材料,技术要求高,国内更是没有可以代用的材料。基础工业的短板在20世纪50年代末期变得十分突出。为了解决这个短板问题,除了从苏联进口少量特殊牌号、特殊规格的原材料外,大部分原材料还是要立足国内解决。为解决和落实材料的试制工作,国防部五院副院长王诤亲自上东北、下上海、进钢院,到处求援,经过与材料研究室主任姚桐斌反复进行技术协调和组织落实,1959年底,一分院先后与哈尔滨东北轻合金厂、鞍钢、抚钢、大连钢厂、苏家屯有色金属加工厂、北京钢铁研究院等单位签订了试制153项金属材料的协议,还同石油、化工、建材、轻工部门20多个单位签订了试制87项非金属材料的协议。其中,哈尔滨东北轻合金厂生产的各种铝合金棒材、型材、板材,鞍钢、抚钢生产的各种规格的钢材和特种钢材,吉林石棉板厂生产的石墨化橡胶石棉,洛阳轴承厂生产的专用轴承,都是经过反复试验才取得了成功。

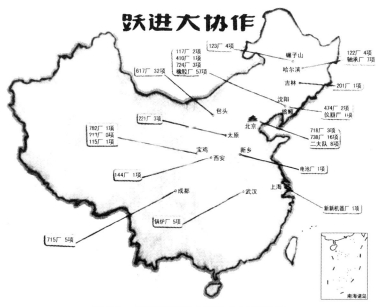

图3-2 "1059"导弹全国协作网示意图

目前,配置完善的基础工业配套体系主要有两种手段:一种是市场机制,另一种是政府主导的举国体制。从技术创新的视角看,创新是企业基于利润动机的一种自发的市场化行为,企业是直接参与创新活动最主要的行为主体。根据市场需求从事技术创新和知识应用,是技术、知识创新转化成现实生产力的源泉,其目标是实现市场价值。市场是目前已知实现创新的最有效手段,一个良好的创新系统应是以成熟的市场机制以及相关法律制度为基础。然而,产业配套依托的市场机制存在自身无法克服的固有缺陷——市场失灵。在完全竞争条件下,市场能够在自发运行的过程中,通过自身力量的调节,达到资源的有效配置。由于航天产业特殊性的束缚,航天企业与零部件供应商之间存在悖论:航天系统所需要的新型原材料和元器件,一般是高性能、高可靠和高质量的,这需要供应商投入巨资研制,而航天企业所需要的产量又很少,这对供应商运行成本和效率产生极大的压力,经济效益不显著,从市场角度看是非常不经济的。特别是对于较早一批进行市场化运作的企业来说,承担这些任务会带来较大的经济风险。

尽管从理论上说,航天企业给基础产品供应商提供新点子、新信息和市场视野,带动供应商自我创新,努力发展新技术,并培养新产品研制的环境,而基础产品供应商会协助航天企业认知新方法、新机会和新技术的应用。从供应商介入航天系统技术创新的角度看,技术创新涉及探索、发现、试验、开发、模仿以及采用新产品、新工艺和新的组织结构进行新技术的商业化等一系列活动,其每个环节都包含了不确定性。一方面是技术的不确定性,在技术创新活动开展之前,供应商很难预料到技术创新努力所带来的技术成果;在技术创新活动开展之后,供应商对于技术创新向什么方向发展,多长时间能够取得成功,都没有确切的把握。另一方面是市场的不确定性,供应商介入航天技术创新活动不仅是意图能为航天系统配套,同时还要考虑技术的商业化问题。但技术创新的成果是否能够被市场接受,是否有足够的市场容量和利润空间保证初始研发投入的回收和盈利,产品是否在生产规模化、营销定位等方面达到市场的要求,技术创新的供应商对这些问题都可能没有绝对的把握。特别是供应商为航天系统技术创新活动所提供的科学技术知识产品具有公共产品或准公共产品的性质。由于知识产品公共性的存在,一个企业完全可以在没有市场交易的条件下无偿获得其它企业的技术创新成果,增加自身的研发资本存量,谋取利润,使得为航

天配套的企业不愿意从事相关业务。当完全依靠市场机制的调节无法实现技术创新资源的最优配置及社会福利最大化时,政府主导的举国体制是弥补产业发展出现市场失灵的最有效也是最直接的手段。

举国体制就是指以国家利益为最高目标,由中央动员和调配全国有关的力量,包括精神意志和物质资源,攻克某一项世界尖端领域或国家级特别重大项目的工作体系和运行机制。中国航天借助举国体制,实现了举国意志,统一目标,统一行动。例如,长征三号火箭第三级发动机要选用比一般发动机推力大50%的低温高能液氢液氧发动机,但是许多金属材料在低温下的力学性能和物理特性与常温下相比差别很大,有的甚至由于变脆而根本不能使用。因此金属和非金属机械物理性能,必须有第一手的测试数据。当时的703所与兰州物理研究所、北京钢铁研究总院、北京有色金属研究总院等单位密切合作、共同努力,实测了部分金属和非金属在液氮(-196℃)、液氧(-183℃)和液氢(-253℃)中几千个力学性能参数和物理性能参数,最终选定了铝铜合金作为液氢贮箱的材料。然而,铝铜合金贮箱的缺点是焊接性能差,容易产生裂纹。为了解决这个难题,703所周万盛等技术专家对不同焊丝材料反复试验,解决了焊接裂纹和焊缝脆性的问题;上海市领导则抽调"焊接大王"唐应斌等五位焊接专家,先后在上海新江机器厂和大明铁工厂进行攻关,采用了双面多层焊接工艺,解决了贮箱焊缝在低应力下出现脆性断裂问题。然而,这批检验合格的贮箱在存放多年后又在焊缝和热影响区出现裂纹。对此,中国航天又组织"三结合"攻关组进行研究,发现在当初焊接时就存在微裂纹,通过改进工艺,改换焊丝,完善工艺,最终解决了这类问题。

中华人民共和国成立初期,由于工业基础十分薄弱,薄弱的基础工业与国家发展航天事业的战略需求之间,必然产生矛盾。因此采用举国体制的方式和依靠制度的优越性来解决中国航天需重点突破的问题,是当时环境下的最优选择。无论是仿制"1059"导弹所需特殊材料的全国行业总动员,还是解决铝铜合金焊接的全国人才总动员,这些实践都证明,在当时我国科学技术基础较薄弱,基础工业技术残缺不全的情况下,对导弹机构的建设和技术的培育,依靠全国力量、组织全国大协作恰恰是社会主义制度优越性的直观体现。

如果说从20世纪50年代到80年代,中国工业基础薄弱,我们不能没有举国体制,那进入20世纪90年代以来,在中国整体工业基础实力明显提升,已经建立起较为完整的工业体系,部分工业已经具备较强国际竞争力的情况下,我们以何证明举国体制的不可或缺性呢?中国航天研制载人航天逃逸系统的一个小故事是一个很好的例证。栅格翼是逃逸系统结构组成的重要部件,其铝合金翼片材料很薄,由634条焊缝交叉组成方格。因为焊缝数量多,翼片与边框厚度差大,极容易变形,传统手工氩弧焊已经不适用于栅格翼的焊接。栅格翼的焊接成为国内航空航天、机械部门的权威和厂家都感到棘手的问题。为了确保栅格翼研制万无一失,哈尔滨飞机制造厂建立了栅格翼的试验装置,在211厂孙忠绍副总工程师带领下,由工艺员和工人组成的攻关组,历时一年半的时间,攻克了栅格翼技术难关,解决了带栅格翼复杂外形无控逃逸飞行器的稳定飞行难题。改革开放后,特别是进入21世纪以来,虽然中国的工业基础有了很大的改善,但是航天搞的是尖端技术,尖端技术和基础工业之间永远会存在矛盾。如何解决这个矛盾?现在看来,举国体制是重要手段之一。航天若完全靠市场经济,不搞举国体制,要解决尖端技术需求与基础工业技术之间的矛盾,十分困难!

作为一个后发国家,中国在工业基础相对落后的背景下,之所以能取得航天事业上的重大突破,成为继苏联和美国之后第三个独立把航天员送上太空的国家,得益于由中国共产党领导的社会主义制度的优越性,而其优越性充分体现在中国特定的经济社会环境下的举国体制表现出的调动资源的效率和能力上。诚然,一个国家建立什么样的产业发展体制,走什么样的发展道路,必须从社会实际出发,从这个国家的产业发展基础出发,从这个产业的性质和特征出发,特别要从一个国家经济发展水平所达到的程度出发,才能充分提高产业的效益和效率。在中国要想发展航天事业,不能从主观愿望出发,不能从外国模式出发,只能一切从国家的实际出发。因此,无论是中国航天发展的早期,还是进入21世纪的今天,通过举国体制解决我国基础工业技术短板问题仍然是航天事业取得成功的法宝之一。

二、抓住机遇,及时行动

——及时抓住历史机遇并果断做出正确的战略选择

无论是从中国一些企业的发展历程看,还是从世界上其它国家企业的发展

第三章 中国航天事业的成功法宝

历程看,能不能抓住机遇,加快发展,是一个企业能不能赢得主动、赢得优势、赢得胜利的关键所在。在历史发展的关键时期,把握住了机遇,后发的企业就有可能实现跨越式发展,成为时代发展的主角;而丧失了机遇,原本强盛先进的企业也会不进则退,成为时代发展的落伍者。中国航天经过五十多年的发展,成为世界上第三个拥有完整航天产业体系的国家,这些成就的取得和及时抓住了四次大的历史机遇并做出正确的战略选择密切相关。

第一次历史机遇出现在 20 世纪 50 年代末期,苏联援助中国发展导弹项目意愿隐现。在中华人民共和国成立初期人民空军羽翼未丰的情况下,导弹这种新式武器对于中国国防的意义不言而喻。对于当时科技与工业落后的中国而言,学习火箭等国防尖端科技的唯一渠道便是苏联,而在 1956 年之前,这个亲密的盟友对中国学习国防新技术的愿望一直抱有抵触情绪,只是同意接收 50 个中国留学生和提供两枚供教学用的老型号导弹模型。

然而,1956 年欧洲的波兰和匈牙利先后爆发了"波匈事件",加上苏联党内斗争的激化,让苏共领导人改变了对援助中国国防新技术的抵触态度。1956 年,波兰和匈牙利先后爆发了要求改革的示威游行和大规模骚乱,赫鲁晓夫拳头一挥,苏联红军的装甲师星夜兼程,分别将两国首都围得水泄不通,弹压数日才最终稳住局势。这种赤裸裸践踏他国的大国沙文主义,让苏联政府以及赫鲁晓夫本人在社会主义阵营中的威望一落千丈,迫切需要各国兄弟党派的支持。因此苏联对中国明显热情起来,在新技术援助方面也显露出松动的苗头。1957 年 6 月,苏共中央全会指责和批判马林科夫、卡冈诺维奇、莫洛托夫进行非法的反党组织活动,并把他们排除出中央领导层。这次斗争是继"波匈事件"后,苏联党内思想路线分歧又一次大暴露。赫鲁晓夫采取非常手段制服了其对手之后,亟须得到各国共产党的认可和支持。同年 7 月 5 日,赫鲁晓夫派米高扬专程前往中国,向毛泽东和其它中国领导人表示希望中国能支持赫鲁晓夫为首的苏共中央的立场。毛泽东当场宣布,中共中央已经决定支持苏共中央的决定。于是,赫鲁晓夫投桃报李,立即在援助中国发展核武器和导弹方面表现出积极性。

聂荣臻元帅敏锐地捕捉到了这个机会,几经活动,1957 年 9 月,以聂荣臻为团长,陈赓、宋任穷为副团长的中国政府代表团远赴苏联,专门就火箭和航空技术领域援助中国一事,同苏联进行了历时 35 天的反复谈判。最终双方于同年 10 月 15 日签订了《关于生产新式武器和军事技术装备,以及在中国建立综合性原子能工业的协定》。随着大批苏联专家和实物的到来,中国在国防尖端技术研制领域的步伐明显加快。

国家领导人也深知,在苏联和美国已经逐步确定核垄断的趋势下以及赫鲁晓夫的国内外压力趋缓的情况下,苏联在援助中国发展核武器和导弹方面表现出的积极性,很可能随着时间的流逝而逐渐降低,甚至戛然而止。于是,中国航天决策者采用了一系列快速建设、快速部署的措施。具体措施包括:在国防部五院的基础上成立两个分院,第一分院承担导弹总体设计和弹体研制任务,第二分院承担各类导弹控制系统研制任务;为了改变国防部五院强研发、弱制造的困境,将军事电子科学研究院的六个研究室和一个试制工厂、一机部的 211 厂划归国防部五院;在苏联专家的指导下,五院和试验基地的中方人员迅速开始针对苏制导弹的原理学习、操作训练和仿制工作,并且在短时间内组织起了一个生产导弹的协作网。中央军委决定从全军筛选,从炮兵部队抽调精兵强将,与国防部五院共同组建军中第一个导弹训练机构——炮兵教导大队,向苏联在华导弹营官兵学习导弹操作和维护保养技能;8102 工程(一分院工程)、8103 工程(试验站工程)、8108 工程(空气动力所工程)、8109 工程(二分院工程)快速上马,并确定为国家重点工程,要求"必须完成、不能动摇、只能提前、不能推后",并加紧设备的引进和订购。上述措施的实施,使我国在很短的时间内,快速搭建起能够有效吸收苏联导弹技术的制度和体系以及配套完善的基础设施,为中国航天未来的发展奠定了扎实的基础。

第二次历史机遇出现在 20 世纪 80 年代中期。1986 年被称为世界航天史上的灾难年,从 1 月到 5 月,先后发生美国"挑战者号"航天飞机大爆炸、"大力神"火箭爆炸、"德尔塔"火箭爆炸和"阿里安"火箭发射失败。这一连串的厄运,使世界运载火箭发射市场发生了突变,出现了用户"排队"等待运载火箭发射卫星的局面。美国各大卫星公司由于不知何时才能恢复发射而把注意力转向世界的东方。同时,从 70 年代末到 80 年代,全球还处于冷战时期,中美两国在共同反对苏联的基础上,具有共同的安全需要。双方在军事领域开展了大量的合作,我国政府不仅邀请了格鲁曼公司改进歼-8 歼击机,而且还开始采购美制装备,例如从美国西科斯基公司购买了 24 架 S-70 民用"黑鹰"直升机。整个 80

第三章 中国航天事业的成功法宝

年代,中美两国关系全面缓和,迎来破天荒的蜜月期。

因此,中国航天意识到这是中国火箭争取进入国际商业发射服务市场十分难得的契机,应该积极行动起来。为了适应国际商业发射服务的规则和政企分开的需要,我国分别从组织层面、法律层面以及火箭产品层面进行调整。外部调整具体包括:国家航天工业部把发射服务市场开发和商业运作并入中国长城工业总公司;全国人民代表大会批准中国加入三个外空条约,保障中国的外层空间活动的国际合作得到法律保证。内部调整包括:改变30年来所遵循的军工产品保密规则和制度,重新制定了一套指导市场实践的商务方针。

为了争取进入国际卫星发射市场,中国航天拿着图纸闯天下,第一次针对国际卫星发射市场需求而研制运载火箭——长征二号 E 火箭。特别是在火箭研制过程中,外方提出了很多新的需求,为此火箭增加了调姿定向系统,采用大型有效载荷的整流罩,增加起旋和侧向机动装置等 20 多项新技术。1988 年 12 月,中美两国签署了有关卫星发射服务的三份备忘录,标志着中国长征系列火箭正式拿到进入国际发射市场的"入门证"。

第三次历史机遇出现在 20 世纪 90 年代初期,苏联解体后的航天技术外溢。90 年代初期,独联体各国动荡不安,人心惶惶,特别是俄罗斯政府推行休克疗法,导致工厂、机构大量倒闭,军工领域许多专家、教授失业,收入锐减。特别是一些尖端行业,大量一流的工程师陷入赤贫。鉴于苏联在军工和重工方面的实力,这是一批穷十年之力都无法培养出来的优秀人才。为此,美国、德国、以色列、韩国、新加坡等国科研机构纷纷派出专家前往俄罗斯、乌克兰,以优厚条件招揽人才,中国也加入了这一轮人才争夺。得益于苏联时期中苏友好的渊源,一些留苏专家学者通过学术交流、个人友情联络等多种形式,从苏联请到了不少顶级专家。

第四次历史机遇起始于 1999 年 5 月 8 日,以美国为首的北约轰炸我驻前南斯拉夫大使馆,中方 3 人死亡,20 余人受伤。世界震惊,中国愤怒。这一事件,使中国政府意识到,国家军事力量必须与国家利益保持一致。从 1979 年到 1999 年,经过 20 年的发展,中国经济实力大幅度提升,然而中国军事力量,特别是一些有决定意义的战略和战术武器系统的发展与国力快速发展不相吻合,如果军事战略能力严重落后于国家利益拓展需求的矛盾长期得不到有效解决,会带来复杂的利益冲突和一系列衍生问题。中国驻前南斯拉夫大使馆被炸之后,中国启动了高新工程,中国航天积极调动和整合各方面资源,有效推进和开展重点型号的研制、生产任务。经过十多年的不懈努力,中国航天为保障国家的利益奠定扎实的基础。

机遇总是稍纵即逝的,容不得半点踯躅。中国的航天事业发展需要机遇和决心。纵观中国航天产业发展的四次历史机遇,我们发现,如果等发展某种产业所需要的主客观条件都具备后才去发展它,只会错失良缘。机遇永远存在,关键是有没有能力抓住这些机遇,把机会转化为现实。这取决于决策者的战略远见、意志以及把想法付诸实施的能力,取决于人们主观上的认识能力和决策能力。我国领导人将不利条件转化为有利条件,做出重大的战略选择。第一次机遇来临时,我国确定依靠苏联专家帮助快速建设航天体系的战略抉择;第二次机遇来临时,政府的战略选择主要目标是促进中国航天产业的市场化,即采取政策和法律手段推动和帮助中国航天科技工业向高附加值的产品结构和产业结构演进,向高附加值的产业活动转移;第三次机遇来临时,我国又及时制订吸引苏联人才的"双引工程"的战略计划;而第四次来临时,我国为保证国家利益,开始大力发展武器装备体系。

机遇总是留给有准备的人。中国航天成功抓住四次历史机遇,除了决策者的战略远见和意志以外,还有我们已经具备的能力和储备的资源。在苏联决定援华之前,我国已经建立了国防部五院,并且从国外已经回来了一些科学家,例如钱学森等。这些机构和人才储备已经为1957年的苏联全面援华奠定良好的基础,有助于我们建设一个学习的平台。同样,当我们和苏联进行谈判的时候,我们才可以提出我们具体引进导弹技术的需求。

中国航天之所以能够抓住国际卫星发射服务东移的历史机遇,并且满足外方提出的很多高端需求,很大的原因在于中国航天从20世纪50年代仿制苏联导弹开始,到80年代已经具备了自主学习和研制导弹的能力,恰恰是这种能力的保障,使中国航天在短短18个月内研制出长征二号E火箭。

中国航天之所以能够有效抓住苏联解体后的航天知识和人才外溢的机遇,是因为这个时候中国已经具有了一批能够独立决策并走自主开发道路的航天企业。有了这样的企业,政府支持航天产业就有了立足点。引进人才,需要平台,需要项目支撑。苏联解体后一段时间内,混乱的局面导致大批苏联专家失去工作的平台,寻求新的平台是这些苏联专家的迫切需求,而中国这些独立决策并走自主开发道路的航天企业为他们提供了这些平台。同时,中国一直从事载人航天的前期研究工作,带着任务,有利于更好地吸收新的知识和技能。

如果没有抓住这四次机遇,中国航天可能仍然拘泥于利用液体导弹技术发射试验卫星,可能在一些隐性知识的掌握方面陷入被动。可见通过历史机遇赢得主动、赢得优势、赢得胜利的关键在于决策者的战略远见、意志以及把想法付诸实施的能力。

第三节 知识积累与自主创新

一、累积知识,推动创新
——持续的技术知识积累成为自主创新的坚实基础

知识是企业所能拥有的最重要的异质性资源,是决定企业生存发展最为重要的战略资产。作为航天工业的后进入者,中国航天必须以接受外国已有的技术为起点,其原因不仅在于技术的"成熟度",还在于左右产业发展的主导技术路线已经形成,难以存在"另辟蹊径"的技术空间。如果中国航天仅仅停留在模仿或静态竞争的概念之中,缺乏改进创新和持续提升产品的能力,缺少不断优化精密技术、技巧和方法等方面的动力,就不可能在这个关系国家战略地位的产业中立足。实际上,自从1956年中国开始进入航天产业以来,中国航天就一直面临的是一把利剑的双刃——或者最终挤入领先者的行列,或者最后被淘汰出局——没有什么机会可以长期维持于中间状态,而赢得胜利、避免失败的唯一出路,就是在学习外来技术的基础上形成自己的能力,并以不断成长的能力去参与技术变化的过程。也就是说,自主创新不可能一蹴而就,必须建立在持续的技术知识积累上。

一般来说,有效提高组织知识存量有两个基本途径,一个是通过内部的研究、开发、交流和学习增加整个组织知识存量,另一个是从外部学习并获取新知识。1957年以前,虽然中国也向苏联表达了希望其给予导弹技术援助的想法,但是苏联表现得不够热情,中国只能依靠自己的力量艰难地从事火箭相关知识的学习。聂荣臻元帅就曾指示,要进行吸收、消化、创新。然而,知识的内部创造是一个相对缓慢的过程,需要投入大量的人力、物力和财力进行研究开发和系统学习。组织的技术创新是一个随机的过程,新技术的产生并不一定与组织的预期相一致,一旦新技术不能在计划的时间内完成创新,就可能使组织技术发展落在他人之后。于是,组织开始把注意力转向外部边界,希望从外部获取知识和技术。

第三章 中国航天事业的成功法宝

外部知识获取为组织提供了新的观点和视角,给组织带来了多样性和异质性的知识和技能,使组织内部知识与外部先进技术保持同步,促进组织知识结构的提升与改进,提高组织的学习能力、创新能力以及应变能力,从而创造出新的产品和服务以满足变化多样的顾客需求,对组织的长期发展十分重要。恰恰是出于对知识积累重要性的认识,国防部五院各分院的设计部、研究室为了配合仿制,组织技术人员学习型号资料,下厂配合生产,选派得力的技术人员跟随苏联专家学习,并把专家的建议及时整理汇编,印发相关人员学习。要求下厂的人员通过仿制掌握设计思想、设计技术和元器件性能技术条件,积累设计和制造知识,为今后开展自行设计打好基础。

学习外部知识只是一个手段,最终一定要通过内部的研究和学习提升企业知识的水平,切实转化为企业自身的能力。在苏联援华期间,中国航天人一方面按照苏联的图纸和技术标准进行"1059"导弹仿制,期间苏联专家作"面对面交流,手把手演示"的指导;另一方面在仿制中着眼于学习自行设计的本领,除了试制生产,解决工艺、材料问题和处理超差代料外,还对苏联提供的样机进行性能测试和理论分析,并在此基础上进行"反设计"。一个是苏联专家主动地传授知识,一个是中国技术人员主动地学习知识和反向设计,在双方互动的过程中,大量的隐性知识不断通过苏联专家外溢给中国本土的专家和技术人员。正因为这样,尽管后来苏联终止合同,撤出专家,也没能阻挡中国航天事业向前发展。

内部积累的知识从其诞生伊始就为组织自主拥有,可以被组织以较低的成本应用于技术创新活动,其对创新产出的积极影响不言而喻。例如,中国航天为了解决火箭发动机振动的问题,不断做试验,分析燃料往火箭发动机燃烧室输送的过程中,如何才能充分和均匀燃烧,直至找到了问题的答案,即采用类似瓦楞纸的架构解决两层钢板的振动问题。振动和抗振知识的积累,使中国航天发动机技术越来越成熟。中国航天在解决固体火箭发动机浇注过程不稳定导致裂纹问题的过程中,也是经过不断研究,最终发现裂纹出现的临界值。中国航天不断试错的过程就是知识提升的过程,就是增加其知识存量或重新组合现有知识以达到新组合的结果。

当组织试图开发新产品和新工艺时,转移、分享、创造和使用知识是创新成功的关键。内部积累是组织创新所需知识的最直接渠道,而这种通过内部的协同效应获得的新知识被认为是创新成功的一种有效方法。一般说来,内部积累能够显著提高组织知识存量,提高组织在相关领域的知识搜寻和选择的效率。1992年,载人航天工程正式立项时,我国的长征系列运载火箭已经成功地进行了26次发射,其中发射了13颗返回式卫星,基本掌握了卫星发射、定点、返回等关键技术。用于载人航天的长征二号F火箭是在长征二号E火箭的基础上进一步研制和完善的,长征二号E火箭共进行了8次发射,经历了成功与失败的考验。正是因为有了这些关键领域的技术突破作基础,才可能出现只进行1次零高度试验和4次无人飞船试验,就实现"神舟五号"飞船的首次载人航天飞行和"神舟六号"飞船的多人多天飞行的"大捷"。载人航天工程的成果,为后续航天员出舱活动、飞船和目标飞行器交会对接以及未来的太空探索奠定了坚实基础。

组织知识累积是组织作为一个有机的系统,在实施持续创新(包括持续技术创新和持续制度创新)过程中所获得的一种寓于组织之中的知识的持续递增过程,它的实现需要组织的持续学习。组织技术能力的成长表现为组织之间不断的模仿和创新性竞争活动,而这些活动围绕的中心是如何快速而有效地积累起适应外部环境变化的核心知识。因而,组织技术能力的成长是内生性的,即组织内部持续的知识积累过程。技术能力的本质是嵌入在组织中的知识,这种知识不同于一般意义上的知识,而是嵌入知识的整合体。因为,就个别组织来说,技术能力体现在组织成员的知识和技能上,但是个人的知识和技能在组织中不是随意分布的,而是"嵌入"在一个技术系统中(包括厂房、设备和工具等有形资产以及程序等无形的组织系统)。

组织积累的知识以及运用这种知识的能力被认为是一个组织保持可持续竞争优势的最重要的源泉,而组织资源发挥效用的范围是由组织现已积累的知识水平决定的。国家的航天战略目标不仅仅是得到一两发火箭和导弹,还要建立起可持续的火箭导弹开发平台,最终获得技术能力。从这个目标出发,导弹早期的技术水平和知识水平不是关键,关键是能不能持续地积累知识,并最终实现火箭的全系列化。只要明确这个战略重点,就不会因为短期的缺点和弱点而动摇长期的意志和既定的目标。

纵观人类工业史的发展规律,发展某个产业的关键是掌握可以驾驭技术进步的能力,而不是拥有初始的技术是否先进。中国航天科技工业的历史已经证明了这个产业规律:作为后进入者,中国航天的成功是从掌握当时苏联已经退役的P-2液体导弹为开端的。这个规律所反映的经验是,对于后进入者来说,

能够在进入这个产业之后站住脚并开始成长的最关键的因素,不是进入时的技术水平,而是依靠不断的知识积累所具备的技术能力。一旦通过掌握较低水准的导弹技术而建立起了学习的基础,中国航天的技术进步速度就仅取决于能否长期贯彻一个进取性的发展战略了。在这种条件下,后进入者切入航天科技工业的最初技术水平并非决定成败的关键因素——决定性因素是技术能力以及由发展战略所决定的技术能力成长速度。企业技术能力的提升有其内在的演进规律。企业技术能力的增长是一个技术能力各要素的持续性积累和间断性跃迁的过程。持续的技术知识积累为中国航天自主创新打下了坚实基础,中国航天也正是这样一步一个脚印地走出了一条持续创新和不断发展的道路。

二、技术应用,可靠为先
——继承与创新的有机统一是提高产品可靠性的保障

中国航天五十多年,一代又一代的航天人,能够不断创新发展,取得一个又一个胜利,带领中国航天跻身世界先进行列,其中的一条基本经验就是继承与创新得到了很好的兼顾。目前,在各类航天型号研制中尽量采用成熟技术,杜绝系统技术战术指标无实质性意义的花样翻新和小改小动,已成为共识。中国航天五十多年的发展历程,一直坚持继承与创新的统一,所以,我们需要回答三个方面的问题:第一,中国航天工程的研制为什么需要继承?第二,中国航天工程的研制为什么还需要创新?第三,中国航天工程研制中继承与创新为什么需要配合?

航天系统的研制和发展具有很大的风险,而这类产品又要求有极高的可靠性和安全性。因此,中国在制订各个航天发展计划时,都十分强调利用成熟技术,甚至直接利用已经发展出的硬件系统。新的、未经充分验证的技术尽量不采用或少采用。按照惯例,一个新型号立项研制,采用的成熟技术和产品不应低于70%—80%,只有在现有技术不能满足预定任务要求的情况下,才考虑应用新技术,但是必须经过较长时间的系统试验和验证,因此技术继承是执行新计划的基本原则。一个型号的研制基本上采用的是经过"上天"考验的成熟技术与产品。

和中国航天事业一样,美国和苏联航天事业在一些重大研究计划中,新技术的采用都十分谨慎。以美国"水星"计划为例,该计划执行过程中,有如下指导思想：使用现有技术、设备乃至成品、半成品；用最简单和最可靠的方法完成这一计划；用现有运载火箭或对它进行适当改进作为发射系统；采用逻辑性的、循序渐进的试验研究步骤。

正因为本着技术继承性、强调任务第一的原则，中国航天非常成功地执行了载人航天"三步走"计划。载人航天计划的逻辑性非常明显，每一阶段都完成一定的任务目标，技术台阶并不大。第一步计划先发射四艘无人飞船和一艘载人飞船，着重解决飞船配套的试验性工程问题。第二步计划着重解决载人飞船和空间飞行器的交会对接技术和短期载人太空飞行问题。第三步计划在前两项计划完成后，所剩的关键问题只有一个，就是解决较大规模、长期有人照料的空间站应用问题。可以说，每一阶段需要采用和解决的新技术并不太多。同样，中国航天人之所以能够在18个月内研制成功长征二号E火箭，也是在继承和借鉴长征二号丙火箭成熟技术的基础上，将重点突破的技术放在捆绑方面。综合来看，整个长征二号E火箭技术方案不冒进，以长征二号丙火箭为基本型，进一步作了性能的改进。

组织技术能力的间断性跃迁是技术能力各要素连续积累的结果，而组织技术能力各要素的积累是总体技术能力实现跃迁的前提条件。把组织技术能力跃迁之前的能力积累状态定义为"平台"，而把技术能力跃迁的过程定义为"上台阶"，并把能力跃迁之后所处的平台和能力跃迁之前平台间的差距定义为"台阶"。如果台阶跨度太大，就意味着技术难度太大，就要付出代价，轻者延长研制时间，更为严重的是航天系统发射失败，最终导致整个系统下马。从新型号的研制和整体方案上看，绝大多数发展比较好的型号系统，特别强调客观规律，特别注重技术的继承性。

但是，大型航天新计划对已有技术的继承并不等于对新技术的否定。相反，新技术的应用可能会成为完成预定任务的关键。某种程度上说，完成预定任务也是产品可靠性的另外一种解读。凡是一个新的型号，最重要的是总体方案设计，其中最核心的是新技术上多少比例。正因为如此，新技术的预研十分重要。美国考虑到未来航天发展的需要，早在制订"阿波罗"登月计划之前的20世纪50年代就开始了大运载能力火箭所需的大推力火箭发动机的研制工作，最终研制出推力高达6.8兆牛的F-1单燃烧室发动机。

技术是为任务服务的。只要能完成预定任务，方案的选择和技术的运用应以可靠、安全、快速、低成本为基本原则，因此应以技术继承为本。一个好的方案,不能单纯追求技术上的先进,应从我国实际情况出发,在完全满足运载任务要求下,尽量采用或继承成熟可靠的技术,以降低成本,缩短研制周期。然而,在现有成熟技术不能满足任务要求的情况下,就应当积极探索采用新技术,但须以大量试验为条件。研制人员在设计过程中注意在继承的基础上进行创新,在不牺牲差异性的情况下,尽量使用过去产品已经使用过的平台、模块或组件、技术,尽量使用标准化或通用化的零部件,这样可以减少产品研制中的设计点,避免由于考虑问题太多而导致的质量问题,也有效地降低了质量风险,当然也可以加快产品研制的速度。中国航天规定只有技术成熟度达到6级—7级或以上的技术才能上型号,低于6级的技术先放到预研。中国火箭在创新与继承的平衡上独树一帜,一个新火箭,一、二级技术成熟,三级采用全新技术,一定要把成熟度低的技术的风险控制住。在一个新型号中,总要采用一些老型号中没有采用过的新技术、新材料、新工艺,而这些新技术、新材料、新工艺,在方案设计阶段,必须经过科研实践证明其先进性和现实可能性,不至于在型号研制期间成为久攻不克的难关。在航天事业的发展过程中,应当有一个明确的长远目标。根据这一目标,梳理各个发展阶段需要研究、发展哪些新技术,及早作出安排,开展预研工作,为后续计划做好技术储备。预研和技术创新是更好地为型号研制服务。只有摆正技术继承与创新的关系,才能使研制计划进行得更加顺利。

美国人不仅创新意识很强,而且在技术继承和进步方面堪为表率,既有创新,又有继承性。美国的"大力神"系列运载火箭由洲际弹道导弹"大力神2"发展而来,包括"大力神2"、"大力神3"、"大力神4"、"商业大力神3"子系列火箭。"德尔塔"系列运载火箭是在"雷神"中程导弹基础上发展起来的航天运载器。"土星"系列运载火箭是美国国家航空航天局专为"阿波罗"登月计划研制的大型液体运载火箭,先后研制了"土星Ⅰ"、"土星ⅠB"、"土星Ⅴ"三种型号。"雷神"系列运载火箭是在"雷神"中程弹道导弹的基础上发展起来的,主要用来发射军用卫星和早期的航天探测器。该系列包括"雷神-艾布尔"、"雷神-艾布尔星"、"雷神-博纳"、"加大推力雷神-阿金纳"等型号。"宇宙神"系列运载火箭由"宇宙神"洲际弹道导弹发展而成,主要有"宇宙神D"、"宇宙神多级系列"、"宇宙神Ⅰ"等型号系列。

创新一定得符合创新的规律,既要大胆地鼓励创新,又要非常严谨地处理好继承与创新之间的关系。中国航天人有一套"口诀"恰如其分地概括了这组关系:"成功不等于成熟,成熟不等于可靠,可靠不等于万无一失"、"一次成功不等于次次成功,次次成功不等于永远成功"。这套"口诀"的含义是什么?这套"口诀"的含义就是长征二号 F 火箭把"神舟七号"飞船成功送入轨道,那一刻,第一得到一百分了,第二对于火箭人来讲又清零了,下一发火箭又由零开始。这个规律如同继承与创新的关系,既矛盾又辩证。

没有"不变",没有继承,发展就失去了基础;没有"变",没有创新,发展就失去了活力。继承难在合理取舍,对凡是被后人所认可的,被实践证明是可行的,必须毫不动摇地予以"取",反之则"舍"。但创新是绝对的,发展是无止境的,创新是生生不息的动力。创新的实质就是发展,即新事物代替旧事物。这种"代替"并不是对旧事物的全盘否定,而是对旧事物中合理的、积极的成分加以吸收,同时增添旧事物根本没有的、富有生命力的新内容。因此,既要对传统的经验批判继承,又要根据新的实践要求不断发展创新,使批判继承与发展创新有机统一起来。继承与创新是一个问题的两个方面,继承即是取舍,创新即是扬弃。所谓继承也就是指对原有事物中合理部分的保留和延续,是否定中的肯定,克服中的保留,是"取舍"。所谓创新也就是旧事物向新事物的转变,是"旧质"向"新质"的飞跃,是"扬弃"。两者之间是内在的既对立又统一的辩证关系。它们相互依存、相互影响、相互作用、相互渗透,并在一定的条件下相互转化,表现为继承—创新—再继承的循环往复,构成了事物由肯定到否定再到否定之否定的辩证发展和永恒运动的前进过程。

创新不是无中生有,它离不开前人奠定的基础,离不开他人取得的成果。它是在已有认识的基础上,通过创造性思维,以崭新的方式解决前人没有解决的问题,因而创新具有很强的继承性。一个人只有站在前人的肩膀上,才能到达科学的顶峰。从事创新的事业,特别是在科技发展迅速和竞争日趋激烈的今天,能否借鉴前人成功与失败的经验教训,借鉴他人成果,能否充分地利用情报,已成为决定创新成败的一个重要条件。

航天型号研制过程中对继承与创新的把握,给我们丰富的启示:继承与创新是辩证统一的,关键是把握住"度"与"量"。脱离满足型号系统战术技术指标和保证型号质量与可靠性的需求,去"另起炉灶"、"花样翻新"、"小打小闹",显然是"画蛇添足",加之预研基础薄弱的话,更是有悖于型号研制中尽量采用成熟技术与产品的原则,是型号研制中的大忌。然而,航天科技工业的发展需要科技的进步,也需要创新,对于那些有预先研究储备,经过努力可以攻克的,对

提高系统的战术技术指标、质量与可靠性、使用性和可继承性等有实质性作用的新技术、新措施,无疑应该创新而且要创新成功。科学地掌握继承与创新的"度"和"量"是至关重要的。

创新是科学技术发展中的质变,是整个科学理论体系的重大改革。继承可使科学知识延续、扩大和加深,但它是科学技术发展中的量变。只有在继承的基础上进一步创新,才能使人类对自然界的认识出现新的飞跃,引起科学技术发展中的质变。创新是继承的必然趋势和目的。继承不是照搬照抄,而是加以合理的取舍;创新不是离开传统另辟蹊径,而是对原有事物合理部分的发扬光大。只创新不继承,认为以前的经验和传统已经完全过时,所以不用继承;或者只继承不创新,认为继承就是"原封不动",完全照搬老经验,对新观念、新事物、新办法不愿接受和尝试,这两者都是极端的表现。在实践过程中,任何对原有事物只继承不创新的,最终必定是原有事物的难以为继;而任何完全抛开传统搞创新的,也必定是以失败告终。正可谓,善于继承才能少走弯路,勇于创新才能开拓前进。

第四节　技术民主与质量第一

一、技术民主，群策群力
——技术民主是走出航天系统研制困境的有效手段

技术民主是聂荣臻和钱学森在中国航天创建之初就倡导形成的创新文化，也是航天事业五十多年发展历程中沉淀积累的宝贵经验。中国航天在解决技术难题的过程中，既提倡敢想、敢说、敢干，又提倡实事求是、科学分析，允许人们抱怀疑态度，提出自己的看法，进行探讨。例如，型号每周一次的讨论会，事先收集技术难点，集中很多学科的专业人员，没有资历、学历之分，每个人都充分发挥想象力，大胆猜测、各抒己见。为什么航天能够将技术民主发挥到极致，成为组织航天系统研制活动，特别是解决技术难题的有效手段？表面上看搞航天的人，都是以成败论英雄，一切以型号圆满成功为唯一标准，似乎是航天的特殊性需要技术民主，实际上这是走马观花，只看到结果，而没有看到导致结果背后的三方面原因。

第一个原因是技术民主是提升创新能力的手段。航天系统工程的研制是一项创造性的工作，创造性工作就意味着打破常规，超越传统，寻求新的解决方案。创造的过程就是探索的过程，具有很大的偶然性。因而在创造的过程中，难免会遇到各种障碍，这就需要独立自主的意识、怀疑与批判精神、强烈的责任感、勇于探索的精神作为支撑。表面上看，技术民主所倡导的敢想、敢说、敢干的行为模式，恰好与创造性工作所要求的行为吻合，而最根本的原因是创造性工作所需要的自主性素质在技术民主的氛围中得到发扬。也就是说，技术民主不仅是一种手段，而且是中国航天创新文化的表现形式。

技术民主实际上培养了这样一种创新文化氛围：通过激励组织成员的学习活动，激发组织成员的创新欲望，培养组织成员的创造性思维，营造"把学习作为终生习惯"的学习风气，鼓励科技人员在技术层面平等交流，敢于在技术问题上向权威和领导说"不"。在这样的氛围下，航天人容易切实地感到自己是活

动的主人,所以才能产生活动的热情,才能全身心地投入活动的过程并关心活动的结果,才能迸发出想象力、意志力和创造力。如果中国航天缺乏类似的创新文化氛围,航天人的自主性得不到施展,言行都不能自主,那么航天科研人员只能慢慢变成循规蹈矩的人,在需要创造的天地里必将缩手缩脚,一无所为。技术民主使科技人员产生了不断超越的内在需求,最大限度地发挥自己的创造潜能,形成了共同探讨技术问题的氛围。因此,在技术民主的氛围下,创新与人的自主性之间的必然内在联系得到完美共生,创造是人的自主性行为的必然结果,而自主性则是创新素质的灵魂。

航天技术是高新技术高度集成的技术,不是以追求单项技术的先进性为标准,高精度指标要迫使其它系统让步。例如,轨道倾角精度 0.1 度很好,如果要达到 0.01 度,就需要采用非制导系统,就需要考虑地球引力的因素,这个代价太大。美国为了达到战略导弹精度 90 米的目标,特意发射一颗地球引力卫星,测度不同区域地球引力的变化情况。有铁矿的地方,地球引力要大些,有水坝的地方,地球引力要小些。为了提高某一个单件的性能,付出的代价可能导致一大堆问题,所以需要充分交流,在讨论过程中达成共识,选择最可能实现的技术方案。在技术民主的氛围下,容易使人既尊重他人成果,又不盲目崇拜权威,屈从于他人的观点。技术民主是一种氛围和文化,这种文化有助于科研人员以事实为根据,以理性为手段,来评判前人与他人,并吸收其成功的经验与失败的教训,能够站在别人的立场上看待问题,做到与他人相互交流,这都有利于放大自己的认识能力,有利于突破认识界限,使人在创新的天地里如虎添翼。而技术民主缺失的组织,研制人员要么封闭自我、盲目自负,要么屈从他人、无故自卑。闭门造车很容易迷失方向,盲目崇拜也难免落俗、迷失自我。这些都不利于创新。唯有具有自主性的人,才会保持独立的思考能力,才会用批判的眼光来审视文献、对待权威,力争超越他们。这都有利于创新事业的发展。

第二个原因是技术民主是打破思维惯性的手段。习惯是创新的大敌,因为习惯这张无形的网,总是时常地左右着人们的言行,使人们在遇到问题时,很少甚至不去寻求新的解决问题的办法和途径,而是按照以往的经验去处置。这使得习惯成自然。人们喜欢习惯,因为这样用不着费多少脑筋,担多少风险,就能以最低的成本将问题解决,按习惯行动是完全符合生物在进化过程中所形成的适应自然的"经济学"原理的。习惯虽然给人们处理日常事务带来许多方便,但它却是创新的大敌。因为创新是开拓性的事业,它需要打破常规,超越传统,提出与权威或书本不同的观点,同时还要承受来自各方面的精神压力。要取得创新的成功,没有强烈的独立意识是难以想象的。

创新对于每个人来说,最大的挑战莫过于必须对我们自身进行重新创造、重新调整和重新审视,以便摆脱习俗的束缚。如果人们安于按习惯行事,用昨天的老办法来解决今天出现的新问题,那么在创新的天地里将永远不会有成果。1964年夏天,中国在酒泉基地发射东风二号导弹,那天戈壁滩气温高达40多摄氏度,导弹加注燃料后,随着时间的推移,装入导弹的燃料温度越升越高,最后出现了由"气化"导致的部分燃料外溢问题。若不及时补救,将影响导弹的射程,致使导弹无法达到预定目标。指挥部当即召开紧急会议,专家们谈了不少补救方案,都不合适。于是指挥部再次召开扩大会议。当时还是中尉军官的王永志也被"扩大"进了会议。当听到不少专家都在说,要再补充燃料,加大火箭的推力,提高火箭的射程时,他突然站起来说道:"不能加大燃料,应该泄出一些燃料,才能提高推力,加大射程。"王永志话一出口,语惊四座。有人当即反驳说,你是在开玩笑吧?谁都知道,只有加大燃料才能增强推力,如果减少燃料,导弹的射程岂不更近了吗?结果,不少人反对。钱学森得知此事后,从北京匆匆赶到发射场。当晚,王永志敲开了钱学森的房门,将自己的补救方案大胆向钱老详细阐述了一遍。钱学森听了后,认为有道理,接着便在第二天的会上力排众议,对王永志大胆的逆向思维给予肯定。最后发射圆满成功。

第三个原因是技术民主是弥补个体知识短板的手段。真理的相对性是"怀疑与批判一切"的理论依据。认识论告诉人们:任何真理都是相对的,都是人们在一定的条件下,对客观过程及其发展规律的正确认识,总是有限的不完全的,因而它们都是具体的、历史的,有待于扩展与深化。在人类历史上没有什么"绝对"、"永恒"之类的东西。真理的相对性要求人们,对待一切事物都应该持怀疑与批判的态度,不要为成见、权威的观点所羁绊。而创新就是对已有认识的突破与超越。因此,创新一刻也离不开怀疑与批判的精神,创新者的成功就在于他们在别人不觉得可疑的地方产生了怀疑,在别人不敢提出疑问的地方提出了疑问。怀疑与批判精神是创新活动的开山斧,没有它,创新之路将无法开辟。

这种质疑对航天更为重要。技术和科研不一样,在一个学科,一个专家可以越来越深,但是技术是多方位的。以固体发动机为例,固体发动机技术,涉及机械、化学、化工、力学、燃烧、电子、材料等多门类学科技术,在高温度高压力的同一系统中,互相影响、互相渗透、互相作用。这靠一两个人是不行的,要靠一个团队,要靠集体智慧。一个人的知识面是不能覆盖的,谁能把知识整合,谁就能实现技术成功。大家经常在感到很困难的时候,通过团队成员之间讨论,互相启发,就有了解决办法,可以说每个人的成长都伴随着团队成长,团队支撑着个人成长。航天人将团队作用概括为"个人负责,团队保障"、"个人出现不足和问题时,团队用集体力量加以纠正,个人也因此得到提高"。运行良好的技术团队能够弥补不同人的知识缺陷。在做产品的过程中,由于技术、资讯的不断发展,一个人不可能样样精通,为了避免方向性的错误,就需要集思广益。效果最好的就是头脑风暴,它把相关成员都组织在一起,让每个成员都各抒己见、畅所欲言。这种方法常常产生出很多好的设想,特别当讨论到专业范围时,效果尤为显著。任何一个人都有盲区,只有360度审视项目,才能避免技术误区。1965年"八年四弹"战略方向和战略路径的正确选择,就是基于对专家的意见和建议的广泛听取。

但民主也是有限度的,毫无限制的民主将导致一盘散沙的混乱状态。为此,聂荣臻根据科技工作的特性,在制定科技政策时强调开展技术民主与确立技术责任制二者并重,不可偏废。要保证科研的实效,尽快取得突破,就必须实行由技术人员牵头的技术责任制,明确任务、分工负责。聂荣臻对当时存在的剥夺科学家、工程师的发言权,领导干部在技术工作中瞎指挥等错误作风表示坚决反对,提出解决技术问题应以科技人员为主导,各方面力量紧密配合。技术问题解决的过程首先是要有科学技术人员负责,由科技工作者充分讨论提出解决的意见或方案,通过领导组织做出决定,组织科技工作者去负责实现。为保证科技人员技术责任制的顺利实行,聂荣臻要求党的组织和行政领导下决心保证,切实帮助和支持科学技术人员的工作。正是由于国防科研战线执行了这种以科技人员为主导,各方面力量相互配合,既有广泛民主,又有分工负责的科研政策,才在"左倾"错误蔓延的情况下,依旧保持了良好的风气,群策群力,注重实效,取得了迅速的进展。一个有效的团队、战斗的堡垒,必须有一个灵魂、一个核心,有一人最后抓总,否则将会一事无成。五十多年的发展证明,在困难面前,依靠技术民主和技术责任制已经成为中国航天走出研制困境的有效手段。

二、质量第一,精益求精
——确保成功的质量意识是航天事业可持续发展的保障

回顾历史,我国航天事业的发展进步,无不与当时质量工作的水平密切相关。20世纪五六十年代主要靠政治责任感、"三严作风"、技术责任制、技术民主等保证质量,从成功与失败中总结出两条宝贵经验:一是严格按科研程序办事,二是进行充分的地面试验。70年代初期,受"文化大革命"影响,生产秩序受到严重破坏,飞行试验接连失利,此后通过重点抓质量复查,严格控制技术状态,对元器件"三定"、"七专"和筛选,抓好整机老炼、设计鉴定答辩等工作,才艰难地扭转局面。80年代引入全面质量管理方法,质量立法,制定质量保证措施和标准,成立专门质量管理机构,引进可靠性分析方法和试验技术,质量工作开始走上科学化、规范化的道路。90年代初期,由于不适应向市场经济转型的要求,人为事故和重复故障增多,管理松懈,质量得不到有效控制,为此出台了一系列质量管理要求和措施,如质量管理"28条"、"双五条"归零标准、质量技改以及强化质量体系认证等,不仅迅速遏止了质量下滑趋势,而且进一步提高了科研试验成功率。进入21世纪,中国航天开始大力推进"零缺陷"质量管理和"第一次把事情做对"的理念。

航天发射活动是一项高风险的探索性和试验性活动,这使航天活动具有技术复杂性和试验前信息少的两大显著特征。一方面,航天设施和产品往往具有系统、大型、复杂和高科技集成等特点,特别是随着信息技术和材料技术的发展,不仅硬件日益复杂,也出现了软件高度密集的状况,因此成为具有高度复杂性的系统工程。另一方面,航天发射的成本和代价高昂,航天系统不可能像车辆、飞机和舰船那样频繁使用,同类的航天器及其运载器、弹道导弹、发射场的发射使用次数有限,每次发射几乎都有新的试验目的,并呈现出新的技术状态,相关检查、测试次数也十分有限,在故障未出现的时候,人们对故障可能出现的部分及其机理了解甚少。这两大特征就导致了航天活动必须不断应对十分艰难的认知挑战:航天故障本身十分复杂,认知线索和信息甚少,也不可能像一般行业出现质量问题都可以得到一定程度的修补。航天系统一旦出现质量问题,无论是星箭爆炸导致人员伤亡,还是飞行失控导致星箭坠落,破坏力都是惊人的。

1992年3月22日,长征二号E火箭助推器的一个焊点有多余铝屑物,导致澳大利亚"澳普图斯B1"卫星发射失败;1996年2月15日,长征三号乙火箭惯性基准大回路里的一个电子元件失效,导致"国际通信卫星708号"发射失败。"708号"卫星发射失败,致使中国航天对外发射服务彻底陷入低谷,直接导致中国航天部门彻底进行质量整顿。特别是发射"708号"卫星的火箭在空中倾斜失控,最终撞山爆炸,爆炸的冲击波以及剧毒燃料挥发,造成重大损失。惨痛的教训使中国航天人更清楚地认识到,航天活动必须追求高可靠、高安全和高质量,尽力发现故障、认识故障、消除故障。"人命关天"、"责任重于泰山"的观念,必须在千万个参加工程研制建设和试验任务人员头脑中打上深深的烙印。只有航天系统的质量得到保证,才能获得国际用户的信赖,才能获得军队的信赖,才能获得决策层的信赖。在高风险面前,航天事业能否生存与航天系统质量的高低密切相关。

然而,类似航天型号如此复杂的产品,按照任务分为需求定义、产品设计、生产测试、发射回收,按照承担层次分为系统、分系统、单机、原材料、元器件五个环节。各方面和各环节的质量责任是同等的,任何一个环节、任何一位员工出现了疏忽或差错,都会造成质量缺陷。研制人员专业技术水平的高低、研制设计纪律、不同部门研制工作的协同性等一系列问题都是造成航天质量问题的重要原因。但是最大的质量隐患,也是质量管理中最难啃的骨头,就是系统的可靠性问题。

系统可靠性偏弱是客观因素。过去我们国家的基础工业比较薄弱,像电子元器件产品,失效率是很高的。因此仅靠一个元器件不能保证功能百分百实现,必须采取冗余的措施,坏了一个还有备份,这是一个设计上的途径;另一方面,国内的电子元器件、发动机结构方面,还有很大的改进空间。利用国内已有的基础,还有新的冗余技术,达到提高可靠性的目的,这在过去的火箭上和其它试验中都没有搞过。

提高火箭的可靠性的过程比较复杂,需要长期积累经验教训。航天系统相当多的故障都是由外购件、外协件、配套件引起的。航天系统与其它系统的零部件级别不同,电视机几千个零部件,汽车几万个零部件,飞机是十几万个零部件,火箭是几十万个零部件,载人航天是上百万个零部件。航天系统的可靠性需要几十万到上百万个零部件的质量保证作为基础,解决元器件的质量问题,不仅是中国航天面临的严峻现实,也是中国其它行业的共性问题。所以说,质量专项技术改造是中国航天质量管理的最大特点,意思就是对航天系统可靠性较弱部分进行新的技术改造,其中零部件选型与认证是系统可靠性技术改造的重要组成部分。这是一项系统工程,如何确定零部件的规格,如何对零部件供应商进行认证,如何监控零部件企业的质量波动,对于保证航天系统的高质量和满足其安全运行需要都至关重要。以长征二号 F 火箭为例,火箭上大约有 5 万只元器件,其中只要有一个隐患,就可能功亏一篑,成千上万人的劳动和心血就要付之东流,遗憾无穷。为了追求该火箭的高可靠性、高安全性,长征二号 F 火箭的第一责任人、总指挥可谓绞尽脑汁,从火箭的"细胞"元器件抓起,紧紧把好元器件、原材料的源头,抓好工艺关,按照载人航天工程元器件"七专"加严和"五统一"的要求,加强筛选、监制和验收,不但不放过任何一次的产品订货会,而且几乎跑遍了成都、西安、贵阳、杭州、哈尔滨等近 60 家元器件生产厂。每到一处,都要下到车间,明确要求,参与评审。此外,还要从元器件可靠性测试和失效分析抓起。例如,通过对长征二号 F 火箭的涡轮泵爆炸分析,技术人员发现发动机存在隐患。为何涡轮泵会产生这样的裂纹?最终发现,有三个方面的原因:一是在设计时忽视了动强度,二是材料质量不理想,三是加工方法有缺陷。而在较低载荷和温度下的试验则不会暴露这一隐患。通过这次事件,航天人坚定了通过严格试车来提高发动机可靠性的信心,从中也突显知识在这次高强度试车中的重要性。

实现航天的高质量追求,就要处理好工程高安全、高可靠要求与采用可靠性技术的关系。以载人航天工程为例,可靠性和质量保证是确保航天员安全的前提和基础,它们是相互关联的,但各自工作的侧重点不同。比如,减少失效率、延长使用寿命、减少人为差错,都是为了提高元器件质量。同时,采用冗余设计,可以从一定程度上减轻元器件可靠性的压力。但过多的或不适当的冗余设计,又会带来不可靠,导致安全性下降。因此,提高元器件、单机、整机等产品的质量与采用科学合理的冗余设计并举,无疑对提高工程安全性、可靠性是有益的。正确认识上述关系,对在质量建设中正确处理有关问题将大有帮助。

质量是企业的生命,这是很多企业挂在嘴边的话,但行动上却忘了把质量放到相应的位置上,还经常做出一些"不要命"的事情。例如,为了赶时间、赶市场,抱着侥幸心理,匆匆忙忙地就把质量还很不成熟的产品投放市场,其结果是害了用户,也砸了自己的口碑。然而,对中国航天来说,质量就是政治,质量就是生命,在任何时候任何情况下,中国航天始终不渝地把国家利益放在首位,讲

大局,确保用高质量的产品来续写成功。"确保成功的质量意识是航天事业发展的生命线"这句话不是靠喊口号喊出来的,而是在实践工作中落实出来的。中国航天大力培育、弘扬航天科技工业追求"零缺陷"的理念,逐步形成追求"零缺陷"的文化氛围和激励机制,通过全面、系统地开展具有中国航天特色的质量文化建设和质量管理体系建设,开展型号研制、生产和服务全过程的"零缺陷"质量管理,以高质量(高性能、高可靠性、高安全性)的航天产品和主导民品满足国家的需要,获得用户的满意和信任,赢得在国内国际市场的生存、发展空间和竞争优势。

尽管中国经过三十多年的高速发展,一跃成为世界第二大经济体,但是产品质量仍然是"中国制造"的软肋,尤其是产品可靠性更是软肋中的软肋。中国企业能够像日本、德国那样重视质量的不多,但是航天能够重视质量,在于其在残酷的现实面前受过深刻的教训,在血泪中体会到"质量是生命"的真正含义。从这一点上说,中国航天的质量意识尤其值得我国其它工业部门、工程部门乃至所有的产品制造业学习和借鉴。

第五节 人尽其才与能力传承

一、比学帮带，不断传承
——隐性知识的掌握与传承为人才辈出创造了条件

中国航天取得的成功，不仅集中展现了我国发展科技工业取得的巨大成就，而且生动地体现和诠释了国家关于人才资源是第一资源的战略思想，也再一次证明了人才是推动航天事业腾飞的原动力。在航天工程实施过程中，中国航天注重通过工程培养人才、锻炼人才、造就人才，使数以千计的年轻优秀人才脱颖而出，在航天事业各项任务中发挥了中流砥柱的作用。航天在人才培养上之所以取得良好收效，一个很重要的原因就是通过"干中学"实现隐性知识的传递，隐性知识的掌握与传承为航天事业人才辈出创造了条件。

基于知识构建起来的企业技术能力，首先需要显性知识，这是技术能力的表层，包括设备、工具、技术文档、操作程序、管理程序和技术基本原理。这部分知识比较容易获取，是技术能力提高的第一步。例如早在航天事业发展三十周年之际，中国航天动用最优秀的人才撰写"红宝书"，将航天系统工程的技术知识详细地加以整理和记录，这个著作工程从1985年开始到20世纪90年代初结束，历时5年之久。关于显性知识固化的问题，通过撰写"红宝书"方式传授知识最为常见。中国航天科技工业利用文字记载的方式，将过去数十年的专业技术和研制经验的隐性知识转化为显性知识。使用显性知识，不需要与创作者接触，就可以达到组织知识转移的学习效果。

显性知识只是决定了企业现有资源组合、配置、开发及利用能力。对于中国航天人来说，研制何种型号，型号需要哪些技术，目前还需要攻关哪些技术，这些问题的答案不能从简单的型号设计图纸中得知。换言之，显性的技术知识无法满足型号研制的根本要求。特别是创新能力的持续还要靠隐性知识来支撑，特别是隐藏在企业员工、组织中的不可显性化的隐性知识。因此，构建企业技术能力还需要隐性知识,包括技术与管理诀窍、对技术的内在本质的理解和对技术—市场发展动向的洞察以及隐藏的价值假设。这是能力中难以转移和获取的部分,只能在面对面的共同工作中转移,在实践与反思中学习积累。隐性知识常常是默示的难以言传的技能知识,是非逻辑心理过程的结果,只有通过长期积累的经验、体验才能获得。例如,高级工匠经过长年累月积累了大量的习惯性技巧,但是对其内隐的科学原理却很难明确表达。隐性知识是不可用语言来解释的,它只能被演示证明为存在的,主要来源于经验和技能,学习的唯一方法是领悟和练习。

经验是一种典型的隐性知识,多从自己的经历上认识、学习并积累,简单靠说教的方式不是消化隐性知识的最好方式。从2002年以来,中国航天科技工业快速发展,但快速的进程必然导致经验积累的必要时间不足,有经验的人迅速稀释,一线年轻的员工技术功底好,却缺乏工程经验。没有经历,谈何经验?因此,中国航天要求员工必须具备完整的工作经历。以副总设计师为例,副总设计师,需要经历主任设计师的完整工作过程,才得以提拔。从技术层面看,这是一个避免人才缺陷的选拔制度。可见,经验积累对于航天科技工业的发展十分重要,构建一个循序渐进、按部就班发展的职业化团队是未来航天事业可持续发展必须考虑的关键问题。

尽管隐性知识对于中国航天可持续发展至关重要,但是企业内部的隐性知识转化是很难的,企业内部隐性知识转化问题反映的是企业和员工、员工之间隐性知识转化的问题,企业与员工和员工之间的利益相差甚大,导致内部隐性知识转化存在一定的障碍。从航天的角度看,隐性知识传递,难度就在于航天技术复合程度高,科研人员没有遇到类似的问题,都想不到这个问题。或者尽管之前这个问题可能已经发生了,往往是"想到的问题没有发生,没有想到的问题反倒发生"。导致隐性知识传递障碍的根本原因主要是转化的主体和知识受众的能力等都存在差异,每个人的知识水平与能力、认知结构与思维、经验与经历等都不相同,这样彼此的兴趣等会存在差异,所关心的内容和接受水平也会不同,这就给知识交流造成了较大的障碍。这些障碍具体表现在"没有经历这个问题,就想不到"。

组织知识始于分享隐性知识,因为个人所掌握的丰富的未经使用的知识首先在组织中放大,这个过程对应的就是社会化。但是隐性知识与个人的观念、洞察力和经验等紧密结合,难以通过正式的信息渠道传播。因此,组织中个人必须以共享情感和心智的模式来共同创造信任,不同背景、观点和动机的人共享隐性知识就成为组织知识创新的关键步骤。解决隐性知识传承困难的主要方法就是通过"干中学"。用某型号"两总"的话说:"年轻人多干活,多归几次零,知识自然就增长了,能力也就自然成长起来了。"因为经历的事情少,很多事情就不容易学到极致。反倒是某个系统出问题,该团队成员很快就成为这个方面的专家。

从实践中培养和锻炼人的"干中学"模式有助于人力资本的积累,为中国航天系统不断升级提供可能。所谓"干中学",是指人们在科研、生产、试验与服务实践中积累经验,从经验中获得知识,从而有助于提高能力和增加知识总量。知识总量的增加可使工作效率提高,体现了知识积累的外部性。"干中学"是人力资本积累重要的来源,中国航天科研、工程项目越多,技术进步就越快,经验积累形成的"干中学"就越多。研制人员和技术工人可以从新型号研制生产中积累"干中学"的能力。由于航天系统在一段时间内所能产生的"干中学"边际递减,乃至于消失,因此只有通过上新项目、研制新系统和不断地引入新产品,才能使研制人员"干中学"能力持续地增加。中央决策的"921工程"就培养造就了一大批航天人才。

中国航天通过"干中学"累积隐性知识培养年轻人的方式,就是"大胆使用、小心把关"。新人或新岗位,都需要重点关注、风险管控。这就需要团队的负责人多方面考虑,这个年轻人是什么状态,具有什么能力;这项工作是第一次干,还是以前干过;教没教过他,怎么教的……开始工作之初,中国航天有专人负责盯着看着,经过一段时间之后才能让他独立开展工作。而有风险的环节,一般是不会让年轻人做的,成熟的研制人员冲在前面,让年轻的科研人员跟在身后去做。从以往的经验来看,新人大致需要经历一到两个型号的研制工作,才能成熟起来,这也是人才成长的规律。

总之,中国航天通过隐性知识传承培养人才的方式,实际上为年轻人人才辈出创造了条件。知识共享不是一个简单的信息再分配,而是人和人在特定环境中相互交流知识的过程,航天事业的人才培养,一方面得益于通过"红宝书"这样的立言工程让显性知识快速共享,更重要的是,身体力行的经验传递和实践中掌握规律的工作模式让隐性知识得以代代相传,不断积累。

二、新人辈出，永葆活力
——大胆使用年轻人确保了航天事业的人才竞争力

有关人才的选拔和任用方面，"不拘一格降人才"、"任人唯贤"、"唯才是举"都是常见的提法。实际上，"唯才是举"也好，"任人唯贤"也好，其中蕴含的道理都非常朴素。我国现存最早的史书《尚书·咸有一德》就对任人唯贤有过诠释："任官唯贤才。"意思是说，只任用有德有才的人做官吏。然而，看似朴素的道理，往往在实际工作中，恰恰是最难做到的。中国航天经过五十多年的发展，各级党政领导干部逐渐形成了这样一种用人观念：火箭、卫星上天，离不开知识分子。早在20世纪50年代，周恩来就专门向聂荣臻交代过，钱学森是爱国的，要在政治上关心他，工作上支持他，生活上照顾他。即使改革开放前，"左倾"思潮很严重的时候，歧视知识分子、轻视知识被一些人看成是"阶级斗争观念强"的表现，但在航天领域则不是这样。科技人员、生产人员、管理人员，都被看成是航天事业的基本力量。在任人唯贤观念的指引下，一大批优秀的年轻航天人才脱颖而出，纷纷挑起重担。

航天之所以对高素质人才如此关注，如此放心使用，很大程度上是由航天行业的特征决定的。航天是一个系统工程，做好一件事情，需要每一个人都做到位；而把事情干砸，一个人就够了，正可谓"一人得病，全员吃药"。航天也是一个开拓性的行业，不是守成的行业，航天需要创新，就必须找到潜力好的人选。生产需要高素质的技工队伍，更何况在生产设备不齐备的条件下，能否及时干好也是未知数，只能通过工艺弥补短板。试验队需要多面手和全才，只有优秀的人才能够处理各类应急事件。所以，要培育强大的航天事业，优秀人才必不可少，尤其是航天的领头人，必须由最能干的人才担任。不论顶层设计有多好，差劲的领导仍会给航天事业带来伤害。"将帅无能，累死三军"，同样，三军无能，也会累死将帅。中国航天关键的成功因素，在于领头人能力高强，并拥有一群素质高的研制队伍、管理队伍和技工队伍作后盾。如果起用能力不足的人掌管一个部门，领导就必须不断地督促，协助检讨，扫除障碍，最后总还是达不到理想的目标。反之，只要选对了人，把最好的同志、技术最强的同志，放到适合发挥他们各自才能和特点的岗位上，就犹如卸下了肩上的一副重担，领导只需清楚阐明目标，指定完成目标的时限，对方自有办法如期完成任务。总而言之,型号上容不得丝毫马虎,必须真抓实干。任何一个领导,不会也不敢把一个庸才放到技术和管理岗位上。只有通过优中选优的方式,而不过多地考虑年龄和职称,好苗子才会迅速被提拔起来加以培养。

英雄莫问年岁,用人用其所长,乃古今中外成功的用人之道。目前,中国航天工业部门的很多重要职位均由30多岁的年轻人担任,而实际上任用进取性、开拓性、健康素质都极高的年轻人一直是航天的传统。20世纪80年代后期和90年代初期,以钱学森为代表的中国第一代航天人,已经70多岁,而此时正是五六十年代毕业的大学生干事业的时候。当时中国航天的型号任务也不像现在这么多,岗位有限,论业绩、论经验,刚毕业的大学生肯定不如前辈,即使在那样一种情况下,也要求对有培养潜质的年轻人破格使用,有些型号项目甚至规定35岁以下的年轻人必须占到总人数的10%—15%。同时,薪酬向一线倾斜,并配发科技骨干津贴、科技创新奖等奖金。航天事业能够保持旺盛的生命力,就在于人才培养,把高素质年轻人放在重要的位置。

实现重大跨越,经验很重要,但有些事情比如"交会对接"、"绕月飞行",谁也没做过,中国航天就选拔一些既敢闯又能勇挑重担的年轻人,对他们委以重任。事实证明,这些年轻人也的确展示出很好的才华。航天大胆启用年轻人,实际上与这个年龄段的特征密切相关。纵观世界科技发展史,许多科学家的重要发现和发明的黄金年龄段一般为25岁至45岁。人的学习能力30岁以前是上升的,30岁左右进入或达到顶峰期,35岁至50岁以后开始缓慢下降,进入60岁后下降得较显著。因此,处于黄金年龄段的人才既不同于青年人一样盲目乐观,又不同于年过半百的人心有余而力不足。思维敏捷、反应灵敏、创造性强,也能快出成果,是这个年龄段人才的显著特征,他们处理问题往往既积极又稳妥,对人生所遇到的种种困难能坦然应对。为了工作和事业,这些人加班加点在所不辞,能付出比一般人更多的艰辛和奉献。

任人唯贤,对"贤"的认识和理解只是一个方面,关键是如何把"贤"选拔出来。在中国航天,任人唯贤不是空谈口号,而是背后实实在在有一套成熟有效的选拔贤人的机制。

中国航天注重在重大航天工程实施中尽早识别和发现科技领军人才的苗子,有意识、有计划地安排德才兼备、素质优良的年轻人参加重大工程和重点型号研制,赋予他们相应的责任和使命,使他们经受锻炼,加快成长。进入21世纪以来,从"神舟五号"飞船首次载人飞行到"神舟九号"飞船与"天宫一号"载人

交会对接,从嫦娥卫星成功探月到北斗导航卫星亚太区域组网,中国航天承担着以载人航天、月球探测等为代表的近百项航天型号工程任务。与这些航天工程同步实施的是"核心人才工程",其帮助中国航天有计划、有步骤地培养优秀人才。"核心人才工程"为青年人才的成长提供了难得的机遇和舞台。一个型号就需要一支队伍,大量的年轻科技人员置身于工作一线,承担一些产品的实际研制工作,边工作边学习,边学习边工作。这样做最大的好处,是他们能够在第一时间了解产品的状态、特性、原理,这是看书本、看文件得不到的。大批年轻人才通过参加重大工程项目积累了经验,增长了才干,迅速地成长起来。有人如此形容型号研制对人才成长的影响,"人才总是随着型号任务的上马而起步,随着型号任务的发展而发展,随着型号任务的成功而成熟"。型号研制真正成为青年人才快速成长的推进器。

有时候要放手给年轻人平台,像载人航天这种人命关天的事情,都可以放手,还有什么不可以放手的?关键是事先的工作和保障要做充分。在中国航天,倡导个人允许失败,但是团队不允许失败。一个人的工作不代表自己的工作,他的背后有整个工程组的专业支持。通过制度设计、工作流程进行互相监督,每一个设计方案都要经过层层审核把关,有的岗位设一岗、二岗、三岗,甚至还会有一些推演。设计文件出组前要技术交流一次,重大技术方案必须要技术审理一次,同时还有审查、评审等环节。既然天上不允许失败,那么就在地面给年轻人一个可以失败的机会。

实行任人唯贤,就要破除论资排辈的思想,敢于大胆培养和破格使用那些确有才能的中青年。实行任人唯贤,就要反对任人唯亲,在选人用人的问题上不能以个人好恶、亲疏为标准。纵观中国航天任人唯贤的选拔人才的方式,与其说是一种意识和手段,还不如说是一个机制的保证,一种文化的保证。任人不唯贤,低能力的人放到高要求的岗位,不能通过制度设计把优秀的人选拔出来,对航天这样一个高风险的行业来说是致命的。如果整个环节都是贤人,也就要求管理队伍也只能是贤人,南郭先生在航天是不能有位置的。中国航天已经建立起一种绩效文化:要么成功,要么失败,别无选择。在一切保成功的绩效文化中,选择胜任的人放到合适的岗位,是这种文化的基石。在具体操作环节,中国航天注重研究把握航天人才成长规律,提炼并形成了对高层次人才的成长阶段、工程牵引、协同成长等成长规律的认识。恰恰是对航天人才成长规律的研究把握,使年轻人才培养选拔使用工作更具科学性,有效地促进了年轻人才快速成长。而最终支撑实施方案能够推行下去的根本原因还是在于文化。对于培养年轻人，中国航天无非是在传承、创新、文化氛围营造上尽到了最大努力，才有了如今的人才井喷现象。

人才的高度决定着事业的高度。大力培育、大胆使用优秀年轻人才，造就一大批堪当重任的领军人才和创新型人才，是中国航天事业之所以成就辉煌之根本所在。未来充满希望，也充满变数。过去航天取得了成功，但并不表示今后也会一帆风顺。不过，只要坚持那些使航天进步的基本原则，失败的可能性便大大减少。

在此，首先回应本章开篇提出的问题：中国航天靠什么实现产业追赶？促进中国航天实现创新发展、技术追赶和产业竞争力升级的原动力究竟是什么？问题的答案就在于高层领导者意志坚决，战略方向选择准确，集中力量办大事，智力资源保障充分，尊重知识尊重人才。这五个方面相互独立，相互制衡，共同支撑中国航天事业成功发展，成为提升航天系统可靠性、突破核心技术束缚的一把"利器"。

中国航天为我国如何才能实现产业升级和经济转型的讨论提供了一个生动的案例。无论是系统工程、顶层设计、技术民主、任人唯贤，还是大胆启用年轻人，宽容失败与不宽容失败，这些都是中国航天的具体管理实践。然而，任何一个管理实践都可能存在一定的适用范围和前提条件。因此，在本章结束时，我们尝试跳出管理实践的范畴，从理念层面去解读中国航天的成功对我国发展的启示。

中国航天事业五十多年的实践证明，虽然中国的经济发展将长期需要吸收、利用和借鉴外国先进技术，但从引进国外技术到掌握技术并获得能够参与技术变化的能力，必须经过以中国企事业为主体的技术学习，而自主开发是学习外来技术最有效的途径。持续的学习和自主开发与其说是一种手段，不如说是一种踏踏实实做事的心态。中华民族一百多年前留下的苦难阴影，一直到现在都挥之不去。整个中华民族一方面对祖国重新崛起的愿望强烈，另一个方面残存的自卑心理一直没有抹平，特别是看到别人发展，所产生的焦虑感是很强烈的，以至于对自己产生怀疑，似乎引进、引进、再引进成为中国发展的主旋律，焦虑和浮躁成为全社会的通病。研制不是一个可以急功近利的过程，任何一个理论的突破，任何一个想法的实现，最终构成社会价值贡献可能需要二三十年。美国"阿波罗"登月的时候是20世纪60年代，正是我们进行"文化大革命"的时

候,我们怎么能一看到"阿波罗"登月了,就感慨为什么我们不如 NASA 呢?四十多年前,我们还在搞"文攻武卫",今天我们把心平静下来,踏踏实实做点事,也可能在未来的几十年,我们就有希望了。

踏踏实实做事的心态恰恰是当代中国最需要的品质。中国航天的这些成功法宝,其实并不是多么高深,相反都是相当的朴素,但是往往越朴素的词语,就越难以理解和应用。无论是技术民主还是任人唯贤、知识传承,往往是说起来容易,做起来相当的难。中国航天之所以能够应用得好,不是技巧多么高明,而是隐藏在背后的坚毅品质。中国航天几十年如一日,只关注航天系统的研制,恰恰是中国人坚毅性格的真实写照。透过中国航天的管理实践行为,我们再一次看到了坚毅仍然是中华民族内心深处的品质。由于航天相对于其它行业略有特殊,可能国际化受到相当多的束缚。某种程度上,中国航天的自主学习能力是不得已而为之,但是恰恰是这样坚毅的行为,少了一份外界诱惑,多了一份安静心态,使中国航天走上了一条自力更生、发奋图强的发展道路。

中国航天的优势就在于能够用新的思维模式来探索和思考自己,而不是把所有的生存希望寄托在国家和政府身上,寄托在国外技术的外溢。在中国航天发展的过程中,国家的意图是很明显的,社会主义制度的优越性是基础,政府主导的举国体制在帮助中国航天整合资源方面发挥了巨大的作用。中国航天的长期可持续发展只能立足于自身能力的成长。改革开放三十多年,我们依靠外资建立起规模庞大的工业体系,但是千万不能把自己国家的发展寄托在外资企业,寄托于别人能够给我们知识和技能。20 世纪 50 年代末期,苏联帮助中国发展导弹、原子弹的时代已经一去不复返了。事实证明,技术和模式都依靠别人,实际上就是把国家的命脉交给别人。《国际歌》早就唱了,"从来就没有救世主,也不靠神仙皇帝⋯⋯一定要靠我们自己"。事实证明,自己不行,再多的支持也是徒劳的。政府的保护是不可能培育出一个可持续的企业的,外资企业的技术外溢并不能和企业的发展画等号,任何支持只能是一时,不能是一世。

这些法宝,来自对中国航天发展经验的分析,来自对新中国工业六十年历史经验的总结,也来自对中国产业升级和经济转型所需条件的展望,它们共同表达了一个被反复证明了的主题——中国的长期可持续发展只能立足于自身能力的成长,这就需要安静的心态,踏实的作风。中国航天事业的成功法宝,已经给我们树立这样一个姿态：中国人是好样的，是可攀登世界高峰的，中华民族一定能复兴。如果确实存在着根本性的障碍，那么这个障碍其实只有一个——缺乏坚定的自力更生的意志与信念。回头再看我国航天事业发祥地——中国运载火箭技术研究院的院魂"顽强、毅力、忍耐、坚定"，我们终于明白，中国的发展，民族的复兴，只有自己能够救自己，这就是中国航天依靠这些法宝取得的成功给我们最大的启示。

第四章

中国航天事业的
思想精髓

第一节　确保成功的信念和意识

航天活动是一项伟大的创造性活动,这种创造不仅仅是对万有引力等科学原理的应用或证明,更意味着以火箭与航天器等复杂的人工系统达成遥远飞行的目的,实现人类的飞天梦想。人类不是全知全能的造物主,也无法直接运用亿万年自然演化的精巧造化,而只能用他们能够控制的物质、能量和信息追星逐月,在飞越太空的活动中不断累积其航天能力。这是一项伟大而充满艰辛的事业:从人类文明的历史大视角来看,人们只能以其坚定的意志克服困难,走向成功;对于中国航天人而言,航天事业不仅蕴涵着人类的力量和宇宙情怀,更倾注着民族复兴的历史使命,他们抱定的确保成功的信念和意识几乎是一种苛求——确保每一次飞向太空的成功。

一、"坚持到底,才能最后成功"

世界上的万事万物都有其运行规律,人类的活动有成功也有失败。为什么航天人会把"保成功"视为一切工作的出发点和归宿,他们为什么一再强调"成功是硬道理"?

人们渴望成功,但对成功的期望值往往视情况而异。运动员在体育比赛中夺冠的愿望固然强烈,但人们在重大的军事决战中夺取胜利的意志则无疑超过前者千百倍——当千百万人的命运与整个民族国家的荣辱系于一战时,必胜的信念和成功的意识往往是扭转乾坤的决定因素。实质上,中国的航天事业就是当代世界各国竞争中的一场战略决战,是中华民族在世界舞台上寻求复兴的伟大事业中的关键一役,只有同时站在人类的宇宙情怀和中国人的民族精神的高度,才能真正理解航天人对成功的孜孜以求。用一位航天总指挥朴实的话语来说,中国航天事业之所以取得举世瞩目的成功,核心是质量,主体是队伍,关键是思想。[①] 其中的思想就是建立在质量意识之上的成功意识:视质量为生命,

---

① 冯春萍.飞上九重天(火箭篇)[M].北京:中国宇航出版社,2006:182.

拼全力夺成功。

中国航天的成功意识是在中国航天事业的发展实践中逐渐形成的,聂荣臻元帅"坚持到底才能最后成功"的思想和周总理"稳妥可靠、万无一失"的指示是其重要来源。

从认识论的角度看,人们总有认识不到的事物,总有尚未吃透的规律。从科学试验的层面来看,应该允许失败,而能否转败为胜,关键在于用什么态度面对失败。在1959年召开的第一次全国地方科学工作会议上,聂荣臻元帅就曾指出,科学技术就是要探索自然规律,运用这些规律来探索自然,它本身就是一个不断克服困难的过程,越是重大的科学技术问题,困难越大,暂时遭遇失败的可能性越大;即使遇到困难、暂时挫折,也要千方百计去克服它,切忌气馁,不要中途而废;失败乃成功之母,只要我们用科学的态度去分析、总结,困难是能解决的。同年,在全国科学技术规划会议上题为《努力攀登世界科学高峰》的讲话中,他又指出,做试验研究不要怕失败,失败了也不要后悔,不要气馁,还是要总结经验,坚持做下去。科学技术试验的失败,往往是以后成功的条件,只有坚持到底的人,才能最后成功。[①]

在实践中,聂荣臻元帅进一步贯彻了正确对待失败的思想。1962年3月,我国第一枚自行设计的中近程导弹首飞试验失败,他对汇报失败原因的钱学森说:"既然是试验,本身就有成功和失败两种可能,这次试验虽然失败了,我们总还是打上去了,积累了数据,找出来失败的原因,这就是很大的胜利。"二十年后的1982年10月,看到我国潜地导弹首次发射未获成功的报告后,他再次指出:"科学试验应该胜不骄败不馁,重要的是总结经验,更好地进行技术检验,找出问题所在,以利再战,我们是一定会获得成功的。"

坚持就是胜利,没有坚持就没有成功。聂荣臻等战略领导者将军事斗争中行之有效的坚定的战略意志带到了国防科技和航天事业之中,先制定高瞻远瞩的规划,再通过实事求是、分步实施的计划不断推进——正是由于这种坚定的信念和毫不气馁的坚持,中国才在基础极其薄弱的条件下取得了"两弹一星"、"八年四弹"等辉煌成就。这种坚持到底不动摇的信念在新时期得到了继承和发扬。

---

① 聂荣臻.聂荣臻科技文选[M].北京:国防工业出版社,1999:149.

二、"稳妥可靠,万无一失"

中国革命之所以取得成功,一个重要的指导思想是:在战略上藐视敌人,在战术上重视敌人。在航天事业中,最大的"敌人"就是由于对研制规律认识不足而带来的故障和失败。由这一思想带来的启迪是:在宏观的大战略上,应该胜不骄败不馁,不因一时的成败影响总体战略意志;在具体的研制工作中,则应该步步为营、力求成功。这绝不仅仅是通过思维上的联想、逻辑上的推理得出的结论,也不仅仅是辩证法意义上的规律,而是包括导弹武器系统、运载火箭和载人航天工程等在内的航天研制工作的内在要求——它们关系到航天事业的整体发展、关系到整个国家的重大战略利益、关系到人民生命财产安全,要么不做,做就必须确保成功。

1964年4月,第一颗原子弹的研制工作进入到最后阶段,周总理在其主持的中央专委第八次会议上要求试爆"保响、保测、保安全、一次成功",同时提出了"严肃认真、周到细致、稳妥可靠、万无一失"这一为后来的航天人耳熟能详的16字方针。[①] 1965年2月,在作出氢弹爆炸试验决策的第十次会议上,他又提出了"一次试验,全面收效"的指导方针。[②] 1966年3月,在研究"两弹"结合的第十五次会议上,他进一步强调:"要以对党和人民高度负责的精神发动群众,确保质量;要绝对可靠,绝对安全,出了乱子就是犯罪,因此要做到万无一失。"[③]钱学森在回忆周总理对"两弹"工作的关怀时指出,"两弹"的成功,一靠"执行任务的都是穿军装的,讲组织纪律",二靠"中国科技人员总是拼命干、夜以继日地干"。他强调,中国人是很严肃、很严密、很认真的,"两弹"试验的事故最少,伤亡也最小,都是在总理"稳妥可靠、万无一失"等指示的严格要求下取得的。[④]

改革开放以来,在发扬16字方针的基础上,"航天人殚精竭虑,以'严、慎、细、实'的精神,用零故障、零缺陷的要求,约束自己、苛求自己,攻克了一个又一

---

① 李觉等.当代中国的核工业[M].北京:中国社会科学出版社,1987:54,49.
② 孟昭瑞.中国蘑菇云[M].沈阳:辽宁人民出版社,2008:277.
③ 中国运载火箭技术研究院.天穹神箭:长征火箭开辟通天路[M].北京:中国宇航出版社,2008:24.
④ 凌福根.钱学森论火箭导弹和航空航天[M].北京:科学出版社,2011:247.

个难关,闯过了一道又一道险区"①,从导弹到运载火箭,从卫星发射到载人航天,进而到深空探测,中国的航天事业实现了跨越式发展。其中,"严、慎、细、实"无疑是"保成功"的关键:严,就是严明的纪律、严肃的态度、严格的要求和严密的方法;慎,就是依靠科学、尊重规律、慎始慎终、慎言慎行;细,就是认真细致、精细到位、一丝不苟、分秒不差;实,就是实事求是的思想方法和脚踏实地、求真务实的态度。航天人在实践中以实际行动阐释了其中深刻的思想内涵。

"严"是一种不断追求完善的思想——每项工作、每个部件、每个过程的质量和品质都可能对全局至关重要,都必须不断追求更高的质量、可靠性和安全性。以长征二号F火箭为例,载人航天的特殊任务,使得它的研制从一开始就要求高质量、高可靠、高安全。为使载人航天火箭系统的可靠性达到设定要求,在总指挥黄春平的带领下,研制工作从火箭的"细胞"——元器件抓起,按照"七专"加严和"五统一"的标准严把原料关和工艺关。航天研制工作要严把质量关,因为一个航天型号上的数万个元器件中只要有一个有隐患,就可能遗患无穷,使成千上万人的心血功亏一篑。

"慎"是如临深渊、如履薄冰的思想——为了克服航天研制对高质量、高可靠性和高安全性的要求与其技术复杂性和潜在故障的高度隐蔽性、不确定性之间的矛盾,航天人必须在思想上对出现的问题和隐患保持高度的敏感性和快速反应性。1994年初,在长征三号火箭进入发射场后,为了确保产品的优质可靠,研制人员仍然在进行产品可靠性试验,结果意外发现发动机伺服机构工作异常,他们立即意识到,一定要查出症结所在,绝不能让火箭带着隐患上天。此事引起上级高度重视,时任国防科工委副主任谢光亲自来负责此事。通过集智攻关,问题很快得到解决。为了以防万一,工作人员对火箭采取了相应的防范措施。②

"细"是凡事明细、清晰、清楚的思想——航天是一个庞大的复杂系统,航天工作必须在思想上条理分明、思路清晰、步骤缜密,才有可能严格有效地按各种程序办事,才可能克服和掌握各种复杂问题和局面,才能将各种风险降到最低,最终做到万无一失。航天工作对"细"的要求可谓无处不在、无以复加。"细"首

---

① 张庆伟.铸造一流[M].北京:中国宇航出版社,2007:180.
② 冯春萍.飞上九重天(火箭篇)[M].北京:中国宇航出版社,2006:202.

先意味着仔细认真。在 1995 年长征二号 E 火箭的一次发射前,试验人员突然发现地面加注台的一个管路阀门破裂,阀门上掉下的半块金属片找不到了,这会不会成为致命的多余物呢?总设计师刘竹生带领技术人员紧急处置,围着发射塔爬上爬下,直到确认那半片金属不会落入燃料箱,才转入发射。同时,"细"更重要地体现为一切工作都要做到清楚明白,不能有半点含糊。长征二号丙火箭总指挥郑全宝对研制人员一再强调质量工作"三不":质量归零标准不降,质量管理项目不变,质量控制程序不漏。他还要求二岗人员做到技术状态清楚,操作细则清楚,图纸文件清楚。其中,设计人员要对技术状态了如指掌,研制人员要对操作细则清楚,虽然是一岗进行操作,二岗也要起到把关作用,图纸文件要清楚,在出现问题时能及时提出解决方案,不误进度。

"实"是尊重规律、求真务实、注重效果、讲究实效的思想——航天事业是一项成败优劣最终必然见分晓的立足实干的事业,没有给浮夸敷衍、虚假不实和形式主义留下任何生存和发挥的余地。"实"的关键是把握规律、尊重规律、一切按规律办事。1962 年东风二号导弹首次发射失败之后提出的"一切通过总体部"、"一切通过地面试验"就是求"实"思想的最佳体现。在 2000 年的一次"风云二号"卫星发射前,发射队发现火箭三级氢氧发动机必须更换 7 个部件。由于条件限制,长征三号火箭研制史上从来没有在发射场为火箭动过这种大"手术"。发射队紧急开会,讨论是将火箭运回北京还是在现场更换部件,顿时陷入两难:运回北京,发射推迟,时间和成本剧增;在发射场更换又没有先例。经过研究,徐盛华等发射队领导决定就在发射场更换。决定一出,立即招来反对:你们胆子怎么这么大,出了问题怎么办?徐盛华果断回应:"我是技术负责人,是总师,出了问题我负责。"最终,在大家的齐心协力下,"手术"成功,火箭顺利上天。[①] 可见,只有吃透技术、吃透规律,才能像徐盛华总师那样有底气坚持正确的方案,创造性地解决航天工作中的各种复杂问题。

三、双想、双面放大镜与归零双五条

相传古罗马有一尊奇特的门神——两面神,同时凝望两个方向,既能看正面、前方,又能看背面、后方。为了做到万无一失,中国航天人将这种"两面神"

---

① 冯春萍.飞上九重天(火箭篇)[M].北京:中国宇航出版社,2006:158.

思维发挥到了极致。

1966年10月19日晚,周总理在听取"两弹"结合情况汇报时提出了16字方针,时任协调组长的谢光选心想,"我做不到万无一失",便举起手来想提问。总理的回答是:"万无一失?只要你们把能想到的问题都想到了,能做到的都做到了,能发现的问题都找到了,就是做到了万无一失。如果客观条件不具备,我们还有没认识到的问题,就属于吃一堑长一智的问题。"周总理就是要求航天人充分发挥主观的认识能力,千方百计地暴露问题,千方百计地发现问题,千方百计地解决问题,以此力求万无一失。

在航天事业中,成功的关键是"不带故障上天",而消除故障的前提是发现故障和认识故障。从认识论上讲,虽然故障的表现及其机理复杂多变,但依然是可知的。万无一失就是强调,通过主观上的充分努力,是可以认识故障并加以克服的。那么,从认识论的角度来看,故障的本质是什么呢?抽象地讲就是,人有目的的行为在实施的过程中可能会事与愿违。简言之,就是你想朝着目标迈进却踢到了铁板。对于人的主观意愿而言,故障无疑是无情的打击甚或嘲讽,而要消除失败的懊恼,必须从客观上认识故障本身。

在航天工作中,故障指系统、设备或产品在规定条件下不能执行规定功能的状态,广义上可以理解为使系统表现出非期望特性的任何异常现象。[①] 航天发射的故障从后果上分为灾难性故障、重大故障、一般故障和轻微故障。为了统计分析方便,往往按照故障现象(如控制系统平台倒台故障)、故障设备(如船箭分离开关故障)、故障机理(如火箭控制系统放大器潮热漏电故障)等故障属性加以命名。

故障本质上是由人们的疏忽或有目的的行动所不期然引入的,它会干扰或危害行动目标的实现,追求成功就是要求人们将认识和消除可能的故障作为其行动的内在环节。这与对弈是一个道理,每个棋子落在何处不仅要考虑到自身的战略意图,还要想到是否会给对方带来可乘之机。

航天发射活动是一项高风险的探索性和试验性活动,这使航天故障具有技术复杂性和验前信息少两大显著特征。这两大特征就导致了航天活动必须面对的一个认知与行动的悖论:航天故障本身十分复杂,认知线索和信息甚少,但航天故障的巨大危害又要求航天活动必须追求高可靠、高安全和高质量,尽

---

① 徐克俊.航天发射故障诊断技术[M].北京:国防工业出版社,2008:4.

力发现故障、认识故障、消除故障。

为了追求成功,航天人在千方百计地暴露问题、发现问题和解决问题方面摸索出了"双想"、"双面放大镜"、"归零双五条"等认知和排除故障的行之有效的认知方法论。长期的实践使得中国航天人深切认识到,成败在于细节和过程。从认识论的角度来看,故障或问题是在航天活动的细节和过程中产生的,只能在细节和过程中去发现故障或问题。用发射"神舟九号"飞船的长征二号F火箭总指挥刘宇的话说就是:"我们必须精益求精,不仅要确保火箭发射圆满成功,还要保证过程完美。"

中国航天人追求过程完美的一个重要思想方法是将严肃细致的"双想"工作贯穿始终。所谓"双想",就是在航天活动的全过程不断地回想和预想可能存在的问题,对当日工作进行回想,对次日工作内容、项目、注意、准备工作、应急处置等进行预想。在2004年长征二号丙火箭一箭双星的发射过程中,总指挥郑全宝要求试验队在连续成功面前保持清醒的头脑,坚持做到"火箭不起飞,'双想'不停止"。试验队把"双想"工作列为发射的日常工作,给每个专业组设定"双想"内容,共列出了火工品及其复查、防水防雷防热防静电"四防"措施的复查和落实等15项"双想"专题,并不定期地举行"双想"讨论会,使"双想"这一形式始终贯穿在型号研制、生产、准备、发射的全过程。[①]

人是会犯错误的,相互"挑毛病"是减少错误的重要方法之一。在科学上,减少错误、增加认识的客观性的一个基本方法就是学术交流与同行评议,让科学成果接受同行的检验和批评。"双面放大镜"是航天人在实践中对此方法的运用,它已成为航天人集智攻关的一种常规认识方法。在长征二号F火箭的研制中,时任总指挥黄春平和总设计师王德臣一再告诫研制人员,这是一项"不败工程",因为要"载人",人命关天,只能成功,不准失败。他们强调,火箭上成千上万个零部件,要由千千万万个研制人员来完成。任何一点纰漏,都可能造成火箭发射失败。为了使"不败工程"真正牢靠,每一位研制人员一方面要不断地、仔细地查找自身的不足,一方面又要不断地请人给自己"挑毛病",只有拿着"双面放大镜",才能不断提高设计生产水平。[②]

人类活动无一不在纠错中前进,航天事业的进步正是建立在对故障和质量

---

① 胡群芳.创新发射新模式——记发射试验卫星的长二丙火箭试验队[N].中国航天报:2004-04-21.
② 冯春萍.飞上九重天(火箭篇)[M].北京:中国宇航出版社,2006:53,124.

问题归零的基础上。1995年,航天工业总公司在《质量问题归零的管理办法》中第一次明确提出了"质量问题归零"的概念,从定位、机理、性质、责任、措施等方面明确了质量问题"归零五条"的最初模型。1996年,在航天工业总公司下发的《关于进一步做好质量问题归零监督检查工作的通知》中,提出了质量问题"归零五条"的基本内容。同年10月,时任总公司总经理的刘纪原在圆满完成"两箭两星"任务暨次年卫星发射计划动员会上,要求航天科研人员树立严谨科学的工作作风,按照"定位准确、机理清楚、问题复现、措施有效、举一反三,杜绝重复故障发生"的要求,确保所有质量问题真正归零,第一次系统、明确地提出质量问题"归零五条"。随后,为了明确和分清"问题的性质与责任",质量部门又提出了管理归零五条标准,由此形成了"质量归零双五条"标准。

"质量归零双五条"是中国航天质量问题和质量管理宝贵经验的总结,其作用是确保产品研制过程中的所有故障能及时报告、彻底清查、正确纠正、防止再现,达到并保持产品可靠性要求。[①] 其中,技术归零的五条标准包括:定位准确、机理清楚、问题复现、措施有效、举一反三。管理归零五条标准包括:过程清楚、责任明确、措施落实、严肃处理、完善规章。值得强调的是,"双五条"作为一个整体绝不仅仅是事后的检讨,而是一种全过程的预防机制,应该贯穿于整个航天研制的各个环节。在曾任航天工业总公司总经理的刘纪原看来,"双五条"的出台,实际上是要求航天研制工作的各个阶段都必须事先就把好质量关,而且更重要的是,要通过归零积累经验,用以指导后面及其它系统的研制工作,使质量问题不断得到改进,不能再犯同类型的问题。

"质量归零双五条"所体现的是建立在航天实践基础上的认识论和管理哲学。技术归零的五条标准所体现的是知与行、认识与实践的统一。前三条——"定位准确、机理清楚、问题复现"表明,对质量问题的认识是一个猜想、推测与验证相结合的过程,类似于科学家发现新元素、新粒子或柯南道尔笔下的福尔摩斯面对异常现象时进行的探究,目的是找出造成问题的原因所在。"定位准确"即准确地确定质量问题发生的部位。"机理清楚"即通过理论分析与试验等手段确定导致质量问题的根本原因。"问题复现"即通过试验或其它验证方法,确认质量问题发生的现象,以验证定位和机理分析的正确性。第四条"措施有效"即针对所发生质量问题的根本原因,采取经得起验证的纠正措施,确保问题

---

① 周正伐.可靠性工程技术问答200例[M].北京:中国宇航出版社,2011:180.

得到解决。"措施有效"强调认识质量问题的目的在于有效地消除问题。换言之,只有进一步将认识与实践相结合,确保实践的有效性,才能从根本上确立对质量问题认识的可靠性和准确性;而随着认识的深化,措施的有效性也将得到不断提升。

在技术归零标准中,尤为重要的是第五条——"举一反三"。它要求不能满足于对已发生问题的解决,而是力求促使类似的研制工作能及时从中汲取教训和经验,并相应地采取系统有效的事前防范举措。具体而言,"举一反三"要求,一个型号发生问题,其它型号也去思考、审视和检查,从而实现多方受益和长远受益。为了防止同类问题再次发生,应该把发生质量问题的信息反馈给本型号、本单位和其它型号、其它单位乃至整个航天系统,检查有无可能发生类似的质量问题,并积极采取相应的预防措施。换言之,"举一反三"是将整个认识与实践过程作为一种研制经验累积下来,将问题、故障、失败转变为经验、教训和规章,使其成为启示录、形成知识库,从总体上提升系统地发现和消除质量问题的能力,使系统的整体可靠性不断增强。

"举一反三"实质上是经验与知识的迁移,一般用于对同类故障和典型质量问题的处理。"举一反三"最常见的应用是当某一个元器件或产品出现问题时,应该质疑这仅仅是偶发问题还是同批次的产品也存在类似问题。谈到对航天研制工作的本质的认识,航天专家孙家栋曾经指出:"最厉害的是'举一反三',这是几十年血的教训积累。一个电子零件坏了,火箭或者卫星上的所有仪器,都不能再出现同一批次的零件,不论好坏都不能用。"2001年10月,技术人员在测试计划升空的"神舟三号"飞船时,发现压力传感器上的一个插座接点不通,这种插座在飞船上有77个,涉及的点有一千多个,测试人员无法判断它们会不会都有问题。经过专家会诊和对厂家的实地考察,确定插座存在批次性问题,最后决定推迟三个月发射,重新设计、生产和更换全部插座。在嫦娥卫星研制中,其它型号发生问题后,按照"举一反三"的反馈要求,进行过多次大的质量检查,对于那些曾在其它型号中发生过问题的同类器件,即使没有出现相应问题,为了确保问题归零,也坚决予以更换,甚至不惜推迟发射。

更重要的是,"举一反三"的范围是逐步扩展的,目的是让全行业受益。其扩展路径是:一个部位和产品出现问题和故障并归零和解决后,将其反馈扩展到类似的部位或产品,清除可能存在的隐患;同时,通报全系统,开展相应的检查与复查,并在各部位或产品"举一反三"的基础上建立和完善相应的规章和工

第四章 中国航天事业的思想精髓

作规范;最后在全行业推行和贯彻规章和规范,使整个行业受益。① 无疑,"举一反三"覆盖的范围和过程越全面,整个研制工作从类似的经验教训中总结和学习的收益越大。当然,在具体的操作中,如何恰如其分地确定"举一反三"的范围和程度,涉及对效率与可靠性、质量与进度等复杂关系的处理,需要根据具体情况具体分析。

值得强调的是,"举一反三"不单是一种被动的反面启示法,也是一种积极的正面启示法。在航天研制工作中,类似的研制经验和试验数据对于新问题的解决往往具有很大的启发性和借鉴性。在一些突发事件中和紧急情况下,从头展开系统的研究已不可能也无从下手,经验和知识积累的重要性在这个时候就凸显出来了,而"举一反三"往往是行之有效的方法。在长征三号甲火箭第四次发射前,由于技术状态发生了更改,二级氧化剂在加注时液位不正确,发生了溢出。如不及时解决,将直接影响到发射。在查阅设计文件、分析事故出现的原因时,时任主任设计师岑拯突然想到,长征三号乙火箭1998年最后一次发射时曾记录了加注容积和液位的数据,有可借鉴之处。他参考这些数据,拟算出此次长征三号甲火箭二级氧化剂第二液位以上的补加量,提出了解决方案,火箭的二级氧化剂加注问题很快得到顺利解决。②

从全局和长远的角度来看,"双五条"要能够真正起到彻底根治同类故障作用,使之不再发生,一靠"闭环管理",二靠"举一反三"。所谓"闭环管理"即强调管理归零要实现标本兼治,最后必须归结到"完善规章",即各个单位要在其识别和治理具体问题的有效措施和做法的基础上,建章立制,以防止类似问题重复发生。"举一反三"则进一步强调,建立起一种质量问题信息的快速传递和响应机制,将技术归零和管理归零的成果扩大到相关单位甚至整个航天系统。

诸多现实的教训表明,相对于某个型号或单位内部"闭环管理"来说,"举一反三"更容易受忽视,更难落实。在载人航天工程的实施中,运载火箭系统曾发现一种特殊的元器件金属膜电阻在电流较大时可能存在问题,但在其它系统中未能及时对同样的元器件进行彻底排查,结果出现了一个电爆管未爆的故障。导致这种问题的一个重要原因是,每个单位主要关注于问题的特殊性而对问题的共性相对不敏感,因此,自己出了问题的时候很少会想到后来者或相关单位

---

① 栾恩杰.航天系统工程运行[M].北京:中国宇航出版社,2010:140.
② 冯春萍.飞上九重天(火箭篇)[M].北京:中国宇航出版社,2006:205-206.

会不会出类似的问题,同时也不太容易主动地关注别人所出的问题并由此反思自身。如果认识不到很多质量问题中所体现出的共性问题,认识不到对共性问题的解决可以大大减少重复发生同类质量问题的情况,就很难意识到"举一反三"是克服共性问题事半功倍的利器,反而怀疑其必要性,甚至产生一定的抵触情绪——"别人生病,自己得吃药"或"自己生病,要别人吃药"。

要打破这种本位主义的狭隘视野,必须站在全局与总体的高度建立起一整套有利于经验与知识的积累、共享、传递和响应的知识管理模式。其中不仅应该包括构建实时共享的故障模式与故障案例库、编写故障启示录,还应该建立和健全地面试验数据库、飞行遥测数据库、设计与产品数据库、失效数据与信息库、可靠性与维修性数据库、算法数据库、计量数据库等,还要充分利用网络、多媒体等新技术以增强信息存储、传递和交互等功能。一句话,必须在技术与管理数据的信息化和数字化上下足工夫。当前如何通过信息化和数字化从全局和总体层面构建和完善这种知识管理模式,是中国航天所面临的一大挑战。这种知识管理模式不仅有助于分清质量问题的性质与责任,还是促使型号研制全寿命周期持续改进和提升技术与管理水平的有效工具。从型号内部、单位到全行业,可以通过这种经验与知识的积累和共享机制,最大限度地减少重复劳动,大大地提高研制效率,以更好地适应高密度发射等新形势、新任务、新要求。

必须强调的是,质量问题归零是提高产品质量的有效手段,但鉴于航天研制工作的高度复杂性,归零也必然是一个在研制过程中不断深入和深化的过程。一方面,在归零过程中,由于技术水平、认识的局限,有可能造成质量问题归零不彻底,"举一反三"措施不到位,即使通过了归零评审,问题迟早还会暴露,造成的损失往往是巨大的。另一方面,质量问题归零不是一个阶段性的工作,不能因为通过了归零评审就画上了句号,它应成为伴随型号研制全寿命周期的持续改进内容。要不断对以往问题的归零结果重新进行梳理,随着技术水平的不断提高和对质量问题归零认识的逐步升华,梳理出原来认识不到或认识不充分的环节,重新采取措施,提高产品质量。

四、把成功作为信仰

2003年2月16日,中国航天科技集团公司为首次载人飞船"神舟五号"举行了颁发"责任令"仪式。在仪式上,吴燕生和袁家军分别从时任中国航天科技

第四章　中国航天事业的思想精髓

集团公司总经理的张庆伟手中接过了"责任令"。吴燕生接到的"责任令"是：中国运载火箭技术研究院院长吴燕生，务必确保长征二号F火箭发射"神舟五号"飞船圆满成功，不许失败！袁家军接到的"责任令"是：中国空间技术研究院院长袁家军，务必确保"神舟五号"飞船飞行圆满成功，飞船安全返回，不许失败！在场的总装备部副部长李安东在讲话中指出："刚才张庆伟发了'责任令'，我感到了航天人的决心。""不许失败"，从科学规律上推敲是不可能的，但是从国家的责任感出发，又是合情合理的。值得指出的是，早在1997年，航天部门就开始实施总经理责任令，并根据发射任务的需要及时召开责任人调度会议，此后"责任令"制度进一步覆盖到重点型号责任人。

2003年初，正当中国备战首次载人航天的关键时刻，美国"哥伦比亚号"航天飞机爆炸的消息震惊了全球。对此，中国载人航天工程总指挥、时任总装备部部长李继耐多次指出："这一事故再次警示我们，载人航天工程系统极为复杂，要求极为严格，有很大的风险性，确保安全是头等大事，也是头等难事！唐朝名相魏征曾经说过：'思其所以危，则安矣；思其所以乱，则治矣；思其所以亡，则存矣。'我们绝不能盲目乐观、有侥幸心理和松懈麻痹情绪。首次载人飞行是压倒一切的'天字第一号'的任务，必须绝对保证成功，没有任何回旋的余地！我们有前四次成功的经验，也有四次不完美的教训，从这个意义上来讲，我们更有成功的理由和把握。如果我们有任何闪失，那是一辈子都挽回不了的遗憾，无论怎样也弥补不了的遗憾！"

如何在航天事业中不留遗憾，成为永远立于不败之地的常胜之军？对此，中国航天人充满激情的回应是：把成功作为信仰。

载人航天的高风险性，"准时发射、精确入轨"的高要求，"首战必胜、万无一失"的高目标，都给了型号队伍巨大的压力。正如长征二号F运载火箭总指挥刘宇所说：型号队伍在艰辛的研制过程中，深深理解了什么叫做"成功"，怎么才能达到"成功"，如何才能永保"成功"！为此，在改进型长征二号F火箭T1发射队进入靶场时，发射队临时党委提出了"成功是一种信仰"的理念，并将这种理念印制在每个队员的发射场《工作日志》上，时刻提醒着每位发射队员，作为执行载人航天任务的火箭人，必须将成功作为自己的信仰，按照极端负责、挑战自我、小中见大、精益求精的要求，虚心学习、耐心复查、细心工作，最后实现成功发射。"首战用'我'、用'我'必胜"是当时所有发射队员心中坚定的承诺。

中国运载火箭技术研究院党委书记梁小虹在发射"天宫一号"目标飞行器

任务的发射队进场动员会上,高度赞扬了型号队伍对于"成功是一种信仰"文化的提炼。信仰,是人类对崇高价值目标的敬仰和追求;忠诚,是恪守信仰的情操,"成功"的信仰和对事业的忠诚已经融入到了航天人的血液和自觉的行为当中。作为今天的航天人,创造神奇事业的原动力就是对"确保成功、永保成功"的信仰,"零缺陷"质量理念、载人航天极端质量标准,就是对成功是一种信仰的最好诠释。

"成功是一种信仰"是航天人希望达到一种境界,即"永保成功"。"确保成功"是本次成功,"永保成功"是永远成功。秉着把成功作为信仰的态度,航天人不自觉地摸索"永保成功"的内在规律,"一次成功"看似偶然,但偶然背后定有必然,成功必然是付出了艰辛努力的结果。

坚持着成功的信仰,2011年9月29日晚21时16分,长征二号F运载火箭T1点火起飞,将"天宫一号"目标飞行器送入预定轨道。短短32天后,11月1日凌晨5时58分,长征二号F运载火箭Y8腾空而起,托举"神舟八号"飞船进入太空,583秒后飞船准确入轨。两发火箭准时点火、准确入轨,其入轨精度之高,创造了中国运载火箭新纪录,为"天宫一号"和"神舟八号"飞船携手遨游太空打造了梦幻般的开局。两发火箭两度完美首飞,完成了准确进入轨道、精确交会对接、稳定组合运行、安全撤离返回的神奇壮举,创造了中国航天史上的又一个奇迹。

在2012年6月11日《人民日报》发表的题为《把成功作为信仰》的署名文章中,中国运载火箭技术研究院院长李洪总结了研究院的经验,提出了把成功作为信仰的四大条件:把成功作为信仰需要历经困难与挫折的磨炼、把成功作为信仰需要优秀精神文化的传承、把成功作为信仰需要掌握科学的方法、把成功作为信仰需要善战的人才团队的支撑。文章指出,正是经历了这样的从失败走向成功的艰苦曲折的发展历程,航天人养成了对成功的信仰;在传承航天精神、"两弹一星"精神和载人航天精神的基础上,中国运载火箭技术研究院凝练形成了"永不停步,永攀高峰,永保成功,永创一流"的"四永精神"和"顽强、毅力、忍耐、坚定"的院魂;经过五十多年的发展历程,建立了一套行之有效的确保成功、永保成功的方法;通过多年重大航天工程任务的实施,培养出一支技术精、作风硬、善攻关的人才队伍,成为中国航天事业取得成功的重要保证。

从科学的角度来讲,航天人把成功作为信仰绝非建立在盲目的信念之上,而是基于对航天事业内在规律的把握,在于其掌握了科学的改造世界的方法,其中的精髓就是科学的质量管理思想。中国运载火箭技术研究院在钱学森创立的系统工程理论的指导下,找到了保证型号成功的制胜法宝,在反思失败的基础上提炼出以"双五条"归零标准为代表的确保成功的方法。他们建立起了具有研究院特色的质量管理体系,形成了齐全配套的规章制度和标准规范,实现了质量管理从"问题管理"向"强化管理",直至"规范管理"的转变。面对内外环境的不断变化,他们在确保成功的方法上做得更深、更细,并不断推陈出新:提出了"新五条归零原则"、"三个进行到底",大力倡导"第一次就把事情做对"的理念。

"新五条归零原则"包括"眼睛向内、系统抓总、层层落实、回归基础、提升能力"。其内涵在于,航天事业是一项需要不断向内挖掘潜力的创造性实践,必须眼睛向内;只有通过系统抓总和层层落实,才可能不打折扣地完成日常的工作分解目标;而回归基础则意味着,航天人必须每时每刻提醒自己,工作越是处于知识的前沿,越是徘徊在无知的边缘,要规避无所不在的幽灵般的不确定性,必须回到基础以确保进一步的成功;毋庸置疑,如果成功不可能源于偶然,提升能力则是任何信仰成功的人以不变应万变的唯一法宝。

"三个进行到底"是"一定要将单点失效模式识别进行到底;一定要将测试覆盖性进行到底;一定要将拧紧力矩的定量化要求进行到底"。这是对确保成功方法的重要补充和完善,是以确保型号成功为目标,强化质量与可靠性基础工作,强化型号的全面量化控制。

为了落实"第一次就把事情做对"的理念,应进一步强调工作标准的四个度,即"维度"、"深度"、"细度"、"力度"。为什么要第一次就把事情做对?因为航天活动所涉及的技术、价值和风险结构日益复杂,系统的复杂性决定了如果第一次没做对,将牵动整个系统的反复,造成巨大的损失。因此,信仰成功的航天人告诫自己:第一次就把事情做对!

第二节 从系统工程观到系统思维

一、总体战与系统工程观

从人类行为的视角来看,航天事业是一架要素复杂、任务鲜明的巨型机器。在人类文明史中,这种将规模浩大的人与物集中起来、统一调配和操控并产生巨大效能的巨型机器往往被视为文明的标志。从金字塔、长城、空中花园到现代交通网、电子系统、信息网络和航空航天系统,无不反映出人类所掌握的物质力量与社会动员机制相结合所迸发出的魔幻般的力量与功效。为什么在五六千年前的人类文明早期,人们就可以建造起在今天都令人叹为观止的金字塔?为什么在短短的两三年间曼哈顿工程就能在荒漠中平地起惊雷?为什么在工业基础相对薄弱的条件下,中国航天人创造了从"两弹一星"到载人航天的奇迹?这其中最大的秘密在于,他们无一例外地运用了总体战的思想。

所谓总体战的主要思想是,具有特定目标的大型组织和人工系统在总体上服从一个中央组织和指令系统的统一调度和指挥协调,使整个组织和系统运行起来像一台高效运转的机器,包括人和物在内的每个组成要素必须依照整体运作的要求发挥各自的职责和功能。从金字塔修建、大规模战争、现代工业生产流水线到两次世界大战中的国家战争机器,总体战的思想成为大型组织完成复杂目标的指导思想。无疑,总体战的思想源于军事上的"大战略"(grand strategy)思想。《孙子兵法》云:"不谋万世者,不足谋一时;不谋全局者,不足谋一域。"在《战争论》中,现代军事思想家冯·克劳塞维茨明确提出了大战略的概念——一切行动应该服从军事战役的总体目标。在中国航天事业的起步阶段,聂荣臻、张爱萍等军事家很自然地将他们在战争实践中运用自如的总体战和大战略思想迁移到导弹和航天领域,直至今天它们依然是指导航天发展的关键思想,从"三步棋"、"八年四弹"、"三抓"到载人航天的"三步走"、探月工程的"绕、落、回",无一不是这种全局性战略思想的体现和新发展。

第四章 中国航天事业的思想精髓

自19世纪下半叶以来,人类的社会和经济组织的规模空前拓展,人们将机械文明所呈现的效率至上的工具理性发展为组织理性——组织的运行如同机器,组织中的每一个成员像螺丝钉一样担负着明确界定的责任。为了达到总体目标,普鲁士政治体制、福特的现代生产体制和以曼哈顿工程为代表的大型工程等相继引入了总体战和大战略的思想,力求借助复杂的计划、严格控制系统和大规模的协调机制,实现资源的动员协同、总体优化与高效利用。从总体战的思想出发,这些大型组织和人工系统形成了一套讲求总体控制的、近乎军事化的运作方式。其中往往有详细的、中央集权的资源需求和后勤计划,大量的规则,丰富的操作程序和标准,忠于职能的设计,以及将任务分解为许多简单组成部分的方法。[①] 当然,还包括拿破仑式的严密的组织和铁的纪律。正是靠着近军事化的高度严密的组织,中国航天事业将人和物的效能集中发挥到了极致。20世纪80年代中期,在参观通信卫星发射时,一位领导人直言不讳地指出:"你们的计算机并不怎么先进嘛,但就是靠了严密的组织,做出了别的地方用先进计算机也做不出的活来!"[②]

系统的概念和工程上的系统方法由此形成。[③] 系统一般指相关联的部分相互结合起来的统一体,可能是具体的,也可能是抽象的,可能是静态的,也可能是动态的,可能是自然的,也可能是人工的或社会的。在第二次世界大战中,作战计划与武器开发的需要促进了系统分析的发展,运筹学、控制论与信息论应运而生,系统理论、系统方法和系统工程使科学、技术和工程的面貌焕然一新。军事上的总体战和大战略的思想转换成了广泛运用于工程等领域的系统方法:(1) 为了实现一个总目标,不仅要考虑为达到目标而设计的某个装置中的单个元器件的性能,还必须考虑各个元器件之间是如何相互作用的;(2) 专注于特定系统的所有细节,但不是为细节而细节,而是强调各个部分的细节必须为一个整体系统的整体功能而一起运作;(3) 在强调整体的同时,也强调构成整体的不同部分,强调通过部分的集成实现整体目标。

系统方法在工程上最直接的应用就是工程系统观——用系统的眼光,将复杂的大型工程视为工程系统。工程系统观的基本思路是:将复杂的需求定义

---

① 斯图尔特·克雷纳.管理百年[M].邱琼,钟秀斌,译.海口:海南出版社,2003:45.
② 凌福根.钱学森论火箭导弹和航空航天[M].北京:科学出版社,2011:246-247.
③ 欧阳莹之.工程学:无尽的前沿[M].李啸虎,吴新忠,闫宏秀,译.上海:上海科技教育出版社,2008:199-201.

为可实现的目标,即一个可以达到特定整体功能的工程系统,再将它分解为若干模块化和具有特定界面的子系统,子系统又可以分解为更小的成分,直至简单的、可作为设计的最后细节的元件。对此,钱学森等作出了十分精辟的概括:"我们把极其复杂的研制对象称为'系统',即由相互作用和相互依赖的若干组成部分结合成的具有特定功能的有机整体,而且这个'系统'本身又是它所从属的一个更大系统的组成部分。例如,研制一种战略核导弹,就是研制由弹体、弹头、发动机、制导、遥测、外弹道测量和发射等分系统组成的一个复杂系统;它可能又是由核动力潜艇、战略轰炸机、战略核导弹构成的战略防御武器系统的组成部分。导弹的每一个分系统在更细致的基础上划分为若干装置,如弹头分系统是由引信装置、保险装置和热核装置等组成,每一个装置还可更细致地分为若干电子和机械构件。"[1]

由此,工程系统具有一定的层次结构,各个层次的构成要素通过分工和相互作用集成为上一级层次,直至子系统和系统整体。在航天工程中,工程系统可分解为逐级细分的层次,一般分别称之为工程系统、系统、分系统、子系统、单机、零部件等。显然,这些划分是相对而言的,具体的层次分解视具体情况而定。从航天型号来看,包括导弹武器系统、运载火箭系统、卫星系统、飞船系统和空间探测器系统等。

为了使工程系统达成预定目标、实现系统整体的最佳功能,航天等复杂工程系统的研制必须应用系统方法,这就产生和发展出了系统工程观——将复杂的工程系统或其它人工或社会系统的研制或构建过程视为系统工程。二战期间,贝尔实验室在开发军事项目的实践中发现,确定需求目标,以及为实现目标而进行的分析、评价和方案筛选等过程,已经变成了一种被称为系统工程的独立活动。[2] 广义地讲,组织中的系统工程是技术过程和管理过程的综合,管理过程又包括项目过程和组织过程。[3]

20世纪五六十年代,我国开始独立自主、自力更生地发展"两弹一星"等尖端国防项目时,遇到的挑战就是,怎样在最短时间内,以最少的人力、物力和财力,最有效地利用科学技术最新成就,研制出导弹、火箭等复杂的大规模工程系

---

[1] 钱学森,许国志,王寿云.组织管理的技术——系统工程[N].文汇报,1978-09-27(1),(4).
[2] 欧阳莹之.工程学:无尽的前沿[M].李啸虎,吴新忠,闫宏秀,译.上海:上海科技教育出版社,2008:202-203.
[3] 袁家军.中国航天系统工程与项目管理的要素与关键环节研究[J].宇航学报,2009(2):428-431.

第四章 中国航天事业的思想精髓

统。中国航天事业的开创者们一开始就从系统工程的高度认识到,研制导弹、卫星等复杂的工程系统所面临的基本问题是:怎样把比较笼统的初始研制要求逐步地变为成千上万个研制任务参加者的具体工作,以及怎样把这些工作最终综合成一个技术上合理、经济上合算、研制周期短、能协调运转的实际系统,并使这个系统成为它所从属的更大系统的有效组成部分。①

在航天型号研制中,航天系统工程的运用实质上是一个将需求与目标重新界定为基于系统结构的量化参数的过程,即系统工程通过概念、综合、分析、设计、试制、试验和评价的反复迭代,将型号的技术功能、性能指标转换为具体的系统技术参数和系统性能参数。在此基础上,系统工程进一步综合系统的有关技术参数,保证物理功能和程序接口之间的兼容,实现最佳设计。最后,将可靠性、维修性、安全性、生存能力、人与环境等因素综合到整个工程之中,使质量、进度和技术性能达到总体目标。②

经过五十多年的发展,我国航天系统工程已经发展成为一种全方位组织管理航天工程系统的科学体系与方法。其内涵主要包括:加强总体设计部建设,搞好总体方案设计、技术抓总与技术协调;充分发挥"两条指挥线"的作用是航天型号工程顺利实施的重要保障;强化以型号研究院为基础的型号科研组织体系;严格按照科研程序办事,严格控制各阶段的技术状态,避免出现重大反复;坚持质量第一的方针是实现航天系统工程目标的基本要求。③

航天工程系统的研制关键在于抓总,即从总体层面进行组织、设计、协调、管理,其核心思想包括总体优化、系统协调、相关制约与状态控制等重要观念。

二、总体优化的思想

总体设计及总体设计部、两条指挥线、型号总体设计院等制度安排都充分体现了总体优化与系统协调等抓总理念。中国的航天系统工程是在实践中发展起来的,以总体设计部为例,就是根据实践需要而建立的担负总体协调和技术抓总任务的组织。总体设计部由熟悉系统各方面专业知识的技术人员组成,

---

① 钱学森,许国志,王寿云.组织管理的技术——系统工程[N].文汇报,1978-09-27(1),(4).
② 黄春平,侯光明.载人航天运载火箭系统研制管理[M].北京:科学出版社,2007:44.
③ 王礼恒.中国航天系统工程.国防科学技术工业委员会.中国航天五十年回顾[A].北京:北京航空航天大学出版社,2007:38-41.

并由知识面比较宽广的专家负责领导。总体设计部设计的是系统的"总体",即系统的总体方案,是实现整个系统的技术途径。在1997年颁布的航天"72条"与"28条"中,再次强调了系统工程的方法,重申了总体设计部在型号研制中技术抓总和技术协调的地位和作用。

具有丰富航天系统工程理论和航天工程实践经验,曾任国家航天局副局长的郭宝柱对"72条"的理解是,"'72条'突出了一些主要要素,比如加强总体部,强调方方面面的责任制,强调激励机制,强调设施方面和物资方面的保障等等。航天型号涉及到的要素在这里面都得到体现,同时通过责任制协调其中的关系,比如两条指挥线和总指挥负责制等。再加上当时改革开放的宏观环境,提出'72条'是很好的系统观念的体现。因为系统无非就是三个要素'元素、关系、环境',系统工程就是把系统涉及的方方面面的事都做好,把方方面面的关系协调好,使之形成一个整体,同时要随着环境的变化不断演变"。

什么是总体优化?对航天工程系统而言,总体优化首先是站在国家战略发展的高度,充分发挥全国大协作的体制优势,最优地满足国家发展的总体需求,即根据国家发展的总体需求作出战略选择,立足系统分析,优化总体方案、技术路线和发展步骤,力争整体最优地确立和实现具有可达性和可靠性的目标。在全国大协作的举国体制下,全国各行各业对航天事业的发展给予了大力支持,这使得航天系统可以站在我国的技术水平和工业基础的总体水平之上,充分利用国内最先进的科技成果和最优质的材料、技术和产品,按照系统工程的科学方法和严密的质量保证体系,进行系统集成,实现总体优化。当前,中国航天正在积极探索市场化改革,其目的是为了适应更大的系统的发展要求,在新的形势下实现总体优化。

回首中国航天事业的发展历程,每一次进步和跨越都立足于国家发展的总体战略和全局的需要。如今万众瞩目的载人航天工程,是由国家发展战略性高技术的"863"计划的实施所开启的。载人航天的战略选择的出发点就是将其作为国家总体战略的一部分,通过发展载人航天,提高中国的国际地位,促进和带动国家高技术和国民经济的发展,推动航天技术的进一步发展,带动和培养一大批高科技人才。时任载人航天工程联合认证组负责人的钱振业等人对载人航天从飞船起步的论证,便充分地体现了总体优化的思想。钱振业在长篇论文《为什么要把飞船作为航天产业发展的第一步》中指出:

"飞船是探索太空最简单、最省钱、研制周期最短的工具,所以苏联、美国在探索太空的初级阶段,借助的都是飞船。如果我们把飞船作为探路的工具,先通过搞飞船来突破空间站所需的一些关键技术,那么中国在建立永久性空间站时,就可缩短研制周期,降低研制成本,减少研制难点,避免走弯路。因此,中国航天高技术的发展,不能走苏美以创造'世界第一'为发展目标的模式,也不可能走欧洲空间局和日本从依附到自主发展的模式,而只能走以跟踪为目标、具有中国特色的独立自主的发展途径。这个途径就是,把飞船作为第一步,通过对飞船的研制和发射,从技术上和工程上为建立永久性空间站系统打下坚实的基础,从而促使中国空间产业的跟踪研究尽快起步。"[1]

在与小型航天飞机比较时,因为中国有返回式卫星的成功经验,加之技术较简单、成本较低、可靠性和安全性更高等优点,相对符合中国国情,经历反复论证,飞船方案最终被选定。

在进行战略选择时,总体优化不仅要力求稳妥可靠,还要善于抓住机遇、大胆创新乃至甘冒风险。在卫星通信工程即"331工程"启动之后,为此研制的长征三号火箭的第三级是采用跟一、二级一样的常规推进剂还是液氢液氧低温推进剂,一时难以抉择。氢氧发动机的支持者认为,氢氧发动机虽然有许多新技术,难度比较大,但根据国外已有经验和国内技术条件,加之航天队伍已具备的思想素质和技术素质,是可以研制出来的。在决定方案的碰头会上,卫星通信工程的总设计师任新民掷地有声地指出:"氢氧发动机是今后航天技术发展所需要的,这个台阶迟早要上,我们已经具备了初步的技术条件与设施设备条件,经过努力一定可以突破技术难关,中国完全有能力赶超世界先进水平,此时的大胆并不是冒进。"[2]实际上,早在1965年,任新民担任中国液体火箭发动机研究所所长之时,研究所就启动了对氢氧发动机的研究论证,并在1971年取得了试验的初步成功,此后一直在进行相关的研究试验。

而进一步给他们带来创新勇气的是,他们明确地意识到,上氢氧发动机方案不仅是发射通信卫星的需要,更关系到我国航天事业的可持续发展,乃至整个国家科技创新能力的提升,冒点风险是值得的。用任新民的话来说就是:"中国要想在本世纪末成为航天大国,甩掉落后的帽子,眼睛必须瞄准当代火箭

---

[1] 李鸣生.千古一梦:中国人第一次离开地球的故事[M].南昌:江西人民出版社,百花洲文艺出版社,2009:101.

[2] 冯春萍.飞上九重天(谋略篇)[M].北京:中国宇航出版社,2006:7.

发动机的高峰,不应因循守旧、固步自封。要说风险,航天事业本身就是个大风险,如果怕困难、怕失败、怕风险,那还搞什么航天!"①

在具体的工程系统构建的过程中,总体优化的理念进一步体现为,从系统总体出发对待各分系统和组成部分,综合考量和权衡整个系统的创新性、可靠性和安全性,明确以主任务作为全局的重心,确保系统优化和整体优化,寻求技术性能指标、费用成本和研制周期三者间的最佳匹配。对此,曾任中国航天科技集团公司总经理的张庆伟指出,系统的整体行为不是其组成要素的简单堆砌,局部最优并不必然导致全局最优。以载人航天工程为例,其各系统及其各分系统、子系统的设计必须以全局最优为准则。其中,飞船系统作为航天员进入空间、在轨生活工作和返回地球的载体,处于大系统的核心位置,其它系统主要围绕飞船的研制计划和进度安排本系统的工作计划和进度。每一次飞行试验都明确了主任务及其完成措施,其它任务则服从主任务。载人航天飞行试验的放行准则明确指出,保障航天员的安全是压倒一切的主任务,绝不能因片面追求有效载荷自身的最佳状态而出现可能危及航天员安全的情况。② 所有参与飞行的有效载荷都很好地遵循了这个原则。

此外,为使航天系统的总体特别是主任务的可靠性和安全性不断优化,在现有的条件和水平下,采取了很多强化措施,引入了大量的冗余设计和数以千计的模拟试验。为什么一定要付出这样的代价呢?因为只有通过总体优化,确保总体目标和主任务的完成,整个系统的价值才得以实现;而每一次任务的成功,又会进一步推动整个航天事业的发展,使得系统的整体价值进入良性循环而不断增值。反过来,如果系统因为总体优化不足而不能完成总体目标和主任务,甚至酿成重大事故,其后果不仅是使整个系统的价值难以实现,还必将给整个航天事业带来巨大的负面价值乃至破坏性的影响。

三、系统协调的理念

要实现总体优化,系统协调尤为重要。系统协调的基本理念是:为了完成一项复杂的任务、作出一项复杂的决策或解决一个复杂的问题,往往会遇到前

---

① 中国运载火箭技术研究院.天穹神箭:长征火箭开辟通天路[M].北京:中国宇航出版社,2008:84-85.
② 张庆伟.铸造一流[M].北京:中国宇航出版社,2007:133.

第四章 中国航天事业的思想精髓

所未有的挑战,不仅相对独立的系统、部门和单位的知识、信息和技术能力不足,即使将它们的知识、信息和技术能力简单地加起来也不足以应对,这时候就需要将各种相关的资源和力量按照系统目标的需要,进行明确分工和深度协作,使其通过集成优化充分发挥出系统整合功能,从而完成系统目标。系统协调实质上是一个深度发掘系统潜力,对目标和实现目标的力量进行重新定义、分解和集成的过程,是一个可以不断增进和深化的过程。

举国体制下的大科学工程和高度集中、统一领导的管理框架,为航天工程的系统协调创造了必要条件。以载人航天为例,纵向顶层是中央和国家专门委员会,之下由总装备部、国防科工委组织中国航天科技集团公司和中科院等部门协调一致地开展研制工作;横向则表现为多方面的协作关系。航天工程的有关系统设备、零部件和原材料配套协作的承担单位遍布全国各地,行业众多,涉及中央企业和地方企业。系统协调的理念要求这个纵横相间的矩阵结构中的每一个关系主体,具有局部服从全局的大局观念,通过高度集中和大力协同的机制确保局部服从全局。从航天工程系统的组织保障来说,总指挥与总设计师"两条指挥线"的确立是关键。总指挥是工程的总负责人,其领导的行政指挥线全面负责工程研制、建设以及飞行任务的组织指挥。总设计师是工程的技术总负责人,对重大技术问题提出决策意见,对总指挥负责。"两条指挥线"各负其责,相互协调,紧密配合,共同完成工程任务。

系统协调强调,在航天工程系统研制中,由于涉及诸多相对独立的系统、部门、单位、专业,要想实现最终的总体目标,从分工协作、方案选择到技术难题和短线的突破,都必须通过相互一致的协调和共同协作来解决。之所以要进行系统协调,就是要通过协同合作,在有限的资源、时间和技术基础等条件下,共同展开研制工作,解决问题,攻克难关。

在载人航天工程立项时,航天内部对如何分工协作莫衷一是。决策者认为,应该立足整个航天的全局布置飞船的研制分工。他们提出了"确保战略,加强卫星,落实飞船"的原则,建议大家在关注飞船研制分工的同时,要保证战略武器和卫星研制任务的完成,满足用户的需要。按照"更快、更好、更省"的标准,运载火箭采用长征二号 E 火箭基础上的改进型方案,由中国运载火箭技术研究院负责;中国空间技术研究院发射过 17 颗返回式卫星,技术成熟,因此负责飞船中返回舱和轨道舱两个舱的研制;推进舱中的许多动力装置是上海航天技术研究院的优势技术,因此其负责推进舱的研制。后来的事实证明,这个方案在研制实践中取得了良好效果。① 在此分工过程中,系统协调的理念体现为优势互补、强强联合、聚合放大,与军事上联合作战部队的组建与布局好有一比——以任务定角色,以角色保任务。

在载人航天工程的研制过程中,需要确定第一发运载火箭发射哪种状态的飞船。火箭与飞船系统联合提出了三个方案,经过研讨,初步确定了发射试验性飞船的方案。虽然这个方案的工作量和风险都很大,但我国已有五、六年研制飞船的技术基础,上下齐心协力,是能够完成任务的。经过进一步的可行性论证、技术攻关和一系列地面试验后,总指挥召集"两总"联席会议,确定将初样电性船按正样船要求改装为试验性飞船,以保证1999年按计划发射"神舟一号"飞船。② 在此方案选择过程中,系统协调的理念体现为统筹权衡、集成创新、重点突破,这与军事上战略进攻目标的选择有异曲同工之妙——不打无准备之仗,敢打有准备之仗。

从"两弹一星"到载人航天,系统协调不仅是分工协作和方案选择的指导思想,也是克服技术瓶颈和短线的重要战略观念。20世纪70年代,为了进行水下导弹发射,导弹上各系统电子设备结构的小型化成为一个突出的问题。为此,当时的国防科委专门组织了由各研制单位参加的控制系统小型化联合攻关。从元器件、电路设计入手,着重抓了线性集成电路、数字集成电路、轻型屏蔽电缆等攻关项目。同时,要求各单位主动承担困难,把自己负责的产品尺寸缩减到最小限度,把"空间"让给别人。各电子设备研制单位,发扬把困难留给自己、方便让给别人的协作风格,在元器件、零部件的选用,整机、电路的设计,仪器的减震结构及其安装方案、生产工艺等方面,都认真采取了各种措施。经过大家的努力,控制系统的主要电子设备、校正网络实现了集成电路化,使初样设计尺寸大大减小,解决了仪器安装空间不足的问题。③ 在此技术攻关过程中,系统协调的理念体现为总体优先、通力协作、狠抓短线,这与军事上的要塞攻坚战和突击反击战十分相似——寸土必争,胜败在此一举。

系统协调并非抽象的理念,而是充满了实践的智慧和沟通的艺术。20世纪60年代,在东风二号导弹的研制工作中,首先遇到的问题之一,就是如何处

---

① 冯春萍.飞上九重天(谋略篇)[M].北京:中国宇航出版社,2006:150.
② 王礼恒,王春河.载人飞船工程的哲学分析[A].殷瑞钰,汪应洛,李伯聪,等.工程哲学[C].北京:高等教育出版社,2007:321.
③ 《当代中国》丛书编辑委员会.当代中国的航天事业[M].北京:中国社会科学出版社,1986:145.

第四章 中国航天事业的思想精髓

理好总体与各分系统之间的技术协调关系。针对总体部当时的工作状态,时任国防部五院一分院总体设计部政委刘川诗提出了技术协调和技术抓总的问题。他认为航天就好像部队打仗一样,局部必须服从全局。由此产生了一个问题:总体部作为技术龙头,履行其抓总职能,要给各分系统提出技术要求并进行验收,但在行政上,总体部和分系统又是平行单位。当时因为谁也没有搞过型号设计,在确定技术方案过程中,考虑问题的角度和掌握技术的深度不同,有时便出现了彼此意见分歧;同时,由于强调了技术抓总的问题,总体部有些人员产生了骄傲情绪。如何加强技术人员间的团结合作,让大家各司其职、相互配合?针对这一实践中凸显出的问题,在深入调查、广泛征求意见和全面分析研究的基础上,刘川诗组织起草并提出了"谦虚、信赖、交底、讲理"的协作方针,后来又发展成"谦虚、信赖、交底、讲理、主动、负责"的指导方针。就这样,航天人凭借实践的智慧和沟通的艺术既解决了争论不休的问题,又搞好了协作关系。①

四、相关制约与状态控制

航天工程是由总体、分系统、单机和组件等组合集成的工程系统,构成系统的要素之间必然存在着相互联系、相互作用和相互制约的特定关系,这些关系的存在使系统状态不断发生变化。同时,系统的输入与输出之间、各组成部分的参数与系统总体参数之间互为因果,并且在不断地发生着各种物质、能量、信息交换过程。要从总体上把握和控制航天工程系统,更好地实现系统的协调与协同,必须进一步从相关制约和状态控制的思想出发,深入认识各部分的相关与制约关系,使其状态明确、相互匹配、平衡发展、性能优化、实时可控,以达到和维持系统总体优化的状态。充分运用相关制约和状态控制的观点,对于我们思考航天事业的社会环境适应性,认识和解决航天研制中的关键问题,发现和消除航天研制中的隐患等都具有重要的实践意义。

从相关制约的观点出发,我们可以更加清晰地看到,中国航天事业发展的每一步都与国际大环境、国家发展和社会经济的需要休戚相关。以载人航天工程为例,20世纪70年代初曾经启动过"曙光号"飞船的研制,但最后因为资金不足等原因不得不终止。后来的载人航天工程花了相当长的时间才立项启动,

---

① 冯春萍.飞上九重天(星船篇)[M].北京:中国宇航出版社,2006:107.

也与我国在20世纪90年代前后的社会经济发展的总体环境不无关系。值得指出的是,相关与制约是一种双向关系,中国航天事业的成功在很大程度上是航天与其生长环境良性互动的结果。五十多年来,中国航天事业每一次都最好地抓住了高层决策坚定支持的大好机遇,又以自身的发展开拓了进一步发展的良好环境——持续的自主创新所取得的辉煌成就开启了可持续发展之路。因此,从相关制约的思想来看,航天要时刻想着主动为国家经济社会发展的大局提供更多、更好的"正能量",从而将国家的总体发展带到更高的"激发态"。对航天内部来说,各个部门努力不让自己成为短板,充分发挥出主动性与能动性,无疑是航天事业兴旺发达的关键。

透过相关制约的视角,可以更明确地认识和解决航天研制中的关键问题,特别是那些常见、多发的共性问题和可能对工程总体质量造成重大影响的"卡脖子"问题。从系统工程的角度来看,当研制工作中出现常见和多发的质量问题时,如果仅仅满足于对具体问题的处理与应对,就难免陷入疲于奔命的被动情形。正确的思路是,遇到元器件出现多余物、焊接质量等常见和多发问题时,应该超越具体问题,转而从这些普遍性问题所涉及的系统相关性来寻找解决的办法,从产品的工作环境、工作状态、生产环境、生产条件、检验环境、检验条件等环节分析和查找原因;然后,通过强化基础能力和提高保证条件,从根本上避免这类质量问题再次发生。以多余物的控制为例,为了标本兼治,要将防止多余物作为一项长期任务来抓,从工艺方法、操作管理两个方面进行严格控制。一方面,必须不断完善工艺,针对不同产品制定专门防多余物措施,将多余物控制手段写入到工艺文件中,通过工艺文件的细化来防止因人员失误造成多余物的问题;另一方面,通过实行表格化和留名制管理、加强现场环境管理等措施,加强监督检查和日常教育,落实"严、慎、细、实"的要求,提高质量意识,增强责任感,落实责任制。

所谓"卡脖子"问题是指在某一元器件或系统中出现的对总体造成重大影响的问题,若这些问题不解决就会制约相关环节的展开,如同"卡"住了整个工程的脖子。"卡脖子"问题可能表现在技术难关、元器件以及工艺与生产等方面,航天人为克服这些问题付出了巨大的努力。在长征二号F火箭的研制工作中,为了"用最可靠的火箭,将中国首位航天员安全顺利地送入太空",研制者大胆地采用了五十多项新技术,其中故障检测处理系统是首要的技术难关。这个系统的作用是火箭在待发阶段和上升阶段发生故障时,能实现故障的自我检测和自我诊断,并能将故障信息发送给逃逸系统,进而实施自动逃逸后地面指令逃逸,将航天员带到安全地点。在中国搞载人航天是第一次,搞载人航天运载火箭故障检测处理技术、故障检测处理系统更是第一次,其中涉及故障检测参数如何选取、系统如何组成、技术指标如何确定等多项难题。由于当时的国际形势,可参考的技术资料非常有限,具体方案的实现完全要靠自己。在时任火箭故障检测处理系统的论证设计和总体设计负责人荆木春的带领下,研制人员知难而进,花费了4年多时间,设想了310种故障模式,进行了一轮一轮的筛选、归纳、整合出19种故障模式,并为确定参数达到什么值时航天员可以进行逃逸而进行了成千上万次仿真试验,最后确定了合理的判据,实现了预期目标。

为了解决"卡脖子"问题,有时候必须站在全局相关制约的高度,采取特殊的强化措施消除各种拦路虎。某型号火箭空气舵上的传动组件用量大、工艺复杂、材料难加工、制造周期长,多年来一直是"卡脖子"产品。按照原来的生产模式,传动组件的加工设备分别属于四个不同的工段,每个工段分别负责自己承担的工序,管理链条较长,大量时间浪费在产品的交接传递上。而且,不同批次的传动组件可能由不同设备加工完成,产品的一致性不易控制。为了解决这类问题,211厂从更新顶层设计入手,建立了传动组件制造单元,对生产所需的场地、人员、设备都按生产工序重新进行了布置,使得生产流程按流水线方式进行,极大地提高了加工精度和加工效率,人员和设备均减少了50%左右,生产效率提高了4倍。在探月工程中,为了确保实现40万千米的超远距离通信,全向天线的各向增益都要满足一定的余量要求。如果这个问题得不到解决,整个工程将受到极大挑战。工程总体经过权衡,在认可全向天线已经达到且可以达到技术指标的前提下,通过增加地面站天线口径的办法,使其各向增益满足余量要求,问题因此迎刃而解。

对于航天等复杂工程系统而言,决定系统运行成败的关键不仅仅在于其对环境的适应性和对关键问题的解决,还在于如何使得各种相关制约的系统因素协调一致。在系统的分解与集成过程中,研制者必须面对各种挑战,其中包括总体与系统、系统与系统、系统与分系统协调一致;参与研制的部门接口协调一致;大量的元器件和试验器件需要相互支持并兼容;数以万计的技术数据和资料须及时交换和处理等等。在缺乏系统、科学的管理思想与举措的情况下,常常会发生出了故障找不到相应的技术文件、后续项目不能与前面项目匹配、生产过程进行了更改而设计未更改之类的问题,由此难免导致一系列灾难性后果。

这些复杂的挑战迫使研制者引入了技术状态和技术状态管理(configuration management)的理念——复杂的系统因素相互协调的前提是搞清它们的技术状态并使技术状态的改变可控,而实现这一点的关键就是引入技术状态管理。根据 ISO1007 的定义,技术状态就是指"在技术文件中规定的、并在产品中达到的功能特性和物理特性"。技术状态的基本形成过程是：先将用户(任务)需求转换为功能要求,再将功能要求分解转换为产品要求,然后根据产品结构分解选择技术状态项目,进而制定技术状态文件及管理计划并报批。技术状态文件所规定的内容包括：技术状态项目所有必需的功能特性和物理特性、被指定进行生产验收试验的功能特性和物理特性以及为保障技术状态项目合格所需的试验。换言之,技术状态文件所规定的是在研制过程中的某一特定时刻,被正式确认并被作为今后研制、生产活动基准的技术状态,它们划定了研制工作的技术状态基线(configuration baseline)。

随着研制工作的展开,技术状态可能需要加以改变,这就出现了技术状态变更的情况。技术状态更改有的属于功能特性和物理特性的一般更改,如提高使用性能、改善表面状态、改变非协调尺寸等,它们不涉及接口特性、电磁兼容性、可靠性、安全性、维修性,不影响相关产品正常工作；有的则涉及产品功能特性和物理特性的重大更改,如任务书或合同要求的更改,设计方案、性能指标、接口特性、电磁兼容性、热特性、协调尺寸、外形尺寸、重量、重心、惯性矩、可靠性、安全性和维修性的更改。

为了规范技术状态的确立和更改等工作,技术状态管理成为确保航天研制工作的系统可靠性的一个重要环节。1987 年国务院、中央军委联合颁布的《军工产品质量管理条例》明确提出"技术状态管理包含技术状态标识、技术状态控制、技术状态纪实和技术状态审核"四方面的内容。其中,技术状态标识是基础,技术状态控制是核心。技术状态标识的主要工作是选择技术状态项目,将技术状态项目的物理和功能特性以及接口和随后的更改以规范文件的形式加以标识,以此建立技术状态基线。技术状态控制旨在控制技术状态的更改,即在技术状态基线建立后,为控制技术状态项目的更改而对所提更改建议(工程更改,"偏离","超差")进行论证、评定、协调、审批和实施的活动。其中,工程更改指在技术状态项目的研制、生产过程中,对已正式确认的现行技术状态文件所作的更改。"偏离"指技术状态项目制造之前,对该技术状态项目的某些方面,在指定的数量或者时间范围内,可以不按其已被批准的现行技术状态文件

要求进行制造的一种书面认可。允许偏离时,对其已被批准的文件不作出相应更改。"超差"是对接受下述技术状态项目的一种书面认可:在制造期间或在检验验收过程中,发现某些方面不符合已被批准的现行技术状态文件规定要求,但不需修理或用经批准的方法修理后仍可使用的情况。

为了使技术状态得到有效控制,所有的设计文件都要通过严格的审核、评定和批准程序而将其技术状态确定下来,所有的技术状态更改,无论是否合理,都必须依照严格的规范和程序进行。在航天研制中,技术状态的更改必须符合"论证充分、各方认可、试验验证、审批完备、落实到位"五项原则的要求。其中,各方认可显然是系统与相关制约的要求。各方认可就是要求技术更改方案必须得到工程总体与相关系统的认可。为此,一方面,在技术状态更改申请报告中,应全面分析对相关系统的影响,技术状态更改通知单应发到相关单位,并应列出需要开展的工作项目,以文件为依据保证工作的延续性;另一方面,要对相关单位的各项工作的完成情况实施监督与反馈,将技术状态更改工作做彻底。值得指出的是,技术状态的更改申请需要高一级审批。高一级审批要求技术状态更改方案不仅要得到设计师的审核,还需要上级设计师批准。假如原来的技术状态是主任设计师批准的,技术状态更改至少要经副总设计师批准。这就让上一级设计师对技术状态更改做到心中有数,以利其据此统筹考量。

从指导思想上来讲,技术状态的更改必须注意:一方面,技术状态更改要慎之又慎、考虑周全,相关系统之间要反复作出实时的相互反馈与协同,以避免技术状态更改产生不协调问题;另一方面,针对技术状态更改,必须进行充分和全面的负面影响分析与测试覆盖性分析,要尽可能地实施覆盖全面的试验与测试,以验证状态更改的正确性,避免问题的发生。在研制实践中,对技术状态更改的不当处理造成了很多不应该发生的问题。在一次航天发射试验中,遥测系统二、三级压力传感器测量量程由 10Mpa 调整至 0.5Mpa,由于未能分析到这一变化对相关工作回路各环节的影响,没有根据传感器量程的变化调整相关试验条件,结果导致发射异常。在某型号发射时,由于对更改软件的测试没有覆盖到靶场测试项目,导致把问题带到靶场,结果造成了燃料加注外溢的事故。要克服这些问题,还需要进一步落实"严、慎、细、实"的工作作风。例如,需要更改产品技术状态时,应及时出更改通知单,将状态更改尽快落实到图纸上,尽量避免转阶段时统一更改,以防止遗漏和疏忽造成技术状态控制不严。

对技术状态的管理实质上是为了确保系统集成过程中的总体协同与协调,

为了更好地实现这一目标,除了加强对技术状态更改的控制之外,与之相关的接口协调也是不容忽视的重要环节。从相关制约的角度来看,航天型号的研制是由大量不同的研制单位、专业、部门合作完成的,接口协调对于系统、分系统和设备的集成尤为关键。所谓接口是对两个或两个以上系统、分系统、设备或计算机软件产品间共同边界的功能特性、物理特性的要求;或者说接口是某一系统、分系统或设备可能影响到另一系统、分系统或设备的设计特征。以我国的载人航天工程为例,它包括航天员系统、应用系统、飞船系统以及运载火箭系统、发射场系统、测控通信系统、返回着陆场系统等七大系统。各系统在任务、机械、电、热、环境、信息传输、文件等方面要发生复杂的相互依存又相互约束的关系。在设计时,各大系统间必须设法实现接口的稳定匹配和协调。接口协调工作主要从接口控制入手。所谓接口控制是指标识、记载接口的功能特性并控制其更改的过程,主要包括接口识别、接口定义、接口控制文件的编制与管理、接口相容性分析、接口技术状态管理、接口设计与接口控制要求的一致性检验等方面。

在经历多年导弹、运载火箭、卫星、载人航天等研制工作的基础上,我国航天系统逐步形成了一套接口控制的经验和方法。如以技术文件形式将接口纳入到型号管理渠道,召开各单位之间的技术协调会,通过大量的系统匹配试验和系统联试进行接口相容性验证等。此外,运用接口控制文件和接口数据单等接口控制手段,逐渐走向接口控制的规范化。值得推广的接口控制经验包括:(1)建立接口控制组织,并明确该组织和接口监管人的职责;(2)在所有型号研制中编制规范化的接口控制文件,并严格其技术状态管理;(3)推广应用 n 方图进行接口的识别;(4)按规范化的接口分类填写接口要素,建立待定接口设计数据状态跟踪表,保证各接口要素的完整性和可追溯性;(5)开展接口故障模式和影响分析,确保接口设计的可靠性。[①] 在这些经验中,接口控制的关键是强调对系统集成中发生的相关制约性的周全考虑。以技术状态更改为例,状态更改必须考虑对接口和系统的影响,将更改落实到设计文件和使用文件中。在软件设计中,常常会因忽视关联软件的更改而导致问题。这类教训一再表明,当系统软件由多个软件模块组成,其中的一个模块状态更改时要考虑到对整个系统软件和相关接口软件的影响。

---

① 刘正高.航天型号研制的接口控制研究[J].载人航天,2004(2):16-21.

为了将接口控制的经验固化下来,接口标准的制定十分重要。接口标准的制定一般通过技术文件的形式确立。在载人航天工程中,经过各方努力,综合型号技术文件有关接口的内容,先后制定并发布了《飞船系统与航天员系统接口要求》、《飞船系统与应用系统接口要求》、《飞船系统与运载火箭系统接口要求》、《飞船系统与发射场系统接口要求》、《飞船系统与测控通信系统接口要求》、《飞船系统与着陆场系统接口要求》等标准。为了使接口标准得到有效的实施,产生良好的效果,实施时需将相关内容表格化,以便产品在任务提出、分工、研制、交接和验收时责任清晰、技术状态明确并能有效控制。同时,随着航天工程的发展,每一步都会提出更高更新的目标和任务,因此在设计接口时要充分考虑后续任务对接口的要求。在载人航天工程中,目标飞行器交会对接中的接口关系、航天员出舱活动中的接口关系、空间站的建立与应用中的接口关系等标准的制定是当前正在进行的重要工作。

第三节　面向实践的辩证智慧

一、引进与创新的关系

人类的实践活动都是在一定的条件限制下展开的,中国航天事业的发展也必须在历史与现实的约束下寻求前进的方向。任何创新都需要引入新的要素,同时又必须在已有的基础上向前发展。对于发展中国家而言,固然可以通过引进新的知识、技术和研制方式引入新的要素,而至关重要的是,在学习中打造自身的创新能力与基础,在继承已有成果的基础上寻求持续稳定的创新与发展。在此实践进程中,必须应对的问题是:如何恰当处理引进与创新的关系?中国航天科技的创新实践给出了出色的答案。

回首20世纪五六十年代,东西对立的"冷战"格局迫使各国展开军备竞赛,从核武器、导弹到人造卫星和载人航天,美、苏把高科技作为战略制衡和国力竞争的重心与前提,将"高技术"提升到"高边疆"的层次。正是在此背景下,中国的领导人毛泽东、周恩来和国防科技的当家人聂荣臻明确地将"两弹一星"与中国航天事业认定为"尖端技术"、"尖端科研",视其为国之大器。

为了突破技术能力的约束,早在中国航天的起步阶段,聂荣臻等人就清醒地认识到:闭关自守,拒绝外国先进技术,全靠自己从头摸索,显然不明智;反过来,由于国力有限,加之国际政治和经济利益关系的制约,一切依赖外援或引进,全靠花钱去买国外的尖端技术,也是不可能和不现实的。因此,中国航天发展的策略是:一方面,尽可能吸取国外先进技术成果;另一方面,走自力更生、独立研制的道路。鉴于前者难免受制于人,后者才真正取决于我,所以必须采取自力更生为主、争取外援为辅的方针。

根据航天型号工程研制的需求,适时地引进外国先进适用的技术、设备、产品,是实现型号研制快、好、省的一条有效途径。中国的航天型号研制从仿制起步,属于我们今天常讲的引进、消化、吸收、再创新。从历史的经验来看,外援和引进的机遇可遇不可求,除了友谊和情感因素外,往往是以巨大的经济乃至战

略利益为代价换来的。因此,一旦可能,就应该把握引进或获取外援机遇,虚心学习。但同时也要清醒地认识到自行研制、自力更生才是目的和根本方向。正如叶剑英元帅所指出的那样,仿制不是我们的目的,而是培养我们的技术力量、实现自行设计的手段和阶梯;凡是新的东西,人家从不轻易给我们,在这种情况下,我们必须一开始就自己摸索着自行设计。

1958年五、六月间,在仿制苏联P-2导弹即"1059"导弹的工作全面展开之际,遇到了"大跃进"的风潮,国防部五院一分院也响起了"三年打到太平洋,五年放个小月亮"的跃进口号。6月16日,钱学森、王铮等向聂荣臻汇报,提出在准备仿制包括"1059"导弹在内的五种导弹之外,还计划研制五种与之相应的自行设计导弹。聂荣臻指出,这个规划值得研究,鼓足干劲是对的,没有这种干劲和奋发图强的精神,就一事无成,也谈不上突破技术和掌握先进技术,但干劲必须与科学态度相结合。看了拟自行设计的导弹模型之后,他认为,当时的重点还是应该认真学习和掌握已有的导弹样品和资料,边干边学,培养技术队伍,掌握科学技术,型号不宜一下安排过多,步子跨太大了易走弯路;国家花了那么多钱,请来了苏联专家,应该抓紧时间尽量把他们的东西学到手,这样做看起来步子似乎小了些,但科学技术学到手了,步子肯定是会快的。[①]

1958年秋,为了统一思想、增强团结,明确发展我国导弹、火箭技术和整个航天事业的路线,国防部五院召开了长达83天的四级干部会议。关于以仿制为主还是研制为主的问题,会议通过讨论明确了仿制与自行设计、学习与独创、自力更生与争取外援的关系,最后决定贯彻聂荣臻关于"一定要通过仿制,爬楼梯,大练兵,向独立设计发展"的指示和"要先学会走路,然后再学跑步"的要求,确定了"以仿制为主,带动全院一切工作"的指导思想,从而确立了起步阶段仿制练兵、循序渐进的发展方针。

在仿制过程中,中国航天的创业者紧紧抓住仿制、学习和练兵三个环节,并将其紧密地联系在一起,通过"反设计"、生产现场的技术总结等实现了认识上的飞跃。事实表明,磨刀不误砍柴工,中国的导弹和航天从仿制起步,在吃透技术、摸清规律之后,再自行研制,然后逐步提高,走上了以独立自主为主的持续创新之路。

从高技术转移的实质来讲,有三点值得了解。其一,转移方输出的一般不

---

① 王道力.中国航天管理科学与科学管理回顾[M].北京:中国宇航出版社,2006:55-56.

会是最尖端的关键技术或处于增长期的技术,被转移的技术往往处于成熟期或即将进入衰退期,有的还可能属于已淘汰技术,航天技术尤其如此。其二,国际交流、合作、引进与购买,必须以自己的技术实力与水平为基础和前提,引进方自主创新能力越高,在引进中越主动,引进代价越低,替代创新的可能性越大。其三,某项技术或产品可以转移,但作为其背景的整个产业体系不可能直接转移,使其得以发展的创新能力也不可简单复制。对于引进方来说,这既是现实的挑战,也不无发展的机遇。针对第一点,处于成熟期甚至已淘汰的技术虽然不是最前沿的,但往往较为完善和稳定,在引进中将它们研究透了,不仅能够实现仿制,还能锻炼队伍,进而有可能通过持续改进开拓出一条新的演化路径。针对第二点,在任何情况下都应将自力更生、独立研制作为第一手准备,在引进的同时要保持自主创新的姿态不松懈。针对第三点,能否在引进的基础上实现消化、吸收、再创新的关键在于整个产业体系的建立和自主创新能力建设。如果做不到这三点,就会出现买得到产品、买不到技术,买得到技术、买不到产业体系和创新能力的局面,引进反成了制约发展的障碍。

后发国家的引进如何成为创新的先导而不至落入"引进-落后-再引进-再落后"的恶性循环,关键在于坚持以我为主,通过有选择的引进带动发展、培育能力、造就队伍。中国工业基础薄弱是不争的事实,可以说大部分行业都是从引进起步的,其中大部分采取的是先整体引进然后逐步提高国产化份额的策略。这样看起来在短时间内做到了一步到位,但却耽误了从引进迈向自主创新的最佳契机,而所谓部件的国产化往往从低端开始,非但没有实现"以技术换市场"的预想,反而普遍出现了无法突破关键技术和核心技术的尴尬局面,如汽车发动机、计算机芯片等至今仍在一定程度上受制于人,最后使整个产业难以消除组装工业的烙印。

反观中国航天的发展历程,根据航天型号研制的需求,适时地引进外国先进适用的技术、设备、产品,是实现型号研制快、好、省的一条有效途径。在航天科技的引进工作中,有三个重要思路值得总结。一是抓住了人的因素,重视专家知识的学习与专业队伍的锻炼。"两弹一星"和载人航天都不失时机地充分利用了向苏联和俄罗斯等国专家学习的机会,通过接受培训、指导、咨询和与他们的相互交流合作,在知识积累和诀窍掌握上走了捷径。在学习引进中,中国航天人立足实践的需要,干中学、学中干,通过实践长本领、增才干,不断地提高自身的创新能力,打造出一支敢于战斗、善于战斗的队伍。

二是立足于整个产业体系和自主创新能力的生成。从仿制阶段就放弃了引进全套散件和原材料进行装配的组装模式,牢牢抓住引进的契机,立足国内,大力协同,尽可能地提升技术、材料、元器件、设备和工艺等方面的自主创新能力,反过来促进了我国基础工业的生产技术和工艺水平的发展。以原材料为例,在仿制"1059"导弹的过程中,聂荣臻一再指示,除了订购必要的之外,原材料主要靠我们自己解决;宁可试制放慢些,也不能使原材料依赖进口;在计划中的外料未到时,他主张用国料试制,不要仅仅依赖外援;并强调,在试制中可能遇到失败,绝不可怕,只有在不断试验过程中才能取得经验,而材料研制也可能在试验中找到出路。在仿制"1059"导弹时,苏联专家坚持认为中国生产的燃料不合格,中国科研人员则认为国产燃料可以用,并及早开展了研制,在苏联专家撤走后,用国产燃料成功发射了仿制导弹。

三是在引进中始终力争独立自主,以合理的代价争取引进外援,依靠自己的努力,将引进的技术"学到手"、"吃透",而不是一味指望外援、依赖引进。1960年,在苏联撤销对华援助协议之后,毛泽东说:"要下决心搞尖端技术,赫鲁晓夫不给我们尖端技术,极好!如果给了,这个账是很难还的。"这句话既体现了对"两弹一星"等尖端国防与航天科技的定位,也是对如何处理好引进与创新的辩证关系的最佳阐释。面对苏方在关键技术上"卡脖子",聂荣臻指出,这样一逼,反而成为我们自力更生地发展科学技术的动力;我们要有志气、有毅力,依靠自己搞试验,这可能要多花点钱和时间,但这是会得到回报的,可以培养自己的力量,练出真本事。

引进是为了不引进,这就是引进与创新的辩证法。对于先进国家而言,转移技术的目的是双重的:在获得创新价值补偿的同时,抑制引进者创新的需求与能力,使其不断地引进下去。对引进者而言,正确的策略显然是通过必要的引进提升自己的创新能力,构建自身的创新体系和产业体系,从引进走向自主创新。20世纪80年代后期,对"东方红三号"通信卫星远地点发动机系统是引进还是自行研制的问题,曾经有过激烈争论。有人主张购买外国卫星的远地点发动机系统,理由是进口的质量好、可靠性高、经费省。反对者则认为应该自己干,理由是:一方面,中国科研人员要有事干,应该通过实践锻炼和提高;另一方面,自己能干的和经过努力能干出来的,就不要引进。从表面看,自己干是有风险的,但在具备或基本具备创新能力与条件的情况下,买显然是不合理的。直接引进只能买到产品却买不来研制能力,不仅会陷入无休止的购买,还使科研人员丧失了锻炼的机会,已有的创新能力也无法得到体现与提升,与先进国家的差距势必越拉越大。最终,决定自行研制,只用了相当于购买一套远地点发动机系统费用的研制经费,就成功研制了卫星的远地点发动机系统。其成果不仅仅是一套可装备通信卫星的远地点发动机系统,更为重要的是自己掌握了这项研制技术而不再受制于人。

为什么说引进是为了不引进?如何判断哪些该引进,哪些该自主研制?中国航天的实践经验告诉我们,应该以建立与发展独立自主的航天科技工业体系作为判断与决策的基点。产品可以购买,技术可以引进,但整个航天科技工业体系是无法引进的。在20世纪80年代中期,我国曾有购买国外通信卫星并用欧洲"阿里安"运载火箭发射的提议,后来之所以接受任新民等人的谏言而决定自主研制,最重要的原因就在于此。在航天研制工作中,引进、吸收和消化国外先进技术的目的是提高自身研制水平、节省研制经费和缩短研制周期。进一步而言,从国家整体发展来看,必须从我国航天科技工业体系乃至国家科技创新体系建设的高度,以我为主,有选择地开展引进工作。为了避免受制于人,引进的关键技术和关键组成部分必须及早开展消化、吸收、再创新和国产化工作。

二、质量与进度的双螺旋

航天是高风险、高投入的产业,航天型号的研制目标就是在规定的时间内,高质量地完成规定任务。航天人常说,质量就是生命,节点就是命令,保质量就是保成功。在型号研制中,质量和进度往往会发生冲突,好和快存在着一定的矛盾。处理两者关系的一般原则是:坚持质量第一的方针,进度服从质量,以质量保进度,以质量促进度。在一般情况下,航天研制工作应该遵循研制程序,不片面追求进度,不无意义地增加试验数量,贻误进度。但在很多特定的情况下,进度关系到战略布局与整体发展,时间节点的要求十分紧迫且毫无回旋的余地,18个月保质保进度研制出长征二号E火箭就是一个典型的例子。面对这种情况,航天人迎难而上,进一步提出了"以进度促质量,以质量保成功"的指导思想。没有质量的进度没有意义,没有进度的质量同样不符合现实的要求。[①]

时不我待,国家战略需要的宏观形势要求中国航天人必须做到质量与进度齐飞,有限的历史机遇也在不断地激励着航天人在规定的时间内完成规定的任务,以坚实的步伐迈向跨越发展的快车道。久经沙场的他们已经在实践中锻炼

---

① 黄春平.载人航天工程运载火箭系统管理实践[M].北京:中国宇航出版社,2005:42.

出一种能力——时刻准备着,在意想不到的短时间内,高速度、高质量、高可靠、高安全地完成重大的研制工作和特定任务。要实现这一点,既要尊重研制工作的规律,又需要充分发挥实践的智慧。中国航天的实践一再表明,要想实现质量与进度的双重提升,最根本的解决思路是从时间稀缺性的角度开展质量控制,并使之贯穿于工程研制的全过程。

一件事想做得又好又快,首先要思考怎样在满足目标需求的情况下尽可能简化工作,以简单性挑战复杂性,设立合理有限的指标,避免过度设计。人类在认识和改造世界的过程中,一般会采取三种重要的探索策略:拓展视野、转换视角和寻求简单化。航天工程型号的目标是,根据项目需要在尽可能短的时间内以较少的资源代价研制出足够好的产品。对于航天工程创新而言,真正的挑战不是构建尽可能复杂的系统,而是如何在现实条件约束下完成有限的任务,力图研制出尽可能简单适用的系统。为了在有限的时间和资源条件下完成有限的任务,就要寻求简单化,运用"奥卡姆剃刀"(如无必要,决不更复杂)式的节约原理,尽可能聚焦目标,同时也减少犯错误的机会。美国航天专家谢伊(Joseph Shea)为"阿波罗"登月计划所设立的原则就是"力求简单"——想办法尽简行事,尽少犯错。[①] 为了让指挥舱能够同时承受外太空极冷与重返大气层的极热状态,工程师没有去研制复杂的材料,而是设计了每小时自转一周的太空船来应对这一难题。在长征二号F火箭的研制工作中,十分强调对技术状态的控制。在确保工程研制必需的项目同时,对锦上添花的项目进行了严格控制;事实证明,采用最简单、最实用、最安全的技术方案满足研制任务的需要,同样是对产品研制质量的有效控制。[②] 显然,总体与分系统的技术方案的优化直接影响到后期研制工作的质量与进度,而寻求简单化是一项重要的优化策略。

不论一项工程是串行还是并行,不顾质量只求进度,所得到的只能是无效的进度,确保进度有效性的关键是尽可能避免返工重来,第一次就把事情做好。航天研制的实践经验和教训表明,在其工作的全过程,应该尽可能减少各种不必要的动作反复,强调设计的合理性、有效性和工艺性,强化"失败不起"的风险忧患意识和"第一次就把事情做好"的理念。航天型号研制是一个复杂的系统工程,工作分解结构的每一个部分都是相互关联的,其中一个部分出现问题都

---

① 欧阳莹之.工程学:无尽的前沿[M].李啸虎,吴新忠,闫宏秀,译.上海:上海科技教育出版社,2008:195.

② 黄春平.载人航天工程运载火箭系统管理实践[M].北京:中国宇航出版社,2005:41.

有可能使其它部分也不得不作出改变、出现反复甚至推倒重来,如部分设计的更改对其它部分的影响,由设计上的问题造成的生产上的反复,或者是由生产中的问题造成设计上的反复等等。因此,产品设计的合理性、有效性和工艺性成为提升后续产品质量的关键环节。以设计的工艺性为例,它直接决定了产品的可制造性,是采用合理、可靠的方法制造产品的基础。工艺性的知识大多来自生产与工程实践,很难在教科书中学到。例如在产品装配过程中,人们发现螺母和螺栓连接时,螺母、螺栓最好不要选择同一种材料,即便选择同一种材料,也要选择不同硬度,以避免连接部位出现螺纹"咬死"现象。

尤为重要的是,航天工程研制是由大量人员共同参与的,为了减少不必要的错误和连带的不良影响,必须致力于消除依赖心理和相互推卸责任的情况。为此,航天人一再强化"失败不起,没有退路,只能成功"的风险忧患意识,使"质量是政治、质量是生命、质量是效益"的理念融入每个人的工作之中。为了从根本上克服时间浪费了、质量又不合格的效率低下的状况,他们进一步强调各尽其责,要求每个人千方百计地争取在自己手上"第一次就把事情做好"。惟其如此,整个系统才能既确保质量又节省时间。当然,在实际研制工作中,各种更改与反复又是不可避免的,各种问题的处理、调度与协调工作无疑成为保质量、保进度的关键举措。

在航天工程研制实践中,为了保证工程的顺利展开,确保质量和进度上的双重要求,一项关键性的举措是努力消除各种"卡脖子"质量问题。"卡脖子"质量问题是前文提及的"卡脖子"问题中的一类,特指那些对工程整体和进度可能造成重大影响的质量问题,这些问题不解决,就无法将质量要求贯穿于整个工程系统之中。"卡脖子"质量问题与需要攻关的新的关键技术还不一样,不只限于某个部分或产品,而是影响面和波及面较广的技术难题,如落后的工艺、难以彻底消除的多余物和批次性指标超差等等。对"卡脖子"质量问题的处理,超前意识尤其重要。在航天研制中,原材料或元器件一旦出现质量问题,往往会给正常的研制工作带来被动。为了克服这一问题,长征二号F火箭的"两总"系统采取了超前控制原材料和元器件质量的办法,随时掌握产品在生产过程中使用的原材料和元器件的质量情况,通过对原材料和元器件在生产过程中发生的质量问题的了解、反馈和追踪,及时提请有关部门在物资备料和订货时加强质量监控,并给问题的处置留下时间余量。

从航天工程研制的管理层面来看,时间是一个重要的管理要素,为了确保

第四章 中国航天事业的思想精髓

进度安排,要向管理要时间。一方面,实施进度管控,步步为营抢节点;另一方面,再造流程、优化工期、节省经费。时间在哪里?对航天人来说,这不是个哲学问题,也不是爱因斯坦的时空理论,而是一道复杂的系统管理课题,更是"特别能吃苦、特别能战斗、特别能攻关、特别能奉献"的航天人与时间赛跑创造奇迹的契机。1988年12月14日,当一院开始研制用于发射"澳星"的长征二号E火箭时,离合同规定的火箭首次发射试验时间仅仅18个月。一方面顶着贷款研制的经济风险,另一方面冒着一旦完不成合同,势必造成刚刚迈出的开拓世界航天市场的一步要前功尽弃的风险,要在18个月里完成按常规需要四至五年才能完成的工作,谈何容易!看到面前那张令人无法接受的时间调度计划,长征二号E火箭的研制人员都觉得这简直就是一个"不讲理的计划"。设计一发火箭,最少也要一年半到两年,现在只给三个月;生产一发火箭,至少要两年半到三年,现在只给14个月。总装二级振动箭时,车间主任掰着手指头压缩了又压缩,大着胆子对当时的院长王永志说:"我只要一个半月。"王永志却一笑:"哪有一个半月?只给你18天!"在研制长征二号E火箭的那些日子里,一院内到处可以看见这样一幅标语:"绝不让长二捆在我们这里误点"。他们硬是用整整18个月、540多个昼夜超负荷的工作夺取了最后的胜利。

对于很多时间紧、任务重的航天研制工作来说,管理和计划本身就是一种时间的艺术,这一点在他们所常用的"倒排计划"和"倒排时间表"等举措上得到了充分的体现。在长征二号F火箭的研制中,为了更好地应对技术、生产、协调、配套上的不确定性,在计划制订中运用了"倒排计划"的方法,从而在计划制订上留有一定的超前性。他们在充分调研的基础上,摸清了每个单位在完成任务中存在的主要问题和所需的保障条件,尤其注意了解具有接口协调关系的系统和单位,对其可能出现的问题提前加以协调并采取措施,通过细致的调度协调,在保证计划按时完成的前提下争取更为宽松的研制周期。在制订计划时,他们还充分利用计划网络图等技术,将不同阶段的任务、要求及时间节点有机地联系起来,力求使计划制订既科学又严密。

袁家军在担任神舟飞船副总指挥时,将飞船的总体任务分解成13个分系统,每一个分系统再层层逐一分解。在研制第一个返回舱时,他和技术人员将每一道工序、每一个环节、每一个机件、每一个时间点、每一个岗位都逐一排列出来,制定出一张5米多长的计划流程,使每一个工作人员心中明白干什么、怎么干、什么时间完成、达到什么质量要求、怎样和其它工序衔接等,避免窝工、返工、无效工,极大地提高了工作效率,加快了飞船的研制步伐。或许是受航天发射倒计时的启发,他们也运用了"倒排时间表"。为了确保返回舱不拖"神舟"的后腿,他们把每天干什么、每周干什么、进度到哪个阶段都倒排出来,时间节点和任务节点都非常明确。在航天城建设、神舟飞船研制工作中,这种做法得到了推广,也取得了良好成效。

在时间有限的情况下,航天研制工作往往不得不打破常规、再造流程、出奇制胜。研制程序和流程是确保航天研制质量、决定研制进度的关键因素,在现实对研制质量和进度同时提出要求的情况下,科学合理地改进研制程序与流程是一条有效的改进之道。

在长征二号E火箭的研制过程中,为了在18个月内完成正常情况下四、五年才能完成的研制任务,研制程序采取了模样、初样和试样三合一的办法;在生产试验过程中,采用了静力试验箭、模样箭、振动箭和合练箭四箭合一的措施。这些方法的采用不仅成倍提高了工作效率,缩短了工期,节省了经费,也保证了质量。

在"鑫诺二号"通信卫星的研制中,合同要求三年内完成,但依照传统的技术路线根本无法按期完成。通常情况下,卫星在完成方案阶段,进入初样阶段后,要经过电性星、力学星、结构星、热控星等四个阶段,才能着手解决总体设计、结构、热控、单机的性能、系统间匹配、工艺等问题。鉴于发射任务的紧迫性,不简化流程无法完成任务,而简化又必然意味着冒险——这是航天人时常会遇到的风险和必须应对的挑战。时任总指挥的周志成提出,可以取消热控星的研制阶段,用一个公用平台覆盖范围比较广的热控舱代替,将这个过程前移,把串行工作变成并行工作。这一研制流程的再造,不仅保证了卫星初样阶段按计划进行,还提前了一年时间,大约节省了600万元—700万元研制经费。[①]

值得指出的是,不论研制程序和流程如何再造与优化,中国航天人依然以不变应万变,坚持质量第一的原则,把质量放在首位。为了加快进度,很多航天研制工作进行了流程再造,有的对研制程序进行了压缩和简化,有的引入了交叉与并行式的研制程序,但"质量第一"的方针始终没有丝毫放松。在长征二号F火箭振动箭逃逸系统结构的生产过程中,为了确保按时交付,"两总"决定对其设计和工艺进行简化,但这并不意味着放松技术与质量要求。为此,"两总"组织设计、工艺人员对简化方案进行了深入研究,同时发挥一线工人师傅的聪

---

① 冯春萍.飞上九重天(星船篇)[M].北京:中国宇航出版社,2006:312-314.

明才智,因陋就简,土法上马,按要求完成了生产任务。

在流程再造时,一些常规流程的缩减可能会使得相关的试验不够充分,难免出现影响问题暴露与性能改进的情况,这就要求研制人员凭借深厚的业务根底和严谨细致的工作作风,根据变化了的情况消除认识的盲点,堵住可能出现的漏洞。在"中星 20 号"卫星的研制工作中,为了实现五年内完成研制工作的目标,在大量分析的基础上,设计师系统首次在卫星研制的技术流程中取消了结构星和热控星两个步骤,并获得成功。虽然"中星 20 号"卫星取消了结构星和热控星,但相关的热变形分析和热真空试验却得到了高度的关注。"中星 20 号"卫星工作频率很高,要求天线反射面在轨保持极高的精度。仅仅是计算天线在轨的热变形及其对电性能的影响这个问题,总指挥王家胜反复把关,曾先后四次退回有关责任部门重新计算,终于得到精确的结果。当时按照惯例,天线并不要求做热真空试验,但是王家胜认为这里可能存在隐患,力排各种反对意见,坚持要求做天线的热真空试验,果然在试验中发现天线出现问题,及时对设计和工艺作了修改,避免了一次卫星在轨故障。这样的例子在航天事业中不胜枚举。根据林宝华总设计师的回顾,在新型返回式卫星的研制中,尽管对某些研制程序进行了简化和压缩,但计划要做的 12 项大型试验一项也没少。在振动试验中,发现相机回收片盒、回收时间控制器、遥控器等过不了振动关,有人提出异议,认为试验标准过高,但后来发现确实存在设计或工艺上的问题,经过改进,提高了产品的质量。

从总体优化与协调的角度来看,处理质量与进度的关系是一项复杂的综合协调工作。在长征二号 F 火箭的研制过程中,指挥调度工作始终坚持了"质量第一"的原则,力求在抓进度的同时抓好质量,不因时间紧迫而放松对质量的要求。一方面,严格按照质量管理规章和计划节点协调、处理问题,强化对质量及计划进程的控制,在问题没有明确结论之前绝不轻易开展后续工作;另一方面,通过加强对产品质量的控制来保证研制工作及进度的有效性,以研制进度的有效控制来为产品的质量问题的分析、归零赢得更多的时间。随着航天事业的发展,质量和进度的双重高压已经成为常态,这些举措充分体现了正确处理质量与进度关系的辩证法——"以进度促质量,以质量保成功"。

三、设计与工艺的协同并进

在航天工程研制中,设计与工艺的结合和协同是实现研制需求的基础。任何设计意图都只有通过稳定可靠的工艺才能实现,工艺上的实现和工艺难关的突破需要相关工程技术人员和工人与设计人员的密切配合。一方面,设计单位要主动了解生产单位的工艺能力和水平,在满足技术指标的前提下,应充分注意设计所提工艺要求的先进性、可行性和经济性,进行技术交底,接受工艺方案审查,尽可能避免因工艺与操作方案的不周全导致影响产品性能或研制失败的情况。另一方面,生产单位也要主动了解设计对工艺的要求,加强对工艺技术队伍的培养,强化工艺技术的研究与积累,依照设计要求组织生产,早做工艺准备,从工艺上为产品符合设计提供保障。回顾中国航天发展历程,设计与工艺的基本关系是:在型号的战略目标高于一切的前提下,工艺要为设计服务,力求满足设计提出的工艺要求;设计应在工艺上可行,与工艺协同并进。

在航天工程研制中,设计出高水平的零部件固然重要,生产出高质量的零部件也是极其重要的。把纸上的设计变成现实的产品,攻克生产关键,同样需要付出艰辛的劳动。例如,过去卫星上摄制的照片清晰度较差,为解决这一缺陷,研制者改进了设计。但照相机展平板的加工成了关键,向很多具有精密加工设备和能力的光学仪器制造单位求援,均不能解决。最后,技术人员和工人自制了一套专用的铣槽装置,采用自磨的特殊钻头,攻下了这一难关。经飞机航测试验,清晰度极佳,使我国卫星摄像技术跨入世界先进行列。

在中国航天研制中,素有设计人员下工厂、向一线工程技术人员及工人学习的传统,因为中国航天从一开始就建立在全国大协作之上。在仿制"1059"导弹时,除了总装,发动机、控制系统和材料等由各工业部门承担。国防部五院派出设计代表跟苏联专家一起,带着图纸等技术资料、实物样品,下到协作厂安排试制。值得指出的是,从苏联引进的"1059"导弹技术资料大多为产品生产图纸、工艺规程、验收技术条件等,而设计方面的资料很少。也就是说,仿制练兵实质上是导弹生产技术和工艺上的学习与提升——通过仿制找到生产技术与工艺上的差距与缺口,通过全国大协作弥补这些差距与缺口,最终完成仿制。在仿制过程中,派出的设计代表与工程技术人员和群众一起摸爬滚打,学会了生产管理和工艺设计方面的知识,这使他们中的很多人在毕业不久就从大学生迅速成长为既懂设计又了解实际工艺的业务骨干。

原则上讲,设计与工艺的关系应该是一种相互影响、相互结合、相互协调的关系,工艺需要满足设计的要求,设计必须考虑工艺上的可行性。设计与工艺的结合首先是在实践经验之上的结合。例如,在设计中,经常需要选择密封圈,同样是

第四章 中国航天事业的思想精髓

"压缩率"这一指标,不同的安装部位需要灵活掌握,有的选择偏高的、有的选择偏低的,只有经过实际装配、调试等工作的摸索,才能恰当选择,使密封效果达到设计要求。又如,如果设计人员经常接触或观摩生产、装配设计,可能会发现工人师傅因为没有足够的操作空间下扳手,不能拧紧螺母,他就会意识到在进行三维设计时,必须充分考虑实际操作的可行性。从知识管理层面来讲,如何将在生产工艺上不断生成的经验知识明晰呈现并加以固化,使之渗透到航天设计之中,甚至启迪出新的设计思想和制造方式,是中国航天正在或必将面对的挑战。为了从根本上避免两者相互被动适应的情形,一方面,设计方案与工艺方案应保持一定的灵活性,使两者之间有较大的协调适应与相互选择的空间;另一方面,从研制需要出发,加强预研与新工艺试验,并使二者紧密结合,形成一种设计与工艺超前渗透的协同创新机制,即在预研与新工艺试验中,可以依照试验与生产中的工艺实际修改设计,也可以通过工艺攻关为设计、试验与生产扫清道路。

工艺水平取决于工业技术基础,而我国的工业技术基础相对薄弱,这使得航天这一高科技从一开始就遭遇了设计相对先进而工艺水平相对滞后的矛盾。如果说美、苏、欧洲和日本等的航天科技是建立在先进的工艺水平与较高的设计水平的强强匹配之上的话,我国则更多的是通过航天科技发展的需要所提出的较高设计目标来拉动工艺技术水平的提升,最终实现设计与工艺的协同并进。20世纪60年代初,从仿制转入自行研制的过程中,研制的需要促使211厂等单位逐步开展了新工艺试验,例如高温涂层、爆炸成型、高温钎焊等新工艺。以YF-2液体火箭发动机燃烧室的研制为例,为了获得满足总体设计要求的高性能,燃烧室必须达到较高的压力,为此燃烧室的结构采用了高联接强度的夹层结构——内外壁波纹钎焊夹层结构。要想达到这个设计目标,就必须通过高温钎焊将金属波纹板连接成一个整体,而要采用高温钎焊工艺,就要进一步解决高温钎焊炉设备和高温钎焊材料问题。211厂的工艺人员先后制造出了旋转真空箱式高温钎焊炉和大型真空高温辐射炉。703所和211厂负责钎焊料和钎焊工艺的科研人员和工人表示:"为了把我国尖端武器尽快搞出来,你们能设计出来,我们就能生产出来。外国型号能做到的,我们中国也一定能够做到。"[①]为了研制所需的高温钎焊合金,需要纯度99.95%的锰。姚桐斌所长带领703所技术人员

---

① 《中国航天腾飞之路》编委会.中国航天腾飞之路——亲历、亲见、亲闻[M].北京:中国文史出版社,1999:187.

在上海组织大会战,先后攻克了化学成分分析、锻造、酸洗三个关键技术,经过100多种配方的摸索试验,才基本定下焊料的配方和技术要求,并初步制定了钎焊工艺规范。焊炉建成后,研究、设计和生产人员组成了三结合小组,进一步检验钎焊规范的正确性和焊料的使用性能。

为了达到新的设计需求,已有工艺水平的不足,迫使研制人员必须对关键的工艺技术难点进行攻关。工艺攻关是实现设计目标、解决型号研制过程中工艺关键的有效手段。以长征二号F火箭的研制为例,型号"两总"从一开始就注重设计与工艺的结合。在方案研制阶段,让工艺人员及早介入型号设计的相关工作,组织生产单位的工艺、质量、检验和保障部门人员了解设计意图,参与设计方案工艺实现保障性和制造加工技术途径等讨论,着手相应的工艺方法的探索与试验,通过与设计人员的研讨协商,确定关键的技术难点并及早组织立题攻关。在方案阶段,工艺攻关围绕载人航天高质量、高可靠、高安全的要求,在新结构、新材料、新工艺方案研究上下工夫,并对其它型号生产中存在的工艺技术的薄弱环节进行攻关,为生产制造扫清可能出现的工艺技术障碍。在初样阶段,工艺攻关主攻新工艺方法的稳定性和产品工艺的可靠性问题。进入试样阶段后,又对产生的工艺关键进行攻关,聚焦于提高合格率、稳定产品质量、提高可靠性。

通过工艺攻关,不仅确保了型号研制任务的完成,还进一步带动了新设备、新材料、新工艺方面的创新,从整体上提升了航天科技工业乃至国家的总体工业技术基础水平。在中程导弹的研制中,发动机推力室头部的喷注系统由2000个不锈钢喷嘴组成,为了加工和试制这种尺寸小、加工精度要求高的喷嘴,211厂建立了喷嘴生产线,设计制造了200多项工艺设备,研制了试验台等专用设备,最终突破喷嘴加工难关,为研制大推力火箭发动机奠定了牢靠的技术基础。由于中程导弹的最大直径设计为2.25米,国产铝板的宽度满足不了推进剂箱用材料的需要,必须研究改进贮箱的外形和拼焊形式,箱底制造工艺由整体压延改为预制瓜瓣拼接焊接,为此还设计制造了一套大型拼焊夹具。为了减轻结构质量,箱体工艺结构采用化学铣切的密肋网状加筋结构,并用钛合金气瓶代替合金钢气瓶。在姚桐斌所长的带领下,703所攻克了这两个工艺难关。化学铣切工艺和钛合金制造工艺的研发填补了国内空白,使我国在相关技术生产领域实现了跨越式的发展。

在航天工程研制中,工艺水平的改进和工艺难题的克服需要设计人员与工程技术人员和工人的协同与配合。在遇到研制短线和出现各种问题时,型号

"两总"十分注重最大限度地调动上上下下多方面的力量,要求研究与设计人员注意深入一线,调查研究、集思广益、依靠群众、发动群众、群策群力、突破难关。早在仿制"1059"导弹的过程中,就曾经因为工业技术力量的薄弱,出现过不少工艺上的拦路虎。仿制发动机时,211厂生产的第一批411减压器在调试中出现了"尖叫"、振动等问题,阀门车间的工人在设计人员的密切配合下,反复研究分析,不断改进工艺条件,经过500多次试验,最终试制出了合格的器件。在仿制发动机的过程中,解决了推力室冲压变形、冷却小孔加工、涡轮泵大型铸件等近百个关键技术问题。

这是一个相互学习的过程。设计人员了解设计意图和原理,工人和工艺师则更了解技术实现和生产制造上的可行性与操作方法,虽然这两种不同类型的知识可以通过方案、图纸等技术文件的形式固化,但这些知识的真正内涵只有在具体的试验或生产中才能体现出来。只有在此过程中,设计知识与工艺操作知识才能有效地相互渗透,设计师与工程技术人员和工人才能真正实现有效的相互学习,使两类知识在具体的项目中融汇凝结为特定的新知识。这也是一个互相交底、齐心协力攻克难关的沟通与行动的过程,设计人员要对工艺人员讲清关键的创新性设计的意图和重要意义,工艺人员要及时向设计人员反映设计中不周全或实践证明不可行的工艺要求,以共同研究解决设计"瓶颈"与工艺难题。

在完成长征二号F火箭逃逸系统结构初样设计出图的过程中,由于难度大、结构复杂,加之不少零部件是第一次设计,缺少技术储备,一度成为工程研制的短线和难点。为了解决这一问题,型号"两总"多次组织设计、生产单位在一起进行技术交底,并要求设计人员深入一线了解工厂现有生产能力和条件,虚心请教工人师傅,使设计图纸的技术要求尽可能合理和贴近实际,与此同时,也要求生产厂的工艺人员积极配合,参照设计要求并结合现有工艺手段为改进和优化设计出谋献策,最大限度地实现设计意图。通过采取集中工艺审查,为设计和工艺人员创造多方聚会、共同商讨问题的机会,从而缩短图纸到厂的时间,为后续工作赢得主动。

鉴于我国工艺水平相对不高的国情,航天工程中的很多新工艺攻关都是因陋就简,采取土法上马的办法有效地解决了问题。例如,在氢氧发动机的预研工作中,遇到的一个关键项目是研究涡轮泵,但连起码的试验设备都缺乏,科研人员和工人一起对现成的泵试验台加以改装,在短期内建成了一个超低温高速齿轮试验台。在氢泵研制中,也是用土法上马的办法,建立了一个液氢半系统试车台,为氢氧发动机的预研工作奠定了基础。土法上马充分体现了人的主观能动性与创造性何其重要,它所运用的替代性方法和近似方法恰好说明了工艺固有的实践性特征,而"有条件上,没有条件创造条件也要上",本身就是一种旨在突破困境的创新方法。中国航天事业的发展在很多情况下受益于这种善于战略突围的思想,靠土法上马、苦干加巧干取得成功的自主创新案例数不胜数。

由于设计必须通过工艺实现,设计与工艺在产品中结合为一个有机整体,这种结合的实质是设计规律、试验规律与生产规律的磨合与稳定化的过程,而这个过程集中体现在对新工艺方法乃至操作技能的摸索之中。如果把设计与工艺的关系简单地比喻为脑与手的关系,从设计到工艺的过程就是一个精确的大脑指令得到准确和稳定实施的过程,而实施的准确性与稳定性来自三个方面:大脑指令的合理、手脑的完美配合和手的灵巧。其中"手的灵巧"就是工人和工艺师的工艺操作技能,不论是长征二号 F 火箭的栅格翼焊接难题,还是国产航天服肩关节的连接技术,都是在对工艺进行艰苦摸索基础上获得的成果。在中国的文化和科技传统中,不乏巧夺天工的能工巧匠。他们在特定的操作中体现出了精确性与稳定性,而这种精确性与稳定性无疑源自长期操作所积累起来的熟练性,这就是所谓的熟能生巧。

在中国航天领域,有着大量的现代能工巧匠,他们的中国风格常常令世界刮目相看。中国运载火箭技术研究院 211 厂的焊工、国家科技进步奖获得者高凤林师傅就是这样一位身怀绝技的能工巧匠。在长征三号甲火箭的研制中,他主要负责发动机上大喷管的焊接。大喷管相当于由 200 多个厚度仅 0.33 毫米的零件组成的一个魔方,焊接的时候哪怕只是轻轻地颤动一下都会烧穿或者焊漏,这价值几百万元的东西就报废了。为了完成这个艰巨的任务,他自己选择了一种最安全最稳妥但是一般人却难以忍受的焊接姿势,一小时,两小时,一焊就是十几个小时,两条胳膊累得直发抖,直到成功完成任务。后来,他还应邀为诺贝尔奖获得者丁肇中教授发起的、由世界多个国家和地区合作开展的反物质探测器合作项目中的加工难题,提出更具可靠性的工艺方案。

四、无处不在的辩证法

世界处在变化之中,不能用一成不变的眼光看世界,不应以一般性规律替代对具体情况的把握。世界不是非此即彼、非黑即白,世界运行的大道不是唯一的,而是多样的。没有一种认识能够穷尽真理,真实的世界充满各种相互冲撞的力量,相互冲突的因素有可能相互制衡,也可能相互转化。虽然可以用辩证法的思想概观世界的变化发展、对立统一、质量互变与螺旋上升,从中受到启迪,但改造世界的实践却不能直接从一般性的认识和原理出发,而只能在特定的实践中探索具体实践的本质,把握和实践具体的辩证法。

各种基于实践层面的具体辩证法在中国航天事业发展过程中无处不在。除了成功与失败、全局与局部、引进与创新、质量与进度、设计与工艺的辩证关系之外,还有很多辩证关系也是中国航天人曾经或正在面对的,它们包括红与专、科研与生产、继承与创新、稳定与改进、先进性与可能性、技术民主与技术责任制等等。必须强调的是,对这些辩证关系的处理,直接反映了中国航天的具体实践特征,体现了其历史特殊性,从而也呈现了其特定本质。总结和思考中国航天事业对这些关系的处理,不是为了泛泛而论,也不是要从中总结出处理这些关系的普遍原则,而是为了进一步认清航天的实践特征及其具体而微的本质,进而探讨其对中国航天未来之路和中国特色的科技创新及现代化道路的启示。要把握这些关系的实质,需要搞清其来龙去脉,认真分析其历史背景、关键所在、解决之道与思想启迪。

从辩证法的起源来看,哲学家运用辩证法的初衷是看到对一个事物的不同认识乃至对立的看法可能都有一定的合理性。辩证法表明,没有一成不变的绝对真理,要寻求真知,不能靠想当然的臆想和独断,不能像辩论比赛那样为了辩论而论证,也不能仅仅诉诸基于同一律、排中律的形式逻辑,而应该展开对话与沟通,在特定的对话和实践情境中,探索出对事物的真相更为完整和全面的认识。在辩证法看来,很多看似冲突或对立的东西,在实践中是可以统一的。为什么呢?因为我们为了思维的方便,一般都是用概念去思考,像红、专、质量、进度等等,但在实践中,红与专、质量与进度是相互渗透的。因此很多冲突只是概念上的或形式上的冲突,它们在实践中是可以并存与统一的。但如何使之并行不悖、相辅相成乃至相反相成,那就需要人们在实践中更深入地把握事物的本质,找到问题的症结所在和具体的处置方法,以求更好地完成实践的目标。

辩证法永远是具体的。运用辩证法处理航天或其它实践中的各种关系,不是简单地折中或和稀泥,也不是原则上的什么都可以,而是为了解决一般性的认识难以解决的难题。其基本方法是,从具体实践的本质内涵、核心目标或根本任务出发,对相互关联又相互冲突的因素或方面作出更合理的定位和更恰当的处理。例如,谈到红与专,不是一概而论的又红又专,而是要看处理好两者关系最终要达到的目的是什么,在航天实践中红与专的本质各是什么。论及质量与进度,不能简单地说质量和进度都重要,而是要深入分析航天实践中质量与进度的本质内涵何在,在具体的情况下哪一方面更为关键。而这又需要进一步的辩证分析。如当进度十分紧迫时,可能会为了加快进度而简化研制流程,但流程的简化可能意味着需要对某些方面的质量保证措施提出更高的要求。也就是说,辩证法的重要功能是打破常规、超越成见、实事求是、具体问题具体分析,而这种分析过程往往需要探索出更为精细和复杂的思想回路,需要在坚持性与灵活性、决断与审慎之间反复展开更多的探究与尝试。值得指出的是,辩证法的使用不仅是有条件的,而且还存在着失败的风险;由于事物的复杂性和实践的多变性,在认识不够全面和深刻的情况下,吃一堑长一智是实践者必然要经历的过程。

对在中国航天发展进程中产生的诸多辩证关系的认识与思考反映了航天人对航天事业在一定历史条件下所呈现出的本质的全面而清晰的认知。下面,我们来看看航天人面对红与专、科研与生产这两个重要的辩证关系时所表现出的实践智慧。

1. 红与专

红与专的问题,在今天看来已经不那么突出,但在20世纪五六十年代的政治背景下如何辩证看待,对中国航天乃至科技事业有很重大的意义。在当时的政治大环境下,不成熟的"左"的思想将"红"与"专"对立起来,甚至认为"专"就意味着不"红",容易陷入"单纯的业务观点"和走"白专"道路。聂荣臻花了很大的气力在科技界特别是国防科技中扭转这一错误认识。他明确指出,"不红就白"是反马克思主义的,科研部门的政治工作不能一般化。他与时任中国科学院副院长的张劲夫等提出《科学工作十四条》,力图纠正相关错误。其中特别强调,科研人员每周六个工作日要有五天时间搞科研工作。1967年7月17日,国防部五院在人民大会堂召开干部会议,聂荣臻对《科学工作十四条》进行了宣讲。他指出,国家对科研机构和科研人员的基本要求是多出成果、多出人才,对于自然科学工作者,要求他专,是天经地义的,我们今天的专家不是太多,而是太少,专得不是太深,而是太浅;批"白专"、"插红旗"、"拔白旗"使许多人不敢钻研业务,不敢放心做技术工作,长此以往,不仅红也红不了,专也专不进去,给工作带来损失。他还强调,红与专的认识问题解决之后,政治思想工作、行政工作方法要改进,这样六分之五时间才有保证。

认真体会这些讲话中的思想,不难看到,聂荣臻等人提出对红与专的认识这一问题不是泛泛而论的又红又专,而是旨在纠正当时科研领域的政治工作一般化及批"白专"道路和"拔白旗"等影响尖端科学研究的错误做法。他为什么能够如此辩证地处理二者的关系,最重要的原因是他意识到必须确保航天事业的根本任务——型号研制,即便是政治工作也必须作为型号研制的保证,应该改进方法,以确保多出成果、多出人才。正是从这个压倒一切的信念出发,聂荣臻以战略家的胆识和气概顶住了巨大的压力和各种复杂的干扰,不遗余力地纠正了妨碍根本任务的各种偏向。由此,聂荣臻等带头人推行了一系列有针对性的改革举措:(1)保证科研时间,尽可能让技术专家专心从事研究、设计工作;(2)政治工作实施"两改",即研究室支部由领导作用改为保证、组织和协调作用,研究室政治委员改为政治指导员;(3)发扬技术民主,技术问题不需要经过支部讨论,技术工作由技术人员充分讨论,既要发扬技术民主又要实行技术责任制;(4)技术尖子当长,彻底改变科研单位干部的结构配置。

这些一环套一环的措施,反映了聂荣臻等领导者的实践智慧。他们在创造性地处理红与专等问题时始终保持着一种十分清醒的认识:人是决定性的因素,完成航天研制任务关键要靠科研人员。针对"尖子当长"的不同意见,包括技术尖子会不会被行政事务"磨平"等争议,聂荣臻十分坚定地指出,国防部五院技术尖子任研究室主任的问题,各方面意见还未完全一致,现在是有些人有技术无权,有些人有权不懂技术,还是由有技术的人担任室主任好一些,这个问题要尽快解决。选拔技术尖子当长的工作的顺利展开,不仅使得航天研制工作从根本上摆脱了外行过多干预技术工作的弊端,实现了内行领导内行,还为青年人才打通了一条快速成长通道。1960年10月9日,聂荣臻宴请国防部五院九级以上教授、专家、工程技术人员时指出:完成任务依靠我们自己,一是领导骨干,二是技术骨干,三是青年,他们是工作的生力军,我们这里也是一个"三结合",只要这三类干部齐心协力,我们的工作就大有希望。① 这种实事求是的"三结合",极大地推动了航天事业的发展。

2. 科研与生产

科研与生产的关系,即究竟是生产为科研服务,还是科研为生产服务,也是一个与特定的历史条件有关的问题,对这个问题的再思考对于当下航天事业乃至中

---

① 王道力.中国航天管理科学与科学管理回顾[M].北京:中国宇航出版社,2006:91.

国科技事业的发展仍然是有价值的。首先,需要强调的是,中国航天事业开创时期的领导者将导弹与航天研制工作明确地定位为尖端技术或科学研究。因此,在聂荣臻等人看来,别的部门是科研为生产服务,而航天部门应该是生产为科研服务,应该"型号为纲,地区配套"。航天事业之所以取得如此之多的成果,科技队伍之所以成长如此之快,与这个思想和做法密不可分。针对1958年秋国防部五院四级干部会议上关于五院由部队系统领导还是归口地方工业系统的争论,聂荣臻非常严肃地重申:"不能把尖端科研任务压给任务已经很重的各工业部门,他们会顾此失彼,先将导弹研究院放在军内由我来管,依靠国家力量组织大协作。"[1]

1964年9月,中央专委第九次会议决定"以国防部第五研究院为基础,成立导弹工业部"。不久,聂荣臻同拟兼任七机部部长的空军副司令员王秉璋谈话后表示:"五院好不容易才搞起来,建部时不要轻易把基本摊子拆散了,要保持住这支队伍。"针对当时简单地强调科研为生产服务而拟采取的厂所合并,聂荣臻力排众议、据理力争。他指出,一方面,对于科研脱离生产实际的说法应该有所分析,尖端科研安排的任务和抓的成果绝大多数是为工农业和国防服务的,不能把必需的基本研究和实验室工作看成脱离实际;另一方面,国防工业研究院所不宜搞厂所合并,研究院所分为两类,一类是综合性的研究机构,不应该也不可能与某一个工厂合并,另一类是以产品设计为对象的,也应该为全国同类工厂服务而不是服务于某一家工厂。他强调指出,国防科技研究产品型号更新快,且至少要看"三步棋",不能走到哪儿算哪儿,研究所归工厂就很难做到这一点;同时,武器发展有很大的针对性,需要及时研究对付它的措施,只有独立的研究机构才能担当此任。

在今天看来,中国航天取得辉煌成就的关键就在于顶层设计,也就是把总体部作为体制的大脑和中枢,而总体部的核心功能就是根据国家战略需求进行总体设计。正是在这种思路下,总体研究院所和专业研究院所成为航天研制工作的核心部门,包括生产单位在内的其它部门和协作单位要为研究院所服务,主要的生产工厂完全遵照和紧密配合研究院所的研制工作程序组织和管理生产。更重要的是,在更好地执行国家战略任务与实现市场化转型的双重挑战之下,科研与生产的关系变得更为复杂,应该进一步思考航天科技研制工作如何在市场化的环境中获取各种要素的支撑与协同,探索新的以总体研究院所为中心的创新系统的发展途径。

---

[1] 《中国航天腾飞之路》编委会.中国航天腾飞之路——亲历、亲见、亲闻[M].北京:中国文史出版社,1999:159-160.

第四节 航天研制活动的认识论

一、目标的确立与问题的设定

与人类所有的制造活动一样,航天研制首先要回答的问题是"我们要制造什么"。具体而言,就是为了实现某个特定的目的,如战略导弹、卫星发射、载人航天等,应该设定什么样的技术目标。从系统工程的角度来说,就是首先将航天型号的研制目标界定为清晰的需求定义,再将其转化为可行的系统定义或总体设计目标,然后将其细分为主要成分的设计目标,进而层层分解,细分为可直接处理或通过攻关解决的具体问题。如何设定正确的目标与问题就属于认识论的范畴。

航天型号研制的目标不是简单的拍脑袋的结果,其确立过程是一个需求工程(requirements engineering),涉及总体规划和多目标交互规划,是在使用单位等工程决策方与研制单位相互沟通、反复协调的基础上逐渐达成的共识。为了形成这种共识,重大的航天工程从酝酿到论证往往需要较长的时间,其中涉及正确处理继承与创新、可靠性与先进性等关系,总之一个恰当和相对稳定的目标对于投入和风险巨大的航天工程的稳健发展至关重要。在目标设定之后,型号"两总"系统首先要对关键目标进行沟通与协调,以明确主要的技术需求与指标,确定需要解决的问题和亟待攻克的技术难关。

中国航天事业的成功首先在于它始终站在时代需要的高度确立正确的目标,并围绕此战略目标所提出的新问题牵引航天事业的持续创新和快速发展。中国航天工程重大目标的确立,无一不是党和国家领导人、航天领域及众多相关领域的顶尖科学家的集体智慧的结晶。航天技术发展的实践证明,制定出一个好的、切合实际的规划目标,不仅能极大地鼓舞士气,激励斗志,使他们解放思想,敢于去攀登,而且由于目标明确,易于形成统一的意志,统一的行动,进而齐心协力,奋勇攀登,尽快实现目标。例如,1965年经中央批准制定了"八年四弹"的规划目标,航天人紧紧瞄准这个目标,团结一致,努力拼搏,至1965年11

月中近程导弹改进型研制成功。1966年12月,又顺利地研制成功中程导弹。接着,在1970年1月,我国第一发两级中远程导弹试验成功。反过来,如果制定规划的指导思想不明确,规划的基本原则不清楚,规划变动较大,就会贻误或影响研制任务的进展。

1992年1月,经过七年多的讨论和酝酿,在概念研究、工程方案设计和可行性研究、工程技术和经济可行性论证等基础上,当时的国防科工委、航空航天工业部有关领导和专家,向国务院和中央专委汇报了载人航天工程技术经济可行性论证情况与申请工程立项的建议。同年10月,航空航天工业部决定由中国运载火箭技术研究院牵头负责,与全国各兄弟单位一起承担运载火箭系统的研制。按照"快、好、省"的研制思路,研究院决定在成熟的长征二号E火箭基础上,以提高可靠性、安全性为重点,研制新型运载火箭即长征二号F火箭。此前,长征火箭在设计上不含任何载人飞行的理念,虽然长征二号F火箭是长征二号E火箭的改进加强型,却因其具有载人航天的特定目标而在本质上有很大差别。为了确保航天员的安全,长征二号F火箭与以往的长征火箭最大的不同是增加了故障检测处理系统和逃逸系统,其作用是在飞船入轨前,监测运载火箭状态,若发生重大故障,使载有航天员的飞船安全地脱离危险区。这两个系统技术新、难点多、协调关系复杂,仅需进行攻关的关键技术就有十多项。正是这两个系统的成功研制,使中国人实现了用最可靠的火箭将自己的航天员安全顺利地送入太空的世纪目标。

将需求定义转换为系统定义时,对技术需求等关键问题的描述应该是清晰和可驾驭的。在大型工程项目中,设计必须建立在对技术需求恰当而明晰的陈述之上。在设计阶段,确立详细的技术需求是确保研制工作有序展开的关键环节,而更困难的是新技术概念的形成与实现,它所需要明确回答的是"我们将制造什么"这一问题。在长征二号F火箭的研制中,时任总体设计副总设计师的张庆伟负责总体方案可行性分析论证。他和三十多名技术人员一起,深入研究分析,广泛听取意见,针对火箭载人需解决的三大技术问题——提高可靠性指标、确保航天员安全和发射载人飞船的适应性,撰写了详尽的技术改进方案和可行性分析报告。他们认真编写了长征二号F火箭的设计准则和研制流程,对火箭研制的每个阶段、每个环节、每个步骤,都给出了规范性要求,保证了相关工作的有序进行。长征二号F火箭逃逸系统的栅格翼是保证无控逃逸飞行器静稳定飞行的特殊装置,当时研制人员只在外国画报上看过,对其如何制造,由哪些部件组成一无所知。他们也曾想走"捷径",从俄罗斯引进图纸和技术,但对方开口就要上千万美元,这反而激发了我国航天人自主创新的决心。他们利用手头的国外资料进行了自行研制。栅格翼的设计要求高,加工难度大,工装复杂,经历了不锈钢、钛合金和铝合金三种方案技术攻关后,最终选定由翼片焊接而成的铝合金方案。但栅格翼的翼片材料很薄,由600多条长达150多米的焊缝交叉焊接组成方格,焊缝数量多,极易产生变形,最后通过211厂的工艺攻关,顽强地攻克了这一难题。这个艰难的摸索过程,是对所需解决问题的定义与再定义的过程,也是一个不断引出更深层次的难题的过程,最后选择的铝合金方案即是探索的结果,也引出了焊接工艺的难题,而后者的解决最终使整个目标得以实现,其整个过程是通过探索性的研制实践不断展开的。

不论是航天战略目标的设立还是关键问题的提出,都是一个共同探讨和共同认识的过程。在运载火箭等航天工程研制中,从目标和问题的设定开始,中国航天人在实践中成功地发展出一种集体认识论。为了应对各种新问题的挑战,航天人尤其重视交流与协调,在相互学习中加深认识,在共同探索中寻找规律。他们毫无保留地互通信息、相互交底,有问题共同商量,有困难共同克服,有余量共同掌握,有风险共同承担。在长征二号F火箭整流罩生产过程中,由于结构复杂、精度要求高,工艺状态难以控制。承担这项任务的211厂第一次遇到这样的难题,工人师傅、工艺检验人员与设计人员在现场一同分析,反复论证。调度员往返穿梭于各协作单位,做好中间工序的一切准备。工人们消化技术、摸索生产规律,创造了一个月完成以往三个月任务量的新纪录。

航天型号研制是以目标和问题为导向的探索与创新,具体目标的设立和关键问题的提出是研发与总体设计部门的重要工作。为了提出正确的目标和问题,一要面向整个航天型号研制的实际,二要具有更加全面与开阔的视野。这就要求加强不同专业间的交流,使之融合为可以共享的知识,不仅促使总体设计建立在更高和更深的共性认知之上,还使得不同的领域呈现出相互牵引、倍增放大乃至谐振激励的共同发展态势。

二、在探索中深化的认识闭环

在航天研制工作中遇到的问题大致可以分为两类。其一是为达到设计目标而需要解决的问题,很多研制阶段的技术难题攻关所针对的就是这类问题。

其二是由于设计、工艺缺陷或操作不当而导致的问题，如未能实现预想目标、出现重大故障等不可预测的后果等。应对前者的基本策略是攻，对于后者则是防，这与军事活动中的攻防十分相似。因为航天活动的成败往往涉及重大的利益与价值，关于第一类问题常常会遇到时间紧、任务急的情况，很多技术攻关都必须马到成功才能符合整体的战略要求，关于第二类问题更有只能成功、失败不起的巨大压力。那么，如何在应对这两类问题的攻防上得心应手呢？

人们做一件事情，不论是从实现目标、提高效率还是减少缺陷、克服失败的角度来看，关键是要形成一种认识的闭环。所谓认识的闭环是指人们对其行为的目标、过程和结果有一个完全的认识，既知道自己的行动能够达到什么目的，成功的可能性有多少，也了解自己的行动可能带来多大风险，失败的可能性多大，并能根据实际情况作出精确的计算和明智的决策。换言之，认识的闭环不仅是对事物的规律性的把握，而且是人们对自己的已知和未知事物的一个相对全面和完整的认识。恰如古希腊哲人苏格拉底所言，人最大的智慧是我知道我不知道。对事物的认识形成了认识闭环的人，知道自己知道什么，也知道自己不知道什么，知道怎样运用掌握的知识去行动，也知道如何弥补、规避或预防因无知而可能导致的危险；他们通过对事物必然性的认识达到了自如地处置事物的境界，就像顶尖的棋手知其白、守其黑，明了他所下的每一步棋给棋局带来的变化，甚至可以判断出他离胜利还有多远。人固然不可能完全做到这一点，但却可以努力为之。

对于航天人来说，他们所孜孜以求的认识闭环，首先是对质量问题的完全把握。他们希望，这种从实践中编织起来的认识的闭环，能够像古代武士坚不可摧的青铜铠甲一样，可以抵挡一切明枪暗箭。在巨大的挑战面前，中国航天人通过不懈的努力，从无知到有知，从知之甚少到形成复杂的知识体系，逐步构建起他们对航天研制工作的认识的闭环，并在实践的反复中不断加以深化，使航天产品在质量上立于不败之地。

在形成这种认识闭环的实践中，中国航天人进行了一系列卓有成效的探索。对航天研制活动的深入认识建立在对航天产品的质量问题的分析与认识之上，其关键是对航天产品的质量问题的原因分析。从引起质量问题的技术原因的角度来看，除了软件、元器件、标准件、原材料的问题之外，质量问题还可能出现在任务要求、方案设计、工艺设计、生产加工、试验、总装、运输、贮存、使用等环节。比如任务要求错误、相互矛盾、不清楚、欠明确等，方案设计中的人为

第四章　中国航天事业的思想精髓

标识差错、试验不充分、可靠性设计欠缺、接口不协调、技术未吃透等,工艺设计上的工艺设计差错、工艺不细不全、工艺技术未吃透、工艺能力不足等,生产加工上的违章作业、误操作、操作不到位、设备陈旧落后、设备老化、设备校验不到位等,以及试验方法不当,总装中的装配差错,运输中的包装不当,贮存环境不当,不规范使用等等,不一而足。从发现问题的角度来看,为了找出这些导致质量问题的根源,就要在审查、检验、试验(包括综合试验、联调、联试、匹配试验、发射场/靶场试验)、测试、验收等环节层层把关。很多质量问题的传递与蔓延都是因为这些环节不到位,如审查不认真、检验设备器具有问题、检验方法不当、试验方法不恰当、试验环境不当、试验条件不够、试验项目不全、测试项目不全、测试覆盖性不足、验收方法不当与把关不严等。①

　　对质量问题原因的分析,揭示了航天研制工作中各种导致缺陷与故障的隐患和错误的根源,这些认识为航天研制的质量管理工作提供了依据。质量管理工作是航天研制的安全网,编制这张安全网的主要思路大致可分为两类。第一类思路是从根源上制止导致质量问题的原因,坚持从源头抓起,实现全过程控制,确保关键目标。为了打造性能优良、安全可靠的火箭,长征二号F火箭总设计师刘竹生总结了质量管理16字"箴言"——"源头控制、行业水平、九抓九查、责任到人",并要求研制人员贯彻到设计、研制、试验和发射的全过程中去。他认为,火箭的质量只有从源头抓起,才能防患于未然。从源头抓起,就是研制从状态控制抓起,设计从元器件选用抓起,试验从基础试验抓起,生产从元器件质量抓起,管理从规章制度抓起,工作从计划布置抓起。他强调,火箭的设计必须从七个方面抓"确保":设计确保可靠安全;软件确保工程化;技术确保先进性与可行性相结合;归零确保五条标准;产品确保最优状态;测试确保覆盖上大;发射确保"严、慎、细、实"。

　　第二类思路是充分认识与克服质量问题的复杂性和现实困难,层层围堵,及时补漏,综合防治,不留死角。对于技术状态有变化的产品,刘竹生要求研制人员做到"两不到两到",即"设计不到试验到,试验不到分析到"。为了确保产品质量,时任中国运载火箭技术研究院院长的吴燕生向全院提出了"四不到四到"的要求,即"测试不到验收到,验收不到检验到,检验不到工艺保障到,工艺保障不到人员保证到";并要求研制人员逐层追溯,逐项检查,进行综合分析、评

---

① 王志梅,李胜,鲍智文,杨铭.航天产品质量问题原因分类研究[J].质量与可靠性,2010(4):6-9.

价,通过严把测试、验收、检验、工艺、人员五个环节的确认工作,将设计与生产紧密结合,强化产品生产过程管理,保证产品质量。"两不到两到"与"四不到四到"的要求所体现的是一种反思性的认识,它要求每个人在工作中看到当下的环节和与之相关的环节的不完善性,进而力求通过相互之间的协调互补尽可能弥补其中的不足。这也是一种轻易不放过任何差错与不足,步步为营,确保成功的意识。

在前述"七个确保"中,"设计确保可靠安全"已经成为当前航天研制工作的重中之重。在长征二号 F 火箭的设计准则中,一开始就确立了"以可靠性与安全性设计分析为基础,全面提高设计质量"的原则。能够提出这一原则标志着中国航天人对研制活动的认识上升到了一个新的高度。可靠性设计就是考虑可靠性要求的工程设计,包括可靠性指标的确定与分配、预防性设计、基础性设计、裕度设计、边缘性能设计、冗余设计、人机工程设计、贮存可靠性设计、维修性设计等。安全性设计则旨在保证系统出现故障时的安全性。

从认识论的角度来看,开展可靠性与安全性设计分析的前提是航天人对研制工作已有知识的认识,也是对这些知识当前限度的认识,而且这些认识在研制工作中有一个不断深入的过程。在长征二号 F 火箭的研制中,鉴于影响运载火箭可靠性、安全性的主要因素是发动机、箭体结构和控制三大系统,其中控制系统是电子系统,而我国电子元器件可靠性水平不高,控制系统必须采取冗余技术。但这还只是原则上的认识。通过对长征二号 F 火箭控制系统的深入分析与研究,设计者在平台系统和二级伺服机构的设计中分别找到了单点故障。对此,在攻克多种形式的冗余结构、判别准则和系统重构方法等相关关键技术的基础上,副总师孙凝生进一步提出了控制系统全冗余方案的建议。这个提议得到了批准,长征二号 F 火箭首次在控制系统上采用了双套惯性制导系统及双 CPU 计算机、双稳定回路平台及切换装置和三冗余伺服机构等冗余技术措施。

在可靠性与安全性设计分析中,潜通分析对于发现质量问题的隐患具有重大意义。潜通是指设计中并不存在但却潜伏在实际制造和运行中的通路,由于研制人员缺乏对潜伏通路的认识,它们可能造成系统故障,甚至会引起重大事故。导致潜伏通路的客观原因包括航天工程系统的复杂性、接口关系与系统功能的综合性、状态转换的多阶段性和频繁性等。研制人员对状态理解的不准确、时序执行的时差、设计中产生的漏洞等研制人员的认识偏差是造成潜伏通路的主观原因。常见的潜通现象有:(1) 潜电路,在正常工作状态下,不希望的功能出现,希望的功能被阻;(2)潜时序,由于状态转换,不希望的功能被启动,希望的功能被中断;(3)潜通路,在意外工作状态下,不相关的功能串到共同端,这种现象多发生在电源或控制机构上;(4)潜指示,由于传感器指示不正确或不准确,引起指挥与控制指令失误;(5)潜标记,由于文档标记含糊,导致理解不一致,引起设计或生产上的缺陷。这些现象在研制工作中造成的危害不容忽视。例如,在某次试验中,由于时序上的微小时间差异,惯性平台的送电次序颠倒,造成平台损坏;某试验在正常工作程序开始后,突然转入演示程序,结果造成判断失误。由于航天工程系统越来越复杂,加强潜通分析对提高航天产品的可靠性与安全性的必要性将日益凸显。[①]

由于认识到任何一个细小的失误都将导致整个任务的失败及灾难性的后果,为了最大限度地克服失误,航天人学会了不断向错误学习,在失败与挫折中成长,在反复中看得更细、更深、更透、更全。中国航天人强调的一丝不苟、精益求精和"严、慎、细、实",是在经历了重大发射失败的反复之后一再得出的深刻认识。在长征二号F火箭的研制中,从型号产品的设计生产试验、原材料元器件的采购到对外协作等各个环节都严把质量关,即便是对采用原有设计的分系统、设备与部件也丝毫没有放松可靠性工作。一方面,在可靠性分析的基础上对存在的薄弱环节加以改进和控制;另一方面,重点解决防多余物、防漏电、防虚焊、防断压线、防松动、防电磁干扰、防过负荷、防不相容、防漏气漏液、防局部环境放大、防装配应力等问题并进行必要的可靠性试验,确保产品达到规定的可靠性指标要求。

对于航天研制工作来说,失误与缺陷没有高级和低级之分,关键在于是认识到了还是没有认识到。航天研制活动的基础就是要获得对此前所说的两类问题的正确与全面的认识,从而提高研制工作的可行性与效率,规避可能导致失败的错误与陷阱。但正确的认识永远都不会轻易地找上门来,航天人在实践中每天都在与认识不到作斗争。这是一个充满悖论的认识与实践过程:客观地讲,人的任何认识总会有认识不到的地方,航天研制活动恰恰有可能发生在人们认识的盲区,而且航天产品的成熟度只能随着问题的暴露和改进而逐步提高,因此往往会发生"想到的问题没发生、发生的问题没想到"的情形。要从根本上避免这种情况,并没有一劳永逸的捷径,只能从加强认识和改进思维方式

---

① 栾恩杰.航天系统工程运行[M].北京:中国宇航出版社,2010:207-208.

入手，需要灵活运用发散思维、收敛思维、逆向思维和换位思考等认识方法。

为了强化可靠性、安全性分析，航天研制人员有时候需要综合运用发散思维和收敛思维进行故障树分析，即在假定可能出现的故障的基础上，设想应对的策略。为了确保长征二号F火箭的可靠性与安全性，研制人员从最坏的情形想定出发，以假设"火箭发生箭毁人亡事故"为顶事件，进行全箭故障树分析，分系统和单机研制单位以全箭故障树底事件为顶事件，再进行分系统和单机的故障树分析，最后总体将各分系统分析结果汇总到全箭的故障树。通过这一分析，设计者尽可能地将所有可能导致故障的深层次的原因和机理揭示了出来，为反过来建立相关防范措施提供了依据。例如，在假想的故障中，有一类是由人为差错酿成的故障。研制人员认识到，这种反复出现的问题是由人的固有认知与行为缺陷造成的；要消除人为差错，除了加强思想认识之外，必须引入体系化的监督机制，如强化训练（如航天员和操作人员的训练等）、实行双岗制和三岗制等。

在航天研制中，全面系统的认识过程不仅需要自上而下的思考，还需要运用逆向思维和多向思维开展自下而上、穿越层次或跨越领域的思考。在长征二号F火箭软件开发中，设计者根据载人航天的研制实际，采用了逆向改进的瀑布模型，即在项目计划、需求分析和定义、概要设计、详细设计、实现和测试、确认测试以及运行维护等阶段完成后，通过确认或验证，不仅将其中发现的问题依次反馈到上一个阶段，还针对问题直接反馈到问题发生的原始阶段，改进后再依次向后进行确认或验证，这样不但规范了软件开发过程，也使软件质量管理实现了透明化和过程化。

此外，为了克服个人与团队思维的局限性，航天研制活动经常要运用换位思考和非拥护性相互评价等思想认识方法，通过角度与视野的转换或互换，获得更全面的认识。在长征二号F火箭的研制中，开展了全过程的设计复核复算。这项工作主要针对设计中的薄弱环节、可靠性、安全性关键项目和新设计项目实施展开复核复算。这是一个闭环管理过程：设计师系统对提出的问题进行分析，逐项研究落实后，再请专家组进行审查把关。各单位结合实际深入开展了各种复核复算工作，取得了许多有益经验。通过复核复算，各型号人员一起交流了技术、沟通了感情，通过查别人问题也看到了自己设计工作的缺陷和不足，得到了一次难得的相互学习机会。形成认识的闭环，是个无止境的提升过程，也是远离失败、拥抱成功的艰辛的探索之旅。

三、科学分析与试验模拟的互补

航天研制活动既是科学探索也是工程实践,其基本认知方式是科学分析与试验模拟的结合。航天型号的技术状态与运行环境的复杂性和特殊性,使相关的科学分析与试验模拟变得格外困难。中国航天研制的实践一再表明,一方面,对于航天型号的特定技术状态与运行环境的正确认识应该建立在准确的科学分析与理论解释之上,不搞清机理,单凭经验无法从根本上指导航天研制实践;另一方面,航天研制中的科学分析又必须接受试验的检验才能得到确认与深化,两个方面相辅相成。

1962年3月21日,我国自行设计的第一发东风二号导弹飞行试验失利,试验结束后,设计试验人员用了一个多月时间,对光测和遥测结果进行了认真分析研究,最终找到了飞行试验失利的原因:一是进行总体方案设计时没有将弹体作为弹性体考虑,结果弹体在飞行中出现弹性振动,与姿态控制系统发生耦合,致使飞行失控;二是发动机强度不够,导致结构破坏而起火。通过认真总结,导弹研制人员认识到,型号研制应该将设计方案建立在可靠的理论基础上,搞好总体方案和设计协调,严格遵守研制程序,充分做好地面试验。"一切通过总体部"和"一切通过地面试验"的研制原则由此而来,全弹振动试验、控制系统模拟试车、发动机地面强度、性能试车等试验与模拟由此展开。从航天工程认识论的角度来看,这些改进措施所强调的就是科学分析与试验模拟的有机结合。

虽然中国的导弹与航天事业起步于仿制,但面对一些重大的技术难关,钱学森等老一代科学家十分重视科学分析等理论方法的运用。在20世纪60年代的一次导弹试验中,因添加推进剂时操作有误,弹体瘪进去一块。在场的研制人员认为这可能是一个故障,导弹不能发射。钱学森过去在美国做过这种壳体的研究工作,认为这是由于试加推进剂后,泄出时忘了开通气阀造成箱内真空,外面空气压力大,将弹体压瘪了,而点火发射后弹体内压力会升高,壳体会恢复原来的形状,所以他主张发射照常进行。最后聂荣臻元帅批准了钱学森的意见,最终发射取得了成功。在YF-2发动机地面试车过程中,不断发生故障,却找不到原因,钱学森了解此情况后指出,不能总是让故障牵着走,是不是回过头来想想有什么根本问题在影响着发动机的燃烧稳定性?是否应该考虑高频振荡问题？这一科学分析启发了研制人员。他们在考虑了高频振荡所产生的影响后，改进了发动机的设计，问题迎刃而解。

凭借深厚的理论分析功底、提出合理而独到的科学见解，已经成为中国航天研制工作中透过现象洞察实质的重要认识方法。1999年春天，"实践五号"卫星研制完成后，为了等待"风云一号"卫星进行一箭双星发射，在储存间里储存了半年多。储存后再次进行卫星力学振动试验时，却发现卫星的第三阶固有频率下降。有专家认为，这是卫星结构松动或破损造成的，如果真是这样，将直接影响到卫星发射。但对卫星进行的探伤试验却发现卫星结构没有任何毛病。时任中国空间技术研究院副院长并兼任"实践五号"卫星总指挥与总设计师的马兴瑞，凭借其在力学方面的深厚造诣，提出这可能是一种有待解释的物理现象而不是一个严重的问题。在组织专家进行深入研究的基础上，将其界定为由整星全铝蜂窝结构残余应力释放及连接应力重新分配所导致的"频移"现象，也就是说，这类卫星的结构系统在储存一段时间后重新进行力学试验时，可能会出现频率下降。这个解释得到专家们的认同和国外文献的印证，"实践五号"卫星顺利发射。

如果说科学分析不仅为航天设计提供了可靠的理论基础，还能为航天研制中出现的特殊现象作出合理的解释，很多技术难关的攻克则是在试验中一点点摸索出来的。在长征三号火箭的研制中，需要绝热的氢箱和氧箱以及绝热的加注液氢、液氧的管路，液氧在仿制中曾经做过，但温度更低的液氢却没有搞过，而液氢分子小，且易漏、易爆、易燃。当时，液氢下的铝合金性能研究在我国还是空白，要进行各种金属在液氢情况下的物理性能试验，就要把温度控制在液氢温度上，对材料进行强度拉伸试验。为了克服液氢挥发快、容易爆炸的难题，研究人员设法将液氢提升到液氢温度，因为氦气稳定，不怕爆炸，这样做既安全又可靠。只有通过大量艰辛的研制试验，才能逐步摸索出这些技术与工艺诀窍。

毋庸置疑，试验模拟越充分、强度越大、环境越逼真，对研制工作的价值越高，但受我国的国情所限，中国航天设计师们面对的一大难题就是如何通过巧妙的试验设计，以低水平的投入打造高水准、高可靠的产品。据曾任长征三号甲火箭总设计师和总指挥的龙乐豪院士的回忆，在长征三号甲火箭的研制中，设计师们绞尽脑汁，从火箭的技术途径、设计方案、研制试验方法及程序等各个方面进行了充分研究与论证，终于创造性地拿出了适合中国国情、又快又好又省的火箭设计与试验方案。例如,对于一种新的上面级火箭发动机,在飞行前都要做高空环境模拟试车。为了在地面模拟发动机天上点火时的高空环境,西方航天大国一般都采用"外能源抽空"的办法,以求形成一个巨大的真空室,然后在其中点燃发动机。这种办法要耗费巨大的财力、物力、人力和很长的时间。我们的设计师则很巧妙地采用发动机"自身影射法"来实现高空模拟试车,既省时又省钱。另外,对于某一级火箭整体的点火试车,国外都采用特别的加强型火箭来进行,我们则采用与飞行火箭同一技术状态的产品来完成,而且做到一发火箭多次试验、一次试验多方收效。相比之下,资金投入与时间花费更少。精心设计、巧妙安排、低耗高效,已经成为中国航天研制试验的一个重要特征,这也是其实现可持续发展的关键策略。①

在航天研制工作中,科学分析与试验模拟往往相互支撑、互为补充。为了提高航天产品的可靠性和安全性,航天研制工作十分重视测试的覆盖性与地面模拟试验。但航天人也认识到,由于航天产品的技术状态及其运行环境的特殊性,测试和试验模拟有很多覆盖不到、测试不出、模拟不了的情况,必须借助科学分析设计出更可行与有效的试验模拟方案。为此,一方面,通过严格工艺过程紧抓发动机等不可测试件的过程控制和单点失效环节;另一方面,要适时引入科学分析,如航天型号在太空飞行状态下的热分析,从理论上把主要的问题找出来,再据此做出可以相互检验比对的简单而有效的试验模拟方案。

反过来,对一些问题的解决不能仅仅停留在对现象的科学分析与解释层面,还要通过试验摸清其发生的机理,进而采取有效的改进措施。"神舟五号"飞船发射成功以后,火箭研制者得知,在火箭上升阶段,航天员强烈感受到了一种超乎预想的严重的箭体振动,并感觉到身体不适。经过分析,研制人员意识到这就是人们司空见惯的共振问题。从理论上讲,克服共振的办法很简单,只要改变其固有频率即可。但为了确定具体的机理,找到引起共振的"元凶",长征二号F火箭的研制人员用了7个多月,先后做了大量的试验,从发动机输送管路振动试验、船罩振动试验到全箭纵向振动试验,在火箭一级发动机工作的0秒—140秒中,逐秒、逐段地查找振动频率。经过大量分析试验,才锁定引起共振发生的系统,最后替换了火箭发动机输送管路上的蓄压器,使输送管路内

---

① 《中国航天腾飞之路》编委会.中国航天腾飞之路——亲历、亲见、亲闻[M].北京:中国文史出版社,1999:494.

液体的频率与火箭结构的振动频率完全错开,共振现象终得以消除。

科学分析与试验模拟的结合并非简单的理论与实践的关联,实际上两者在航天研制活动中始终是相互渗透的,势同太极图中的阴阳,你中有我、我中有你,互为条件、互补共进。

四、突破约束的创造性与洞察力

虽然航天研制活动所面对的是十分严格的系统工程,却是一项无处不充满创造性与洞察力的事业。什么是创造性和洞察力?对航天事业来说,创造性和洞察力有何意义?如果说航天事业在本质上是一项克服惯性的事业的话,航天研制中的思想和认识活动就应该为人们超越时空的约束提供创造性与洞察力。但问题是,这种创造性和洞察力从何而来,或者说是什么激发了中国航天人的创造性与洞察力呢?简单地讲,它们是被环境所逼出来的一种超越。只要看看航天型号的名称,就不难理解这一点:东风、红旗、东方红、长征、风云、北斗、嫦娥、巨浪等等,或豪气云霄,或威震四海,或腾飞九天之外。结合它们的历史背景,很容易体味出其中所渗透的精神气质,就是一种不断突破约束的力量,而这种力量的来源无疑是一个民族、一个国家争生存、求发展的强大欲望在航天等国家战略追求上的体现。

在王永志巧妙解决中近程导弹燃料外溢问题的故事中,王永志所展露出的卓越的洞察力来自他对技术的透彻理解。在大家一筹莫展时,王永志与同事一起对燃料最佳配比进行了研究。如果加注的燃料达到最佳配比,那么导弹达到预定飞行速度时,两种燃料将同时耗尽。他们通过研究发现,温度升高使得两种燃料的密度发生变化,最佳配比会偏离原来的计算值。因此,王永志认为,如果根据新的最佳配比,泄出多余的推进剂,就能减少导弹熄火时的"死重",减轻导弹重量,射程自然就更远了。经过认真计算,王永志胸有成竹地指出,泄出600千克燃料,导弹可以打到目标。正是这种创造性与洞察力,使王永志等创业者抓住了历史机遇,在二十多年后仅仅凭着一张长征二号E火箭的设计草图,硬是挤进了竞争激烈的国际商业发射市场。也是这种创造性与洞察力,使王永志挑起载人航天工程首任总设计师的重担,为我国的载人航天制定了符合中国国情的"三步走"的实施方案。

另一个神奇的故事是坚守一线岗位五十余年,年逾古稀,依然在为导弹火

箭规划运行轨迹的弹道设计专家余梦伦院士。一次,在为国外执行商业卫星发射任务时,因为进口监测设备出现故障,显示弹道出现严重偏差,火箭很可能会落入人口稠密的大城市,后果不堪设想。果真如此,必须启动火箭自毁程序。在场的军方代表果断按下了第一次火箭自毁开关,准备引爆火箭。坐在军方代表身边的余梦伦,眼睛一直紧盯着电脑屏幕,却发现所有参数一切正常。正当军方代表准备再次确认火箭自毁指令的时候,余梦伦急忙举手叫停,并解释道,"所有参数都在误差范围内,弹道设计应该不会有问题"。面对军方代表质疑的目光,他再次表示,"我可以担保,弹道设计绝对不会有问题,应该是监测设备的故障"。军方代表没有第二次按下引爆按钮。几分钟后,电脑屏幕显示,火箭已经进入预定轨道,原来的警报是误判,价值几个亿的卫星保住了!如果没有弹道设计上的长期积淀和深厚造诣,余梦伦在此千钧一发之际是不可能有如此精准的洞察力和如此果敢的决断力的。

航天是一项时刻都可能遭遇巨大挑战的事业,当航天人勇敢地面对最大限度的挑战时,他们的创造性与洞察力也会因高强度的刺激而发挥到极致。1990年2月15日,正好是大年初一,时任"风云一号"第二颗卫星控制系统主任设计师和总体主任设计师的徐福祥突然接到电话告知:"'风云一号'出现异常自旋,失控了!"在奉命前往西安卫星测控中心的列车上,他看到一个新疆小姑娘在玩指南针,自然地想到是地球磁场的作用使磁针发生转动,在转动的磁针的刺激下,满脑子都是卫星失控的他突然悟到,卫星上有三个磁力矩器的电磁棒,原本是为卸载卫星大飞轮设计的,如果通过遥控对三根电磁棒按特定的相位通电,借助地球磁场产生与自旋相反的力矩,能不能让卫星自旋慢慢停下来呢?航天工业部的老专家任新民听到了徐福祥关于抢救卫星的初步方案后,表示了极大的热情和关注,他说:"一定要把'风云一号'卫星抢救过来,在某种意义上讲,抢救成功一颗卫星要比研制一颗卫星的意义大得多。"实践证明徐福祥这一创造性的方案是科学的和有效的,开创了我国卫星抢救技术的先例。无独有偶,"风云一号"卫星的抢救方案与发生类似故障的美国"布洛克-5D"卫星的抢救方案在主要原理上几乎一致。后者是在计算机模拟的上千种抢救方案中挑选出的一种最佳方案,而且用了半年时间,而中国航天人凭着智慧,仅仅用了75天卫星就被成功抢救并恢复常态。"风云一号"卫星后来获国家科技进步一等奖,"风云一号"卫星抢救技术获国家科技进步二等奖,徐福祥本人获航天工业部通令嘉奖。

对很多盘根错节的"瓶颈"的突破,往往以对思维惯性的突破为前提。在刚刚进入新世纪不久,中国航天科技集团公司的研制任务中有两个具有技术相关性的型号,其中型号 A 的研制在先,且针对原设计进行过某些技术改进,型号 B 的研制在后,但完全按照原设计制造。当时出现了一个难以抉择的问题,型号 A 反复出现了试验状况不稳定的情况,型号 B 的研制者认为在型号 A 的"病"未治好之前,型号 B 绝不能轻易进行试验。当时刚刚担任中国航天科技集团公司总工程师的白敬武意识到,如果在这个问题上理不清思路,则不仅型号 A 的问题一时难以解决,还将拖累型号 B 的进度。通过大量调研,他发现型号 A 的问题是由于技术改进而造成对某些技术尚未吃透,而型号 B 则由于完全遵照原设计,因此不一定会出现型号 A 在试验中所出现的问题。按照这个思路,白敬武提出了一个大胆的方案:型号 B 的研制进度与型号 A 脱钩,型号 B 不必等到型号 A 的问题查清再进行试验,而是独立进行试验。这个方案得到了采纳。不久,型号 B 的研制工作按计划向前推进,多次试验均获成功,产品技术状态稳定,质量也很过硬。同时,白敬武又把目光投向了型号 A,依照他对型号 A 尚未吃透改进技术的认识,深入到型号研制生产一线,与设计和工艺人员进行交流,促使该型号所在的研究院迅速将精力从查产品质量转移到深挖与吃透技术上,经过一段时间的攻关,找到了"病根",随后的研制试验也获得了成功。[①]

洞察复杂状态,对难以判断的紧急情况作出果断的抉择,是航天人必须经常面对的挑战。1992 年 11 月,在长征三号甲火箭的研制过程中,由于液氧泵转速不正常,动力系统试验箭第一次试车失败。按常规,必须将三级火箭拆下,运回生产厂进行分解重装。但这得延误半年到一年的时间。经过分析,担任"两总"的龙乐豪认定问题出在发动机,决定现场拆卸发动机。研制人员拆下发动机重新装上新的氧泵,再次进行试车。但由于测量信号畸变,系统太灵敏导致紧急关机,第二次试车又失败了。顶着巨大的压力,龙乐豪组织近百名参试人员认真讨论失败的原因和试车方案。一时间情况十分复杂而难以抉择:如果将发动机运回生产厂,原定在发射场进行的合练将无法进行,为了避免涉外发射合同违约和被罚款,为了国家的尊严,发射合练必须按时完成。如果更换一台发动机进行后续试验,不仅会延误日期,还要花费一笔巨大的资金。如果还用这发火箭进行第三次试车,风险显而易见,加注过液氢液氧的箱体能否连

---

① 冯春萍.飞上九重天(谋略篇)[M].北京:中国宇航出版社,2006:173-175.

第四章 中国航天事业的思想精髓

续经受这么多次点火？会不会发生爆炸？龙乐豪带领他的团队迅速展开了各种试验，验证了箱体结构的可靠性和冷氦气瓶的安全性。大量的试验结果和科学根据，加上梁子垣副总指挥、贺祖明和王珩等副总师的支持，增加了他进行第三次试车的信心和决心，促使他作出了准确的分析和判断。他的想法得到了时任航天工业总公司总经理刘纪原和中国运载火箭技术研究院院长沈辛荪的赞同，最后决定在现场更换部分零部件并进行第三次试车。1993年4月10日，充满艰难险阻、长达四个多月的三级动力系统试车终于获得成功。一发火箭连续三次加注、泄出，四次点火试车，开创了我国火箭研制史的先例，不仅为火箭研制抢出了一年多的宝贵时间，还为国家节省了数千万元的经费。[①]

航天是一项高风险的事业，在很多复杂的决策过程中，为了全局的胜利，局部可能要冒巨大的风险，而这就对航天人的创造性与洞察力提出了更高的要求与挑战，促使他们在实践中学会了科学冷静地思考、全面缜密地权衡、胆大心细地抉择。正是这些过硬的本领，使长征二号F火箭在关键时刻打赢了三场猝不及防的硬仗。

第一场硬仗是消除运载火箭上的惯性平台系统的隐患。在发射"神舟二号"飞船前的测试中发现一个电压输出异常，发射人员在长征二号F火箭总指挥黄春平、总设计师刘竹生的带领下，对惯性平台系统进行了诊断，经两天努力仍无法找到原因、排除故障。黄春平亲点了徐云锦等六位专家赶赴基地试验现场指导，最终查找到故障的主要原因，通过采取相应措施，故障得到及时、彻底的清除。

第二场硬仗是抢救被撞击的火箭。2000年的最后一天，由于发射塔内火箭活动平台的异常操作而导致火箭被撞，临近发射前这场突如其来的变故可能使发射推迟几个月，无数艰辛的工作成果眼看将付之东流。黄春平和刘竹

图4-1 刘竹生（中）和刘宇（左）在测试厂房

---

① 冯春萍.飞上九重天（火箭篇）[M].北京：中国宇航出版社，2006：63-65.

生率领设计专家,从电气系统、动力系统(包括固体发动机)等火箭的关键部位的检查与探伤入手,一步一步对火箭进行了全面深入细致的检查。经过反复测量,认真计算,多方会诊,在三天之后向指挥部领导和专家提交了一份五十多页的《碰撞后火箭受损结果分析及处理措施》报告,给出了火箭受损轻微、产品可靠的结论性意见。结合充分的检验证据与理性缜密的分析洞察,黄春平、刘竹生向指挥部郑重承诺:"火箭可以发射!"2001年1月10日凌晨1点,长征二号F火箭发射升空,成功地将"神舟二号"飞船准确地送入预定轨道。

  第三场硬仗是超低温发射。2002年12月,酒泉卫星发射中心发射场气温因大雪降到-27℃,而按最低发射条件,气温低于-20℃,可能导致火箭密封件失效,引起推进剂泄漏等问题,不能发射。"神舟四号"飞船预定于12月30日发射。如此低的气温,能不能按时发射?火箭能不能经受住超低温的考验?为保证火箭安全升空,12月28日全天,发射队研究制定发射前火箭的"保温"方案。在刘竹生的带领下,发射队分析了低温对推进剂、密封圈、电子元器件、电池、仪器,特别是对火箭结构可能造成的影响,提出了应对措施。时任中国运载火箭技术研究院院长吴燕生、总指挥黄春平详细部署了火箭保温工作。第二天,发射队用各种办法对火箭进行了包裹,让火箭"保温"。同时,通过模拟试验搞清低温情况下火箭推进剂的状况,没有发现异常情况。飞船和火箭功能联合检查结果进一步显示一切正常,这表明发射队所采取的保温措施相当有效,也证明长征二号F火箭的"耐寒"和"耐冻"能力超强。通过这些分析、试验和所采取的相应措施,他们确认长征二号F火箭可以抗得住超低温,可以按时发射。

  在这三场硬仗中,第一场的关键是对人为差错的识别,第二场主要是对突发事故的处理,第三场则是对极端环境的应对。正是通过这些错综复杂的紧急情况的考验,中国航天人练就了他们独有的创造性与洞察力。

第五节 航天发展的战略思路

一、系统集成与关键突破

航天事业是一项系统工程,航天型号的研制从本质上讲是任务型的活动,其基本思路是系统集成与关键突破,即在明确总体需要的前提下,整合资源并在优化的基础上展开系统集成,同时通过攻关,突破达成目标所必须实现的关键短线项目。航天型号产品一般由多个分系统组成,每个分系统又由多个单机(子系统)组成。单机集成为分系统、分系统集成为系统不是简单的叠加,而是一个被赋予特定功能的过程,即航天型号通过这样一层层的有机结合,最终实现预定功能并达到相关技术指标要求。各个分系统之间必须协调匹配,如结构尺寸相互匹配、资源消耗供求平衡等。系统集成方法本身也在不断创新之中。从航天设计的发展来看,随着电子、机械技术的不断进步,产品结构得到了优化和简化,单机产品的功能越来越强,出现了分系统和单机数量压缩以及"系统单机化、单机系统化"的趋势。如一些以前需要多个单机完成的功能,现在能集成在一个"片上系统"中完成。

系统集成是对现有资源的优化组合,强调在继承的基础上创新——在成功与成熟的基础上,对已有成果加以改进、创新,使之又快、又好、又省地满足时代的需求。中国航天的成功经验就是,以成熟技术为铺垫,用高新技术作牵引,重点突破,力争在时间和资源有限的情况下,实现持续创新与全面发展。这是一条不断进取、走向更大成功的捷径。长征系列运载火箭就是沿着这种技术路线发展而来。目前我国的长征系列火箭可以归纳为以点突破,以点带面,全面推进。长征一号火箭是在我国第一种两级中远程导弹的基础上进行改装,再加上新研制的第三级固体火箭形成的一种三级运载火箭。此后的长征系列火箭主要源自于远程运载火箭,以它为基础发展出了我国最基础的长征二号火箭,以其为基础,加三级变成长征三号火箭,加捆绑变成长征二号E、长征二号F等系列火箭,而这些型号都沿用了远程运载火箭的75吨的四氧化二氮和偏二甲肼发动机。换言之,正是以这种发动机作为突破点带出了长征系列的火箭。我国的国情决定了不可能像俄罗斯和美国那样动辄搞上百种各种各样的构型,我们往往是谋划出一个构型,做完以后再根据新任务的需求进行拓展,成功地走出了一条成本较低、相对务实的发展道路。

高效率的系统集成也始终是航天生产管理与工业工程的重大课题,系统集成方式的创新直接带动了顶层设计层面的提升。为了应对当前高强密度宇航发射的严峻形势,211厂创造性地采取了一种先进的生产模式——制造单元。所谓制造单元,就是通过对生产工序进行科学的"排列组合",将某一生产加工所需的设备按照工艺流程布局和集中,并组建相对固定的生产团队。如此一来,原本零部件在各工序间排队供应、按批量流转的现象彻底得到改观,"流水生产"让产品"排队"等设备的现象一去不复返。211厂对现有资源进行有效调整和重组,先后组建并投入使用了10多个制造单元,大大提高了生产效率。

系统集成的根本目标是在实现高质量与高可靠性的基础上追求高效率。首先,高质量和高可靠的航天产品研制必须从提高元器件的质量与可靠性入手,再加以系统集成与整体优化。由于高可靠的电子元器件不可能从一般产品中筛选出来,早在远程运载火箭的研制中,张爱萍将军就支持成立了电子元器件可靠性领导小组,提出了专人、专机、专料、专批、专检、专筛、专卡七项专门措施,生产出的"七专"元器件的质量得到明显提高。

单纯依靠筛选等措施提高元器件的可靠性难以确保航天产品的高质量与高可靠,产品的可靠性需要靠系统协调、工作程序选择等更深层的系统集成措施来保证。在长征二号火箭的研制中,为了提高火箭的运载能力,研制人员通过反复论证和试验,认识到减轻运载火箭各个系统的质量就意味着运载能力的增加。为此,设计人员刻苦攻关,提出了"为减重每1千克而奋斗!"的口号,在确保性能的前提下,千方百计减轻箭体结构和各分系统可以减去的重量。同时,设计人员还从轨道方案上进行探索,合理选择火箭各级发动机的工作程序,进一步增加运载能力。最先提出的轨道滑行方案是级间滑行方案,即在一、二级分离后,先让游动发动机工作,慢慢滑行。当滑行到一定高度时,二级主发动机再点火,以更大的推力将卫星送入轨道。经计算,级间滑行可以提高运载能力100千克左右,但却会使整个系统更复杂,结构也会因此而加重,总体效果不够理想。后来,弹道设计专家余梦伦受弹道特性和小推力方案的启示,通过深入分析与反复计算,最后确定的方案是在二级飞行时,先让主机与游动发动机同时工作,随后关闭主机,让游动发动机继续独立工作,直到入轨。这种方案的优点是简便,且能增加500千克的运载能力,缺点是入轨点航程较远,但无关大局。

原中国航天科技集团公司总经理张庆伟曾撰文指出,在提高元器件可靠性的基础上,航天产品必须在设计上采取冗余、容错、系统重构等技术组合集成的途径以确保质量和安全;针对大型复杂软件的开发,应通过软件工程化等措施提高软件产品的质量和整个系统的可靠性。显然,这些措施的选择与实施应该以增强总体性能为目标,需要把握合适的度。以冗余技术为例,它的采用可以使某些故障发生时系统的强壮性得到提升,但冗余过多时,不仅抗错能力增加不大,而且会带来诸多不利于总体和系统性能的新问题。

其次,系统集成对高效率的追求集中体现在力求以低水平的投入实现高水平的研制。运载火箭等航天型号的研制经费和产品成本一般都很高。以长征三号甲火箭为例,它的运载能力与欧洲"阿里安"42P火箭相当,成本却只有后者的15%。为了节约成本提高效率,中国的火箭设计师殚精竭虑,从火箭的技术途径、设计方案、研制试验方法及程序等多方面进行了充分的认证和研究,创造性地提出了既快又好又省费用的设计方案与试验方案。例如,一、二级箭体结构沿用较为成熟的长征二号系列火箭的箭体,一般不再重新试车。即便要重新安排试验,也先进行充分理论分析、设计和计算,尽量减少试验件的数量。这些措施无疑是具有风险的,对航天人的理论分析和实际判断能力具有相当的挑战性。

航天型号的研制是一个不断接受新任务、迎接新挑战的过程,每一个新型号的出现都是集成创新的结果,而集成创新的成败又取决于刘那些影响到全局的新技术和关键技术的突破。从部分与整体的关系来看,一方面,航天研制工作应立足全局,实现整体创新;另一方面,对于影响整体创新水平和质量的局部关键技术,必须上升到全局性的高度来抓。从技术路线上讲,是选择继承性好的成熟技术还是选择比较先进但技术难度大的新技术,是义无反顾地攻克技术难关还是寻找相对容易打通的技术路径,需要根据型号研制的目标反复酝酿和认真权衡,才能做出大胆而有远见的正确决策。除了型号研制的需要,作出创新和攻关抉择的主要判断标准有三:一看是否符合技术发展的大方向,二看在此方面的突破是否使关键技术乃至整个系统上一个新台阶,三看能否带动其它相关技术领域的整体发展。

在远程导弹的研制中,为了保证发射精度,设计者大胆采用了平台—计算机方案。时任控制系统负责人的梁思礼在回忆文章中说到,这个型号射程大,精度要求高,只有用平台—计算机方案才能比较有保证地完成任务;当时平台—计算机方案在国际上也是一门新技术,只有美国在民兵 II 导弹上使用过,但这是一个方向,迟早要上;这个关键突破了,我们就能在制导系统上登上一个新台阶。于是,设计者拍板采用了平台—计算机方案。当时集成电路起步不久,要使计算机上弹又非采用集成电路不可,承担此项工作的 156 工程处不仅研制出了符合要求的增量型计算机,还研制出 NMOS 集成电路,在工艺上也有很大改进。这在当时全国电子行业属于首创,成为航天科技带动其它国民经济的一个范例。

在长征三号甲火箭的研制中,研制人员用了八年时间先后攻克了一百多项新技术和关键技术。远距离通用测发控系统、控制系统全冗余技术、三级氢氧发动机校准试车后不分解技术、激光惯性测量组合技术等新技术不仅国内领先,有的还赶上和超过了世界航天大国的技术水平。而 YF-75 大推力氢氧发动机、动调陀螺四轴平台、冷氦加温增压系统和低温氢气能源双摆伺服机构等四大技术关键的突破,不仅为长征三号甲火箭实现整体技术目标提供了可靠保证,还使我国的火箭技术跃上一个大台阶。

自 1994 年成功实现一箭双星的发射任务以来,长征三号甲火箭一路勇克难关,成为无失败记录的金牌火箭。近年来,长征三号甲系列火箭又多次圆满完成了北斗导航卫星系统、探月工程等国家重大工程项目的发射。总指挥岑拯和总设计师姜杰带领长征三号甲火箭团队,沿着老一代"两总"龙乐豪、贺祖明等开创的道路,努力探索新形势下高密度发射任务质量管理模式,在优化质量管理流程、改进生产工艺、提高可靠性设计、完善质量可靠性数据包等方面展开了新的探索。他们不断创新,取得一个又一个佳绩:首次实现了地月转移轨道发射技术,重点组织突破了长征三号甲系列火箭上面级深空粒子防护和制导导航控制系统等关键技术,解决了长征三号甲系列火箭双激光惯组冗余管理和复合制导等技术问题,并完成了"北斗二号"卫星工程火箭可靠性专题、"十一五"火箭可靠性增长项目等卓有成效的工作。

二、预研积累与跨越拓新

20 世纪 60 年代初,聂荣臻元帅在领导导弹、火箭等研制工作时,根据我国的实际情况和多年的实践经验,总结出了符合大规模科学研制工作规律的"科研三步棋"的思想。其基本思想是:一方面,型号研制可以分为预先研究,研制和定型,定型后生产三个阶段;另一方面,从工作的连续性出发,至少要看"三步棋",即在一定的计划时期内,研制工作要同时安排三个层次的型号,一种是正在生产的型号,一种是研制的新型号,一种是需要预先研究的更新的型号。"三步棋"符合我国大规模科学技术研制工作的客观规律,"三步棋"思想的运用有力促进了我国航天和国防尖端技术产品的高速发展。在我国导弹研制实践中,"三步棋"的思想发挥了巨大作用:1964年6月东风二号导弹发射成功,1966年10月"两弹"结合试验成功,1966年12月东风三号导弹首飞成功,1970年1月东风四号导弹首飞成功,1971年9月远程运载火箭首次低弹道近程飞行试验成功等等。五十多年来,中国航天将这一经验发扬光大,形成了"探索一代、预研一代、研制一代、生产一代"四步走的技术发展路线。

对预研与探索工作的重视是中国航天明显有别于国内其它产业之处。论及预先研究,钱学森曾指出,一般的工业生产主要包括试制与生产两个阶段,但对像航天等现代大规模的科学技术研制工作来讲,要加快技术发展的步伐,新型号还必须运用老产品所完全没有用过的某些新技术。虽然从科学理论上讲,某项新技术可以实现,但如何实现,制造出什么样的部件、什么样的仪器,最后能达到什么样的性能还不得而知。因此,在新型号的正式设计之前,需要进行预先研究与试验,从失败到成功,最后做出性能满意的部件或仪器的试样。通过预先研究,运用了前所未知的新技术的型号设计才有把握,新型号才可能在提高性能的同时具有更高的可靠性。①

从航天研制工作的整体过程来看,预先研究是技术积累的重要途径,没有预先研究就没有技术储备,没有一定的技术积累和技术储备,就不可能实现跨越发展。我国的中程地地导弹,从1965年初确定总体方案设计到1966年12月第一次飞行试验成功,仅用了一年零九个月。在如此之短的研制周期内取得成功的关键,就是因为预研比较充分,采用的技术相对成熟。而在"文化大革命"中,由于只抓型号,削弱以至挤掉了预先研究工作,许多重大技术关键还未取得原理性突破就仓促上马,结果反而拉长了研制周期,降低了技术指标,造成人力、物力和财力的浪费,也拖了第二代产品的后腿。

---

① 凌福根.钱学森论火箭导弹和航空航天[M].北京:科学出版社,2011:241.

中国航天事业的每一次跨越发展都建立在若干年乃至十几年的持续技术积累与技术储备之上。中国载人航天工程的跨越发展建立在数十年的技术积累之上,在其立项时,长征系列运载火箭成功地进行了 26 次发射,其中发射了 13 颗返回式卫星,基本掌握了卫星发射、定点、返回等关键技术。用于载人航天的长征二号 F 火箭是在长征二号 E 火箭的基础上加以改进和完善的,而在此前长征二号 E 火箭已进行了 8 次发射,经历了成功与失败的考验。飞船有返回式卫星的成功经验,有回收技术、防热材料等研究成果可以借鉴。而通信卫星控制技术的积累,实现了利用计算机冗余技术对航天器的综合管理。从历史回溯的角度来看,它们实质上构成了载人航天的预研基础,如果没有这些关键领域的技术作基础,根本不可能只经过 4 次无人飞船试验,就成功实现首次载人航天飞行。

预先研究一般是为了某一具体新型号、新产品而展开的,在预先研究前增加探索研究是为了超越具体的新型号设计,在顶层设计上寻求"跨一代"的规划效果。从顶层设计来看,"预研一代"的主要思路是跟踪世界先进航天型号前沿技术并提出适合我国国情的航天发展规划,依然是在追赶世界先进技术,自己创新发展的内容相对较少;而"探索一代"的主旨是不再局限于亦步亦趋地跟踪追赶,而着眼于通过原始性的自主创新,寻求超越与领先的态势。对于航天研制来说,探索并不一定意味着提出重大的科学原理和科学概念,而是在深入分析研究前沿的科学原理所提供的技术可能性的基础上,选择具有发展前途的概念技术,探讨其实现的可能性,使整个航天技术发展路线拥有更深的上游设计,使其可持续发展的基础更坚实。如果说"预研一代"使航天研制工作拥有更强大的技术储备,那么"探索一代"则使得这些技术储备具有更深的基础,探索的主要目标是寻求科学思想与技术概念中具有可行性的新的结合点与生长点,惟其如此,中国航天才能走出一条真正的持续快速创新之路。加入"探索一代",拉长了航天技术发展路线,这一方面体现了我国经济与科技实力已经发展到了可以系统地启动原始创新的阶段,另一方面通过这种四个阶段的循环与交叉发展,将使航天研制工作在完成当前高密度发射任务的同时形成长远发展、持续创新、引领技术的整体实力。如果说预先研究更多的是对需求拉动的主动反应,那么探索研究则更凸显需求与想象力和创造力的相互引导与相互激发。

"四个一代"使航天型号研制工作形成一个完整的从储备积累到跨越发展的总体创新进程。"探索一代"即着眼长远发展与新概念探究,"预研一代"即突破阻碍航天发展的技术关键和新技术开发,"研制一代"即研制开发满足需求的新产品,"生产一代"即制造状态稳定的产品并形成装备交付用户使用。中国航天实现跨越发展的关键在于立足长远的持续的技术积累。在我国综合国力发展到一定阶段后,不论是载人航天工程的"三步走"战略,探月工程"绕"、"落"、"回"的分阶段实施,还是将来的深空探索,最终还是取决于航天技术储备的深度、广度和技术水平的高度,而这更进一步取决于立意深远的总体谋划与顶层设计。只有及早对探索与预研进行科学布局,才能摆脱被动追赶的局面,才能尽早吃透技术,在克服研制与创新的风险上占据主动地位。正是在这一创新发展模式主导下,长征运载火箭系列型谱逐步形成,实现了从常规推进到低温推进、从串联到串联加捆绑、从一箭单星到一箭多星、从近地轨道与太阳同步轨道到地球同步转移轨道再到地月转移轨道、从发射卫星载荷到发射载人飞船等一系列跨越式发展,具备了发射低、中、高不同轨道、不同类型卫星的能力,并在国际商业卫星发射服务市场上占据了一席之地,从而使中国火箭成为世界上为数不多、具有自主知识产权和较强国际竞争力的航天高科技产品。

  对于人类来说,梦想有多远,舞台就有多大。中国航天科技集团公司副总经理吴燕生就曾说过:"对于航天事业来说,运载火箭的运载能力有多大,中国航天的舞台就有多大。"中国航天实现跨越发展和领域拓展的基础与关键是运载技术的进步。为此,中国运载火箭技术研究院认真谋划和制定了面向未来的战略目标。其近期目标是:全面提高我国运载火箭的整体水平和能力,拓展航天运输系统的应用领域,并为建立完善的航天运输系统奠定基础;以研制新一代运载火箭为重点,全面提高我国运载火箭在国际商业发射服务中的竞争能力;瞄准我国军用和民用航天的需要,开展可重复使用运载器及其它新概念运载器的关键技术攻关。其远期目标是:建成完善的航天运输系统,初步建立满足我国军用和民用需求的天地往返运输系统;开展新概念航天运载器研究。

  其中,新一代运载火箭的研制尤其引人注目。根据龙乐豪院士撰写的文章介绍,我国新一代运载火箭将以"立足长远、统筹规划、优先发展、分步实施"为发展原则,遵循"一个系列、两种发动机、三个模块"的总体思路,并贯彻"通用化、组合化、系列化"的设计思想。据此,我国正在研制包括5米直径大型运载火箭、3.35米直径中型运载火箭和小型运载火箭在内的无毒、无污染、低成本、高性能的新一代运载火箭系列,其近地轨道运载能力最大达到25吨、地球同步转移轨道运载能力最大达到14吨,将大幅提升我国进入空间的能力,除了满足卫星发射的需求,还能满足未来月球探测工程发射较大规模的月球返回探测器、载人航天工程的 20 吨级空间站等大型有效载荷的需求。这些构型中有些构型的能力有重复,需在综合考虑能力需求以及对未来任务的适应性、成本、可靠性等因素的基础上,合理地进行归并与简化,形成能很好地满足未来基本需求并且构型少而优的运载火箭型谱,力争在 20 年内完成一次性运载火箭的更新换代。

图 4-2　吴邦国(左一)在张高丽(左二)、马兴瑞(右一)、李洪(右二)陪同下视察天津新一代运载火箭基地

跨越式的发展是一个类似量子跃迁的过程,不达到一定的能量无法实现跃迁。技术储备与积累所带来的效应主要在于总体能力与水平的提升。纵观中国航天事业的发展历程,积累与跨越的关系不仅仅是简单的量变与质变的关系,向什么方向探索,选择什么进行预研,如何通过集成创新开展研制,怎样生产高质量、高可靠、高安全的产品,都必须站在整体与全局的高度,都应充满强大而持久的创新动力,都要有超越的眼光和动态的布局;这都需要航天人以与时俱进的精神,从总体上认真谋划、开拓创新,提升总体能力,使之处于"激发态"。中国航天科技集团公司总经理马兴瑞一再强调,提升总体能力是加强航天系统工程的龙头,中国航天五十多年的发展历程已经证明,提升航天型号总体能力具有重要的战略意义,是中国航天发展的必由之路。近年来,为了加强

总体能力建设,提升"总体牵引能力"和"系统抓总能力",中国运载火箭技术研究院将总体能力内涵概括为"谋划发展能力、领域创新能力、型号任务能力、系统管理能力和人才培育能力"五个方面,以此充分发挥其在航天事业中的总体牵引、辐射和带动作用。

三、四类创新与"三个转变"

航天技术是战略性、尖端性高科技,是衡量一个国家科技水平和综合国力的重要标志,历史的经验与现实的发展表明,发展航天技术只能立足于自主创新。在建设创新型国家的伟大进程中,航天科技工业是我国的战略性高科技产业和国家的战略安全基石,中国航天人一直是我国自主创新的主力军和生力军。中国航天事业五十多年的发展在自主创新领域积累了很多宝贵的经验,进入本世纪以来,为了应对新的科技发展态势与大国竞争格局,中国航天人把握航天科技工业的行业特点,不断提升自主创新能力,积极地探索创新模式的变革与拓新,形成了"集成创新"、"原始创新"、"产品创新"、"军民融合创新"四类创新模式。

集成创新是实施国家重大科技工程的主要创新方式,从"两弹一星"、载人航天到探月工程,其基本路径都是系统集成创新。集成创新的基本思路是,一方面,立足对航天和整个科学技术发展态势的分析,以新的观念集成现有科技成果,开展创新活动,研究开发满足或可能满足现实需要的产品;另一方面,围绕重大工程展开系统集成创新,进而形成航天技术、航天科学和航天应用"大航天"的发展势态,激发高科技相关领域直接或间接参与航天活动的积极性。由此形成了多方面的系统集成创新效应。一是航天科技产业体系的持续发展和提升。在中国航天发展的每一个阶段,重大航天工程的系统集成创新都极大地推动了航天高技术的发展和整个航天科技产业体系的建设。二是以航天为龙头的产业链的形成与发展。航天型号的系统集成创新对于国家科技创新体系具有强大的牵引与辐射作用,成为推动经济社会发展的重要力量。三是通过推动创新平台建设融入国家技术创新体系。为了强化航天前沿战略领域的大系统论证、技术咨询和关键技术攻关,中国航天科技集团公司与中国工程院共同组建成立了"中国航天工程科技发展战略研究院",理事会由中国工程院、中国航天科技集团公司、国家发改委、工业和信息化部、国家国防科工局、北京市科委、总装备部、中国航天科工集团公司、哈尔滨工业大学等24家单位组成。同时,在总体院组建成立了"钱学森运载技术实验室"、"钱学森空间技术实验室"等,进一步完善了以总体单位为龙头,以重点专业技术研发中心为核心,以重点实验室、国家级工程研究中心为支撑的航天技术创新体系;同时,努力深化产学研相结合的合作创新平台,与国防科技大学联合建立了空间光学先进制造技术研究中心,与武汉大学联合成立了遥感数据处理与应用技术研究中心。

原始创新的核心目标是加强前沿技术探索,强化相关高新技术储备,抢占航天未来发展制高点。要想实现国际一流,必须要有原始创新。其基本思路是,立足自力更生,通过在重点技术领域涉及的关键技术、重大产业化项目涉及的实用技术和长远发展涉及的基础技术等方面的研究,开展新技术探索,拓展知识与技术储备,掌握具有自主知识产权的核心技术。原始创新不可能一蹴而就,如果没有长期的技术探索与储备,载人航天等关系国家战略安全的航天型号与装备就无法取得令人瞩目的成就。五十多年来,中国航天人依靠刻苦攻关和艰苦努力,逐步攻克和掌握了一项又一项航天领域的核心技术和关键技术,形成了一大批具有自主知识产权的创新成果。在"十一五"期间,中国航天科技集团公司在11个重大领域数百项核心技术攻关中取得了突破,有力地牵引了以载人航天二期、三期和月球探测二期、三期工程为代表的国家重大科技专项和若干重大型号的立项研制;有力地推动了新一代国防重大装备系统、航天运输系统和空间飞行器关键技术的跨越式发展;有力地支持了空间机器人和深空探测等涉及国家重大战略安全的前沿技术的专项研究,为中国航天未来十年乃至二十年的发展储备了大量技术。要想搞好原始创新,还必须规划好基础领域,大力推进产学研结合,特别是研究院所与大学的结合,这无疑有利于加速原创性新知识向研制层面渗透。

产品创新就是实现研制成果产品化、规模化、市场化,使航天研制与生产的模式从传统的"实验室出产品的科研模式"转向"现代工业体系的产业发展模式"。产品创新是近年来航天型号研制生产跨越式发展和高强密度发射的必然要求。产品创新的关键思路是,超越传统航天科技的"多研制、多品种、小批量、少生产"的研究试验模式,引入原理样机、工程样机、飞行试验、产品定型、重复稳定生产、高可靠水平等全过程技术创新管理,实施以产品成熟度为核心的航天产品工程。近年来,中国航天科技集团公司大力推进了产品定型、产品保证管理、成熟产品选用、产品首席专家、升级换代、产品工程技术管理等工作机制,

第四章　中国航天事业的思想精髓

为实施"十二五"发射百箭百星和国家重点任务奠定了坚实基础。与产品创新紧密相关的基础之一是生产工艺的创新。随着航天发射任务日益频密,中国运载火箭技术研究院211厂的火箭年产量达到10发甚至20发之多,由小批量试制转向了批量生产模式。受到航天装备制造业特点的限制,航天工厂的生产长期围着设计转,试制数量有限,无法形成规模生产;同时,航天加工生产工艺手工作业色彩浓重,在很大程度上都要依赖工人的经验和技术,难以持续高效地保持工艺的可靠性和稳定性。为了提升火箭的批量生产能力,211厂意识到,绝不能让产品"等"技术,在生产工艺上引入了自动化设备和信息化手段。2008年,首次采用自动化焊接生产长征三号乙火箭的贮箱,应用了三十多年的两面三层手工焊接工艺从此淡出。2011年底,在天津新一代运载火箭产业化生产基地,直径5米的长征五号火箭一级氢箱成功下线。这不仅是目前我国尺寸最大、加工难度最高的火箭贮箱,更集成了铣焊一体、内撑外压、爬坡悬空焊和远程视像监控等先进制造技术。先进的焊接技术,为更多更新火箭的研制生产提供了技术支撑平台,更带动了火箭制造技术的整体跃升。

军民融合创新就是拓展航天科技的创新技术、能力和资源的外部性,充分利用其溢出效应,促进航天技术向其它高科技产业和整个国民经济领域的转化。其基本思路是,通过"军民结合、寓军于民"走军民融合之路,依托航天动力、航天太阳能、航天电子、航天制造、航天材料、航天空气动力等核心技术与能力,大力推进"技术共生、能力共享、资源统筹"的军民融合式发展。以中国航天科技集团公司为例,围绕战略性新兴产业,在高端装备制造、新能源、新材料、新能源汽车、新一代信息产业等重大领域进行了重点布局,形成了煤化工、太阳能光伏、液压支架、集成电路、烟气脱硫等12项重大产业化项目。军民融合的关键不仅在于技术的创造性应用开发,更在于体制与机制上的市场化转型。以中国运载火箭技术研究院下属的航天工程公司为例,它是为适应民用产业长远发展的需要,依托军工技术优势及研制能力而组建的公司,主要从事煤气化工程和煤化工设备的研发、设计、生产、销售、服务等业务。中国运载火箭技术研究院书记梁小虹在调研该公司时表示,航天工程公司生产、组织形式的变化和体制的变革一定会带来生产力极大的释放,公司的基础能力建设决定了其生产能力可以和整个市场发展相匹配,航天工程公司一定要利用这种优势,在战略发展层面进一步深化研究,为航天技术应用产业的发展作出贡献。军民融合创新还处在试验阶段,它是航天事业在新形势下推动国家整体创新能力和展示科学发展巧实力的重大战略选择；它的成功不仅直接关系到我国航天科技投入的总体效益,更关系到国家创新能力与综合国力的整体提升。

中国航天在四个创新层面的布局与行动正在带动创新方式的三个转变。在中国航天科技集团公司第二届技术创新大会上,总经理马兴瑞指出,中国航天应对新一轮科技革命需要实现三方面的转变。一是从跟踪模仿创新向开创性、原始性创新转变。跟踪模仿创新能够解决"追赶"的问题,使我国成为航天大国,而要真正提升中国航天的国际竞争力,成为世界航天强国,必须转变创新思路,围绕重大航天技术前沿领域,大力推动原始创新,逐步在一些关键领域形成引领世界航天技术发展的优势能力。二是从单项技术创新为主向系统级、体系化集成创新转变。一方面,我们围绕支撑国家重大任务开展关键技术攻关、背景型号和前沿技术演示验证、国家"863"计划等项目,梳理形成了核心技术发展计划,这是技术创新的基础和核心,需要坚持不懈地抓好。另一方面,必须认识到,越来越多的新技术将出现在多学科交叉领域,各类技术之间空前融合,系统创新、集成创新将成为创新活动的主流,成为引领专业发展和单项技术创新的重要力量。在一个体系下带动众多单点技术的创新,将更有助于占据竞争的主动地位,进而形成以系统创新为牵引、以专业技术创新为支撑的相互作用、相互促进的良好格局。三是从面向性能指标的技术创新为主向面向科研生产装备全寿命周期的能力创新转变。只有把技术创新成果转化为现实生产力,才能真正提升中国航天的核心竞争能力。在关注前沿技术创新的同时,应该更加注重如何实现新技术的推广应用,通过设计、加工、制造的流程创新、试验验证技术创新、工艺技术创新以及组织管理模式创新等,提高新技术的转化效率,真正实现竞争实力的增强。

四类创新与"三个转变"指引着中国航天科技自主创新的未来方向,航天人正在通过努力实践谋求进一步的跨越与发展,而这将是一条充满荆棘的探索之路。虽然我国在航天等领域的自主创新在世界上占据了一席之地,近年来GDP指数也很高,但整体创新能力不强,具体表现为原始创新不多、集成创新不够、引进吸收再创新不足。中国航天用实践证明,产业发展依靠别人是不行的,必须走自主创新的道路,当前的经济结构调整最重要一点是创新能力的建立和培养。在调研中发现我国现行创新机制中存在一些问题,如在产学研结合方面,应该做基础研究的高校却积极上马生产项目,而企业缺乏技术只能投资搞基础研究。这些不正常现象的背后都存在利益导向和创新机制的问题。根据这些实际情况,国家应该调整创新导向和创新机制,要明确企业是创新的主体,要支持鼓励企业进行自主创新,应该在政策上、机制上、制度上给予保证,要鼓励科研人员在创新方面发挥自己的聪明才智,让产学研的每一个部分扬长避短,强强联合,这样才能解决好创新的问题。

四、突破重围的超越之路

未来飞向何方?四顾寰宇,朝天问路,寻找穿越时空的短程线,是航天人独有的豪迈情怀。五十多年来,中国航天走过了一段辉煌的历程,跟人类所有成功的事业一样,要想续写传奇,必须走向谋求二次创业,走进对传统航天产业的超越期。正像航天运载工具必须不断挣脱地球的引力才能飞向更深更远的太空一样,历数中国航天事业所走过的道路,无一不是突破重围的超越之路。要实现这种超越,就必须具备足够的火箭速度。从"一个总体部"、"两条指挥线"、"三步棋"到"四个一代",所体现出的一个共同思想是:看准目标、集中力量、循序渐进、激发能量、总体爆发。前文所介绍的中国运载火箭技术研究院对总体能力的五个方面的内涵的概括中,最能体现航天发展战略思路的是前两个能力,即谋划发展能力和领域创新能力,只有具备了这两个能力,中国航天才有可能运筹帷幄、决胜千里、永立时代的创新潮头。

所谓谋划发展,就是不论在什么情况下,无论是在艰难起步阶段还是在事业成熟时期,都应该有一种忧患和预见意识,谋求如何站在未来发展的高度走出困境。古人说,生于忧患、死于安乐,凡事预则立,不预则废,讲的就是这个道理。中国航天事业的起步源于第一代领导人和聂荣臻等战略家的高瞻远瞩,在航天事业高歌猛进的当下,中国航天的未来之路则要靠航天人对新的创新道路的不断探索与谋划。面对新的发展机遇和更加激烈的竞争环境,谋划发展是总体院的重要职责,总体院应该站在引领和推动航天事业发展的高度,着力做好目光长远的前瞻性战略规划。中国航天科技集团公司总经理马兴瑞多次指出,希望中国运载火箭技术研究院做好战略谋划、领域谋划和体制谋划,进而带动全集团的发展。进一步而言,总体院的总体部门与预研创新总体单位应该在战略布局上做好做足文章。

不论是战略谋划还是领域谋划,都是为了从一开始就通过顶层设计在战略和领域层面形成优势。这是一个市场需求与技术能力相碰撞、需求牵引与技术推动相结合的过程。在当前国内外航天领域充满竞争的状态下,必须果断布局新兴领域,积极占领未来发展制高点。例如,近年来,中国运载火箭技术研究院密切关注并积极引导用户需求,广泛参与国家部委及用户"十二五"发展规划论证和2030年发展战略研究,一批重大背景型号和系统级预研项目已列入上级单位规划指南,为中国航天科技集团公司赢得了未来发展的主动权。2003年12月27日,中国运载火箭技术研究院成立了专门的研发中心,开展前瞻性的研究工作:一是做好领域规划、系统体系规划;二是做好前沿技术、支撑技术和核心技术牵引辐射,进而通过技术去敏感市场、牵引市场、引导市场;三是做好技术研发,并形成占领市场的能力和优势,扩大市场份额,从而真正地牵引、辐射、带动院的发展,真正形成竞争力。在体制谋划方面,中国航天科技集团公司和下属中国运载火箭技术研究院等单位正在着力开展集团化建设,探索集团化管理模式的实现方式,力图整合现有资源、合理规划经营主体、充分释放发展潜力,以此进一步增强谋划未来发展的能力。

火箭没有翅膀,却能飞向遥远太空。在没有运载火箭之前,载人航天和深空探测都只能是幻想。这一意象的启示在于,一个新的领域开拓,会使人们走向一个全新的世界。为了实现中国航天事业的可持续发展,必须不断提升领域创新能力,增强航天发展的原动力。为此,中国运载火箭技术研究院坚持实施"创新引院"的发展方略。一方面,不断完善以独立建制的院研发中心为预研总体、重点实验室和专业研究中心为支撑、与高校共建合作创新平台为拓展的开放的创新组织体系;另一方面,不断优化系统集成创新为主导、专业技术创新为支撑、前沿领域创新为基础的相互结合、相互促进的创新机制。同时,他们坚持以满足国家战略需要为根本,以市场需求为牵引,持续加大前瞻性和战略性创新投入,突破了一大批关键技术和前沿技术,牵引了学科发展和技术进步;一系列背景型号的研制,带动了相关分系统、单机专业技术的跨越式发展,确保了核心技术的快速突破和核心领域的持续领先,为航天事业的可持续发展提供了不竭动力。目前,为了持续提升领域创新能力,他们正在着力推进技术领先战略,致力于构建高效决策、协同开发、快速转化的技术创新和产品创新体系,加大前瞻性和战略性创新投入,努力实现由追赶创新到同步创新再到引领创新的转变,不断增强领域创新能力。

航天新领域的开拓绝不仅仅是跑马圈地,还要根据型号研制等方面不断涌现出的新的实际需要,进行更具技术深度的创新。在中国载人航天的短短二十年的历史上,长征二号F系列运载火箭执行了从"神舟一号"飞船至今的所有载人飞船和目标飞行器的发射任务,发射成功率达到100%,被誉为"中国神箭"。从载人航天到"交会对接",对长征二号F火箭提出了越来越多、越来越高的技术要求。2012年发射成功的"神舟九号"载人飞船,创造了我国载人发射入轨精度最高的纪录,创造这一奇迹的关键是采用了"迭代制导"这种先进的制导方法。它的基本思想是实现"走"一步"算"一步,依据火箭当前测量信息实时计算出最佳飞行轨迹,将飞船准确送入预定轨道。火箭飞行到210秒,抛掉整流罩以后,迭代制导的控制方式启动,箭上计算机每秒钟都要重新计算50次,也就是说每0.02秒火箭就要重新测定自身的位置和入轨点之间的关系。为了实现这种复杂算法,确保各种异常情况下火箭的安全性,长征二号F火箭控制系统迭代制导技术研制团队进行了上百次技术讨论。这些深度的技术创新使长征二号F遥九火箭具有更高的可靠性和安全性。长征二号F火箭总设计师荆木春介绍说,在发射"天宫一号"和"神舟八号"飞船之后,研制人员对这发火箭进行了全系统的测试工作,根据发现的问题,采取了一些提高可靠性的措施,一共有三十几项,包括箭上和地面上的变化。特别是对发动机的一些改进,使火箭的可靠性大为提高。

  回首中国航天走过的历程,中科院院士、火箭专家刘竹生不无自豪地说到,经过五十多年的奋斗,中国航天人取得了令人瞩目的辉煌成就:我国载人航天和深空探测技术进入世界前列;自主研制的运载火箭和卫星技术达到国际先进水平,先后发射了100多颗卫星,有力地带动了微电子技术、计算机技术、新材料与新能源技术等科学技术的快速发展。尤其可喜的是,近十年来,经过几个重点工程特别是载人航天和探月工程的带动,培养了大批跨世纪的航天工程人才,这些未来将引领中国航天事业走向新辉煌的核心与骨干人才已经逐步成长起来,使航天事业薪火相传。展望未来之路,他说我国航天事业未来发展要向两个方向努力:一个方向是实现快速廉价地进出空间。为此,一要发展可重复使用的运载器,发展天地往返系统;二要使运载火箭的推力更大,大发动机立项和研制周期长,需要及早规划。另一个方向是深空探测。现有的卫星所做的深空探测不是我们的最终目的,我们的最终目的是要为科学家们研究生命起源、宇宙起源,以及未来可能遇到的人类的太空生存问题等深层次课题提供航天工具。

  中国航天事业的成功经验一再表明,实现跨越式创新与发展的关键在于抓住历史的机遇。早在载人航天工程立项后不久的1993年,时任航天工业总公司总经理的刘纪原就曾撰文指出,中国航天面临历史抉择,航天人必须抓住机遇,迎接挑战。他强调,在世界新技术革命的浪潮和激烈的国际竞争中,中国航天事业将面临两种前途:一种是停滞或滑坡,与世界先进水平的差距进一步拉大,使我们已有的国际地位得而复失;一种是继续保持航天技术的发展势头,登上新的台阶,接近和赶上国际先进水平,为实现国家的战略目标,作出应有的贡献。我们应该努力避免第一种前途,争取实现第二种前途。经过此后近二十年的努力,中国航天真正实现了第二种前途。正如中国运载火箭技术研究院院长李洪所说,在"二次创业"的征程中,航天人将以开放、创新、融合的心态,努力创造更加辉煌的明天!

雄关漫道,宇宙浩渺。中国航天人再次昂首苍穹,探寻新的超越奋进之路。

第五章

中国航天事业的精神动力

伟大的事业孕育伟大的精神,伟大的精神成就伟大的事业。回首五十多年的光辉历程,中国航天创造性地运用系统工程理论和现代管理方法,走出了一条具有中国特色的自主创新之路。在由弱到强、奋力开拓、勇闯难关的进程中,中国航天须臾不可离的是精神力量的支撑与推动。1956年10月8日,国防部第五研究院正式成立。根据聂荣臻提议,经毛泽东、周恩来批准,将国防部五院的建院方针确立为"自力更生为主,力争外援和利用资本主义国家已有的科学成果"。在创业阶段,航天人充分展示出了自力更生、艰苦奋斗、团结一心、大力协作等航天精神的雏形。

1986年,一院党委总结近30年的发展经验后,决定大力倡导"自力更生、艰苦奋斗、大力协同、献身航天、勇攀高峰"的优良院风。当时,航天工业部党组对此予以高度肯定,并在其基础上提炼和归纳出了"自力更生、大力协同、尊重科学、严谨务实、献身事业、勇于攀登"的航天传统精神,后来又结合聂荣臻倡导的"自力更生、艰苦奋斗、大力协同、无私奉献"的精神,将其进一步表述为"自力更生、艰苦奋斗、大力协同、无私奉献、严谨务实、勇于攀登"。

1999年9月18日,中华人民共和国成立50周年前夕,江泽民总书记在表彰为研制"两弹一星"作出突出贡献的科技专家大会上发表了重要讲话,并将"两弹一星"研制过程中凸现出的"两弹一星"精神概括为"热爱祖国、无私奉献、自力更生、艰苦奋斗、大力协同、勇于登攀"。

2003年11月,在首次载人航天飞行成功庆祝大会上,胡锦涛总书记指出,伟大的事业孕育伟大的精神,我国航天工作者在长期的奋斗中不仅创造了非凡的业绩,还用他们的热血铸就了"特别能吃苦、特别能战斗、特别能攻关、特别能奉献"的载人航天精神。

2005年11月,在庆祝"神舟六号"飞船载人飞行圆满成功大会上,胡锦涛总书记进一步将载人航天精神概括为:"热爱祖国、为国争光的坚定信念,勇于登攀、敢于超越的进取意识,科学求实、严肃认真的工作作风,同舟共济、团结协作的大局观念和淡泊名利、默默奉献的崇高品质。"

第五章　中国航天事业的精神动力

第一节　热爱祖国、为国争光的坚定信念

一、国家至上，矢志报国

1999年9月18日，中共中央、国务院、中央军委决定，对在"两弹一星"研制中作出突出贡献的23位科技专家予以表彰，并授予或追授"两弹一星"功勋奖章。这23人中，有20人是从美、英、德、法、苏等国留学归来的学者，其中一些人在归国前已取得很大成就，广受尊重。作为中华人民共和国第一批海外归国人员中的杰出代表，他们怀着对祖国的无限热爱，响应国家号召，义无反顾地投身到"两弹一星"的神圣事业之中。曾参加核武器研究的周光召后来说："我们靠的是一批从国外回来的具有高度爱国心的科学家，又靠他们带出一批年轻的科学家；靠的是一种崇高的精神，一种为了祖国富强而献身的精神，他们是'两弹一星'的真正功臣。"23位功勋奖章获得者中，先后在航天部门工作过的有9位，其中，除钱骥外，姚桐斌、黄纬禄、屠守锷、钱学森、杨嘉墀、任新民、王希季等7人1946年到1957年间自西方国家回国，孙家栋1958年从苏联回国。作为第一代航天人的代表，他们本着"热爱祖国、为国争光"的坚定信念，将个人事业的发展与航天事业的发展紧密地联系在一起，为祖国的强大与繁荣而奋斗不止。这种强大的信念，成为一代又一代航天人在新的实践中不断发扬光大的精神财富。

"三十功名尘与土，八千里路云和月。"一个民族、一个国家要从充满内忧外患的逆境中奋起，必须要有一代又一代以国为重、志存高远的仁人志士为之进行艰苦卓绝的奋斗。上溯至一百七十余年前，西方列强的坚船利炮将古老的中华大地带入到一个千年未有之变局。国门洞开，备受欺凌的惨痛事实，使得救亡图存成为其后百年中国历史发展的主旋律。从1945年的抗战胜利到1949年中华人民共和国的成立，中华民族在历经磨难后屹立于世界的东方。

历经百年屈辱，我们终于建立起一个不受制于列强的独立自主的国家。这是我们的国家，这是我们的祖国！中国人为之欢欣鼓舞、奔走相告，一种强烈的国家认同感油然而生。这种强烈的认同感一方面表现为民族自豪感和自信心，另一方面表现为一种当家做主的意识。而当家做主的意识进一步体现为个人对国家和民族的担当，其中主要包括民族生存意识、发展意识、危机意识以及建立在这些意识之上的历史使命感与责任感。正是这种历史使命感与责任感，铸就了一代又一代航天人国家至上、为国争光的爱国主义精神。

回首20世纪50年代，已经当家做主的中国人面对的巨大挑战是，如何将一个科技水平落后、工业基础薄弱的国家建设成现代化的强国。在当时错综复杂的国际政治格局中，中国在投入和平建设的同时，不得不面对一系列关系到国家命运和民族生存的问题：如何彻底摆脱外部力量的军事讹诈？如何用尖端的科技成就向世界展示与中国这个历史悠久的大国相称的综合国力？在这样的背景下，中国的航天事业在起步阶段就肩负了国家的重托与民族的希望。

天下兴亡，匹夫有责。中国的优秀知识分子历来不乏胸怀天下的爱国传统。中国在成立之初就郑重地宣布，国家迫切需要各方面人才，邀请海外留学生和学者回国参加建设。国家亟待发展尖端科技的需要一旦成为时代的召唤，便像巨大的磁石一般，吸引了一大批优秀人才加入到祖国的尖端科技事业之中。数以千计的海外人才相继归国，为我国的科技发展特别是"两弹一星"事业建立了不可磨灭的功勋。他们中的很多人之所以放弃海外良好的学术条件和优厚的生活待遇毅然归国，是因为中华民族百年来的屈辱史与切身的经历让他们清醒认识到：国家的积弱不振，必然使得整个民族生存与发展空间受到侵吞与挤压；没有一个强大的国家作为后盾，单纯的个人成就未必能赢得其它族群的平等对待。对这一现实的理性认知，使他们在情感上形成了对国家和民族的自觉：在竞争激烈的现代世界，一个民族要生存，就要在思想、文化乃至文明层面传承和发展下去，就必须建立一个强大的国家；而一个落后的国家，不论是想追赶还是超越发达国家，都需要一代又一代有理想的人，将个人的价值追求融入国家和民族生存发展的需要之中，并为之付出努力。这种对于国家和民族的自觉，与他们对祖国的强烈认同相结合，使他们将个人的价值追求融入到国家和民族生存发展的需要中去，迸发出了国家至上、矢志报国的爱国意志。

一个人究竟有多少聪明才智，到底能取得多少真正有价值的成就，并不简单地取决于知识与能力的储备，最为重要的，是要看他有没有一种一定要成就一番事业的强烈意志或执著追求。而是否具有这种意志和追求取决于他所从事的事业的价值和意义，能否在其内心生发一种崇高的情感，能否让他产生一种超越个体生命而具有时代性和历史性的意志体验。人们常常惊叹,一项伟大的事业把一个历史阶段的现实可能性发挥到了极致,甚至完美地创造出了超越想象的奇迹。殊不知造就这些奇迹的深层次原因,恰恰就在于其所蕴涵的价值和意义所激发出一种巨大的精神力量,它促使人们为之全力以赴、孜孜以求,甚至破釜沉舟、背水一战,以高昂的斗志,竭尽全力地发挥出最大的聪明才智。问题是,什么样的事业堪称伟大?它又何以激发出巨大的精神力量?由于每个人的生命是有限的,仅仅立足个人得失,并不足以激发出强大而持久的精神力量。只有把个人的追求与国家和民族的生存发展相联系,才能使个人所追寻和实现的价值得到累积、放大、传递和延续。因此,只有当个人所追求的事业符合国家利益和民族大义时,才能使其当下的价值追求具有历史意义,才能从中产生强大而持久的精神力量,并反过来不断推进整个事业向前发展。中国的航天事业就是这样的伟大事业。

图 5-1　2009 年 10 月 1 日,国庆阅兵仪式

五十多年来,中国航天事业所创造的奇迹不仅仅是一项又一项尖端科技成就,更充分体现为一系列特殊的精神力量的胜利。支撑中国航天人艰苦创业的首要精神力量就是爱国主义——站在国家和民族生存与发展的高度迸发出的"热爱祖国、为国争光"的意志和精神追求。早在求学英伦期间,黄纬禄就与导弹结下了不解之缘。他不仅目睹了德国 V-2 导弹的巨大威力并幸运地躲过劫难,还在伦敦博物馆参观过一枚货真价实的 V-2 导弹实物。在参观时,他想到

了饱经沧桑的祖国,想到了自己应该肩负的使命:"中国拥有了导弹,日本帝国主义就不敢再欺负我们了!中国是火药的故乡,中国人一定能够造出自己的火箭和导弹!"通过仔细观察和分析,主攻无线电专业的他基本了解了 V-2 导弹的原理。爱国主义精神和科技救国的思想,使他成为最早一批接触导弹的中国人,这为他后来主持并参加多种不同型号导弹的研制奠定了重要基础。

"中国导弹之父"钱学森在回忆文章《周总理让我搞导弹》中指出:"我们的科研人员爱国是一贯的,是有光荣传统的。聂老总有句评语说:'中国的科学家不笨'!的确如此。我还要说,中国的科学家聪明得很!而且中国科技人员都是拼命干的,外国人少有像中国人这样拼命干的。"①

国家至上、以国为重的坚定信念从何而来?一个不全面但却简明的回答是,国之重托是航天人为国争光信念最有力的动力源泉,航天事业的开拓发展为航天人实现报国之志提供了展示才华的舞台。中国航天人之所以能成就诸多令人瞩目的业绩,并不只是"不笨"或者"聪明得很",重要的是国家的信任和托付,这种信任给了航天人无比强大的精神动力。由于航天事业的发展关乎国防及国家高端竞争力,是大国角力的关键领域,航天人时刻都可以感受到他们背负的希望和肩负的重任,航天报国便是他们"特别能吃苦、特别能战斗、特别能攻关、特别能奉献"的精神动力之所在。

1957 年,怀着"学有所成,报效祖国"的强烈愿望,姚桐斌放弃国外优越的科研与物质生活条件,回到祖国。回国后,他服从分配进入国防部第五研究院从事航天材料的研究工作。有同事问他,为何不去高等院校当教授或去研究机构做研究员?他不无激情地回答:"我回来不是为了名誉和地位,而是为了将学到的知识贡献给国家建设。我愿意在基层做一些具体事情,跟大家一起为我国火箭上天贡献力量。"在听了聂荣臻关于科学发展规划的报告后,他兴奋地表示:"只要我国的科研事业能够上去,我就是死了也甘心。"1963 年,姚桐斌出国参加一个国际学术会议,有与会者在言谈中流露出对中国不敬,他根据自己的亲身体会予以反驳。归国途中,他对同行的同事说:"外国人总是瞧不起我们中国人,这是历史的偏见,我们一定要发愤图强,将来拿事实给他们看。"这些平凡中见真情的言论,体现了第一代航天人的拳拳爱国之心,他们积压在内心多

---

① 《中国航天腾飞之路》编委会. 中国航天腾飞之路——亲历、亲见、亲闻[M]. 北京:中国文史出版社,1999:16.

第五章　中国航天事业的精神动力

年的"科学救国"与"工业救国"的报国之志,终于在中国航天事业的舞台上可以一展身手。姚桐斌用实际行动履行了自己的诺言,在我国导弹与航天材料工艺技术领域做出了许多开创性成就。他组织制定了导弹材料工艺的研究规划,并按"材料要先行"的要求,组织开展了新型不锈钢、钛合金、高强铝合金等500多项预先研究,主持了锰基钎料合金的研制、钎焊工艺研究、火箭发动机材料的振动疲劳破坏问题研究和液体火箭焊接结构的振动疲劳破坏问题研究等工作,并将之应用于导弹型号研制上,为我国液体导弹的研制成功作出了重要贡献。

历史有时会在曲折中前进,但国家不会忘记真正的功臣。1985年,姚桐斌辞世近二十年后,他和钱学森、任新民等第一代火箭专家荣获国家科技进步奖特等奖。中华人民共和国成立50周年前夕,姚桐斌又被追授"两弹一星"功勋奖章。这既是对他为航天事业贡献的肯定,也是对他们那一代知识分子航天报国崇高精神的嘉奖。

像这样胸怀祖国,为国争光,不懈奋斗的航天人不胜枚举,陈德仁就是其中之一。1968年4月,陈德仁被调到新组建的固体战略导弹控制系统研究所任所长,开始了固体潜地型号控制系统的开拓与初创。这项工作起点高、技术难度大。由于新建,该所的研制队伍、技术基础和生产试验等基本条件都很薄弱。在这样的艰苦条件下,他凭借矢志报国的信念、顽强的毅力和忘我的工作精神,边组建技术队伍、边加强基本建设,在抓技术队伍配套调整、生产试验条件建设完善的同时,他在技术方案论证上进行了很多开创性的工作,解决了设计和试验中的许多关键技术,如根据固体推进剂燃速快、导弹出水姿态大、运动基座上瞄准难及要求、弹上仪器高度小型化等特点,他下决心放弃有一定研制基础的捷联补偿方案,大胆采用了刚开始研制的液浮陀螺稳定平台和计算机方案;采用非线性控制技术解决导弹出水的大姿态稳定问题等。多年来,陈德仁在科学技术上的主要业绩在于他善于把理论研究和工程实践相结合,在型号研制的各个关键阶段,以无私奉献和艰苦创业的精神带领广大技术人员,群策群力,解决了前进中的大量控制技术难题,促进了中国战略导弹研制的成功和定型,对中国航天事业的发展和国防现代化作出了突出的贡献。

"学有所成,报效祖国"的留学归来的学者,"为国争光,矢志不渝"的奋斗在航天一线的人才,他们的这种国家至上、矢志报国的精神正是中国航天事业取得辉煌成就的动力源泉。

二、自力更生,国之大器

每个人对国家都有一份应尽的责任,航天人以航天事业所取得的巨大成就报效国家。对中国这样一个曾经有过数千年灿烂文明却在近代饱受列强凌辱的国家来说,航天事业的开拓与发展具有尤为特殊的意义。20 世纪 90 年代的第一个春天,长征三号火箭将美国休斯公司的"亚洲一号"通信卫星成功送入预定轨道,一位在电视上看到这一消息的海外华人由衷地感慨道:"中国的卫星能打多高,海外华人的头就能抬多高。"稍加品味,即可读出其中的深意:一方面,航天事业的发展是国家在战略和尖端科技层面的总体实力不断提升的重要象征;另一方面,中国在航天这个最尖端的综合性高科技领域的成功,无疑会使中国人的自信心和自豪感大为提升。只有放眼一百七十多年来充满坎坷艰辛的中国现代化历程,才能真正理解其中的内涵,才能深切体味出从"处处不如人"到"别人办得到,我们也能办得到,甚至还能做得更好"的天壤之别。

为什么中国的航天事业能这么振奋精神?中国航天人的回答是,因为这些成就都是我们中国人自己干出来的。

不论是个人与群体,还是民族与国家,都应该将命运掌握在自己手中。独立自主是一个民族与国家生存和发展的前提,而要实现独立自主首先必须自立自强,主要依靠自己的力量求生存、谋发展,一味依赖他人最终必然丧失自主性——这就是"自力更生"的基本精神内涵。早在 1935 年,毛泽东在《论反对日本帝国主义的策略》中就曾明确提出"自力更生"的思想:"我们中华民族有同自己的敌人血战到底的气概,有在自力更生的基础上光复旧物的决心,有自立于世界民族之林的能力。"

"天行健,君子以自强不息。"从思想文化根源上讲,自力更生的精神是中华民族固有的民族精神气质之一。中国人自古主张道法自然,他们从天地不舍昼夜的运行之中体悟出了自强不息和新陈代谢的道理,自力更生就是将两者有机地结合起来,强调以自身的力量革故鼎新,在不断地再造与超越中寻求新的发展。可以说,自力更生是中华民族数千年来战胜各种艰难险阻而得以繁衍发展至今的核心精神力量之一。

面对 20 世纪五六十年代的冷战格局和西方的技术封锁,中国航天人从一开始就强调了自力更生的精神。这与其说是一种迫不得已的被动选择,不如说是一种建立在清晰认知之上的主动战略抉择。1956年10月,国防部第五研究院成立时,聂荣臻即提出以"自力更生为主,力争外援和利用资本主义国家已有的科学成果"作为五院的建院方针,并强调我们不排除在互利原则下的外援,但立足点必须放在自力更生的基础上,像我们这样的大国,特别是搞国防尖端行业,如果把立足点放在外援上,必然造成研制系统的依附性,被别人牵着鼻子走。因此,在准备接受苏联可能的援助时,聂荣臻十分清醒地指出,我们的导弹研究,苏联帮助也搞,不帮助也搞。周恩来也曾明确强调:"国内建设是以国内力量为主还是以国外援助为主?我们的回答是以国内力量为主,即自力更生为主。小国应该这样,有四亿五千万人口的大国更应该这样。毫无疑问,生产建设上要自力更生,政治上要独立自主。"

> 经过努力争取到苏联在液体导弹技术方面的援助以后,我国就把仿制作为爬楼梯的第一步。在仿制中,国防部五院要求科研人员充分利用争取到的外援,虚心向苏联专家学习。当时聂荣臻针对某些同志轻视仿制,认为"与其仿制,不如自己设计"的思想,严肃地指出:"要先学会走路,然后再学跑步。像爬楼梯一样,爬完了第一层,才能爬第二层。"并明确指示仿制的目的是为了独创,但必须在仿制中把技术吃透,形象地揭示了仿制与独创的辩证关系。在具体仿制中,国防部五院又强调结合我国国情,不要照套照搬。要求通过学习、仿制,认真消化苏联图纸的设计思想、工艺技术、材料性能及系统之间、元组件之间的关系;同时抓紧"反设计"和下一个型号的论证工作,为转入自行设计创造条件。航天系统职工克服困难,经过三年努力后,1960年近程导弹试验成功,标志着仿制阶段结束,开始进入自行设计阶段。

显然,正是第一代领导人坚持自力更生搞成了"两弹一星",才基本奠定了中国的大国地位,才使中国有能力在政治上走独立自主的道路。由于坚持了自力更生,中国航天虽历经坎坷与挫折,但在战略和发展道路的选择上始终掌握着自主性和主动性。没有自力更生精神的支撑和指引,就没有中国航天一飞冲天的惊人成就。

一个人在行动上的自立、自强与信念上的自信、自豪,往往相互支撑和相互激励,国家和民族也是如此。在我国工业基础相对薄弱的情况下,中国航天人凭着一股"不信中国人不行"的信念,依靠自力更生的精神,奋发图强,大力协同,勇于攀登,创造了一个又一个的奇迹。1958年6月,毛泽东在一项批示中指出:"自力更生为主,争取外援为辅,破除迷信,独立自主地干工业、干农业、干技术革命和文化革命。"毛泽东所说的"迷信"主要指的是,只看到现有情况下的消极因素,只从本本、教条和浅尝辄止的经验出发,因而被一时的表象所迷惑,丧失自信而迷信他人。破除迷信就是要坚定自力更生的信念并付诸实践,用主动的努力和创造扭转劣势。中国航天发展最为重要的精神力量就是勇于破除对发达国家的迷信心理,坚信能够通过自己的智慧和能力发展我国航天事业。1960年,苏联撤走专家、断绝援助,加之国家经济陷入困境,进入冲刺阶段的导弹仿制工作遇到极大的困难。对此,毛泽东明确指示:"要下决心搞尖端技术,尖端不能放松,更不能下马。"逼上梁山的航天人依靠自己的力量,在苏联撤走专家不到三个月的时间内,就成功发射了我国自己制造的第一枚近程导弹,拿出了中国的"争气弹"。经过五十多年的奋斗,从仿制到自行设计,从"两弹一星"到载人航天、探月工程,航天人用自立自强的实际行动,彻底破除了中国人不如外国人的迷信。

图 5-2　墙报——"向战斗在1059的英雄们致敬"

事实上,在国家竞争中,要想在一些关键领域不受制于人,尽早以自力更生的行动打破"我不如人"的迷信,往往是唯一的选择。以导航卫星为例,美国有GPS,俄罗斯有"格洛纳斯",欧盟正在部署"伽利略",它们覆盖全球,只要有终端就可以免费接收到导航信号,为什么中国还要搞"北斗"呢?国家最高科学技术奖和"两弹一星"功勋奖章获得者孙家栋指出:"和平时期,我们当然可以用别人的。可一旦出现不可控局势,别人的信号全部中断,难道让我们所有相关的军民设施全部失灵?我们必须未雨绸缪。"[1]

---

[1] 《中国航天腾飞之路》编委会.中国航天腾飞之路——亲历、亲见、亲闻[M].北京:中国文史出版社,1999:68-69.

第五章　中国航天事业的精神动力

在仿制苏联援助的"543"导弹型号时，研究助推器双基药柱的技术人员负责探索研制复合推进剂。当他们向苏联专家请教遭到了冷遇之后，决心依靠自己的力量，开展复合推进剂的研究。从情报资料上了解到美国是用一种合成的聚硫橡胶做粘接剂进行制作的，于是他们就瞄准这个方向，兵分三路与外单位进行协作，逐步积累经验，初步认识了固体推进剂的性能。他们靠试管烧杯用十个手指捏制出了第一根聚硫橡胶的小药条。在1959年的庆祝国庆大会上，当他们点燃了这一小根药条作为献礼时，全场为之轰动。这次试验的成功，虽然离固体发动机的研制成功还有很长的距离，但毕竟实现了零的突破，充分显示了中国航天人有自立于世界之林的志气和能力。

1980年5月18日，我国成功地向太平洋发射了自主研制的远程运载火箭。航天人向全世界宣告，中国的远程运载火箭已经达到实用水平，中国的火箭靶场试验能力和测控、通信能力也提高到了一个新水平。中国成为了世界上第三个进行远程运载火箭全程试验并取得圆满成功的国家。观看发射实况的领导人情不自禁地振臂高呼："同志们，我们胜利了！人民胜利了！"张爱萍将军即兴填词《清平乐》一首：

颂我国远程运载火箭发射成功

东风怒放，烈火喷万丈。
霹雳弦惊周天荡，声震大洋激浪。
莫道生来多难，更喜险峰竞攀。
今日雕弓满月，敢平寇蹄狼烟。

好一个"今日雕弓满月，敢平寇蹄狼烟"！这次发射成功的意义不仅在于它表明中国在掌握尖端技术和现代化精密科学技术道路上迈出了重要的一步，更在于这种依靠自力更生获得的自立于世界民族之林的能力所带来的民族自信心和自豪感的提升。航天人不仅是物质力量的制造者，更是民族精神力量的创造者，这是自力更生精神的胜利！

一个国家和民族的荣光与否不单靠自我的感觉与评价，更在于它的光荣与梦想能否赢得世界各国的认同、欣赏、钦佩甚至敬畏。自力更生的精神既是打造国家自立自强的利器和提升民族自信心与自豪感最强有力的发动机，更是让一个民族和国家赢得世界声誉和他国尊重的软实力和精神魅力所在。"天助自助者",其言外之意就是说,自力更生者值得尊重,依赖他人者难免受鄙视。换言之,在当今世界日益激烈的大国竞争之中,其它大国对于中国依靠自力更生所取得的成就固然有"酸葡萄"的心理,甚至会加大制衡力度,但在他们的内心,却会将我们当做值得敬畏的对手。

聂荣臻反复告诫第一代航天人"尖端技术是买不来的",航天专家任新民对此深有体会。1978年他率领代表团赴美参观访问,美国国家航天局局长明确地告诉他:"氢氧发动机是美国国家技术机密,不能看,也不能谈。"去日本时,也被告知"H-2火箭不能与中国谈合作或交流",在欧洲也遇到类似的"遭遇"。他在回忆文章中颇为感慨地指出:"这充分说明:你的技术没到那一水平,人家是不会与你交流合作的。到后来我们的长征三号火箭研制成功了,日本人和法国人都主动找上门来,研讨氢氧发动机的技术问题。"后来,美国宇航专家在参观中国的液体火箭发动机试车台时,对中国人自己摸索出来的技术感到十分惊讶和新鲜,不禁赞叹:"中国人搞的有特色,也很巧妙。"就这样,任新民等航天人深切地感受到,中国航天是能够走出一条符合自己国情的发展道路的。

长征三号火箭第三级动力装置采用的是氢氧发动机,以液氢液氧为推进剂。超低温技术是一项复杂的技术,我国超低温技术基础薄弱,要在短时间内研制成功,无论在技术上还是材料设备、工艺设计方面都遇到很大困难。在1978年的一次氢氧文氏管和氢泵台的调试中,发生了严重的爆炸和起火事故,当场有10人受伤,他们有的烧伤了脸,有的烧掉了头发和眉毛,有的被气浪击成了脑震荡。同年3月在调试氢泵试验台时,又发生大火,火势直冲十米多高。这一系列事故,并未动摇科研人员攻关的决心。"明知山有虎,偏向虎山行","不入虎穴,焉得虎子",为了掌握氢氧发动机技术,他们置生命于度外,从事故中总结经验教训,掌握液氢的安全排放和防爆等知识,发扬连续作战精神,在1979年获得氢氧发动机整机750秒试车成功。此后,在氢氧发动机试车中,涡轮泵轴承过热引起损坏,为解决超低温高速轴承相关技术问题,科研人员反复试验,连续作战7个月,终于研制出满足性能要求的优良轴承。不久,又发生了液氢泄漏起火问题,他们不顾盛夏的酷热和连续加班的疲劳,提出了防漏的10项综合措施,彻底解决了泄漏问题。此后又相继解决

第五章 中国航天事业的精神动力

了涡轮泵次同步共振和"缩火"问题。从1978年9月氢氧发动机整机50秒试车到1983年8月全系统试车圆满成功,经历了整整5个年头。今天人们都分享到了通信卫星上天后的喜悦,但难以想到,这些研制者在奋力拼搏连续作战过程中的艰辛劳苦!

就是靠自力更生的精神,中国的航天事业一步一个脚印,积小胜为大胜,越飞越高,越飞越远,越飞越自信,越飞越自豪!

第二节 勇于登攀、敢于超越的进取意识

一、自主创新，永攀高峰

航天一直是国家综合国力和尖端科技实力竞争的重要领域，这使得太空成为一个没有硝烟的战场，进而发展为不同的民族和国家展现其意志和精神力量的广袤舞台。中国航天事业的发展为何能振奋民族精神，首要原因就是航天人将"热爱祖国、为国争光的坚定信念"落实到实际行动之中，坚持自力更生、自主创新，不断超越进取，攀登了一座又一座航天科技高峰。

回首一路走来的历程，如果说航天科技是塔尖上的事业，自主创新意识就是支持航天人勇敢登攀的精神天梯。从20世纪五六十年代开始，虽然中国航天在起步阶段获得过苏联的援助，但只将外援作为增强自力更生能力的手段，通过仿制"爬楼梯"、学本领，自强不息，很快毅然决然地走上了独立研制的自主创新之路。由于道路选择正确，尽管在后来曾受到不应有的干扰，航天人还是通过自主创新出色地完成了"两弹一星"工程，使曾经积弱不振的中国令世界刮目相看。恰如邓小平所言，"如果六十年代以来中国没有原子弹、氢弹，没有发射卫星，中国就不能叫有重要影响的大国，就没有现在这样的国际地位。这些东西反映一个民族的能力，也是一个民族、一个国家兴旺发达的标志"。改革开放后，航天人主动适应市场经济的新情况、新要求，以卫星应用和商业发射为突破口，坚持自主创新，及时总结一些失败的教训，振奋精神，系统地攻克和掌握了航天领域的核心技术与先进技术，牢牢地抓住了航天发展的主动权。

1977年9月，党中央确定了以"三抓"为重点的目标，从而使航天技术踏上了继续攀登新高峰的征程。在当时的历史条件下，这个目标一旦实现，可以大大增强我国国防力量，进一步打破霸权主义的核垄断，带动我国科学技术的发展，因而这一目标产生了很强的号召力和凝聚力，鼓舞了广大航天人奋力攀登航天技术的新高峰。1980年5月，远程运载火箭向太平洋预定海域发射成功，1982年4月，长征三号火箭发射了我国第一颗试验通信卫星。就这样，中国航

第五章 中国航天事业的精神动力

天人仅用了7年时间,圆满地完成了"三抓"规划任务,使技术水平上了一个大台阶。

20世纪90年代至今,本着必须在高科技领域占有一席之地的战略思想,中国航天主动出击,开创了新的历史机遇,在战略武器、战术武器、载人航天、探月工程等领域实现一系列重大突破,航天技术达到世界先进水平,其令人瞩目的成就,让中国迈入新世纪时的形象为之一亮,整个中华民族的精神面貌也为之一振。

如何从精神层面理解航天人的自主创新意识呢？自主创新意识是自力更生意识与创新意识的有机结合,其精神内涵主要表现为以下四个层面：自立自信、自强不息的精神,敢于尝试、勇于探索的精神,不畏失败、愈挫愈勇的精神,把握主动、永攀高峰的精神。自主创新意识在这四个层面的展开,体现了中国航天事业从小到大、从弱到强的精神轨迹。

自立自信、自强不息的精神是引导中国航天从仿制迈向自主研制的精神动力。自立,就是面对困难和问题,首先要自己站起来勇敢面对。自信,就是要对自己的能力有一个客观的评价,特别是要避免因为暂时的弱势而陷入处处不如人的心态。自强不息,就是要不断地通过切实的行动和努力提高自身的实力,让自己立足更稳,信心更足,步子更大,道路越走越宽广,前途越来越光明。自立自信和自强不息的精神最为可贵之处在于,它是一种超越自身当下的劣势而敢于向远大目标奋进的志气。回首中国航天之路,恰如一副对联所言："有志者事竟成,破釜沉舟,百二秦关终属楚；苦心人天不负,卧薪尝胆,三千越甲可吞吴。"

早在仿制"1059"导弹阶段,航天人就将自立自信和自强不息精神落实到研制工作之中。在认真进行仿制的同时,总设计师梁守槃提出采用"反设计"的方法培养队伍。他让研制人员思考,"假定只有一些技术指标而尚未制造出这个导弹,应该怎样去设计？"研制人员将自己设计的结果与引进的导弹相比较,就可以验证自己现有的理论认识是否符合实际,找到不足之处并设法改进。这一方法不仅有效地培养了队伍,还使中国航天人在完成仿制任务的同时,逐渐建立起独立自主地进行新产品设计与制造的信心。

在仿制中,梁守槃力求既认真向外国专家学习,又不迷信他们。当时,苏联专家强调弹上环形气瓶必须用苏制冷轧钢,而那时中国还没有这种钢。根据工艺资料要求,梁守槃发现,在产品形成过程中,要经过回火工序,实际上也就成了热轧钢。据此,他说服苏联专家同意采用国产热轧钢。在"反设计"中,梁守槃认识到引进的导弹原型的气动外型是静稳定的,根据相应的理论,导弹尺寸加大后尾翼要做得很大。他转而运用动态平衡分析,指出可以通过调节控制系统的传动比来实现动态稳定,而不需要那么大的尾翼。这一构想得到了苏联专家的认同,并应用于此后的设计之中。准备初次发射时,苏联专家曾经认为,中国的液氧含可燃物太多,容易爆炸,不适合做推进剂。他们坚持推进剂只能用苏制的,但又不能供应。关键时刻,梁守槃通过计算证明,中国的液氧完全符合设计指标,原来的结论出于对相关资料的误解,误将杂质的气态容积当做了液态容积,结果相差了一千倍,而实际上十几吨液氧中的杂质不可能集中到一点同时氧化。这些成功的案例让航天人意识到,只要能不断努力地吃透技术,就一定能拥有自主分析问题和创造性解决问题的底气。

进入自主创新阶段之后,航天人不仅要吃透已有技术,还必须充分发扬敢于尝试、勇于探索的精神。敢于尝试、勇于探索的精神就是一种要在以往没有人想过或认为不可行方向上开拓前进的精神。20世纪60年代,研究发现,在火箭发动机中添加偏二甲肼可以提高比冲。但苏联专家却认为,它有剧毒而且是积累性的,不能用。苏联专家撤走后,承担这一课题的梁守槃先找到中国军事医学科学院的朱鲲教授,共同研究偏二甲肼及其燃气的毒性测定方案和治疗方法。经过一年多的研究试验,证明它是非积累性的,而且找到了特效解毒药,克服了使用障碍,降伏了这只"老虎"。当时,为了设计推力更大的发动机,梁守槃提出,不必每次都设计新泵,可以将几个离心式涡轮泵并联起来。然而,苏联专家撤走之前,曾经特别强调,涡轮泵不能并联,否则会产生相互干扰而受损。通过对已有离心泵性能曲线的分析,梁守槃认为涡轮泵可以并联,并通过试验证实了该方案的可行性,为大发动机的涡轮系统设计提供了有效解决方案。[①]创新无止境,五十多年后的今天,随着技术的进步,根据航天事业发展的需要,在同样的精神推动下,航天人正在研制无毒的新型推进剂和推力更大的发动机。

航天技术要求博采各种最新技术成果,攻克重大关键技术,不断开拓新技术。因而航天技术工作是复杂劳动,自始至终是一个艰苦的创造性劳动过程。

[①] 《中国航天腾飞之路》编委会.中国航天腾飞之路——亲历、亲见、亲闻[M].北京:中国文史出版社,1999:641-643.

第五章 中国航天事业的精神动力

同样,由于航天产品批量小,精度高,加工难度大,需要工人创造性地按设计加工产品,甚至要自己制造加工设备,摸索加工工艺。例如,要进行发射远程运载火箭试验,国外的落区都要选在公海。由于当时的条件限制,我们只能在国内有限的射程内进行,但又必须达到全程试验的目的。这就需要设计一种"特殊弹道"。为了这条"特殊弹道",科研人员阅读了大量文献资料,作了不计其数的反复计算。即使在"文化大革命"时期,也没有停止这项工作。有时往往紧张持续工作20小时—30小时,他们的箱子里、桌子上、抽屉里全是计算纸带,如生活在数据的海洋里。经过上百条弹道的设计,反复理论论证,终于设计出"国内为主,全程为辅"的飞行试验方案,为远程运载火箭精确弹道的计算奠定了成功的基础。

适时地采用新技术,以提高航天产品的性能,是航天产品设计的特点。因此每个新型号的设计都要按照总体性能的要求,根据国内外技术发展的趋势,在需要与可能相结合的条件下,尽量采用新结构、新材料和新工艺。但是采用新技术必须有预先研究为基础。例如,从20世纪60年代初开始,我国已开展了导弹控制系统中惯性器件的预先研究工作,到1965年已经取得了成果。因此,在型号设计中利用这个成果代替原无线惯性混合制导系统,其结果不但没有影响研制周期,反而提高了导弹的使用性能。反之,在1967年进行三级火箭设计时,由于过多地追求技术的先进性,在没有预先研究成果的条件下大量地采用"新技术",其结果是单项关键技术久攻不克,形成型号的短线,最后把型号"拖下马",影响全局,教训是极其深刻的。

中国航天从无到有、从失败到成功的经验一再表明,唯有通过具有风险的尝试与探索才能走出一条自主创新之路。为了实现一个创新目标,研制者必须采取某些新的设计,而这些设计可能存在未被认识到的问题,并且这些问题还可能会带来灾难性的后果,没有独立自主的大胆尝试和探索,永远不可能切身地认识和解决这些问题,更不可能通过不断深入的研制实践吃透规律,即真正把握具体的功能与性能设计的合理限度与适用范围。从问题中提高、向错误学习已经成为航天人的一种自觉意识,这种学习越全面深入,认识就越完整透彻,不通过自主创新是无法获得这些来自研制实践的真知的。

客观地讲,一方面,任何航天型号在本质上都存在这样或那样的缺陷,就算是发射成功也不一定完全不存在问题和隐患;另一方面,失败的巨大风险又迫使航天领域的创新必须以不败为底线。航天研制工作的特殊性使航天人不仅要不断突破各种壁垒与"瓶颈",还必须不断地通过反复试错与纠错跨越各种创新的陷阱,在尽可能减少故障和质量问题的前提下开拓创新。因此,与其它领域相比较,不畏失败、愈挫愈勇的精神成为航天人自主创新意识中更具有本质性的内涵。

中国航天人对航天研制活动的本质的认识就是从1962年3月21日东风二号导弹第一次发射失败这一天开始的。这次试验虽然失败了,但他们努力找到了失败的原因,并不断完善设计方案。由此,航天人学会了最大限度地从失败中总结经验、以利再战。通过反复研究,他们对型号研制过程及其系统工程特点有了一个基本的了解,强化了地面试验等研制程序,并且按照研制程序建立起了一些必要的管理制度。经过两年的修改设计,1964年6月第二次飞行试验一举成功。在此后的航天实践中,所有的自主创新活动都是顶着风险和失败展开的。可以说,没有经历过挫折,没有遇到过失败,不可能真正认识航天事业的本质。在孙家栋的记忆中,真正让他理解航天的,不是给他带来无上荣光的"东方红一号"卫星的成功发射,而是1974年11月我国第一颗返回式遥感卫星发射失败的惨痛经历。实践的辩证法一再表明,失败不起的航天事业正是因为航天人所特有的不畏失败、愈挫愈勇的精神,才一步步走向更大的成功。

面对巨大的风险,航天人为什么依然具有坚定的自主创新意识呢?这是因为中国航天人一直处在一种逼上梁山的境地,历史将他们推到了国家综合国力和尖端科技实力竞争的战场上,如果退却不前,整个国家和民族就难以摆脱近代以来落后挨打的命运,只有勇往直前,才能为国家和民族赢得生存与发展的空间。换言之,自主创新固然有风险和失败的可能,但却是把握主动的唯一选择。如果固步自封和依赖他人,风险更大,最终甚至很可能会满盘皆输。因此,航天人的自主创新意识的最高境界就是把握主动、永攀高峰的精神。以载人航天工程为例,航天人先后攻克了飞船总体技术,制导、导航控制技术等国际宇航界公认的难题,20余项技术达到了国际先进水平,使我国成为世界上第三个独立自主实现航天员出舱活动的国家。

又如长征二号E火箭是在长征二号火箭的基础上研制出来的,有一定的继承性。但是,这是我国第一次采用当时国际上只有美、苏、法等少数几个国家才掌握的大型火箭捆绑技术,必须在理论和设计上解决诸如箭体稳定、捆绑联接、纵向耦合振动分析以及助推器火箭分离等许多难题。科研人员不畏艰险,在原有技术的基础上,终于用18个月的时间完成常规需要4年时间才能完成的研

制任务,创造了航天史上的奇迹。长征二号E火箭的发射成功,为下一步发展载人航天技术打下了良好的基础。

当时,根据研制的需要,必须建立捆绑火箭的结构力学模型。在美国人眼里,这对只拥有小容量计算机的中国人来说,是一项不可完成的任务。他们建议中方支付200万美元请他们完成。王德臣以一句"中国人能搞出来"婉拒了美方的建议。为此,研究人员自编了上万条程序,以容量有限的微机,月复一月地进行计算,最后计算出的数字竟与美方在小数点后面的尾数毫无二致。如果没有把握主动、勇攀高峰的精神,长征二号E火箭和众多航天型号的成功是不可想象的。

在长征二号F火箭的研制中,逃逸系统是一个技术难关,本来考虑过成套引进,但对方不仅漫天要价,其所谓的"转让"也只是这项技术的皮毛。对此,总设计师王永志一挑剑眉,"我们中国航天人,零起步,自主创新!"经过三年多的努力,逃逸系统整体试验成功!没有这种把握主动、永攀高峰的精神,就谈不上什么航天精神,更不可能走出一条有中国特色的自主创新之路。

二、追求卓越,永创一流

在中国革命的历史进程中,长征的伟大意义举世公认,而在中国航天事业中,长征系列运载火箭无疑就是航天精神的象征。

历史不会忘记这些辉煌的时刻:

1970年4月24日,中国第一发长征火箭托举"东方红一号"人造地球卫星发射升空。

1990年4月7日,长征三号火箭发射美国休斯公司研制的"亚洲一号"通信卫星获得成功,中国航天从此踏入国际商业卫星发射服务市场。

1994年2月8日,长征三号甲火箭首次飞行试验成功,将"实践四号"科学探测卫星和"夸父一号"模拟卫星送入预定轨道。

2003年10月15日,长征二号F火箭托举着"神舟五号"载人飞船把航天英雄杨利伟送入太空,我国首次载人航天飞行取得圆满成功,中国成为世界上第三个自主掌握载人航天技术的国家。

2007年6月1日,长征三号甲火箭成功发射"鑫诺三号"卫星,胜利完成中国长征火箭第100次发射任务。

2010年10月1日,长征三号丙火箭成功将"嫦娥二号"卫星送入地月转移轨道。

2011年4月10日,第八颗北斗导航卫星成功进入太空预定转移轨道,北斗区域卫星导航系统基本建设完成。9月29日,我国自主研制的"天宫一号"目标飞行器发射成功。11月1日,"神舟八号"飞船成功发射,3日与"天宫一号"成功实现首次无人交会对接,17日顺利返回着陆。

2012年6月16日,长征二号F遥九运载火箭成功发射"神舟九号"飞船。

2012年10月25日,长征三号丙火箭成功将第16颗北斗导航卫星送入预定轨道。这是我国二代北斗导航工程的最后一颗卫星,至此,我国北斗导航工程区域组网顺利完成,形成了覆盖亚太大部分地区的服务能力。

……

长征系列运载火箭的成就集中体现了中国航天勇于攀登、敢于超越的进取意识。五十多年来,作为长征系列运载火箭的主要研制单位,中国运载火箭技术研究院以"永不停步、永攀高峰、永保成功、永创一流"的"四永"精神,不断超越进取,为共和国构筑起最高远的战略边疆,为中国航天事业开拓了越来越广阔的空间。他们创造性地将系统工程理论应用于航天型号管理,建立了型号研制管理体系,并构建了以总体设计为龙头、分系统与单机环环相扣的技术体系、综合统筹的计划体系和系统规范的质量管理体系,形成了"探索一代、预研一代、研制一代、生产一代"的科研创新模式,更加突出了自主创新在航天技术发展中的重要地位。2010年,中国运载火箭技术研究院历史性地完成了自主研制的运载火箭的百次发射,当年中国航天发射次数与美国并列,位居世界第二。为了进一步追求卓越,尽快赶上美、俄等航天强国,中国航天人正在努力提升数字化设计能力、集成优化设计能力等创新能力,着手展开未来航天运输系统的预先研究。面对世界航天发展的新趋势和日益激烈的竞争局面,航天人正在认真练就研制与生产的"火箭速度",奋力打造适应高强密度发射的更加完善的科研管理模式,新一代运载火箭长征五号正在研制之中,发射大推力运载火箭的发射场已开工建设。

在整个中国航天领域,追求卓越、永创一流已经蔚然成风,成为航天人不变的精神追求。这种追求首先表现为"不突破不行"的精神。著名的"余梦伦班组"正是这一精神最好的践行者之一。多年来,"余梦伦班组"努力营造出了浓厚的创新氛围,"不突破不行"成为每位成员的基本精神气质。在创新实践中,

第五章 中国航天事业的精神动力

他们创造了"三步跨越"创新法：第一步重基础，倡导数学模型、技术成果和设计经验的"三共享"；第二步重效率，要求每位员工在设计弹道时做到"四个一"，第一次用一个月时间，第二次用一周，第三次就必须在一天之内完成，并且要对高效完成的设计任务进行一次检查，以确保结果的正确性；第三步重突破，推行新老结合、学研结合、中外结合、工程应用与理论研究结合、预研与技术应用结合"五结合"，以此促使已经具有丰富工作经验的员工持续保持天马行空的想象力和超越前人的追求。2007年，长征三号甲火箭计划发射"嫦娥一号"卫星。在以往的发射任务中，长征三号甲系列火箭都是将卫星发射到地球同步转移轨道，卫星最终围绕地球旋转，或者在绕地旋转过程中再次变轨进入其它轨道。为了简化卫星在飞向月球前的一系列繁琐的变轨，"余梦伦班组"的副组长大胆地提出，能不能设计一种火箭轨道，让卫星在与火箭分离后直接奔向38万千米之外的月球？这一新思路意味着轨道的理论设计方法、优化手段全都需要重新演算。在经过一系列的计算论证后，这一想法终于在发射"嫦娥二号"卫星时得到实施，任务圆满完成。

正是凭着"不突破不行"的精神，几十年来他们取得了一项又一项令人瞩目的技术成果。近年来有代表性的创新成就包括：首次突破了非对称火箭弹道设计难题，为后续长征三号丙火箭发射北斗二代导航卫星及"嫦娥二号"卫星奠定了基础；首次采用高空风双向补偿技术，确保东南射向发射中圆轨道任务的飞行安全；首次在运载火箭上采用起飞滚转定向技术，实现了长征三号甲火箭的多射向发射；完成我国首个逃逸飞行器弹道设计和研究工作，首次提出并完成火箭故障飞行弹道仿真计算和分析，为长征二号F火箭的故障检测处理设计作出重要贡献，为载人航天工程的成功实施提供了有力保障；在长征三号丙火箭发射"嫦娥二号"卫星过程中，首次采用直接地月转移轨道（LTO）设计技术，将卫星直接送入远地点高度约380000千米的LTO轨道。

其次，追求卓越、永创一流的精神还与自主创新意识相结合，表现为"有条件上，没有条件创造条件也要上"的"非创新不可"的拼搏精神。正是靠了这种精神，中国的导弹和航天事业走出了一条有中国特色的自主创新之路。20世纪50年代末，面对超级大国不断施加的核威慑，毛泽东发出了"核潜艇，一万年也要搞出来"的号召，为核潜艇研制具有二次核打击能力的战略导弹成为一个重要的研制目标。1967年我国开始了固体战略弹道导弹攻关和研制工作，在反复论证的基础上，将首枚潜地固体导弹巨浪一号定位为"一弹两用"，既是核

图 5-3 固体发动机"埋"在土中热试车

潜艇导弹,又可做陆基机动导弹。回顾这段历史,中国航天科工集团公司四院首席专家、原巨浪一号副总设计师侯世明说:"中国导弹事业从一开始就本着少花钱多办事的原则,这些研究兼顾多种条件,在技术上又开了先河,为之后我国中远程固体导弹和远程洲际战略导弹研制奠定了坚实的基础。"为了节约资金,研制人员论证并取消了建设陆上水池模拟水下发射的试验,而采取了"台、筒、艇"的试验方案,第一步在陆上发射台发射,第二步在陆上的发射筒发射,第三步从潜艇水下发射遥测弹。与国外同类型的导弹相比,这一方案大大简化了试验设施,节约了研制时间和成本,创立了一种符合中国国情的试验程序,为国家节约几十亿元资金。为摸清水下弹道的有关参数,研制团队进行了数千次缩比模拟水动试验。固体发动机试车时,没有试车台,就挖了地坑让发动机头朝下来试车。回想这段艰苦的拼搏历程,中国航天科工集团公司四院型号副总指挥王根彬不胜感慨:"世界上从来没有这样试车的,但当时只有这样的条件,我们只有一个信念,只要国家需要,事业需要,无论如何都要干出来!"[①]老一辈航天人在万分艰难的条件下所展示出的"非创新不可"的拼搏精神,必将鼓舞新一代航天人在自主创新的道路上永攀高峰。

回首中国航天走过的自主创新之路,原中国航天工业总公司总经理刘纪原高屋建瓴地指出:"我国航天事业立足自主创新,在体制机制上实现从研究院到工业部再到大型企业集团的转变,建立了型号集总体、总装、总测试、总试验

---

① 王敏. 巨浪一号首飞成功 30 年研制团队讲述背后的故事[OL]. 新华网 http://news.xinhuanet.com/mil/2012-10/13/c_123818853.htm.

第五章 中国航天事业的精神动力

为一体的结构模式,形成了总体为主体、专业为基础,军民融合,协调发展的创新格局;在组织管理上,从实行以型号为纲和技术责任制为重点的科研管理,到形成科学严密的组织管理体系;在技术上起点高,不走别人的老路,具备一定的核心竞争力,全面取得创新发展。"①

展望未来,中国航天正在探索由任务型向任务能力型的产业化转型,航天事业的发展将更有力地带动微电子技术、计算机技术、光电技术、新材料技术、生物技术、纳米技术等高新技术的发展,对国民经济的发展产生更大的牵引力。

---

① 刘纪原.新中国60年航天腾飞之路[N].科技日报,2009-09-28.

第三节　科学求实、严肃认真的工作作风

一、严慎细实，以质取信

罗马不是一天建成的，航天精神也是航天人从多年的实践打拼中积淀而来的。"质量是政治、质量是生命、质量是效益"的理念和意识也是通过反复的认识才融入航天精神之中。但凡可以成为精神的东西，大多是在时间紧、任务急、压力大，特别是在大敌当前、艰难困苦的逆境中产生的，因为人们处在顺境的时候，往往对精神力量的需求不是那么迫切，受到挫折的时候会更多地想到求助于精神动力。航天精神特别是质量第一的意识，以及与之密切相关的科学求实、严肃认真的工作作风的形成与发展，更多地建立在对挫折与失利反思与总结的基础之上。

创业初期，老一辈航天人就开创并实践了"严肃的态度、严格的要求、严密的方法"的"三严"作风。1964年2月20日，中近程导弹第108次试车弹作出厂前的质量复查时，发现一个螺丝钉下落不明，留下了危及产品安全的隐患。为此总装厂毫不含糊，作出推迟产品出厂时间的决定，将已装配好的导弹分解，进行查找。查找中又发现产品中还有一块钢压板及其它一些多余物，引起了上下极大的震动，为使人们永志不忘，称之为"108事件"。总装厂立即开展总结检查，吸取经验教训，进行了全面质量教育，制定了严格控制多余物、保证产品质量的各项规章制度。此后，总装车间工人的工作服不缝纽扣，没有口袋，工具也登记编号，对号入座。1980年5月，远程运载火箭向太平洋发射前，为了检查仪器舱内是否有多余物，总装车间的工人像医生用胃镜观察一样，在舱内进行检查。质量第一的意识逐步牢固地树立起来。

长征二号E火箭是在已有的技术基础上，采用并联捆绑助推器的技术，以提高火箭的运载能力。虽说长征二号火箭技术成熟，但由于研制周期短，任务紧迫，质量问题显得更重要，仍然先后做了300多项地面试验。经过捆绑结构静力试验、分离螺母分离试验、助推器受力试验、助推器分离试验等六个基本试

验,掌握了大量数据后才正式确定方案。虽然助推器分离试验一次成功了,但有高度责任感和严谨务实精神的科研人员还是发现有三个爆炸螺栓比其它爆炸螺栓提前引爆几十毫秒。就是这"几十毫秒",他们也不放过,通过对全箭的电缆网进行"潜电流"分析,找出根源,修正了方案,消除了发射中的一个故障隐患。

中国航天事业随着改革开放的深入实现了新的突破和发展,但也在质量控制与管理上遇到了前所未有的挑战。20世纪90年代,就在中国航天大踏步迈向国际商业卫星发射市场之际,却连遭挫败:1994年,国内市场急需的"东方红三号"通信卫星因燃料泄漏,未能进入预定轨道;1995年1月26日,长征二号E火箭发射"亚太二号"卫星失败;1996年2月15日,长征三号乙火箭在发射"国际通信卫星708"时触山爆炸;1996年8月18日,长征三号火箭发射"中星七号"卫星时,因发动机故障,卫星未能入轨。面对前所未有的严峻形势,航天人进行了深刻反省。他们深切意识到,面对改革开放和市场经济变革,必须转变思想观念、调整管理机制。为了改进航天工程和质量管理,中国航天及时推出了改进航天工程管理的"72条"、改进质量管理的"28条"、改进质量问题管理的质量归零"双五条"标准等一系列管理措施,使中国航天科学求实、严肃认真的工作作风在新形势下得到了继承和弘扬。

质量问题带来的深刻教训培养了航天人"严、慎、细、实"的工作作风。在孙敬良院士等人的带领下,长征二号丁火箭研制团队认真汲取了历史上的经验教训,依照"设计可靠、生产严格、试验充分"的质量方针,在工作中形成了以"严格执行上级规定、严格按研制程序办事、严格技术要求、严格地面试验、严格落实行政和技术两条指挥线的岗位责任制、严格全过程质量控制"等为航天系统所称道的"六严"作风。在长征二号丁首发火箭总装时,总装厂的工人对发动机进行例行检查,听到发动机涡轮泵里面有极其微弱的响声时隐时现,吃不准里面到底有没有多余物。但研制人员没有放过这一蛛丝马迹,他们将远在千里之外的发动机研制单位的同志请来,大家一起在总装现场把发动机翻滚了39次,仍没有发现异常声音。照理说做到这个程度,应该是非常认真、非常严格了。但他们还是不轻易放过这一疑点,又请来了上海交通大学、上海电器科学研究所的有关专家,用测量振动信号、声学信号等方法进行精细检测,再用相关函数进行仔细比对分析。经过数道严格的检测排查程序,正式排除了发动机内有多余物的可能性后才罢手。认真之师、严格之师必定能打造出过硬的产品,长征二号丁火箭在实战中做到了首发成功、发发成功,1992年—1996年间长征二号丁火箭的三次发射都做到了"开箱合格率100%,在测试中不更换设备,安全无事故,发射结果圆满",受到上级领导和用户的高度赞扬,被称为"龙抬头"。①

各级领导的以身作则,老专家的言传身教,带出了严谨务实的好作风。有严格的要求,才能把航天技术特点所要求的严谨务实精神转化为广大职工的自觉行动。而这种要求首先来自权威专家和各级领导的行动表率。例如,在发射中心的一次总检查中,当任新民知道电源出现"过压报警"的现象而主管人员出现畏难情绪时,他不容分辩地命令:"一定要把问题查清,查不清,宁可全线各系统都等着。"结果不到半天时间,就查出了原因,遥测组的同志十分钦佩地感谢任总的"高压政策"。又如在火箭的一次测试中,有一个继电器偶尔出现一次该吸合而未吸合的现象。这看似是偶然现象,但黄纬禄却不肯轻易放过,他和大家一起测试观察,结果发现继电器衔铁处有一片小铁屑,当小铁屑竖起时,衔铁不能到位,继电器就不吸合。黄总说:"可不能小看这铁屑,火箭飞行中铁屑忽然竖起来,就会导致整个飞行失败,给国家带来几百万上千万元的损失!"严师出高徒,严谨务实的领导必然会带出一支严谨务实的研制队伍。

精神的力量为什么是强大的?最根本的原因在于精神具有高度的坚定性,但这种坚定性的形成有一个在实践中不断深化的过程。一种理念和意识在上升到精神与信念的过程中常常有一个反复的过程,而这种反复如同思想的淬火,经过反复认识之后会变得更加坚定。人非圣贤,航天精神的铸造是向失败学习的结果。以航天人视为管理法宝的质量问题归零为例,在根据发射失败的教训总结出技术、管理质量"双五条"归零之后,航天产品质量和可靠性获得了进一步提升,但这也导致了一部分人出现了质量意识滑坡——以"情况说明"、"情况分析"回避归零。但事实是无情的,在经历了两次重大发射失利后,航天人更加深刻地意识到,必须坚持严谨求实的工作作风,才能有效应对盘根错节的质量问题的挑战。在强化"双五条"归零的基础上,中国运载火箭技术研究院院长李洪又提出了"眼睛向内、系统抓总、层层落实、回归基础、提升能力"的"新五条"归零原则,对航天型号质量问题处理的认识和实践又上升到一个新的高度。

经过了这样的正、反、合的反复认知之后,"严、慎、细、实"、以质取信等理念

---

① 冯春萍.飞上九重天(火箭篇)[M].北京:中国宇航出版社,2006:236-239.

第五章 中国航天事业的精神动力

和意识就开始升华为一种更为坚定的精神和信念,并融入航天人的日常工作之中。当前,型号研制任务呈现出"三高二重"的新挑战——"三高"即型号研制要求"高可靠"、发射飞行任务"高密度"、内部人员与外部环境变化"高动态";"二重"指重大专项工程、重点型号任务。因为有了"严、慎、细、实"、以质取信的精神和信念,航天人已经找到了从容应对之道。在担任"金牌火箭"长征二号丙火箭的总设计师期间,李占奎常常说:"安全可靠是最为重要的,一发火箭首先要做到的就是要确保万无一失。"他特别重视火箭的可靠性问题。从一个型号的方案论证、方案设计、初样试验到飞行试验,他都要全程参与讨论验证,找问题、想办法,严肃对待、严格把关,力求万无一失。每次发射前,他都要亲自爬上几十米高的发射塔,仔细检查,从不放过任何细节。长征二号丙系列火箭所取得的成绩,与型号队伍持有的"可靠性第一"的设计理念和"严、慎、细、实"的工作作风是密不可分的。①

在型号研制工作中,中国航天人总结出了很多工作方法,这些高度凝练的经验原则,无处不渗透着科学求实、严肃认真的工作作风。"三个吃透",即吃透技术、吃透状态、吃透规律;"三个再认识",即对从源头抓起的再认识、对成熟产品和技术的再认识、对产品测试和质量控制方法的再认识;"四个重新",即重新认识、重新设计、重新复查、重新试验;"技术状态更改五条原则",即论证充分、各方认可、试验验证、审批完备、落实到位;"型号质量工作六项原则",即方案准确可行合理、设计简捷准确可靠、系统协调匹配兼容、试验充分覆盖有效、产品受控合格稳定、操作正确协同无误。

当代航天精神是对航天事业的优良传统的发扬光大。早在国防部第五研究院时期,航天人就形成了"严格按程序办事"、"一丝不苟"、"风雨无阻"、"马不停蹄"的工作作风,周总理在"两弹"结合试验时提出的"严肃认真,周到细致,稳妥可靠,万无一失"的16字方针成为一代又一代航天人的座右铭。在载人航天工程的研制过程中,"一切为载人"和"确保万无一失",成为每个研制者心中的最高愿望。为了确保飞船着陆安全,除了反推发动机外还设计了座椅缓冲器,"神舟一号"飞船到"神舟四号"飞船采用的是"拉刀式"缓冲器,但这种缓冲器还不够完善,虽然花了七年的时间加以改进,但性能依然不太稳定。2003年5月,离计划中的首次载人航天只有几个月了,王永志接到试验报告反映"拉刀

---

① 冯春萍.飞上九重天(火箭篇)[M].北京:中国宇航出版社,2006:100-101.

式"在某些方向缓冲效果不理想,如果反推发动机不点火,航天员可能出现伤亡。虽然有人提出反推发动机不点火的概率几乎为零,但王永志认为绝对不能接受这种"几乎"。他立即提议转而研制可靠性更高的"胀环式"缓冲装置,但这样无疑加大了研制难度,再加上时间紧迫,在改和不改的问题上发生了分歧。王永志这位航天的"常胜将军"的成功之道就是一切本着科学精神,在有科学根据的情况下,他看准了的问题,绝不让步。两个月后,面对前来了解情况的总指挥李继耐,他对这个问题进行了科学的分析,并表示新的缓冲装置两个月就可以研制出来,最后得到李继耐的首肯。49天后,新的缓冲装置研制成功,10月15日搭载我国首位航天员杨利伟的"神舟五号"飞船发射成功并于次日安全返回,就是凭着这种科学和严谨的精神,王永志将"几乎"变成了"毫不"。

面对高密度发射任务的巨大压力,航天人以更多心血和努力将"严、慎、细、实"做得越来越扎实,越是高密度发射,越要力争万无一失。为了切实确保产品的质量与可靠性,航天人在量化、细化和深化上下足了工夫。长征二号F火箭总设计师荆木春表示,以前认定一个产品的状态"合格",只要在技术要求范围内就可以,往往不够准确,现在首先要强调"量化",研制人员不能笼统地认定"合格"或"不合格",而要将各项指标列出来并用数据表示,然后做深入的量化分析。其次是"细化",在研制执行"神舟九号"飞船发射任务的改进型长征二号F火箭时,研制人员按照系统、单机细化了模式类别,共列出了153个模式,模式所设定的产品统计、关键特性也比原来更细化了,有的细化到了单机层次,进行的包络分析也比之前多很多。其三是"深化",即对所有产品进一步深化认识,对关键特性,特别是那些以前识别不到的做了进一步的分析与识别。总指挥刘宇谈到,为进一步提高火箭的质量和可靠性,研制人员将质量控制点前移,在出厂测试阶段下了更大的工夫,力争把问题解决在出厂之前。"量化"、"细化"和"深化"工作大大地加大了工作量,在靶场期间,仅仅是发射"天宫一号"和"神舟八号"飞船的两发火箭的复查报告就有五大本,这几乎和发射"神舟一号"飞船到"神舟七号"飞船的七发火箭的报告总和厚度相当。

航天人在工作中坚持"严、慎、细、实"、以质取信也是在为荣誉而战。什么是荣誉?对航天人来说,就是能够十全十美地完成高风险、高难度的任务,荣誉属于成功者。不论是否公允,在航天领域,每成功一次就会增加一分荣誉,而一次失败则往往足以将以往的荣誉清零。对他们来说,事业的成就感最终体现为荣誉的累积,追求成功就是为荣誉而战。在准备发射第十颗北斗卫星时,长征三号甲火箭团队发出了"为了金牌火箭荣誉而战"的口号。为了实现孜孜以求的"成功发射、准确入轨"的不变目标,他们从源头抓起,对原材料、元器件、设计方案以及整个生产过程中的制造、工艺、检验等各个环节,都力争做细、做扎实,在工作中力求严上加严、细上又细、慎之又慎。精神一旦以荣誉感的形式积累起来,所激发的爆发力将是无可估量的。

二、科学规范,永保成功

每一个关心中国航天的人都会思考这样一个问题,从无到有、从小到大、由大而强的中国航天的成功之道何在?航天人一定会告诉你,要充分发挥出爱国主义精神和自主创新精神的巨大威力,要具有尊重科学、遵守科学规范的科学求实精神。航天是一个系统工程,技术上的正确无误与严格的工程管理的结合是工程成功的关键,讲求科学、实事求是、一丝不苟、严肃认真是航天研制工作必须坚持的工作作风。

五十多年的航天研制实践表明,坚持科学求实的精神是航天事业永保成功的关键。反过来,永保成功所带来的精神力量,进一步将科学求实的精神推向一个又一个新高度,在它们的共同推动下,中国的航天事业攀上一座又一座新的高峰。所谓坚持科学求实的精神,最重要的是要从航天研制实际出发,认真研究,总结其科学发展的规律,进而用这种规律指导航天事业的进一步发展。以中国运载火箭技术研究院来说,在总结多年研制工作的经验教训的基础上,摸索出两个基本规律:其一,"地面试验充分,验收眼见为实,测试覆盖全面,操作准确无误"是确保成功的基本规律;其二,把"永保成功"作为一切工作的基础和前提,是航天工作的基本规律。近年来,在实践这两个基本规律的基础上,中国运载火箭技术研究院又提出"把成功作为信仰","质量要万无一失,这是对成功是一种信仰的最好诠释。"为什么航天人这么重视成功的精神价值?这是因为航天人对成功的理解最为深刻,又由于火箭发射的成功是一切航天活动成功的前提,所以火箭人最了解成与败的天壤之别,最能深切体会到航天发射所牵动的国家利益和民族希望何其厚重。因此,他们从精神层面将航天事业视为对成功信仰的实践。这是一项艰辛的实践,但如同所有的信仰实践一样,信仰者在信仰实践中已经得到了精神上的满足。他们只有一个信念——永保成功,而要实践这个目标,就需要在工作中尊重科学规律、坚守科学规范。

一方面,要从大处着眼,从系统工程出发,不断提升总体能力,搞好顶层策划。总体如同"龙头",如果一开始不在总体层面搞好顶层策划,"龙头"稍有偏差,后面的研制可能谬之千里。因此,在首次载人飞行前,总设计师王永志提出要制定一个客观、全面、科学合理的放行准则,规定各个系统只有在满足放行准则时才允许出厂和发射。在"神舟五号"飞船的研制中,就有专家组曾经依据放行准则的有关规定提出了不予放行的项目,并要求限期解决。谈到如何应对如此高密度发射任务的严峻考验和挑战,长征三号甲火箭的总设计师姜杰认为"顶层策划不可或缺"。目前,包括长征三号甲系列在内的长征系列运载火箭已经处于产业化研制生产状态,火箭如同流水线上的产品一样,有的尚处于单机生产阶段,有的则已经处于总装出厂测试阶段,还有的已经准备在发射场执行任务,为了保证整个发射任务能够顺利完成,"两总"系统必须从科学求实的精神出发,做好火箭研制生产的整体与顶层策划工作,并协调好各分系统之间的关系。

另一方面,要从小处入手,搞好量化控制和精细化管理。曾任长征二号丙火箭总指挥的李明华在表格化管理上动了很多脑筋。他提出,总装生产准备评审不应该只写一个简单的报告,从产品的齐套、文件准备到工装量具的保证和鉴定,必须首先进行表格化检查。他还大力推行了火箭总装过程的表格化检查和确认工作。他看到有些产品的总装过程,到了外场后就不好检查或检查不出来问题了,所以必须在总装过程中加强检查和确认。为此,他要求总装程序每走一步,都必须落实清楚工作检查项目、要求和责任人,使得整个总装过程具有非常强的可追溯性。这些举措的推广,使得型号队伍从进场开始,所有工种、每个工作的环节和项目,都能做到表格化检查。①

在长征二号F遥九火箭为执行"神舟九号"飞船与"天宫一号"交会对接任务做准备工作时,中国航天科技集团公司总经理马兴瑞指出,要切实做好火箭质量量化控制,分析、利用好长征二号F火箭已发射型号的飞行数据,做好单点、裕度、测试覆盖性、产品验收、"九新"等方面工作;要做好风险分析和控制工作,尤其要查找元器件、原材料、工艺等方面存在的薄弱环节。这些指示听起来比较抽象,但说的都是航天人必须认真开展甚至是强制执行的具体工作。为了确保设计意图的实现,这次改进型长征二号F遥九火箭的总装过程中,型号队

---

① 冯春萍.飞上九重天(火箭篇)[M].北京:中国宇航出版社,2006:148-150.

伍梳理出了500多项需要关注的强制检验点。

在航天研制工作中,很多工作可能在外人看来十分单调,但它们又是必须按照科学规范认真执行的。在长征二号F遥九火箭总装工作中,装配人员的一项工作是将插销插入相对应的螺纹孔内,再拔出来。这是总装人员在进行提前试装,通过这种一比一的试装,可以提前检验这个插销的松紧度合不合适。在长征二号F遥九火箭总装过程中,进行了很多类似的提前试装工作,目的是为了实现质量控制的关口前移,提前识别风险。以整流罩上的换流器为例,它涉及四个插头的插接,属于典型的易错项目。为了保证它的正确性,总装车间采取了三项措施:一是在插接检查表上盖一个红色的项目章,提醒操作人员需要特别注意这里有可能出错;二是要求操作员在插接前要检查,插接完了再复查一遍;三是由与操作员同在一个岗位的人员进行检查,如果没有发现问题,则照相记录,这张照片必须能够同时看见插头号和插座号。长征二号F遥九火箭在总装中需要多媒体记录的事项有5000多项,测试过程中需要记录1600多项,总计7000多项。

谈到狠抓量化控制,长征三号甲火箭总指挥岑拯专门举了拧紧力矩的例子:"什么叫拧紧?由于每个人的用力不同,拧紧的标准各不相同。操作不规范有可能造成单点失效,给产品质量埋下隐患。"无疑,没有这种精益求精、鸡蛋里挑骨头的精神,不像这样讲究科学规范,中国航天事业就不可能从无到有、从小到大、由大变强。

在载人航天工程的实施过程中,为了将千万种失败的可能性排除在外,航天人始终以精益求精的态度,不放过任何细枝末节,力求达到"设施设备零故障、技术操作零差错、组织指挥零失误"的"零缺陷"的完美境界。没有高度的责任心,没有对成功的追求乃至信仰,是做不到的。在实践中成长起来的航天人都深知确保成功的艰辛。成功不等于成熟,一次成功不等于次次成功,风险始终伴随每一次飞行,每一次飞行都是一次新的挑战和考验。为了确保成功,必须狠抓"归零",落实质量问题闭环管理,对任何问题和隐患都要力争完全、彻底、不留遗患和举一反三,"严、慎、细、实"地把好质量关。支撑航天人事无巨细、坚持不懈地做到这些的精神动力就是永保成功的精神。

永保成功是一种重要的精神,其核心内涵是目标高于一切的任务意识。这种精神与军事斗争中的战斗精神类似,都是对成功和胜利的信仰。毋庸置疑,在现实层面,胜败乃兵家常事、失败乃成功之母,但在精神层面,面对重大任务和在大敌当前的情况下,气可鼓不可泄。把成功作为信仰绝不意味着可以蛮干和莽撞行事,恰恰相反,把成功作为信仰必须建立在科学求实的基础上。

2012年5月5日,为了提升任务意识、强化对成功的信仰,在执行"神舟九号"飞船与"天宫一号"交会对接任务之前,中国运载火箭技术研究院隆重举办了长征二号F火箭发射队出征仪式。为了打牢发射人员的思想基础,发射队临时党委组织对全体发射人员的思想状况进行摸底。在进行发射工作期间,通过工作方法创新,使思想政治工作充分发挥出凝聚人、激励人、感染人、鼓舞人的作用,同时努力营造良好的环境和舆论氛围,举办"岁月如歌"回顾展,系统回顾了载人航天工程的历程与丰硕成果,最大限度地激励了研制人员的责任感、使命感和追求成功的意识。2012年5月18日,长征二号F遥九火箭发射队临时党委组织开展了"瞻仰聂帅墓,缅怀革命先烈

图5-4 周建平(左)、梁小虹(右)在长征二号F火箭技术厂房

表决心"的活动,全体发射队员在聂帅墓前庄严承诺:认真领会、贯彻落实各级领导的指示和要求,牢固树立第一次就把事情做对、第一次就把事情做好的意识,谨记"虚心学习、耐心复查、细心工作、放心发射"和"极端负责、挑战自我、小中见大、精益求精"的殷切希望,全力以赴,不辜负党中央、国务院、中央军委的重托,毫无差错、毫无隐患、毫无遗憾、毫无悬念地实现"十全十美,神箭神奇",用圆满成功向党的十八大献礼。

为什么要做这么细致的工作?因为像所有的伟大事业一样,成功的关键在于不断地提升人的思想和精神境界。正如长征二号F火箭总指挥刘宇所言,航天事业发展到今天,尽管有了这么多技术手段,但"保成功"的关键因素还是在人。

第四节 同舟共济、团结协作的大局观念

一、大力协同,集智攻关

航天工程规模庞大,技术复杂,高度集成,涉及众多科技领域和工业部门,靠一个单位一个部门无法独立完成,必须依靠全国范围的紧密合作、大力协同、集智攻关。早在中国航天的起步阶段,钱学森就提出,"两弹一星"等重大科学工程是多种现代科学技术成果的高度凝结和结晶,是一项系统工程,要组织全国大协作。对此,毛泽东用一句军事术语作评:"集中优势兵力,各个歼灭敌人。"1961年初,中央转批聂荣臻《关于1961、1962年科技工作安排的报告》时,明确要求把从中央到地方的各方面的技术力量组织起来,全国一盘棋,拧成一股绳,统一安排,分工负责,通力合作,共同完成国防科技任务。五十多年来,从"两弹一星"到载人航天,一个重要的成功经验就是,组织全国大协作,集中力量办大事,把各行各业的精锐力量组织发动起来,变总体劣势为局部优势,以此实现高科技领域的率先突破。

大力协同、集智攻关的意识不仅仅是指导中国航天事业发展的战略思路,更体现为指导航天人思想与行动的基本价值取向和精神追求,其思想前提就是服从国家总体利益的同舟共济、团结协作的大局观念。同时,这一大局观念也是航天研制任务的内在要求所至。

同舟共济、团结协作的大局观念的产生与中国航天的政治制度与精神文化环境不无关系。一方面,中国航天脱胎于国防建制,天然地体现出国家意志高于一切的理念;另一方面,中国航天所处的精神文化环境是社会主义制度下的集体主义精神与共同发展的理念。因此,同舟共济、团结协作的大局观念既是国家总体战略意志的要求,也是社会主义体制下人民的整体利益所需。这种观念不完全是自发产生的,而是在国家所具有的高度权威及其社会的总体动员能力的推行下所凝聚而成的一种自觉的群体观念。

1956年,航天事业创建初期,正值我国第一个五年计划刚刚开始实行。在各方面都急需科技人才的情况下,为了建设一支强大的航天科技队伍,全国各省、市,各部门都发扬风格,他们"忍痛割爱",把自己的"尖子"送出来。哈尔滨军事工程学院陈赓院长带头作表率,主动提出:"军事工程学院的科技专家都可以给,调哪个给哪个,除已经提名的外,还可以多抽几个。"许多单位甚至不等调令或介绍信,打个电话就送人来。那些被调的同志,接到调令二话不说,卷起铺盖就走,听从党的召唤,表现了很高的觉悟。这些从祖国四面八方聚集在一起的同志,尽管经历不同,但他们有一个共同的心声——发展祖国的航天事业。他们心往一处想,劲往一处使,同心协力,密切配合,保证了各项工作的顺利完成。

同舟共济、团结协作的大局观念实际上反映了一个国家将人民的意志凝聚为国家意志的能力。1970年,在发射第一颗人造地球卫星"东方红一号"的过程中,为了确保通信线路的畅通,几乎调用了当时全国60%的通信线路。为了防止人为破坏、自然中断等情况发生,有关省、市、自治区出动60多万名民兵守卫通信线路,从发射之前24小时,一直到试验任务结束不间断,每根电线杆下面,都站着值勤的民兵。正是从同舟共济、团结协作的大局观念出发,人们将发展航天视为大局,航天事业因而成为国家优先发展的事业之一。

一个值得追问的问题是,每个行业都会强调大局观,中国航天将其上升到航天精神层面又有何特殊性?这是由航天任务的特殊性决定的。谈及航天事业的根本任务,曾任国防部五院科技部副部长、航天工业部办公厅主任等职的老航天人王道力说,航天事业的根本任务不仅仅意味着"搞导弹"、"搞卫星",要明确航天的根本任务首先要认识到航天科技工业是高新技术的综合体。以运载火箭为例,它包括箭体结构、动力装置、控制系统、遥测系统、外测安全系统、地面设备系统等,每个系统都有其整体性,各有其目标,但就总体目标来说,每个分系统必须服从总系统或总的目标,为此各个分系统及其各个环节之间,必须各就各位、各司其职、密切配合、协同动作,才能实现总体目标所要求的最佳整体效益。①

在巨浪一号的研制工作中,参与的单位共有109个,共3万多人,涉及全国

---

① 王道力.中国航天管理科学与科学管理回顾[M].北京:中国宇航出版社,2006:69-70.

19个省市、10个工业部门,可以说是举全国之力,只有所有单位都协同攻关,互相支持,密切配合,才能完成这项创举。为保证潜地导弹弹体的气密、水密和结构强度,总体部结构研究室进行精心计算分析和设计,弹体和固体发动机生产厂用严格的工艺保证生产的可靠性。由于导弹尺寸的限制,仪器舱体积比较小,计算机研究所把计算机的体积一下子减小到原体积的二分之一以下。控制研究所把一些设备进行合并,又把外壳形状按仪器舱的形状进行设计,使安装更加紧凑。遥测系统研究所采用集成电路代替分立元件,使设备体积大为缩小。这些问题完全是靠各研制单位大力合作,才得以顺利解决的。

由此可见,坚持大局观念、保持高度的协作精神也是航天工程研制实践的内在要求。我国载人航天工程在中央专委直接领导下实施专项管理,即由总装备部、国防科工委、中国科学院、中国航天科技集团公司、中国航天科工集团公司和中国电子科技集团公司等部门及单位,按照工程的科学技术流程和职能分工,组成跨部门、跨行业、高度集中统一的组织管理体系。在专业层面,工程包括航天员、空间应用、飞船、运载火箭、发射场、测控通信和着陆场七大系统,涉及许多科技领域和众多部门,共有100多个研究院(所)、基地、高等院校、工厂直接承担了研制、建设、试验任务;国务院有关部委、军队各总部、有关军区、军兵种和省市自治区3000多个单位的数十万人承担了工程协作配套和支援、保障任务。在工程实施中,一步也离不开团结合作、协同攻关。20年来,载人航天工程的实践证明,"一切为载人,全力保成功"的核心理念和顾全大局的协作精神是保证组织管理体系正常运转的灵魂。

图5-5 "867工程"紧急订货会

在航天研制工作中,同舟共济、团结协作的大局观念在协同攻关中发挥了尤为重要的作用。在18个月的长征二号E火箭研制工作中,国家计委等部门专门召开了3次全国专项物资紧急订货会。20多个省、74个市、300多个厂家,经供销双方见面后,仅一天半就签订了5000多项合同,使研制急需的90%物资得到了落实。西南铝厂为了生产3.35米直径的铝锻环，推迟了能带来高额利润的出口合同。天津发电设备总厂等单位按时生产出最大外径为14米、自重210吨的发射平台。冶金部建筑设计院等单位克服北方冬季施工的困难，日夜奋战，仅一年就建成一座地上高51米、地下深10米，有效空间为14米×14米的全箭振动试验塔。如果没有大局观念，这些不计得失的快速反应是难以想象的。

在协同攻关中，大局观念使航天人的思想和行动有机地融入相互协作之中，甚至逐渐达到了一种人如其器、人箭合一的精神境界——人与其创造物融为一体，两者的特征、风格、气质与精神相互投射、渗透、交会、激荡。这或许是一般人难以企及的创造的最高境界，但是对航天人来说，达不到这个境界，就不可能谈论成功。航天工程特殊就特殊在，一旦按下发射按钮，就很难纠正和消除由过程的不完善所导致的问题和风险。人们常说在试错中前进、向失败学习，但航天恰恰以成败定乾坤，是一个没有试错机会、失败不起的事业。要追求一次成功，就只能竭尽全力达到创造的最高境界，实现创造者与创造物在精神上的共鸣。在实践中，航天工程对有机整体性与协同性的高标准严要求，从日常工作程序逐渐渗透到航天人的思想意识和价值观念之中，成为航天精神的一部分。正是从这个意义上，航天事业孕育了航天精神，航天精神推动了航天发展。

必须指出的是，大力协同、集智攻关的意识是一种群体性或集体性的精神追求，其所呈现出的主动性、积极性和创造性是建立在高度统一的制度安排和高度严密的组织调度之上的，必须通过长期协同攻关实践才能内化为一种固定的价值取向和近乎下意识的精神追求。大力协同、集智攻关的意识强调，一方面，明确自己的目标，尽力做好自己的事情；另一方面，还要团结协作，主动帮助别人把事情做好，把自己的困难也开诚布公地告诉别人以寻求帮助，最终努力把事情做成。显然，不论是明确责任还是相互协作，都需要有制度、组织上乃至精神文化层面的保证。为什么需要这些保证？这是因为仅仅认识到每一个人的成功必须基于他人的成功，并不足以促使人们追求共同的成功，就像巴比伦的通天塔，其目标虽伟大却难以实现。

> 1984年1月29日，我国用长征三号火箭首次发射通信卫星，由于第三级火箭发生故障，卫星未能进入同步轨道。此时正值阖家欢聚的春节，航天人

第五章 中国航天事业的精神动力

表现出了一切为了完成发射任务,团结奋斗、连续作战的精神。研制单位密切配合发射基地试验队分析故障,讨论方案措施;生产、试验单位做好了随时投入工作的准备;各有关单位都密切注视着排除故障工作的进展,表示要人给人,要设备给设备,全力支援。当发射场总设计师把确定的排除故障方案和草图电传到北京,设计人员马上进行设计,同时向工厂进行技术交底;图纸未到工厂,有关生产人员已到岗待命,上道工序还没有完成,下道工序就主动做好了生产准备;试验件尚未加工出来,各有关试验室和试验站各项试验准备已经就绪;加工、试验、检测等工作还没有结束,运送产品的飞机票就已预定;加工和返修件一到发射场,试验队就立即投入火箭改装,就这样一环扣一环,风雨无阻,马不停蹄。从发射场到北京,大家都为了共同的目标,团结一心,连续奋战了70个日日夜夜,终于取得了发射通信卫星任务的圆满成功。

中国的航天事业是在社会主义大协作精神的推动下发展起来的。航天工程几乎涉及一切科学技术领域和国民经济部门,社会化、专业化达到相当高的水平。显然,这样高度综合的现代科学技术,只靠哪一个部门是根本办不到的。只有组织全国性的、系统内外和型号内部的大协作,大力协同,集智攻关,才有可能实现。不论是研究、设计、试制、试验还是生产、物资供应,莫不如此。

仅以发射试验为例,1980年,我国首次向太平洋海域发射远程运载火箭,全国29个省、市、自治区所属上千个单位参加,人数达几万人。军队、地方的几百个电台要保证通讯系统畅通无阻,电力部门要保证供电万无一失,铁路系统要保证安全运输,测绘部门要提供精确的大地参数,气象部门要适时地提供各种气象资料。测量船、护航船、救生船、远洋船、补给船等要准时到位。所有这些,如果没有统一指挥和大力协同精神,很难设想能顺利完成这样大规模的艰巨任务。而且由于航天工程是一个非常复杂的系统工程,它包括运载火箭、航天器、发射场、测控、应用五大系统,每个系统又分为若干分系统,每个分系统又由很多仪器设备、零部件和元器件组成。仅卫星本体就有10多万个零部件。要按计划、高质量地完成这样庞大的技术工程,一方面依靠行政手段进行协调指挥,另一方面依靠目标一致与大力协同精神开展工作。因此,社会主义大协作精神就成为航天科研人员所必备的条件与素质。

中国航天事业发展历史经验表明,只有在国家代表人民共同利益的社会主义制度下,只有在讲政治、讲大局、抓统筹、重协同的科学精神的指导下,国家的政治体制和管理机制才能以人民的意志为基础,形成强有力的资源集中调度与统筹整合能力;只有在爱国主义和集体主义精神成为时代主旋律的文化环境中,只有在自力更生、自主创新的精神成为中华民族复兴大业的核心精神动力的氛围下,大力协同、集智攻关的意识才可能在航天事业中呈现为一种创造和提升价值的精神力量。

二、携手合作,共创伟业

在航天研制工作中,同舟共济、团结协作的大局观念得到了具体而微的体现,其中最具航天特色、最能体现航天人的事业心和责任感的是携手合作、共担风险的精神。对一般的组织来说,携手合作、共担风险主要指强调发扬团队精神,加强相互之间的协作、沟通、协调,实现协同运作,有问题共同担当。对航天人来说,携手合作、共担风险作为一种精神更进一步强调大局为重、局部服从整体的精神,更强调主动担当甚至忍辱负重的精神境界。在航天工程的研制过程中,这种精神随处可见,人与人之间、系统之间、单位之间、军地之间大力协同,为了一个共同的目标,集智攻关,奋力拼搏,不管是主角还是配角,总是争挑重担,共担风险。

携手合作、共担风险首先是一种团队精神,其基础是每一个成员的责任心。科学研究表明,当雁群由一只大雁领飞,其它大雁依照"人"字队形跟飞时,比每只大雁单飞至少增加70%的飞行距离。携手合作的团队如同一行由大雁们轮流领飞的雁群,只有当每只大雁在轮到它们领飞的关键时刻奋勇当先,整个雁群才能一程又一程地顺利飞越全部艰辛的旅程。航天工作是由很多人协作完成的,在航天研制团队中,有很多具体的岗位,如总设计师、副总设计师、主任设计师、主管设计师等,每一个岗位都是一份责任,就像每一只大雁一样都必须尽职尽责。每个人首先应该意识到,个人的业务能力是完成任务的基础,必须在工作中不断学习,打牢基础,练好本领,以免成为断点或短板,影响整个团队的效率和任务的执行与完成。

同时,在航天人的精神追求中,携手合作、共担风险往往意味着积极面对问题、主动承担风险的态度,特别强调在出现问题时,应该从全局利益出发,不推诿,不扯皮,更不去埋怨别人,首先主动从自己负责的工作上找原因。对此,原

第五章　中国航天事业的精神动力

七机部部长郑天翔曾深有体会地回忆道:"七机部有一个特别好的传统,当事故发生之时,从来没有相互指责、埋怨,相互推诿的现象,而是争相在各自承担的工作中寻找不足,以求在以后的工作中做得更好。这种团结和谐的气氛和精神,是非常宝贵的。"[1]正是在这种团队精神的推动下,中国航天事业才得以在创新中求发展,在困境中求超越,在超越中创造新的辉煌。

携手合作、共创伟业的精神为一代又一代航天人薪火相传,发扬光大。在"余梦伦班组"办公室墙上,一幅书法引人注目——"不同轨道、相同梦想,弹道有痕、进取无疆"。寥寥16个大字,让这个小小的弹道设计班组的精神状态跃然纸上,正是在这种携手共进的精神状态下,他们精心刻画的一道道神奇的轨迹横空出世、飞越天宇。心中怀揣着中国的航天事业这颗光亮炽热的太阳,在"余梦伦班组"中,从来没有密不告人的闭门设计,也没有相互封锁的计算方法,一旦某个人钻研出了新的设计工具,就会上传到共享平台,和所有人分享,并相互优化、改进,因为他们每时每刻都在将自己最大的努力,聚合为团队的共同力量,致力于为中国航天在天穹刻画出最精准的轨迹。

图 5-6　余梦伦班组

由于航天工程系统具有高度的复杂性,要想走向成功,航天人可谓如临深渊、如履薄冰,从技术到人员到产品再到时间节点,如果没有这种"有问题共同面对、有风险共同承担"的协作精神与责任意识,没有精准的统筹兼顾和协调管

---

[1]　王道力.中国航天管理科学与科学管理回顾[M].北京:中国宇航出版社,2006:70.

理,根本无法完成型号研制。在巨浪一号的研制过程中,曾经出现过一级发动机试车时出现了摆动喷管摩擦力矩大大超过任务书要求的情况,这项超差使导弹出水姿态难以控制。为了解决这个问题,总设计师黄纬禄组织召开了一次总师扩大会议,邀请各单位负责人和技术骨干参加。黄纬禄首先请大家各自介绍工作情况,以便相互了解,掌握全面的情况,然后请大家将所接受的任务书指标、已经做到的水平和通过努力近期可能达到的水平相互无保留地交底,又询问了各单位对所提指标究竟留有多少余量。通过讨论发现,只要大家能把余量都掏出来,问题可以解决一部分,再把指标重新分配一下,指标的余量只留下一个,由大家共同掌握,不再层层加码。最后,再在此基础上让大家各自多承担一点困难,以此分散难点。但这样一来,有的单位可能最终经过极大努力依然达不到要求,可能因此要承担一定的风险。对于这部分风险,会议明确指出,由大家共同承担。在会上,黄纬禄诚恳地要求大家全都把余量拿出来,再分散难点,并一再强调,这样的风险要共同来承担,不能出了问题相互埋怨、指责。这次会议大大地推进了研制工作,参加者还总结出了"四个共同"的工作理念——有问题共同商量,有困难共同克服,有余量共同掌握,有风险共同承担。[①]

"四个共同"的理念充分体现了携手合作、共担风险的精神,其有效实现途径是通过技术民主、群策群力等沟通、协调过程达到高效协同的结果。所有的组织管理都会强调沟通与协调,但所有的沟通协调的最大困难在于如何说服对方付出更大努力,如何让大家在理解的基础上主动承担更多困难、更大的风险。除了晓之以理,讲政治、讲大局,更重要的还要动之以情,用情感去温暖、去激发、去鼓舞。在长征二号F火箭的研制中,为了落实元器件的技术条件,中国运载火箭技术研究院主管部门组织召开了两次大规模的技术条件协调会。随后,又组织对全国36个元器件研制单位生产保障条件、技术条件执行情况进行了调研和技术协调,提出了攻关经费要求和技术改造建议。在致力于推进各单位元器件攻关和技术改造的同时,"两总"系统十分注重沟通工作,他们亲自到元器件研制单位宣传载人航天工程的重要意义和质量要求,提高了元器件生产厂家干部、职工的思想认识。其中为平台生产混合电路,某厂在质量一致性检验中发现脱键模式,为了确保质量,他们主动决定重新生产。

---

① 《中国航天腾飞之路》编委会.中国航天腾飞之路——亲历、亲见、亲闻[M].北京:中国文史出版社,1999:207-208.

行胜于言，从实际行动中展示的精神力量往往更强大，更具有说服力。1984年1月29日，长征三号火箭首次发射由于第三级发动机高空二次启动出了问题，卫星没能进入预定轨道。时任一院院长张镰斧和火箭总设计师谢光选会同设计师系统发动参试人员反复讨论，查找数据，分析问题，在准确定位的基础上制定了排除故障的对策，并决定立即组织实施。张镰斧坐镇西昌，亲自草拟并签发了加急电报，直接发给在北京的主管副院长和有关单位的所长、厂长、站长和党委书记，要求后方（北京）积极配合。同时，他派人回京组织设计—生产—试验—再生产—再试验，24小时连轴转，先后进行了5次发动机试车、10次点火。为了确保质量、掌握第一手资料，张镰斧换上了工作服，戴上了潜水用的呼吸阀，第一个钻进发动机舱察看。狭小的现场充满窒息性的惰性气体，出舱时他顾不上满脸汗水，连声对进舱作业的工人师傅说："拜托了，拜托了！"时年62岁的他，守候在舱外达八、九个小时。正是在这种精神的感召下，改装工作实现了前所未有的高效率、高质量和高速度。从1月29日第一次发射受挫到4月8日第二次发射圆满成功，前后仅用了70天，这就是后来广为航天人称道的"张镰斧的70天闪电行动"。① 张镰斧的闪电行动之所以能够扭转乾坤、反败为胜，就是因为他用自己的实际行动告诉研制人员，这是我们共同的事业！

---

① 冯春萍.飞上九重天（火箭篇）[M].北京：中国宇航出版社，2006：12-13.

第五节 淡泊名利、默默奉献的崇高品质

一、淡泊名利,无私奉献

任何一项伟大事业的辉煌成就的背后,都有着无数的奉献牺牲。中国的航天事业起步于中华人民共和国初建的艰难时期,在这项伟大事业的召唤下,一代又一代的航天人奉献出他们的热血汗水和青春年华,用他们的聪明才智甚至生命谱写了中国航天这部感天撼地的历史正剧。由于航天同时担当了国防尖端科技和高新科技产业双重角色,是具有高度保密性质的事业,很多航天领域的专家、工程技术人员注定一生默默无闻,淡泊名利是其朴素情怀。航天事业的特殊性使航天人天然地具有淡泊名利、默默奉献的崇高品质。航天事业的无私奉献精神,一方面是中华民族的传统献身精神的继承,同时又是无数革命先烈大无畏牺牲精神在新的历史条件下的发扬光大。

国防部五院初创时期,就非常重视对献身精神的培养教育。当时,聂荣臻一再教育从部队来的同志,国防部五院是一个特殊的单位,担负着特殊任务,他要求部队来的"首长"不要计较个人地位、待遇,要甘当普通一兵,做好服务工作。他自己也表示要当好"后勤部长"。对于技术专家,他希望他们把五院当成自己的家。各级领导对新分配来的干部,大、中专生和工人,形象地要求大家:"生是五院的人,死是五院的鬼","生在五院,死在八宝山。"

同时,航天事业是一项巨大的系统工程。在"两弹一星"和载人航天等工程研制中,每个参与者的作用都如同巨型机器上的一颗螺丝钉,默默奉献是其英雄本色。航天工业是一个高度社会化的行业,航天产品凝结着航天系统全体人员的集体心血,它涉及发射基地、研制部门、研制生产第一线和政工、行政后勤保障部门所有辛勤劳动者。每个劳动者只是从事或参与其中的一小部分或一个方面。任何个人如果离开了集体,将一事无成。航天系统的职工是一个不可分割的群体,被称为"航天人"。因此,当记者采访黄纬禄时,问道:"黄总,作为新型运载火箭总设计师,您做了哪些工作?"黄总很朴实地回答:"我懂得的东

西有限,发挥的作用也有限。因为这是一个大的系统工程,集我国科学技术之大成。同我国航天事业所取得的其它成就一样,离开党中央、国务院的正确领导,离开成千上万个科技单位、工厂、部队的密切合作,离开全国各省市的支援和广大航天职工的艰苦奋斗,谁也没有本事搞成。"他的回答充分显示航天系统职工的"螺丝钉"精神。

战斗在航天事业其它岗位上的人们,也是一个无名英雄的群体。正是这样一些不计名利的无名英雄,一直在全力支撑着航天事业这座大厦。后勤战线的职工,在科研生产保障和生活服务方面,作出了重要贡献。无论是食堂炊事人员、房产维修人员、汽车司机、医护人员还是幼儿园、托儿所的保育员,都在平凡的岗位上付出了艰辛的劳动。在创业时期,炊事人员努力办好食堂,使就餐者吃好,保证哪里有人加班,饭菜就送到哪里。在当时物资条件比较困难的情况下,保证把上级调拨给科研人员的肉、鱼等副食品,按规定送到科研人员手里。在发射基地,为了使参试人员吃好、住好、行好、身体好,他们提前两个月就进入紧张的"粮草"筹备。大到汽车,小到火柴,各种各样的物资都准备齐全。有时为了采购这些物资,他们要跑遍许多城镇乡村的工厂、商店。在这个甘当无名英雄的群体中,涌现出许多优秀人物,其中有许多是老红军、老干部,他们原来在部队是首长,却遵照聂荣臻"放下架子,转变作风"的教导,以普通一兵自居。他们把军队的优良传统带到科研队伍中来,全心全意为科研服务,为科研人员服务。在冬季寒流突然袭来的时候,他们冒着呼啸的寒风,带领后勤人员抬着炉子、烟筒,通宵达旦地挨家挨户为科研人员生炉子、送温暖,大大激励了科研人员的工作积极性。

祖国的召唤使著名科学家钱学森决定以探亲名义回国,却被无理拘禁,失去人身自由长达5年之久,最后冲破重重阻挠回到祖国。归国后,以一句"外国人能干的,中国人为什么不能干"的豪言开启了中国航天事业的大门。1956年,钱学森在筹建国防部五院时,点名调任新民、庄逢甘等专家从哈军工到五院工作。恰好任新民和庄逢甘正在北京出差,没回哈尔滨就到五院报到,和筹建人员一同睡在大通铺上,聂荣臻元帅得知后,让人安排他们住旅馆,他们执意不肯。1958年,王希季在上海交通大学工作,正准备晋升正教授,并赴柏林大学教学交流之际,上级要调他去新成立的上海机电设计院工作,他舍弃了个人名利,服从了组织的调动。特别值得一提的是,新中国建立的哈军工等一批国防科技院校为中国的航天事业作出了不可磨灭的贡献。

> 哈军工的毕业生,从20世纪70年代起,为创建我国航天城和导弹发射基地,成批地奔赴杳无人烟、飞沙走石的边陲、戈壁之地,不为名、不为利,几十年如一日地无私奉献青春,建立了不朽的功勋。从酒泉到西昌到马兰,在中国的航天事业中,到处都是哈军工毕业生的身影和足迹,哈军工毕业生成为中国航天事业的一代拓荒者。为什么哈军工毕业生在荒滩戈壁能默默无闻地工作几十年,能坚持一辈子,就是因为哈军工给他们的教育——为国防现代化献身的信念和在哈军工培养出来的吃苦耐劳的精神。现在,哈军工这些毕业生有的已经退休了,有的已长眠在那里,有的还在为航天事业培养着下一代。

中国航天事业的基础是老一代航天人献身航天、艰苦创业打下的,"两弹一星"工程不仅打出了中国人的"争气弹"、"争气星",还为中国航天事业的发展铸就了淡泊名利、无私奉献的精神源泉。三年自然灾害时期,航天科研人员的伙食标准是"2611",即每月26斤粮,每餐1个馒头、1角钱干菜汤。许多科研人员在食品供应紧张、营养不足的情况下,仍然忘我拼搏,锐意钻研,积极投身到航天事业中。他们坚持超负荷运转,每天连续工作14小时以上,晚上经常集体加班,不少人为了完成任务时常食宿在车间。很多政工干部的一项经常工作,就是晚上催促大家回去睡觉,强调"劳逸结合"。后勤人员主动把面条送到科研人员手中,为科技工作者服务,无私地开拓着航天事业。"两弹一星"的研制工作者们在茫茫无际的戈壁荒原,在人烟稀少的深山峡谷风餐露宿,不辞辛苦,克服了各种难以想象的艰难险阻,经受了生命极限的考验。他们运用有限的科研和试验手段,依靠科学,顽强拼搏,发愤图强,锐意创新,突破了一个个技术难关。老一代航天人所具有的惊人毅力和勇气,显示了中华民族在自力更生的基础上自立于世界民族之林的坚强决心和能力。

"留名要留集体名,计利要计天下利"是从老一代航天人传下来的名利观,这既是由航天系统工程的性质所决定的,也在很大程度上出于保密的要求。从20世纪50年代起,中国航天就特别强调保密。保密是那个年代国防和尖端科技最大的特色。正如一首歌里唱的那样,"什么也不说,祖国知道我"。由于保密的要求,中国航天人过去没有专著,没有论文,没有知识产权,没有个人专利,搞出的火箭、卫星,也都永远属于国家的绝对机密。即使是在市场经济高度发展的今天,其它行业可以"一招鲜,吃遍天",绝大多数航天人的工作性质却决定了他们只能埋头苦干、默默无闻,而他们一生唯一的荣誉就是国家荣誉。这也

第五章　中国航天事业的精神动力

是杨振宁在得知几乎人间蒸发了的好友邓稼先参与了"两弹一星"工作时不禁潸然泪下的原因所在。

在老一代航天专家中,有很多功勋卓著却淡泊名利、无私奉献的典范。1966年底,任新民带领飞行试验队进入戈壁中的发射基地,进行中程导弹的发射。1967年2月,为了查明发动机工作100多秒后出现推力下降的原因,由他带队,一行6人赶赴弹着区搜寻发动机残骸。看到这位年过半百、手里拄着木棍、在茫茫大漠中风尘仆仆的老专家和年轻人一起摸爬滚打,大家无不感到由衷的敬佩与赞叹,为他深入科研试验第一线的高尚品格和为事业而献身的精神所感动。经对发动机残骸进行分析,查出了推力下降的原因,采取措施后问题得到了解决。①

由于转向返回式卫星的研制工作,曾经为长征一号火箭研制奠定基础的王希季院士一直未能列入"东方红一号"卫星和长征一号火箭的主要研制者名单,直到党和国家为研制"两弹一星"作出突出贡献的科技专家授勋时,他在长征一号火箭研制工作中的奠基性作用才得到充分肯定。而这一切完全没有影响到他献身航天事业的斗志,作为一个以国为重的航天人,他在航天科技创新中获得了最大的精神满足。在研制工作中,他从不计较个人名利得失,一直是甘冒风险的开路先锋,在航天科技创新中,他一次又一次地充当了"第一个吃螃蟹的人"。在他看来,要想有新的突破,总得有人甘冒风险,承担责任。当他第一次提出要在返回式卫星上试验新型国产彩色胶片时,不少专家认为黑白片已经试验成功了,何必再锦上添花,而一旦试验失败便会造成重大损失。王希季非常清楚其中的风险有多大、责任有多重,但他却认为彩色片取得成功后会比黑白片获取到的信息量大得多,能为国家解决更多的问题。在他的坚持下,试验获得成功,开创了我国卫星彩色拍照技术的先河。也是在他的支持下,卫星姿态控制系统、数字化控制系统得到试验和普遍应用。在担任总设计师时,他不顾大多数人的顾虑,坚持主张在卫星总装测试完毕后,出厂前进行整星的振动试验。虽然他能够理解大家对成品卫星会被震坏的担心,但认为坏在地面总比坏在太空损失要小得多,因此坚持在自己负责的型号上进行整星振动试验,以便及时发现隐患,避免发射后卫星因力学环境改变而受到损伤。经过实践,整星振动试验的科学性和必要性得到普遍认同,很快便被推广到所有型号的卫星。认真求

---

① 《中国航天腾飞之路》编委会.中国航天腾飞之路——亲历、亲见、亲闻[M].北京:中国文史出版社,1999:603.

实的王希季曾经说过一句发人深省的话："在技术问题上不能少数服从多数,而是要尊重客观规律,坚持实事求是,有时候少数人坚持的往往是正确的。"如果没有淡泊名利、无私奉献的精神,王希季是不能甘冒风险、甘当少数派的。①

在航天队伍中,淡泊名利、无私奉献的精神已经渗透到每一个人的思想和行动之中,无数感天撼地的英雄事迹使航天精神在不断升华中形成了巨大的感染力。

1980年、1981年夏天,067基地连续两次遭到百年不遇的特大洪水的袭击,红光沟汪洋一片,泥石流淹埋了实验室、厂房。宋长河副所长等三位同志先后英勇牺牲。就在这种情况下,当参试人员接到去执行火箭飞行试验任务的命令时,没有任何犹豫和怨言,各自迅速地安排了家务,整理好资料和行装,如期出发了。基地党委组织了一支由党委副书记、副所长率领的青年突击队沿路护送。参试队伍坐在一辆黄河牌大卡车上,靠一辆大功率牵引车拖着在大水中缓慢地前进。途中,由于河水又深又急,牵引车在河中心抛了锚,随身携带的干粮和水都用光了,参试队员又返回了基地机关。第二天一早,参试队和突击队的同志绕道出发,抬着仪器设备,踏着泥泞的道路穿越5个山洞和隧道,冒着山体随时滑坡的危险步行100多里,将仪器设备安全地送到宝鸡站,按时到达了试验基地,圆满完成了这次飞行试验任务。

067基地的杨敏达同志,在红光沟的一个山洞里从事发动机泵的研究试验,默默无闻地工作了23年,1989年在身患绝症极度疲劳的情况下,为了保证长征二号E火箭发动机泵试验的进度,加班加点,改装试验管道,率先钻到直不起腰的管道里,除锈、涂漆,领着全室同志艰苦奋战,连续工作了20多个夜班之后,不得不被送进医院,从住院到离开人世只有33天时间。在生命垂危的日子里,还念念不忘未完成的工作。他为航天事业整整工作了30年,真正做到了鞠躬尽瘁、死而后已。

负责固体发动机研制工作的同志,为了尽快突破技术难关,在没有固体发动机试车台的情况下,冒着生命危险,跑到荒沟,把发动机头朝下埋在地里,再用钢性绳拴在树上固定起来,进行点火试验。他们明知这样做有生命危险,仍毅然响亮地作出回答:"如果需要的话,就让我们去做这种牺牲吧!"1962年12月,在一次浇注装药中,突然起火爆炸。陈素梅、韩玉英两位女同志当场牺牲,王增孝、刘恩科也因伤势过重,献出了年轻的生命。

---

① 冯春萍.飞上九重天(星船篇)[M].北京:中国宇航出版社,2006:21-23.

第五章 中国航天事业的精神动力

牺牲还不仅是物质利益和生命意义上的牺牲。为了航天事业,许多职工在精神上、感情上也同样付出了巨大的牺牲。有不少同志为了执行任务,放弃为父母奔丧,把悲痛埋到心底。至于长期两地忍受分居之苦的更是数不胜数。有一位同志在承担任务的紧张时刻,爱人带着幼小的女儿千里迢迢来探亲,可是他把大部分时间用在了工作上,小女儿不高兴了,对妈妈说:"人家爸爸老在家,我爸爸总不回家,咱们回去吧。"在航天队伍中确实有许多"不称职的爸爸"、"不称职的妈妈"和"不称职的妻子和丈夫"。其实,人非草木,孰能无情?在事业与家庭二者不能兼顾的情况下,他们毫不犹豫地选择了事业,这是崇高的共产主义思想。航天事业的发展高于一切,当然并不意味着对个人利益的蔑视和抹杀,绝不是提倡苦行主义,而是从无产阶级和劳动人民的根本利益出发,坚持集体利益高于个人利益,一旦两者发生矛盾,个人利益无条件地服从集体利益,并在保证集体利益的前提下,把集体利益和个人利益结合起来。航天事业之所以能在如此深度、广度上把几十万职工凝聚成一个群体,真心实意地投身于事业,在于发展航天事业是党和国家及人民群众的根本利益所在,它包括每一个航天职工的自身价值。有的人深情地说:"我觉得自己是滴水,已经融入航天事业里了,能为祖国航天事业出点力,我感到光荣,觉得这一辈子没有白活。"[①]

为了中国航天事业的发展,在平凡的岗位上,千千万万的航天人默默地作出了可歌可泣的奉献和牺牲。在这些英雄人物身上所体现出的无私奉献和敢于牺牲的精神是航天人精神面貌的最好写照。他们将个人利益置之度外,淡泊名利,不计得失,为航天事业的发展贡献了智慧、心血和汗水,甚至献出了宝贵的生命。他们用自己的热血和生命写就了一部为祖国、为人民鞠躬尽瘁、死而后已的壮丽史诗。

基于国防建设布局的需要,从1965年开始,一批又一批航天人从大城市开赴云、贵、川、鄂、陕等地处深山老林、穷乡僻壤的"大三线"。三线基地建设定点在崇山峻岭的战略大后方,这些地区经济文化落后,交通不便,自然条件复杂,要建设现代化的航天科研生产基地,困难重重。正如基地建设者们所说的,有多少个山头,就有多少个困难。从工程建设开始,风餐露宿,安营扎寨,即使到后来建成投产,条件仍然十分艰苦。为了中国的航天事业,三线基地的职工作出了巨大的牺牲。建设时期,在深山峡谷中,终日跋山涉水,晴天一身土,雨天一身泥,为三线建

---

① 郭国正.航天传统精神概论[M].北京:宇航出版社,1990:101.

图5-7 艰苦创业，肩担人抬，搬运固体发动机进山

设而奋斗。建成以后，又长期在山沟里默默地工作着。奋斗，就会有牺牲，有的同志为三线建设积劳成疾，有的为保护国家财产，在自然灾害中献出了生命。韩夫川同志就是其中之一，他身患绝症，坚持三线建设，坚守岗位，直到生命的最后一刻。"献了青春献终身，献了终身献子孙"，就是对三线人的真实写照。在这些普通的航天人身上，拥有何等令人景仰的高尚品质！

随着航天事业的发展，虽然航天研制的工作环境有了极大改变，但老一代航天人甘于无私奉献的精神却传承了下来。谈到三大航天精神，新一代航天人的代表姜杰说，航天三大精神共68个字，它们的交集是"奉献"二字，可见在航天事业中，奉献是永恒的，无论是过去还是当前，都不会随着时代的变迁而变化，也不会因老一辈离去而改变，一辈辈航天人薪火相传，始终坚守着"奉献"二字。在她看来，对航天人来说，奉献不是口号，而要落在实处，成为行为习惯。航天人奉献了青春、智慧、汗水，甚至生命。

每次在酒泉卫星发射中心执行发射任务，发射试验队都要组织瞻仰东风烈士陵园，那里有聂荣臻元帅墓和东风烈士纪念碑，以及长眠于此的六百多位献身航天事业的革命烈士，他们平均年龄只有二十几岁。一位年轻的总师深有感触地说，相对那一辈航天人所作出的奉献和牺牲，我所做的实在显得微不足道。"一切为了祖国，一切为了成功"的信念让中国航天人将自己的付出与奉献留在戈壁荒漠上，将祖国的骄傲和荣光写在浩瀚的太空中。五十多年来，航天人不图名，不图利，奉献了青春，甚至牺牲了宝贵的生命。他们在奉献与索取之间，想的是更多地奉献。他们无愧于"航天人"这个光荣的称号。

二、艰苦奋斗，顽强坚定

五十多年来，中国航天人依靠自力更生、艰苦奋斗、不怕困难、勇于攀登的

第五章 中国航天事业的精神动力

精神,为中国航天事业的发展与腾飞奠定了基础。其中,艰苦奋斗的精神是对不畏艰险、坚韧不拔、百折不挠的民族精神的最好的传承与弘扬,这也是推动中华民族在21世纪实现民族复兴大业的精神动力所在。钱学森曾经充满感情地指出:"中国科技人员是了不起的。我们不仅具有聪明智慧,我们还特别能艰苦奋斗。国家有难,我们科技人员寝食难安,我们会夜以继日、废寝忘食地去干,甚至为此损害健康、牺牲生命也在所不辞。"

为了航天事业不断攀登新的高峰,老一代航天人开创了艰苦奋斗的优良传统,这与航天领域重视思想政治工作的传统密不可分。20世纪60年代初,面对苏联终止援助后的困境,航天人提出了"自力更生,艰苦奋斗,克服一切困难,为国争光"和"自力更生,发愤图强,争一口气,突破从仿制到独立设计攻关"的口号。1961年开始倡导研制工作中树立"敢想、敢说、敢干"和"严肃的态度、严格的要求、严密的方法"的"三敢"、"三严"作风,目的是创造一个安安静静、干干净净的科研环境,在尖端科技工作中做到一丝不苟、扎扎实实地按科学要求完成任务,一切工作都要严格保证质量。同时,还大力提倡"五立、五反",即立虚心,反骄傲;立踏实,反浮夸;立苦钻,反畏难;立消化,反照搬;立互助,反单干。不断提高思想觉悟和思想水平,引导航天人正确处理集体与个人、名与利、政治与业务、理论与实践等关系。

在航天事业的起步阶段,老一代航天专家奋发图强、勇于攀登,涌现出很多自力更生、艰苦奋斗的榜样。"两弹一星"功勋奖章获得者、火箭专家屠守锷所关心惦记的总是工作,唯独没有自己,他忘我的工作精神感人至深。在一次重要的试验中,为确定火箭发动机的一个活门是否需要更换,会议从19点一直开到次日凌晨2点。会上大家众说纷纭,各抒己见,两种截然相反的意见争执不下。为了赢得时间,作为总设计师的他从各个方面认真做了科学的分析,排除一切疑点,审慎而又大胆地决定:这个活门可以不更换。没有长年艰辛探索的基础,没有那些对火箭魂牵梦绕般一遍又一遍的冷静思索,要在如此复杂的氛围中作出正确的判断,绝非易事。为了掌握第一手资料,他经常深入到研制和试验的工作现场,随时精心地分析和解决所发现的各种技术问题,甚至不放过每个问题的细枝末节。在火箭试验基地的日日夜夜里,他几乎都是在测试现场度过的。大戈壁的天气变化无常,有时烈日烤人,有时飞砂走石。有一次遇到"砂暴",狂风卷着砂石弥漫了整个天空,好像天地都笼罩在那黄色的砂雾中,行进在旷野的道路上,根本无法睁眼。屠总从测试现场回到驻地,浑身上下,连耳朵、鼻孔,甚至衬衣里都灌满了沙土。① 他们的事迹无疑是对航天精神的最佳阐释。

就是在这样艰苦的条件下，航天人咬定青山不放松，练就了他们所独有的顽强而坚定的意志。1974年，后来任长征二号丙火箭总指挥的袁连启接到调任"三线"工作的任务，他没有丝毫犹豫就踏上了征程，从第一副厂长、代理厂长到厂长，一干就是17年。那是一个偏远的小山沟，生活条件十分艰苦。遇到下雨，连清水都喝不上，只能喝泥汤子。直到20世纪70年代末期，还要从陕西往回拉白菜。为了完成国家交付的任务，一切工作必须从基本建设开始。基地的工程非常庞大，需要在山里挖出两个巨大的山洞，然后再在山洞里建厂房，连厂房带通道共有两万多平方米。就是在这样恶劣的条件下，他带领着大家一方面配合基础建设，一方面做生产准备。基础建设完成后，他带领大家团结一心，艰苦奋斗，在规定时间内完成了型号产品的研制试验，成功试制了某重点型号，并完成了批产交付。在"三线"的这17年里，袁连启从未休过一次探亲假，每次只是借回北京开会的机会才回家看一看，而每一次又都是来去匆匆。从风华正茂到霜染两鬓，他无怨无悔地把人生最美好的时光都献给了"三线"。②

在人造地球卫星研制初期，卫星总装的大部分工作是在临时改建的车间内进行的。1969年建成第一座总装厂房，内部设施尚不完善，既无净化条件，也无空调设备，装配卫星的条件相当简陋。然而，就在这样的厂房里，航天人凭着高度的爱国之心和政治责任感，发扬艰苦奋斗精神，利用容积极小且缺乏太阳模拟器的热真空室，完成了空间环境模拟试验。用楼顶及自制的简易微波室进行了卫星天线性能试验。卫星外壳铝合金蒙皮阳极化电抛光处理是在放置于露天的盛有硝酸溶液槽里进行的。这些都充分体现出航天人因陋就简、艰苦创业的精神。

在长征二号E火箭的研制中，箭体上有个阀门，精度要求很高，加工人员一次次试验都没达标。刚做完癌症手术在家休养的高级技师徐青松听到消息，二话没说来到了隆隆作响的机床旁，以惊人的毅力，在工长和徒弟的配合下奋战6天，加工出60多个零件，完成了以往要3个月才能完成的任务，这些工作，他几乎是豁出命完成的。

在中国航天事业所走过的每一步，都有着数不清的震撼人心的事迹。在巨浪一号的一次模型弹溅落试验中，试验地点在南京长江大桥附近，号称"四大火

---

① 《中国航天腾飞之路》编委会.中国航天腾飞之路——亲历、亲见、亲闻[M].北京：中国文史出版社，1999：619-620.

② 冯春萍.飞上九重天（火箭篇）[M].北京：中国宇航出版社，2006：109-110.

炉"之一的南京,当时气温高达38℃以上,而技术人员在试验前要钻进曝晒之下的模型壳体内粘贴橡胶囊,壳体内温度高达五、六十摄氏度,加之胶接剂挥发出刺鼻的气味,更是令人作呕,难以存身。参试技术人员为完成任务不怕艰苦、不辞辛劳,光着膀子,穿着短裤,弯着腰蹲在壳体内进行操作,五分钟时间就全身汗流如雨,过了十分钟必须换人。经过十多次的轮换才能贴好橡胶囊,参试的小伙子也都精疲力尽,有的几近虚脱。在这次轮换操作过程中,总设计师黄纬禄再三要求,也进去亲身体验了这一艰苦的试验环境。①

在将航天事业融入自己生命的过程中,航天人也从他们的事业中汲取了无穷的精神力量,这是中国航天能够在有限的条件下走出一条令人瞩目的自主创新之路的重要秘诀。发达国家搞航天,靠的是强大的经济后盾,而中国搞航天最强大的后盾是人的主观能动性——航天人乃至中国人民艰苦奋斗的精神和顽强坚定的意志。从"两弹一星"到载人航天靠的都是这个制胜的"传家宝"。在载人航天工程的研制工作中,为了赶进度,每天都有开不完的会,每晚都有加不完的班,甚至不少人把铺盖被子都搬进了办公楼,把办公桌当成床板,开始24小时轮流加班,以致飞船系统的副总指挥袁家军连续一个多月失眠、厌食甚至呕吐,最后病倒在了医院。

当然,航天人也有航天人的智慧,艰苦奋斗除了苦干还包括巧干。几十年来中国航天界流传下来的一句名言是"硬件不行,拼软件!"所谓"软件",就是研制人员的大脑和身体,通过多动脑子、多加班,就可以减少一些试验项目,抢回不少时间。曾担任多种技术型号总设计师的老专家王德臣对这句话的解释是,由于缺钱,中国在硬件上比不过外国,我们就只有多动脑筋,想办法,少花钱,多办事。比如外国做一百次试验,我们就只有通过开发软件来提高试验效率,最后可能只做十次,结果也差不多。② 而为了做到这一点,中国航天人又付出了多少心血与汗水?

航天新领域的开拓往往会遇到激烈竞争,这不仅要求航天人有一种面对围追堵截,冲破一切阻力与障碍的决心,还要拥有一种顽强坚定的意志和精神,这是一种拼尽全力、不计一切得失、不畏一切困难地去发现新大陆、探索新世界的

---

① 《中国航天腾飞之路》编委会.中国航天腾飞之路——亲历、亲见、亲闻[M].北京:中国文史出版社,1999:202.
② 李鸣生.千古一梦——中国人第一次离开地球的故事[M].南昌:江西人民出版社,百花洲文艺出版社,2009:266-268.

强烈的好奇心与激情。这种决心和激情及其内在的顽强坚定的意志和精神,成为航天人面对新领域竞争的重要精神力量。

图 5-8　张德江(右一)、王勇(左一)、王久荣(左四)、马兴瑞(左二)视察一院

正如张德江同志在视察中国运载火箭技术研究院时说,"我们要为我们国家这些年来坚持中国特色社会主义方向、坚持改革开放,取得的成绩感到自豪、感到高兴,我们的路走对了,我们还要坚持地走下去。这么多年来,航天人发扬载人航天精神,为我国的国防科技事业、国防事业作出了重大的贡献。但是,路还很远。希望我们所有的军工企业,要认清形势,肩负使命,再接再厉,为我国的国防现代化建设作出新的、更大的贡献。我们有这个条件,我们有党的正确领导,我们有改革开放以来逐步巩固的基础,有我们军工的光荣传统,我们有条件把我们的国防现代化搞上去,对此我们充满信心,希望大家不断地总结,再接再厉,为国防现代化作出新的贡献"。

一个民族赖以生存和发展的精神支撑是其民族精神。一个民族,没有令人振奋的精神和高尚的品质,不可能屹立于世界民族之林。艰苦奋斗的精神与顽强坚定的意志品质不仅使得中国航天人特别能吃苦、特别能战斗、特别能攻关、特别能奉献,成长为实现中华民族复兴大业的中坚力量,而且这种不断创造奇迹的航天精神还为中华民族的民族精神注入了新的时代内涵。在这种精神的鼓舞下,中华民族必将走出一条开拓创新、科学发展的康庄大道,继续创造出为世人惊叹的奇迹。

结　语

　　行文至此,时光之矢已逼近 2012 年末,中国的航天事业已经走过了 56 个春秋。这是一段不平凡的发展历程,充满了激情与感动、艰辛与汗水,在中华民族伟大复兴的历史进程中留下了一个又一个光辉足迹。

　　回顾历史不难发现,蕴涵在中国航天事业发展历程中的哲学思想,归根到底就是一种自强的哲学、发展的哲学和创新的哲学。

　　独立自主、拼搏奋斗的自强哲学。小到一个人、一个团队,大到一个民族、一个国家,只有具备了自强精神,才能克服种种困难与挑战,求得生存与发展。从 20 世纪 50 年代中期至今,几代航天人始终牢记历史使命,把自身的工作同国家与民族的命运紧密相连,从不敢有一丝一毫的松懈。创业之初的一穷二白,转型时期的改革阵痛,二次创业的全新挑战……面对发展中的一次又一次风雨,航天人从来都是鼓足干劲,迎难而上,真抓实干,永争第一。

　　实事求是、不断调整的发展哲学。辩证唯物主义认为,事物只有在运动与变化中才能保持存在,求得发展。任何一项事业,如果不能适应时代的发展变化,就会失去生机与活力,容易走上僵化封闭的道路。几代航天人始终秉持与时俱进、求真务实的马克思主义基本理念,在实践中不断探索着适合中国国情的航天科技工业发展道路。从预研论证到型号设计、从科研生产到发射试验、从项目管理到体制创新,中国航天的每一次变革,归根到底,都是对生产关系的一次调整,都是对生产力的一次解放。

　　敢于开拓、追求卓越的创新哲学。创新是一个民族进步的灵魂,是一个国家兴旺发达的不竭动力。对于航天科技工业而言,创新既是航天人的主观选择,也是事业发展的客观必然。一方面,航天技术是花钱也买不来的,不走自主创新的道路就不可能有所发展;另一方面,随着经济的发展和社会的进步,各方面对航天科技创新的需求正在飞速增长。面对巨大的需求和激烈的竞争,紧盯世界航天科技发展前沿,瞄准国际一流航天企业,以创新驱动发展,把成功作为信仰,已经成为全体航天人的发展共识。

这三点,既是航天事业经过五十多年发展形成的宝贵精神财富,也是当代航天人不断奋发前行的坚固基石。

2012年11月8日,党的十八大胜利召开。这次盛会是我国全面进入建设小康社会关键时期召开的一次十分重要的会议,大会描绘了一幅崭新的发展蓝图,也为航天事业的未来发展指明了方向。在党的十八大召开前,中共中央党史研究室编写了《党的十七大以来大事记》,集中反映了近五年来党和国家走过的辉煌历程和取得的巨大成就,其中有不少属于航天事业:

2007年10月24日,我国第一个月球探测器"嫦娥一号"卫星成功发射,中国进入具有深空探测能力的国家行列。2010年10月1日,"嫦娥二号"卫星成功发射。

2008年9月25日—28日,"神舟七号"飞船载人飞行获得圆满成功。航天员翟志刚在刘伯明、景海鹏协助下成功完成首次空间出舱任务,中国成为世界上第三个独立掌握空间出舱关键技术的国家。

党的十七大以来,中共中央、国务院共举行5次国家科学技术奖励大会。2010年1月11日,中国航天科技集团公司高级技术顾问孙家栋院士,荣膺2009年度国家最高科学技术奖。这是继王永志院士之后,航天人第二次获得这一国家最高科学技术奖项。

2011年4月10日,第八颗北斗导航卫星成功进入太空预定转移轨道,北斗区域卫星导航系统基本建设完成。9月29日,我国自主研制的"天宫一号"目标飞行器发射成功。11月1日,"神舟八号"飞船成功发射,3日与"天宫一号"成功实现首次无人交会对接,17日顺利返回着陆。

2012年6月16日,载有景海鹏、刘旺、刘洋三位航天员的"神舟九号"载人飞船成功发射,中国首位女航天员进入太空,18日和24日"神舟九号"飞船先后与"天宫一号"实现自动和手控交会对接,29日顺利返回着陆。

2012年10月25日,长征三号丙火箭成功将第16颗北斗导航卫星送入预定轨道。这是我国二代北斗导航工程的最后一颗卫星,至此,我国北斗导航工程区域组网顺利完成,形成了覆盖亚太大部分地区的服务能力。

一系列成就表明,在党中央的正确领导和亲切关怀下,在全国人民的大力支持下,在全体航天人的不懈奋斗下,中国的航天事业正在进入一个快速发展的战略机遇期。挑战与机遇并存,如何把握好这一难得的历史机遇,加快航天科技工业的发展与改革步伐,使航天科技工业始终走在建设创新型国家的最前

结 语

列,已经成为摆在当代航天人面前的重大课题。

  2012年,无疑是一个充满"起点感"的年份。站在这一崭新的历史起点上,我们相信,只要全体航天人坚定不移地高举中国特色社会主义伟大旗帜,遵循中国航天事业发展的客观规律,践行符合中国国情的航天科技发展道路,就一定能够推动我国从航天大国向航天强国加速迈进,为全面增强我国的经济实力、国防实力、科技实力和民族凝聚力,为中华民族的伟大复兴作出更大的贡献。

  抚今追昔,我们不禁思绪激荡、心潮澎湃,既为中国航天事业过去的辉煌倍感骄傲,又对未来的光明前景充满向往。自力更生、顽强拼搏、勇于突破、善于创新的中国航天人,一定能够继承和发扬前辈们的光荣传统,为祖国的航天事业开创出一个更加美好的明天!

主要参考文献

1. 白晶.王永志传[M].江苏:江苏人民出版社,2012.
2. 卜雨亭,潘昭汉等.开辟通天路——中国航天运载火箭发展历程纪实(1956—2006).北京:中国航天科技集团公司内部资料,2006.
3. 陈新保.北斗卫星导航系统民用市场建设的思考[J].中国航天,2010,(1).
4. 戴育雷.成就员工——航天企业文化的终极境界[M].北京:知识产权出版社,2012.
5. 邸乃庸.梦圆天路——综览中国载人航天工程[M].北京:中国宇航出版社,2011.
6. 冯春萍.飞上九重天(火箭篇)[M].北京:中国宇航出版社,2006.
7. 冯春萍.飞上九重天(谋略篇)[M].北京:中国宇航出版社,2006.
8. 冯春萍.飞上九重天(星船篇)[M].北京:中国宇航出版社,2006.
9. 郭宝柱.航天工程管理的系统观点与方法[J].中国工程科学,2011,(4).
10. 国防科学技术工业委员会.中国航天五十年回顾[M].北京:北京航空航天大学出版社,2007.
11. 航天部第一研究院.艰苦创业三十年[M].北京:中国社会科学出版社,1986.
12. 胡红卫.研发困局——研发管理变革之路[M].北京:电子工业出版社,2009.
13. 花禄森等.系统工程与航天系统工程管理[M].北京:中国宇航出版社,2010.
14. 黄春平.载人航天工程运载火箭系统管理实践[M].北京:中国宇航出版社,2005.
15. 黄春平.载人航天运载火箭系统研制管理[M].北京:科学出版社,2007.
16. 黄春平.通天神箭——解读载人运载火箭[M].北京:中国宇航出版社,2011.
17. 解放军总装备部政治部.两弹一星——共和国丰碑[M].北京:九洲图书出版社,2000.
18. 李成智.中国航天技术发展史稿[M].山东:山东教育出版社,2006.
19. 李成智,郑晓齐.中国载人航天工程决策过程中航天飞机与载人飞船之争[J].科技导报,2009,(18).
20. 李大耀.中国探空火箭40年(1958—1997)[M].北京:中国宇航出版社,1998.
21. 李觉.当代中国的核工业[M].北京:中国社会科学出版社,1987.
22. 李鸣生.千古一梦——中国人第一次离开地球的故事[M].江西:江西人民出版社,百花洲文艺出版社,2009.
23. 李瑞环.学哲学 用哲学[M].北京:中国人民大学出版社,2006.
24. 李威.精心打造"神舟三号"逃逸发动机[J].航天工业管理,2002,(6).

25. 梁小虹.航天精神[M].北京：中国纺织出版社,2006.

26. 凌福根.钱学森论火箭导弹和航空航天[M].北京：科学出版社,2011.

27. 刘戟锋,刘艳琼,谢海燕.两弹一星工程与大科学[M].山东：山东教育出版社,2006.

28. 刘纪原,孙家栋.航天工程的科学管理[J].回顾与展望,1989,(9).

29. 刘纪原.21世纪航天技术的发展趋势及对策[J].科技与经济画报,1996.

30. 刘纪原.坚定不移地发展航天技术[J].中国航天,1998,(5).

31. 刘纪原.中国航天走向世界历史性的一步[J].中国航天走向世界,2003,(9).

32. 刘纪原.全面建设小康社会需要社会系统工程管理[J].西安大学学报,2003,(12).

33. 刘纪原.中国航天50年创业发展之路[J].航天工业管理,2006,(10).

34. 刘纪原.自力更生精神永放光芒[C].北京：中央党校"828研讨会"文集,2010-08-28.

35. 陆正廷,王德鸿.上海航天志[M].上海：上海社会科学院出版社,1997.

36. 栾恩杰.航天系统工程运行[M].北京：中国宇航出版社,2010.

37. 罗荣兴.请历史记住他们——中国科学家与"两弹一星"[M].广东：暨南大学出版社,1999.

38. 马兴瑞.中国航天的系统工程管理与实践[J].中国航天,2008,(1).

39. 孟昭瑞.中国蘑菇云[M].辽宁：辽宁人民出版社,2008.

40. 苗东升.钱学森哲学思想研究[M].北京：科学出版社,2012.

41. 聂荣臻.聂荣臻科技文选[M].北京：国防工业出版社,1999.

42. 欧阳莹之.工程学——无尽的前沿[M].上海：上海科技教育出版社,2008.

43. 戚发轫等.神舟载人飞船研制工作首次取得阶段性重大突破——中国载人飞船的进展简况[M].北京：中国宇航出版社,2002.

44. 钱学森,许国志,王寿云.组织管理的技术：系统工程[N].文汇报,1978-09-27.

45. 石磊.神箭搏苍穹——航天科技[M].北京：北京理工大学出版社,2002.

46. 石磊,王春河,张宏显等.钱学森的航天岁月[M].北京：中国宇航出版社,2011.

47. 首都航天机械公司.大道远行[M].北京：中国宇航出版社,2011.

48. 宋健.中国科学技术前沿(1999/2000)[M].北京：高等教育出版社,2000.

49. 宋健.两弹一星元勋传[M].北京：清华大学出版社,2001.

50. 谈凤奎.中国航天文化[M].广东：华南理工大学出版社,2001.

51. 《天魂》编委会.天魂——航天精神纪事[M].北京：中国宇航出版社,2010.

52. 王成斌,刘兆世.钱学森总体设计部思想初探[M].北京：中国宇航出版社,2011.

53. 王道力.中国航天管理科学与科学管理回顾[M].北京：中国宇航出版社,2006.

54. 王建蒙.亲历航天——行走在神秘的卫星发射场[M].北京：中国书籍出版社,2010.

55. 王礼恒,王春河.关于我国航天事业发展的几点哲学思考[A],"工程科技论坛"暨首届中国自然辩证法研究会工程哲学委员会学术年会工程哲学与哲学发展观论文集[C].中国工程院,中国自然辩证法研究会,2004.

56. 王礼恒.中国航天的科学管理[J].中国航天,2007,(3).

57. 王连成.工程系统论[M].北京:中国宇航出版社,2002.
58. 王文华.钱学森学术思想[M].四川:四川出版集团,2007.
59. 王希季.20世纪中国航天器技术的进展[M].北京:中国宇航出版社,2002.
60. 吴伟仁.奔向月球[M].北京:中国宇航出版社,2007.
61. 武轩.与神舟六号飞船的零距离接触[J].太空探索,2005,(12).
62. 肖铭鑫,程卓.安全性技术在神舟五号载人飞船上的应用[J].质量与可靠性,2004,(4).
63. 肖嵘.天路——著名航天专家任新民[M].北京:解放军出版社,1999.
64. 谢光.当代中国的国防科技事业[M].北京:当代中国出版社,1992.
65. 徐克俊.航天发射故障诊断技术[M].北京:国防工业出版社,2008.
66. 杨国宇.为了东方"巨龙"早日腾空[J].瞭望,1983,(4).
67. 杨时.北斗记——探秘中国北斗卫星导航定位系统[J].中国新闻周刊,2011,(1).
68. 叶剑英.叶剑英军事文选[M].北京:解放军出版社,1997.
69. 殷瑞钰,汪应洛,李伯聪等.工程哲学[M].北京:高等教育出版社,2007.
70. 殷秀峰.震天惊雷——倾听液体火箭发动机的轰鸣[M].北京:中国宇航出版社,2007.
71. 游本凤.浦江天歌——第一枚探空火箭升起的地方[M].北京:中国宇航出版社,2007.
72. 袁家军.航天产品工程[M].北京:中国宇航出版社,2011.
73. 袁家军.中国航天系统工程与项目管理的要素与关键环节研究[J].宇航学报,2009,(2).
74. 曾庆来.航天型号研制管理概论[M].北京:中国宇航出版社,1994.
75. 曾庆来.航天型号研制管理工作手册[M].北京:中国宇航出版社,1996.
76. 张宏显.深度回顾中国载人航天工程的决策过程[J].世界航空航天博览:A版,2006,(6).
77. 张钧.当代中国的航天事业[M].北京:中国社会科学出版社,1986.
78. 张庆伟.实现航天事业发展的新跨越[J].航天工业管理,2006,(10).
79. 张庆伟.铸造一流[M].北京:中国宇航出版社,2007.
80. 张庆伟.航天科技与可持续发展[M].北京:中国宇航出版社,2009.
81. 张智.中国新型运载火箭长征-2F[J].国际太空,2002,(12).
82. 中国航天科工集团第二研究院科技委.雷震海天——导弹总体与控制技术专家黄纬禄[M].北京:中国宇航出版社,2009.
83. 中国航天科技集团公司.航天科技人才成长之路——高层次科技人才培养规律[M].北京:中国宇航出版社,2011.
84. 中国航天科技集团公司人力资源部.新员工入门读本[M].北京:中国宇航出版社,2011.
85.《中国航天事业的生命线》编写组.中国航天事业的生命线[M].北京:中国宇航出版社,1996.
86.《中国航天腾飞之路》编委会.中国航天腾飞之路——亲历、亲见、亲闻[M].北京:中国文史出版社,1999.
87. 中国运载火箭技术研究院.天穹神箭——长征火箭开辟通天路[M].北京:中国宇航出版

社,2008.

88. 周均伦.聂荣臻年谱[M].北京:人民出版社,1999.

89. 周武,石磊.飞天圆梦——共和国 60 年航天发展历程[M].北京:中国大百科全书出版社,2009.

90. 周武,薛滔.薪火相传五十载,齐心共铸新辉煌——中国运载火箭技术研究院总体设计部印象[J].太空探索,2008,(4).

91. 周正伐.可靠性工程技术问答 200 例[M].北京:中国宇航出版社,2011.

92. 朱毅鳞.钱学森指导下的早期卫星准备工作[J].国际太空,2002,(1).

93. 朱增泉.飞天梦圆——来自中国载人航天工程的内部报告[M].北京:华艺出版社,2003.

94. 朱增泉,左赛春.中国载人航天工程决策实录[J].决策与信息,2003,(12).

95. Howard E. McCurdy. Inside NASA[M]. London:The Johns Hopkins University Press,1993.

后　　记

《中国航天事业发展的哲学思想》是一篇"命题作文"。2012年春节前夕，中国运载火箭技术研究院李洪院长、梁小虹书记给原航天工业总公司总经理刘纪原同志拜年，畅叙航天事业的迅猛发展和辉煌成就时，刘总经理提出"要对中国航天发展历程中的哲学思想进行研究，要根据航天事业发展的历程和趋势，探究中国航天事业成功发展的内在规律"。

随后，中国运载火箭技术研究院与北京大学成立联合项目组，协同中国社会科学院等高等院校及科研单位的专家学者，专题研究蕴涵在中国航天事业发展历程中的哲学思想，探索启迪中国航天事业未来发展的规律，计划在2012年11月16日，中国航天发祥地——中国运载火箭技术研究院55周年华诞之际，出版《中国航天事业发展的哲学思想》一书，为航天事业的未来发展贡献思想、贡献理论、贡献智慧。

2012年4月6日，中国运载火箭技术研究院党委书记梁小虹在北京主持召开了"中国航天事业发展的哲学思想"研讨会。来自航天领域的领导、专家、型号"两总"同来自国内哲学界的近30位知名专家学者集聚一堂，探寻中国航天事业成功发展背后的规律，从哲学视角对中国航天事业的历史和未来进行了透视与分析。

受中国航天科技集团公司马兴瑞总经理委托，吴燕生副总经理到会祝贺。中国航天科技集团公司党组认为，中国航天辉煌成就的取得，无一不是遵循发展规律、实现科学发展的结果。为此，有必要进一步在哲学层面上总结经验、提炼思想，使中国航天事业更好地按照客观规律全面、协调、可持续发展。

中国运载火箭技术研究院李洪院长在研讨会上表示："我国正处于由航天大国向航天强国迈进的战略机遇期，在这个时间点上研讨中国航天事业发展的哲学思想，意义重大。"

中国科学技术协会党组成员、书记处书记王春法研究员，北京大学党委副书记杨河教授，北京大学哲学系科学技术哲学专业兼职教授何祚庥院士，中国

后 记

科学院研究生院人文学院李伯聪教授,分别从不同的角度展开分析,表明中国航天事业发展的很多成功经验值得其它行业借鉴和推广。

为深入挖掘航天事业五十多年取得巨大成功的哲学内涵,项目研究团队以个别访谈、专题研讨会的形式,先后访谈了中国航天科技集团公司郭宝柱、朱明让、刘登锐以及中国运载火箭技术研究院吕级三、郑全宝、刘继忠、范瑞祥、杨波、彭小波等多位长期奋战在航天一线的领导和专家,他们为本书的写作提供了大量鲜活的案例。此外,宁学林、王若坚、李尚仁、白美璋、庄廷元、贾长有、高启芳、薛成位、袁连启、李清河、王志澄、卜雨亭、潘昭汉、宓世湘、郭光、闫树贵、王鸿基(排名不分先后)等离退休老领导、老专家、老同志对访谈工作给予了极大的支持,提供了大量鲜为人知、翔实丰富的背景材料,并逐字逐句地认真审阅书稿,为该书的编著贡献了他们多年航天实践的智慧。尤其是曾任航天工业总公司科研生产局局长、国防科工委系统一司司长兼国家航天局副局长的郭宝柱同志,以其丰富的航天一线管理经验、项目管理和系统工程方面的深厚造诣,给予我们指导帮助。曾任中国航天工业总公司质量局副局长兼航天标准化研究所所长、航天元器件可靠性首席专家朱明让为我们提供了丰富的质量专题材料和案例。原中国航天工业总公司档案馆馆长刘登锐为本书提出了修改建议。退休后一直笔耕不辍的潘昭汉同志,为本书提供了大量的史实资料,帮助我们逐一核对历史事件,逐张选配本书插图照片。具有多年型号质量管理经验的王金钟同志,也为我们提供了富有价值的材料,为本书增色不少。

航天老领导刘纪原总经理对本书的方向进行了总体把舵与提供观点。李洪院长、梁小虹书记、罗晓阳副书记以及项目领导小组成员李小兵、王晓美、宋友光、彭小波、岳增云、宓佳审阅了书稿,并在百忙之中逐页对初稿进行批阅、修改,将全书提升至一个新的高度。有着丰富航天型号管理经验的郑全宝总指挥、范瑞祥总设计师也对本书的编写提出了很多非常好的建议。

全书由北京大学科学与社会研究中心周程教授主持完成编写。参加撰写的有:段伟文、程鹏、蔡永海、刘凯鹏、高广宇、周雁翎、钟灿涛、王骏、鲁锐、夏雪,还有宓佳、刘顺仁、代坤、饶成龙、徐坤耀、李天祥、高晓明、于霞等。书中的很多章节系多人合作完成。主要撰写者为:引言、第一章,周程;第二章第一节,刘凯鹏;第二章第二节,高光宇、刘凯鹏;第二章第三节,程鹏;第二章第四节,蔡永海、程鹏;第五节,蔡永海、刘凯鹏;第三章,程鹏;第四、第五章,段伟文。本书的统稿由段伟文、程鹏、饶成龙协助周程完成。

在本书付梓之际，感谢航天老领导、老专家刘纪原、栾恩杰、王礼恒、张庆伟、王永志以及王道力、谢光选、梁小虹、黄春平、花禄森、戴育雷、李成智、苗东升等同志的航天著作，为本书做了坚实的铺垫。

还要特别感谢中国运载火箭技术研究院院办公室贾云浩、张国平、吴璋、刘均华、王英来、杨楠在本书编写过程中，进行了大量的组织协调工作；感谢思想政治工作部杨鑑和北京大学出版社为本书进行多轮的装帧设计和宣传策划；感谢离退休工作部赵瑞、王平在长达九个月的工作中，帮助我们组织对老领导、老专家的访谈和史料核实工作；感谢研究发展中心杨卫东、张旭辉、申麟、雷建长、高祥武以及邵秋虎、曾凡文、张永、张鸣、李智、唐庆博、章乐平、尹世明、陈洪波、陈世立、梁君、马永青、屈强、王悦等相关处室的领导、员工，累计152人次帮助进行书稿校对工作；感谢十九所朴明涛、季静、袁进、刘兰以及档案馆、声像室的相关同志，为本书提供了大量首次面世的珍贵历史照片。尤其对中国运载火箭技术研究院、北京大学相关领导和专家学者的鼎力支持，致以诚挚的谢意。

在海量阅读航天发展史料的过程中，项目研究团队深为中国航天人谱写出的辉煌史篇所感动，内心深处涌动着一股强烈的创作冲动。但要在短短九个多月的时间里，深刻揭示蕴藏在半个多世纪历史画卷中的中国航天事业发展的哲学思想，难免力有未逮。书中疏漏及不当之处，敬请各位读者斧正和谅解。

中国航天事业发展的哲学思想，是一道尚未完全破解之题，更是一座巨大的宝藏，我们的挖掘尝试仅仅囿于一隅，而且仅仅是开始，期待大家及后人不断进行更为深入的探索。

在党的"十八大"胜利召开之际，在中国航天事业创建56周年、中国运载火箭技术研究院迎来55周年华诞之时，谨以此书献给各位同仁，愿伟大的祖国繁荣富强，愿中国航天事业再创新的辉煌！

编　者

二〇一二年十一月十六日